高等学校电子信息类精品教材

电子技术基础
（第 2 版）

付兴虎　主　编

李江昊　芦　鑫　张燕君　副主编

电子工业出版社
Publishing House of Electronics Industry
北京·BEIJING

内 容 简 介

本书分 3 个部分，共 13 章。第 1 部分为电路原理，主要介绍电路模型和电路定律、基本电阻电路和电源模型的分析、电阻电路的一般分析、电路定理；第 2 部分为模拟电子技术基础，主要介绍半导体二极管及其典型应用、半导体三极管及其放大电路、集成运算放大电路、模拟信号运算电路；第 3 部分为数字电子技术基础，主要介绍数字逻辑电路基础、逻辑门电路、组合逻辑电路、触发器、时序逻辑电路。本书配备大量例题和习题，并提供配套多媒体电子课件、习题详解。

本书可作为高等学校软件工程、计算机科学与技术、信息安全、教育技术学、机械电子工程、生物医学工程等专业的本科生教材，也可作为高等教育自学考试和成人教育的自学教材，还可供电子工程技术人员学习参考。

未经许可，不得以任何方式复制或抄袭本书部分或全部内容。
版权所有，侵权必究。

图书在版编目（CIP）数据

电子技术基础 / 付兴虎主编. -- 2 版. -- 北京：电子工业出版社, 2025. 7. -- ISBN 978-7-121-50737-3

Ⅰ．TN

中国国家版本馆 CIP 数据核字第 2025WL5283 号

责任编辑：韩同平
印　　刷：三河市良远印务有限公司
装　　订：三河市良远印务有限公司
出版发行：电子工业出版社
　　　　　北京市海淀区万寿路 173 信箱　邮编：100036
开　　本：787×1092　1/16　印张：18　字数：518.4 千字
版　　次：2019 年 10 月第 1 版
　　　　　2025 年 7 月第 2 版
印　　次：2025 年 7 月第 1 次印刷
定　　价：69.90 元

凡所购买电子工业出版社图书有缺损问题，请向购买书店调换。若书店售缺，请与本社发行部联系，联系及邮购电话：(010) 88254888，88258888。

质量投诉请发邮件至 zlts@phei.com.cn，盗版侵权举报请发邮件至 dbqq@phei.com.cn。
本书咨询联系方式：(010) 88254525，hantp@phei.com.cn。

前　　言

　　电子技术基础是软件工程、计算机等非电类专业非常重要的一门基础课。通过本课程的学习，使学生了解电路原理、模拟电子技术、数字电子技术领域的基础知识，强化对电子技术基础知识的认识，并为学习后续有关课程储备必要的电子技术基本分析方法、计算方法和设计方法。因此，本课程对于培养非电类专业学生的科学思维能力、优化人才培养方案和课程体系起着重要的桥梁作用。

　　本教材严格参照教育部《普通高等学校本科专业目录（2025年）》，以及教育部高等学校电子电气基础课程教学指导分委员会颁布的相关课程教学基本要求，充分吸收国内外现有优秀教材的成功之处，结合编者多年的教学实践和经验编写而成。

　　本教材第1版于2019年10月出版，承蒙广大师生的厚爱，被多所院校选用，取得了很好的效果。

　　这次的第2版，是在保持第1版基本内容的基础上，进一步修订而成的。

　　本教材特色如下。

　　1. 精炼内容，保留经典。本书将电路原理、模拟电子技术基础、数字电子技术基础三者进行有机融合，在保证必要的经典内容的同时，力求符合本科非电类专业学生培养要求，删除与后续课程重复或应用较少的内容，能使学生用较少的时间掌握电子技术基础的基本知识。

　　2. 夯实基础，突出重点。本书强调对基本知识点的覆盖，降低知识点的难度与深度，突出电子技术基础的重点知识内容，将电子技术基础理论教学以通俗易懂的方式表达出来，强化学生理论联系实际的工程观点的建立和分析解决电子技术基础问题能力的培养。

　　3. 形式多样，拓展思路。每节附思考与练习，每章附习题，且形式多样，分为简答题、填空题、选择题、计算题，适应启发式教学的需要，以及不同专业、不同层次和不同程度的学生进行练习和拓展，并提供配套多媒体电子课件、习题详解。

　　4. 课程思政内容贯穿全书。结合所介绍的知识点，恰到好处地融入科学精神、科学思维方法、爱国情怀、工匠精神等课程思政元素。

　　本书分3个部分，共13章。第1部分为电路原理，主要介绍电路模型和电路定律、电阻电路的分析、电阻电路的一般分析、电路定理；第2部分为模拟电子技术基础，主要介绍半导体二极管及其典型应用、半导体三极管及其放大电路、集成运算放大电路、模拟信号运算电路；第3部分为数字电子技术基础，主要介绍数字逻辑电路基础、逻辑门电路、组合逻辑电路、触发器、时序逻辑电路。

　　燕山大学信息科学与工程学院电子技术基础课程于2011年开设，所涉及的电路原理课程和数字电子技术基础课程均为河北省省级精品课程，模拟电子技术基础课程为校级精品课程。本教材是在吸收精品课程经典内容的基础上，总结多年教学经验及讲义精华编写而成的。付兴虎任本书的主编，负责全书的整体规划与统稿工作，李江昊、芦鑫、张燕君任副主编。张燕君、陈卫东负责编写电路原理部分；芦鑫、刘丰负责编写模拟电子技术基础部分；李江昊、黄震、张宝荣、刘雪强、郭璇、刘凌光、刘燕燕、付广伟负责编写数字电子技术基础部分。本教材得到燕山大学本科教材建设项目（JC202407）的资助，在此表示衷心的感谢！

由于编者水平有限，错误和疏漏在所难免，敬请专家、同仁和广大读者指正。

编者联系方式：fuxinghu@ysu.edu.cn

编　者

目 录

第1部分 电 路 原 理

第1章 电路模型和电路定律 (2)
1.1 实际电路和电路模型 (2)
 1.1.1 实际电路 (2)
 1.1.2 电路模型 (3)
 思考与练习 (4)
1.2 电流、电压参考方向及功率的计算 (4)
 1.2.1 电流参考方向 (4)
 1.2.2 电压参考方向 (5)
 1.2.3 关联及非关联参考方向、功率的计算 (5)
 思考与练习 (6)
1.3 无源电路元件 (6)
 1.3.1 电阻元件 (6)
 1.3.2 电容元件 (8)
 1.3.3 电感元件 (9)
 思考与练习 (11)
1.4 独立电源 (11)
 1.4.1 独立电压源 (11)
 1.4.2 独立电流源 (12)
 思考与练习 (13)
1.5 受控源 (13)
 思考与练习 (14)
1.6 基尔霍夫定律 (14)
 1.6.1 基尔霍夫电流定律 (15)
 1.6.2 基尔霍夫电压定律 (15)
 思考与练习 (17)
习题 1 (17)

第2章 基本电阻电路和电源模型的分析 (19)
2.1 简单电阻电路的分析 (19)
 2.1.1 电路的等效变换 (19)
 2.1.2 电阻的串联及分压 (20)
 2.1.3 电阻的并联及分流 (21)
 2.1.4 利用分压、分流分析电路 (22)
 思考与练习 (23)
2.2 等效电阻 (24)
 2.2.1 惠斯通电桥测量电阻 (24)
 2.2.2 含平衡电桥的等效电阻 (24)
 2.2.3 电阻的三角形连接与星形连接的等效变换 (25)
 思考与练习 (27)
2.3 实际电源模型的等效变换 (28)
 2.3.1 理想电压源、理想电流源的连接 (28)
 2.3.2 实际电源模型的等效变换 (29)
 思考与练习 (31)
习题 2 (31)

第3章 电阻电路的一般分析 (33)
3.1 电阻电路的基本概念 (33)
 3.1.1 电路的图 (33)
 3.1.2 图的相关概念 (34)
 3.1.3 图的基本回路数和基本割集数 (36)
 思考与练习 (36)
3.2 KCL、KVL 独立方程的个数 (37)
 思考与练习 (38)
3.3 支路电流法 (38)
 思考与练习 (40)
3.4 网孔电流法与回路电流法 (40)
 3.4.1 网孔电流法 (41)
 3.4.2 回路电流法 (43)
 思考与练习 (45)
3.5 节点电压法 (46)
 思考与练习 (48)
习题 3 (49)

第4章 电路定理 (50)
4.1 叠加定理和齐性定理 (50)
 4.1.1 叠加定理 (50)

4.1.2　齐性定理 ……………………… (52)
　　　　思考与练习 …………………………… (53)
　4.2　替代定理 ………………………………… (53)
　　　　思考与练习 …………………………… (55)
　4.3　戴维宁定理和诺顿定理 ………………… (55)
　　4.3.1　戴维宁定理 ……………………… (56)
　　4.3.2　诺顿定理 ………………………… (59)
　　4.3.3　最大功率传输定理 ……………… (60)
　　　　思考与练习 …………………………… (61)
　4.4　特勒根定理 ……………………………… (61)
　　4.4.1　特勒根定理 1 …………………… (62)
　　4.4.2　特勒根定理 2 …………………… (62)
　　　　思考与练习 …………………………… (63)
　4.5　互易定理 ………………………………… (63)
　　4.5.1　互易定理形式 1 ………………… (64)
　　4.5.2　互易定理形式 2 ………………… (64)
　　4.5.3　互易定理形式 3 ………………… (64)
　　　　思考与练习 …………………………… (66)
　习题 4 …………………………………………… (66)

第 2 部分　模拟电子技术基础

第 5 章　半导体二极管及其典型应用 …………………………… (69)
　5.1　半导体基础知识 ………………………… (69)
　　5.1.1　本征半导体 ……………………… (70)
　　5.1.2　杂质半导体 ……………………… (71)
　　　　思考与练习 …………………………… (72)
　5.2　PN 结 ……………………………………… (72)
　　5.2.1　PN 结的形成 ……………………… (72)
　　5.2.2　PN 结的单向导电性 ……………… (73)
　　5.2.3　PN 结的电容效应 ………………… (75)
　　　　思考与练习 …………………………… (75)
　5.3　二极管特性与参数 ……………………… (75)
　　5.3.1　二极管的伏安特性 ……………… (76)
　　5.3.2　二极管的主要参数 ……………… (77)
　　　　思考与练习 …………………………… (78)
　5.4　二极管的等效分析 ……………………… (78)
　　5.4.1　图解分析法 ……………………… (78)
　　5.4.2　等效模型分析法 ………………… (79)
　　　　思考与练习 …………………………… (81)
　5.5　二极管典型应用 ………………………… (81)
　　5.5.1　整流与检波电路 ………………… (81)
　　5.5.2　限幅电路 ………………………… (82)
　　5.5.3　开关电路 ………………………… (82)
　　5.5.4　特殊二极管 ……………………… (83)
　　　　思考与练习 …………………………… (85)
　习题 5 …………………………………………… (86)

第 6 章　半导体三极管及其放大电路 ………………………………… (87)
　6.1　三极管 …………………………………… (87)
　　6.1.1　三极管的结构与电路符号 ……… (87)
　　6.1.2　三极管的工作原理 ……………… (88)
　　6.1.3　三极管的特性曲线 ……………… (89)
　　6.1.4　三极管的主要参数 ……………… (91)
　　　　思考与练习 …………………………… (92)
　6.2　基本放大电路的概念及参数 …………… (93)
　　　　思考与练习 …………………………… (95)
　6.3　放大电路的工作原理 …………………… (95)
　　6.3.1　基本结构 ………………………… (96)
　　6.3.2　放大原理 ………………………… (96)
　　　　思考与练习 …………………………… (97)
　6.4　放大电路的分析方法 …………………… (98)
　　6.4.1　静态工作点的近似估算 ………… (98)
　　6.4.2　图解分析法 ……………………… (99)
　　6.4.3　微变等效电路分析法 …………… (101)
　　　　思考与练习 …………………………… (105)
　6.5　静态工作点的稳定 ……………………… (106)
　　6.5.1　静态工作点对波形失真的影响 …… (107)
　　6.5.2　静态工作点的稳定电路 ………… (108)
　　　　思考与练习 …………………………… (109)
　6.6　共集极和共基极放大电路 ……………… (109)
　　6.6.1　共集极放大电路 ………………… (109)
　　6.6.2　共基极放大电路 ………………… (111)
　　　　思考与练习 …………………………… (112)
　习题 6 …………………………………………… (112)

第 7 章　集成运算放大电路 ………………… (115)
　7.1　集成运算放大器 ………………………… (115)

思考与练习 ……………………………… (116)
　7.2　电流源偏置电路 ……………………… (116)
　　　7.2.1　基本镜像电流源 ………………… (116)
　　　7.2.2　精密镜像电流源 ………………… (117)
　　　7.2.3　微电流源 ………………………… (117)
　　　7.2.4　比例电流源 ……………………… (118)
　　　7.2.5　多路镜像电流源 ………………… (118)
　　　思考与练习 ……………………………… (118)
　7.3　差分放大电路 ………………………… (118)
　　　7.3.1　差分放大电路基本形式 ………… (119)
　　　7.3.2　差分放大电路的四种接法 ……… (124)
　　　思考与练习 ……………………………… (125)
　习题7 ………………………………………… (126)

第8章　模拟信号运算电路 ………………… (127)
　8.1　理想运算放大器 ……………………… (127)
　　　8.1.1　运算放大器的简化 ……………… (127)
　　　8.1.2　反馈的概念 ……………………… (129)
　　　思考与练习 ……………………………… (131)

　8.2　比例运算电路 ………………………… (132)
　　　8.2.1　反相比例运算电路 ……………… (132)
　　　8.2.2　同相比例运算电路 ……………… (132)
　　　8.2.3　差分比例运算电路 ……………… (133)
　　　思考与练习 ……………………………… (134)
　8.3　求和运算电路 ………………………… (134)
　　　8.3.1　反相求和运算电路 ……………… (134)
　　　8.3.2　同相求和运算电路 ……………… (135)
　　　思考与练习 ……………………………… (135)
　8.4　积分和微分运算电路 ………………… (135)
　　　8.4.1　基本积分电路 …………………… (135)
　　　8.4.2　基本微分电路 …………………… (136)
　　　思考与练习 ……………………………… (137)
　8.5　对数和指数运算电路 ………………… (137)
　　　8.5.1　对数运算电路 …………………… (137)
　　　8.5.2　指数运算电路 …………………… (138)
　　　思考与练习 ……………………………… (138)
　习题8 ………………………………………… (138)

第3部分　数字电子技术基础

第9章　数字逻辑电路基础 ………………… (142)
　9.1　数字信号与数字电路 ………………… (142)
　　　9.1.1　数字信号 ………………………… (142)
　　　9.1.2　数字电路 ………………………… (143)
　　　思考与练习 ……………………………… (144)
　9.2　数制和码制 …………………………… (144)
　　　9.2.1　数制 ……………………………… (144)
　　　9.2.2　数制之间的相互转换 …………… (146)
　　　9.2.3　码制 ……………………………… (148)
　　　思考与练习 ……………………………… (149)
　9.3　逻辑代数 ……………………………… (149)
　　　9.3.1　逻辑代数中3种基本运算 ……… (150)
　　　9.3.2　复合逻辑运算 …………………… (151)
　　　9.3.3　逻辑代数的基本公式 …………… (153)
　　　9.3.4　逻辑代数的常用公式 …………… (154)
　　　9.3.5　逻辑代数的基本定理 …………… (155)
　　　思考与练习 ……………………………… (156)
　9.4　逻辑函数及其表示方法 ……………… (156)
　　　9.4.1　逻辑函数的表示方法 …………… (156)
　　　9.4.2　各种表示方法间的相互转换 …… (158)

　　　思考与练习 ……………………………… (158)
　9.5　逻辑函数的化简 ……………………… (159)
　　　9.5.1　公式化简法 ……………………… (160)
　　　9.5.2　卡诺图化简法 …………………… (161)
　　　思考与练习 ……………………………… (168)
　习题9 ………………………………………… (169)

第10章　逻辑门电路 ………………………… (171)
　10.1　半导体二极管门电路 ………………… (171)
　　　10.1.1　二极管的开关特性 ……………… (171)
　　　10.1.2　二极管门电路 …………………… (172)
　　　思考与练习 ……………………………… (173)
　10.2　半导体三极管门电路 ………………… (173)
　　　10.2.1　三极管的开关特性 ……………… (174)
　　　10.2.2　三极管反相器 …………………… (176)
　　　思考与练习 ……………………………… (176)
　10.3　TTL反相器 …………………………… (177)
　　　10.3.1　TTL反相器电路结构及原理 …… (177)
　　　10.3.2　TTL反相器的电压传输特性和
　　　　　　抗干扰能力 ………………………… (179)
　　　10.3.3　TTL反相器的静态输入特性、

VII

　　　　输出特性和负载能力…………(180)
　10.3.4　TTL 反相器的动态特性………(182)
　思考与练习…………………………(183)
10.4　TTL 基本门电路……………………(183)
　10.4.1　与非门……………………………(183)
　10.4.2　或非门……………………………(184)
　10.4.3　与或非门…………………………(185)
　思考与练习…………………………(185)
10.5　集电极开路门………………………(186)
　10.5.1　OC 门电路的结构及工作原理…(186)
　10.5.2　OC 门外接负载电阻的计算……(187)
　10.5.3　OC 门典型应用…………………(188)
　思考与练习…………………………(189)
10.6　三态输出门…………………………(189)
　10.6.1　三态输出门的电路结构及工作
　　　　原理……………………………(189)
　10.6.2　三态门的典型应用………………(189)
　思考与练习…………………………(190)
习题 10…………………………………………(190)

第 11 章　组合逻辑电路……………………(192)

11.1　概述……………………………………(192)
　思考与练习…………………………(193)
11.2　组合逻辑电路的分析与设计………(193)
　11.2.1　组合逻辑电路的分析……………(193)
　11.2.2　组合逻辑电路的设计……………(195)
　思考与练习…………………………(198)
11.3　编码器…………………………………(198)
　11.3.1　普通编码器………………………(199)
　11.3.2　优先编码器………………………(200)
　思考与练习…………………………(203)
11.4　译码器…………………………………(203)
　11.4.1　二进制译码器……………………(204)
　11.4.2　二-十进制译码器…………………(206)
　11.4.3　显示译码器………………………(208)
　思考与练习…………………………(211)
11.5　数据选择器……………………………(211)
　11.5.1　集成双 4 选 1 数据选择器………(211)
　11.5.2　数据选择器逻辑功能扩展………(212)
　思考与练习…………………………(214)
11.6　加法器…………………………………(214)

　11.6.1　半加器和全加器…………………(214)
　11.6.2　多位加法器………………………(216)
　思考与练习…………………………(217)
11.7　数值比较器……………………………(218)
　11.7.1　一位数值比较器…………………(218)
　11.7.2　多位数值比较器…………………(218)
　思考与练习…………………………(220)
11.8　组合逻辑电路的竞争-冒险…………(220)
　11.8.1　竞争-冒险的概念及产生
　　　　原因……………………………(220)
　11.8.2　消除竞争-冒险的方法……………(221)
　思考与练习…………………………(222)
习题 11…………………………………………(223)

第 12 章　触发器……………………………(225)

12.1　概述……………………………………(225)
　思考与练习…………………………(225)
12.2　基本 SR 触发器………………………(225)
　12.2.1　由与非门构成的基本 SR
　　　　触发器…………………………(226)
　12.2.2　由或非门构成的基本 SR
　　　　触发器…………………………(228)
　思考与练习…………………………(229)
12.3　同步触发器……………………………(229)
　12.3.1　同步 SR 触发器……………………(229)
　12.3.2　同步 D 触发器……………………(231)
　思考与练习…………………………(232)
12.4　主从触发器……………………………(232)
　12.4.1　主从 SR 触发器……………………(232)
　12.4.2　主从 JK 触发器……………………(234)
　思考与练习…………………………(236)
12.5　边沿触发器……………………………(236)
　12.5.1　维持阻塞结构的边沿触发器……(237)
　12.5.2　基于门电路传输延迟的边沿 JK
　　　　触发器…………………………(239)
　12.5.3　边沿 D 触发器……………………(240)
　思考与练习…………………………(242)
12.6　集成触发器……………………………(242)
　12.6.1　双 JK 触发器………………………(242)
　12.6.2　双 D 触发器………………………(243)
　12.6.3　其他集成触发器…………………(243)

思考与练习 ………………………………… (244)
　12.7　触发器的逻辑功能及其转换 ………… (244)
　　12.7.1　触发器的逻辑功能 ……………… (244)
　　12.7.2　触发器的功能转换 ……………… (245)
　　思考与练习 ………………………………… (246)
　习题12 ………………………………………… (247)

第13章　时序逻辑电路 ……………………… (250)
　13.1　时序电路的基本概念 …………………… (250)
　　13.1.1　时序电路的分类 ………………… (250)
　　13.1.2　时序电路的基本结构和描述
　　　　　　方法 ………………………………… (251)
　　思考与练习 ………………………………… (252)
　13.2　同步时序电路的分析方法 ……………… (252)
　　13.2.1　时序电路的分析步骤 …………… (252)
　　13.2.2　同步时序电路的分析实例 ……… (253)
　　思考与练习 ………………………………… (256)
　13.3　寄存器 …………………………………… (256)
　　13.3.1　寄存器的工作原理 ……………… (256)
　　13.3.2　移位寄存器的工作原理 ………… (257)
　　思考与练习 ………………………………… (258)
　13.4　计数器 …………………………………… (259)
　　13.4.1　同步4位二进制加法计数器 …… (259)
　　13.4.2　同步4位二进制减法计数器 …… (261)
　　13.4.3　同步4位二进制加/减计数器 … (262)
　　13.4.4　同步十进制加法计数器 ………… (263)
　　思考与练习 ………………………………… (264)
　13.5　集成计数器 ……………………………… (265)
　　13.5.1　集成计数器控制功能 …………… (265)
　　13.5.2　典型集成计数器 ………………… (266)
　　13.5.3　集成计数器的应用 ……………… (267)
　　思考与练习 ………………………………… (272)
　13.6　同步时序电路的设计方法 ……………… (272)
　　13.6.1　同步时序电路的设计步骤 ……… (272)
　　13.6.2　同步时序电路的设计实例 ……… (273)
　　思考与练习 ………………………………… (276)
　习题13 ………………………………………… (276)

参考文献 ……………………………………………… (278)

第1部分 电路原理

随着电子设备在日常工作和生活中应用得越来越广泛,各式各样的实际电路随处可见,如电气电路、计算机电路、通信电路、自动控制电路、电力电路等,尽管这些电路的外形、功能、结构等各不相同,但它们都建立在同一个理论基础上,这个理论就是电路理论。

电路原理包括电路分析和电路综合两方面的内容。电路分析是讨论如何在已知的电路中,求出给定激励(输入)的响应(输出);而电路综合则是研究如何设计一个对给定激励有预期的响应的电路。本书主要面向非电类的本科生和研究生,特别是软件工程、教育技术学、信息安全等专业的学生,因此本书只讨论电路分析中的直流电路的内容。在本书中,随时间变化的物理量一般用小写字母表示,如 $u(t)$、$i(t)$,不随时间变化的物理量一般用大写字母表示,如 U、I、P 等。

电路原理内容之间的关系如图 1 所示。

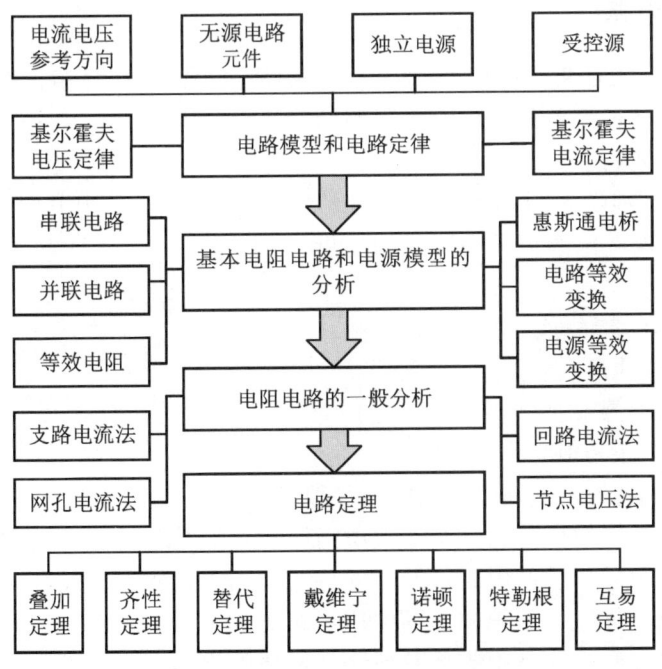

图 1 电路原理内容之间的关系

第 1 章 电路模型和电路定律

主要内容:

(1) 理解电路模型，掌握电流、电压及其参考方向和功率的定义和计算。
(2) 了解电阻、电容和电感的定义，理解并掌握独立电源和受控源等电路元件。
(3) 掌握基尔霍夫电流定律和基尔霍夫电压定律及适用条件。

1.1 实际电路和电路模型

课程思政融入点: 电能需要通过各种电路传输。因此，针对电路模型创设问题情境，现代科技的发展离不开电能，引申出中国水资源丰富，中国水力发电世界领先，揭示热爱祖国的爱国情怀。

实际电路（Circuit）是由一些电气设备和元器件（如电动机、变压器、晶体管、电容等）按一定方式连接而成的。复杂的电路呈网状，又称网络（Network），"电路"和"网络"这两个术语通常是相通的。电路的作用主要有两个：①实现电能的传输和转换，如各类电力系统；②实现信号的处理，如收音机和电视机中的调谐放大电路。

1.1.1 实际电路

无论电路结构多么复杂，它们都由三大部分组成：电源或信号源、中间环节和负载。

图 1.1-1（a）是最简单的手电筒实际照明电路。它由三部分组成：

(1) 提供电能的能源（图中为电池），简称电源或激励源或输入。电源把其他形式的能量转换成电能。

(2) 用电设备（图中为灯泡），简称负载。负载把电能转换为其他形式的能量。

(3) 连接导线，导线提供电流通路。

电路中产生的电压和电流称为响应。

根据元件的不同特性，电路可分为以下几种。

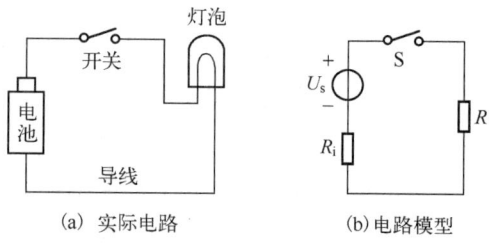

图 1.1-1 手电筒实际照明电路

- 根据电路元件参数可分为分布参数电路和集总参数电路。分布参数电路是必须考虑电路元件参数分布性的电路。参数的分布性指电路中同一瞬间相邻两点的电位和电流都不相同。在电力系统中，高电压远距离的电力传输线是比较典型的分布参数电路。而集总参数电路是由集总参数元件构成的电路。集总参数思想是电路原理的最基本也是最核心的思想。

- 根据电路元件参数是否随时间变化可分为时变电路和时不变电路。时变电路是含有时变参数元件的电路。电阻参数随时间变化的电阻器，电感（互感）参数随时间变化的电感器，电容参数随时间变化的电容器，都是时变参数元件。时不变电路是其电路参数不随时间改变的线性电路。
- 根据表征电路元件特性的代数关系可分为非线性电路和线性电路。非线性电路是指含有非线性元件的电路。这里的非线性元件不包括独立电源。线性电路是完全由线性元件、独立源或线性受控源构成的电路。

1.1.2 电路模型

电路分析的研究对象不是实际电路或一个实际的电路元件，而是将实际电路抽象成理想化的电路模型，通过对电路模型的分析来代替对实际电路的分析。在电路原理中，将这些理想化的电路模型称为电路。而电路是由一些理想化的电路元件组成的。在一定条件下对实际电路元件加以理想化，抽象出一些反映单一电磁现象的理想化电路元件，简称为电路元件。

电阻元件（Resistance）是表示消耗电能的元件，如图 1.1-2 所示。

电容元件（Capacitor）能表示各种电容器产生电场、储存电能的作用，如图 1.1-3 所示。

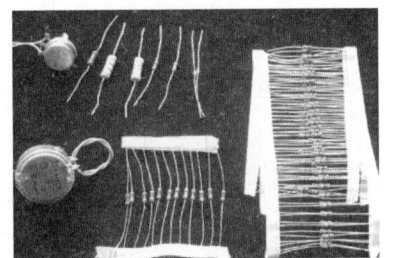

图 1.1-2　电阻元件

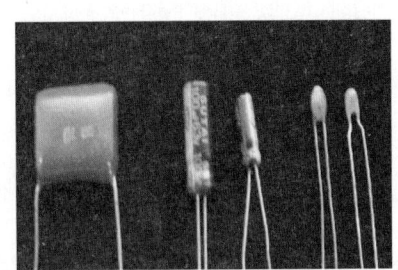

图 1.1-3　电容元件

电感元件（Inductor）能表示各种电感线圈产生磁场、储存磁能的作用，如图 1.1-4 所示。

电源元件（Source）是表示各种其他形式的能量转换成电能的元件，如图 1.1-5 所示。

图 1.1-4　电感元件

图 1.1-5　电源元件

这样，电阻元件、电感元件和电容元件就是抽象化了的理想电路元件。将这些元件按一定方式连接起来，逼近实际电路的特性，便构成了实际电路的模型。例如，图 1.1-1（b）为图 1.1-1（a）所示实际电路的电路模型。在这个模型中，电池用一个电压为 U_S 的电源和一个与它串联的内阻 R_i 表示，灯泡用一个电阻 R 表示，连接导线用理想导线（其电阻设为零）或线段表示。

把各种理想的电路元件连接而成的电路，称为理想电路，也称为电路模型。而实际电路是把各种实际电路元件连接而成的电路。应当指出，用理想电路元件的组合来模拟实际电路，只能在一定条件下近似地反映实际电路中所发生的物理过程。但大量实践证明，只要电路模型建立恰当，对电路模型分析的结果就会与实际电路的测试结果保持基本一致。

电阻元件、电感元件和电容元件都是二端元件，它们分别集总地代表实际电路中耗能作用、磁场作用和电场作用，每个元件中都有确定的电流，端子间都有确定的电压，将这些元件称作集总参数元件。它们是只表示一种电或磁特性的元件。而由集总参数元件构成的电路，称作集总参数电路。实际电路用集总参数电路来近似是有条件的，即当电路元件的尺寸 L 远小于正常工作的波长 λ 时，元件的尺寸与工作波长相比可忽略不计，元件的特性参数可用集总参数表示。电路分析是以集总假设为前提的，其中的基本定律及分析方法必须满足集总假设。未加特殊说明的情况下，本书中的电路均为集总参数电路。

思考与练习

1.1-1 实际电路与电路模型有何区别？

1.1-2 电路模型的适用条件是什么？

1.1-3 画出由 1 节干电池、1 个开关、1 个灯泡、2 个电阻和若干导线组成的并联电路及其模型。

1.1-4 画出由 1 节干电池、1 个开关、1 个灯泡、4 个电阻和若干导线组成的串并混联电路及其模型。

1.2 电流、电压参考方向及功率的计算

电路的变量有电流、电压、电荷、磁链、功率及能量，其中电流、电压、功率是用得较多的三个变量，电流、电压是最基本的变量。在电路分析中，不仅要知道它们的大小，还要知道它们的方向。

1.2.1 电流参考方向

电荷在导体中的定向运动形成电流。电流的大小用电流强度来表示，是单位时间内通过导体横截面的电荷量，可简称为电流。电流的方向习惯上规定为正电荷定向移动的方向。在电路分析中，每个元件中的电流的实际方向往往无法预先判断，而且有时电流的实际方向随时间不断变化，因此很难在电路中标明电流的实际方向。由此引入"参考方向"的概念。

参考方向是在电路分析中任意假设的电流方向，因此所选的参考方向不一定是电流的实际方向。电流的参考方向在电路中一般用画在元件旁或元件引线上的箭头表示。如图 1.2-1 所示电路中，用实线箭头标出了电路元件中电流的参考方向。在参考方向选定后，在指定的电流参考方向下，电流值的正和负就可以反映出电流的实际方向。"$i>0$"表示实际方向与参考方向相同；"$i<0$"表示实际方向与参考方向相反。例如图 1.2-1 所示电路中，若解出电流 $i=-5\text{A}$，表示电流 i 的大小为 5A，电流实际方向与参考方向相反，即由 B 指向 A。可见只有参考方向而无代数表达式就不能确定实际方向；反之，没有参考方向，表达式就没有意义，同样不能知道实际方向。电流的参考方向也可用双下标表示，如 i_{AB}，表示电流的参考方向由 A 指向 B。需要指出的是，用双下标表示电流参考方向对并联电路不适用。

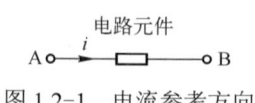

图 1.2-1 电流参考方向

值得注意的是，在求解电路时，先标定电流的参考方向，参考方向是分析计算电路的依据。特别需要指出的是，电流是一种物理现象，是客观存在的，电流方向也是客观存在的，而电流的参考方向仅是为了计算方便而引入的。

1.2.2 电压参考方向

在电路中，单位正电荷由 A 点移动到 B 点所获得或失去的能量为 A、B 两点间电位差，即 A、B 间的电压。电压的真实方向是使电荷电能减少的方向，也是库仑电场力对正电荷做正功的方向，从高电位指向低电位。电压的实际方向也有两种，可以选定任意一个方向为电压的参考方向。在电路中，电压的参考方向可用正（+）、负（−）极性表示，正极性指向负极性的方向就是电压的参考方向。有时为了图示方便，可用一个箭头表示电压的参考方向，如图 1.2-2 所示；也可用双下标表示，如 u_{AB}。若"$u > 0$"表明实际方向与参考方向极性一致，若"$u < 0$"表明实际方向与参考方向相反。

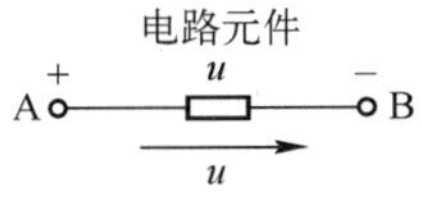

图 1.2-2 电压参考方向

值得注意的是，在对电路进行分析时，都应该先指定各处的电流和电压的参考方向。参考方向在电路分析中起着重要的作用，没有参考方向，复杂电路的分析将难以进行。

1.2.3 关联及非关联参考方向、功率的计算

一个元件的电流和电压的参考方向都可以独立地任意指定。如果指定流过元件的电流的参考方向是从标以电压"+"极性的一端流入，从标以电压"−"极性的一端流出，即电流的参考方向和电压的参考方向一致，这种参考方向称为关联参考方向，如图 1.2-3（a）所示。当两者不一致时，称为非关联参考方向，如图 1.2-3（b）所示。

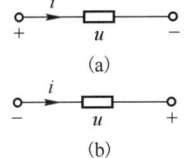

在电路分析和计算中，能量和功率的计算十分重要。电功率与电压和电流密切相关。正电荷从元件上电压的正极经元件运动到电压的负极，电场力做正功，元件吸收能量；相反，正电荷从元件上电压的负极经元件运动到电压的正极，电场力做负功，元件向外释放能量。

图 1.2-3 关联和非关联参考方向

根据电压的定义，A、B 两点间的电压等于电场力将单位正电荷由 A 点移动到 B 点时所做的功，可知 dt 时间内将电荷 dq 由 A 点移动到 B 点电场力所做的功为

$$dw = u dq$$

该瞬间电场力做功的速率称为该瞬时的电功率，用 p 表示。

若电压 u 和电流 i 为关联参考方向，如图 1.2-3（a）所示，则

$$p = \frac{dw}{dt} = u \frac{dq}{dt} = ui$$

式中，p 是元件吸收的功率。但 u、i 的值可能为"+"，也可能为"−"，因此 p 的值也有"+"或"−"的可能。若 p 为"+"（即 $p > 0$），则表示该元件实际吸收功率。若 p 为"−"（即 $p < 0$），则表示该元件实际发出功率。

若电压 u 和电流 i 为非关联参考方向，如图 1.2-3（b）所示，则 $p = ui$ 表示发出功率。

$p>0$ 表示该元件实际发出功率；$p<0$ 表示该元件实际吸收功率。此时 $p=-ui$ 表示吸收功率，$p>0$ 表示该元件实际吸收功率；$p<0$ 表示该元件实际发出功率。实际计算时，为不致混淆，可加下标来区别，若 u、i 为关联参考方向，则用 $p_{吸}=ui$ 表示；若 u、i 为非关联参考方向，则用 $p_{发}=ui$ 表示。

在国际单位制中，电压的单位是伏特（Volt），简称伏（符号为 V）；电流的单位是安培（Ampere），简称安（符号为 A）；功率的单位是瓦特（Watt），简称瓦（符号为 W）。

例 1.2-1 图 1.2-4 所示直流电路中，$U_1=5V$，$U_2=-6V$，$U_3=8V$，$I=2A$。求各元件吸收的电功率。

解：图中元件 1 和元件 2 的电压、电流为关联参考方向，所以

$$P_{1吸}=U_1I=5\times2=10W \text{（实际吸收 10W）}$$

$$P_{2吸}=U_2I=-6\times2=-12W \text{（实际发出 12W）}$$

元件 3 的电压、电流为非关联参考方向，所以

$$P_{3发}=U_3I=8\times2=16W \text{（实际发出 16W）}$$

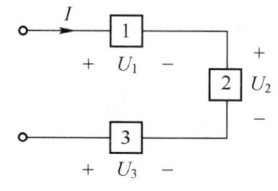

图 1.2-4 例 1.2-1 图

需要注意的是，当电流和电压为关联参考方向时，如果 $p=ui$ 表示吸收功率，则 $p>0$ 表示实际吸收功率，$p<0$ 表示实际发出功率；当电流和电压为非关联参考方向时，如果 $p=-ui$ 表示吸收功率，则 $p>0$ 表示实际发出功率，$p<0$ 表示实际吸收功率。

思考与练习

1.2-1 求解图 1.2-5 所示直流电路中的电流 I_1。

1.2-2 求解图 1.2-6 所示直流电路中的电压 U_1。

1.2-3 已知电压 $U=5V$，$I=-1A$，求图 1.2-7 所示直流电路中电阻 R 的吸收功率。

1.2-4 已知电压 $U=4V$，$I=-2A$，求图 1.2-8 所示直流电路中电阻 R 的发出功率。

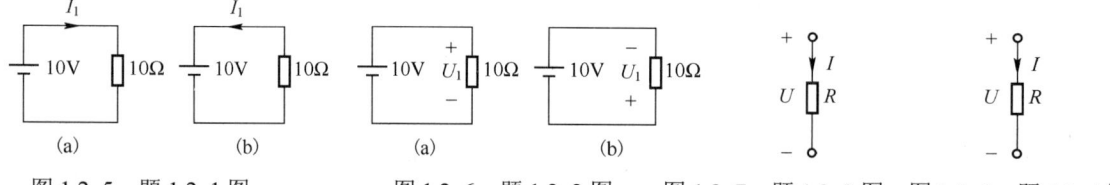

图 1.2-5 题 1.2-1 图　　图 1.2-6 题 1.2-2 图　　图 1.2-7 题 1.2-3 图　　图 1.2-8 题 1.2-4 图

1.3 无源电路元件

本节主要介绍电阻元件、电容元件和电感元件。各种元件都有精确的定义，由此可确定电压和电流之间的关系，简称 VCR（Voltage Current Relation），这种关系是电路分析的基础之一。

1.3.1 电阻元件

电阻元件是电路基本元件之一，是用来模拟电能损耗或将电能转换成热能等其他形式能量的理想元件，例如电阻器、灯泡、电炉等。当电压和电流参考方向为关联参考方向时，线

性电阻元件的电压和电流符合欧姆定律，如图 1.3-1 所示，即

$$u = Ri \qquad (1.3-1)$$

电压 u 的单位为伏特（V），电流 i 的单位为安培（A），电阻 R 的单位为欧姆（Ω）。线性电阻 R 是一个与电压和电流无关的正常数。

图 1.3-1　电阻元件（关联参考方向）

如果把电阻元件的电流 i 取为横坐标，电压 u 为纵坐标，画出电压电流的关系曲线，这条曲线称为该元件的伏安特性，它是一条通过原点的直线，如图 1.3-2 所示。

令 $G = 1/R$，则式（1.3-1）变为

$$i = Gu$$

式中，G 称为电阻元件的电导（Conductance），电导的单位为西[门子]（S）。如 $R = 10\Omega$，则 $G = 0.1S$。

如果电阻元件的电压和电流为非关联参考方向，如图 1.3-3 所示，则欧姆定律应写为

$$u = -Ri, \quad i = -Gu$$

由式（1.3-1）及图 1.3-2 可知，在任何时刻电阻元件的端电压（或电流）是由同一时刻电流（或电压）决定的，而与过去的电流（或电压）无关，所以电阻元件是一种无记忆元件。

当电流和电压为关联参考方向时，任何时刻电阻元件吸收（消耗）的电功率为

$$p = ui = Ri^2 = u^2/R = Gu^2 = i^2/G$$

式中，R 和 G 是正实常数，故功率 p 恒为非负值，电阻吸收功率。

在电流和电压为非关联参考方向时，任何时刻电阻元件吸收（消耗）的电功率为

$$p = -ui = -(-Ri)i = Ri^2$$

由于这时有 $u = -Ri$ 或 $i = -Gu$，因此功率 $p = -ui = -(-Ri)i = Ri^2$ 仍为正值，这说明电阻元件仍吸收功率，即在任何时刻它是不可能发出功率的。所以，线性电阻元件是无源耗能元件。

从 t_0 到 t 内，电阻元件产生的热量为

$$W = \int_{t_0}^{t} Ri^2(\xi)d\xi$$

当一个电阻元件的端电压不论为何值时，流过它的电流恒为零值，就把它称为"开路"（Open Circuit），其伏安特性与 u 轴重合，如图 1.3-4 所示，这相当于 $R = \infty (G = 0)$。当流过一个电阻元件的电流不论为何值时，它的端电压恒为零值，就把它称为"短路"（Short circuit），其伏安特性与 i 轴重合，如图 1.3-5 所示，这相当于 $R = 0 (G = \infty)$。

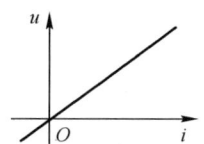

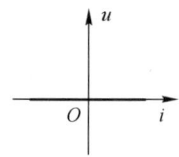

图 1.3-2　线性电阻元件的伏安特性　　图 1.3-3　电阻元件（非关联参考方向）　　图 1.3-4　电阻元件的伏安特性（$R = \infty$）　　图 1.3-5　电阻元件的伏安特性（$R = 0$）

如果电阻元件的伏安特性在 u-i 平面上不是通过原点的直线，此元件称为非线性电阻元件；如果电阻元件的伏安特性不随时间改变，则称为定常电阻元件。为叙述方便，把线性电阻元件简称为电阻，所以本书中"电阻"这个术语及其相应的符号 R 既表示一个电阻元

件,又表示这个元件的参数。实际电阻元件除了标注电阻值外,还标注额定功率,使用电阻元件时,电阻吸收的功率应小于额定功率。

1.3.2 电容元件

电容器应用很广泛,它是由绝缘介质隔开的两块金属极板构成的。加上电源后,两块极板上分别聚集起等量异性电荷,在介质中建立起电场,并储存有电场能量。电源移去后,电荷继续聚集在极板上,电场继续存在。因此,电容器是一种能够储存电场能量的实际器件。电容器(Capacitor)是实际电容器的理想化模型。

线性电容元件的图形符号如图 1.3-6 所示,$+q$ 和 $-q$ 是该元件正极板和负极板上的电荷量。若电容元件上电压的参考方向规定由正极板指向负极板,则任何时刻正极板上的电荷 q 与其两端的电压 u 的关系为

$$q = Cu$$

式中,C 称为该元件的电容,是一个正实常数。当电荷和电压的单位分别用库仑(C)和伏特(V)表示时,电容的单位为法拉(F)。图 1.3-7 中以 q 和 u 为坐标轴,画出了电容元件的库伏特性,它也是一条通过原点的直线。

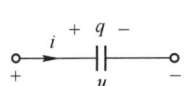
图 1.3-6 电容元件图形符号

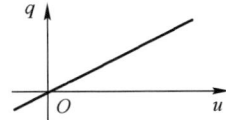
图 1.3-7 电容元件的库伏特性

库伏特性描述的是 q 和 u 的关系,但在电路分析中感兴趣的是电容元件的伏安关系。如果电容元件的电流 i 和电压 u 取关联参考方向,如图 1.3-6 所示,则有

$$i = \frac{dq}{dt} = \frac{d(Cu)}{dt} = C\frac{du}{dt} \quad (1.3\text{-}2)$$

式(1.3-2)就是电容元件的 VCR,该式表明电流和电压的变化率成正比,电容元件的电压与电流具有动态关系,因此电容元件是一个动态元件。

若电容端电压 u 与电流 i 取非关联参考方向,则

$$i = -C\frac{du}{dt}$$

当电压不随时间变化时,电流为零。故电容在直流情况下其两端电压值恒定,相当于开路,或者说电容有隔断直流(简称隔直)的作用。

式(1.3-2)的逆关系为

$$u = \frac{1}{C}\int_{-\infty}^{t} i(\xi)d\xi = \frac{1}{C}\int_{-\infty}^{0} i(\xi)d\xi + \frac{1}{C}\int_{0}^{t} i(\xi)d\xi$$
$$= u(0) + \frac{1}{C}\int_{0}^{t} i(\xi)d\xi$$

该式表明,电容元件的电压除与 0 到 t 的电流值有关外,还与 $u(0)$ 的值有关,因此,电容元件是一种记忆元件。

在电压 u 和电流 i 为关联参考方向时,电容元件吸收的功率为

$$p = ui = Cu\frac{du}{dt}$$

从 $t = -\infty$ 到 t 时刻，电容元件吸收的电场能量为

$$W_C = \int_{-\infty}^{t} u(\xi)i(\xi)d\xi = \int_{-\infty}^{t} Cu(\xi)\frac{du(\xi)}{d\xi}d\xi$$

$$= C\int_{u(-\infty)}^{u(t)} u(\xi)du(\xi) = \frac{1}{2}Cu^2(t) - \frac{1}{2}Cu^2(-\infty)$$

若 $u(-\infty) = 0$，电容元件在任何时刻 t 储存的电场能量将等于它吸收的能量，即

$$W_C(t) = \frac{1}{2}Cu^2(t)$$

从 t_1 到 t_2 内，电容元件吸收的能量为

$$W_C = C\int_{u(t_1)}^{u(t_2)} udu = \frac{1}{2}Cu^2(t_2) - \frac{1}{2}Cu^2(t_1) = W_C(t_2) - W_C(t_1)$$

当电压的绝对值|u|增大时，$W_C(t_2) > W_C(t_1)$，$W_C > 0$，电容元件吸收能量，且全部转换为电场能；当电压的绝对值|u|减小时，$W_C(t_2) < W_C(t_1)$，$W_C < 0$，电容元件将电场能量释放出来并转换成电能。可见它并不把吸收的能量消耗掉，而是以电场能量的形式存储起来，所以电容元件是一种储能元件。同时，电容元件不会释放出多于它吸收或储存的能量，所以它又是一种无源元件。

一般的电容器除有储能作用外，也会消耗一部分电能，这时，电容器的模型就必须是电容元件和电阻元件的组合。由于电容器消耗的电功率与所加电压直接相关，因此其模型也是两者的并联组合。

如果电容元件的库伏特性在 u-q 平面上不是通过原点的直线，此元件称为非线性电容元件；如果电容元件的库伏特性随时间改变，则称为时变电容元件。为了叙述方便，把线性电容元件简称为电容，所以本书中"电容"这个术语以及相应的符号 C 既表示一个电容元件，也表示这个元件的参数。

1.3.3 电感元件

电感元件（Inductor）是实际线圈的理想化模型。假想它由无电阻的导线绕制而成，且周围无铁磁物质（铁、钴、镍及其合金），线圈通过电流 i 时，将产生磁通 Φ_L。若 Φ_L 与 N 匝线圈都交链，则磁通链 $\Psi_L = N\Phi_L$，如图 1.3-8 所示。

Φ_L 和 Ψ_L 都是由线圈本身的电流产生的，分别叫做自感磁通和自感磁通链。规定 Φ_L 和 Ψ_L 的参考方向与 i 的参考方向之间满足右手螺旋定则，则任何时刻电感元件的 Ψ_L 与 i 成正比，即

$$\Psi_L = Li$$

式中，L 称为该元件的自感或电感，是一个正实常数。

在国际单位制中，磁通和磁通链的单位是 Wb（韦伯，简称韦）；当电流的单位采用 A 时，则自感或电感的单位是 H（亨利，简称亨）。

线性电感元件的韦安特性是 ψ-i 平面上一条通过原点的直线，如图 1.3-9 所示。

线性电感元件在电路中的图形符号如图 1.3-10 所示。

韦安特性描述的是 ψ 和 i 的关系，但在电路分析中感兴趣的是电感元件的伏安关系。如果电感元件的电流 i 和电压 u 取关联参考方向，如图 1.3-10 所示，则当磁通链 Ψ_L 随时间变化时，在线圈的端子间产生感应电压 u。如果 u 的参考方向与 Ψ_L 满足右螺旋关系，则根据电磁感应定律，有

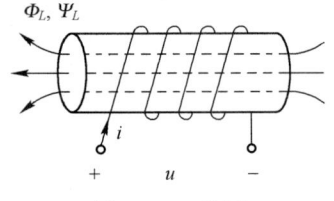 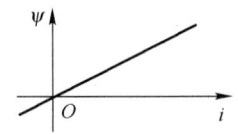 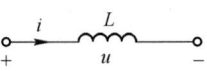

图 1.3-8　线圈　　　　图 1.3-9　线性电感元件的韦安特性　　　　图 1.3-10　电感元件的图形符号

$$u = \frac{d\Psi_L}{dt} \tag{1.3-3}$$

将 $\Psi_L = Li$ 代入式（1.3-3），即得电感元件电压与电流的关系式为

$$u = L\frac{di}{dt} \tag{1.3-4}$$

若电感电压 u 与电流 i 取非关联参考方向，则有

$$u = -L\frac{di}{dt}$$

式（1.3-4）的逆关系为

$$i = \frac{1}{L}\int u\,dt \tag{1.3-5}$$

式（1.3-5）写成定积分形式为

$$i = \frac{1}{L}\int_{-\infty}^{t} u\,d\xi = \frac{1}{L}\int_{-\infty}^{0} u\,d\xi + \frac{1}{L}\int_{0}^{t} u\,d\xi = i(0) + \frac{1}{L}\int_{0}^{t} u\,d\xi$$

或

$$\Psi_L = \Psi_L(0) + \int_{0}^{t} u\,d\xi$$

可以看出，电感元件是动态元件，也是记忆元件。

在电压 u 和电流 i 取关联参考方向时，电感元件吸收的功率为

$$p = ui$$

从 t_1 到 t_2 内，线性电感元件吸收的磁场能量为

$$W_L = L\int_{i(t_1)}^{i(t_2)} i\,di = \frac{1}{2}Li^2(t_2) - \frac{1}{2}Li^2(t_1) = W_L(t_2) - W_L(t_1)$$

由于在 $t = -\infty$ 时，$i(-\infty) = 0$，电感元件无磁场能量，因此，从 $-\infty$ 到 t 的时间段内吸收的磁场能量为

$$W_L = \frac{1}{2}Li^2 \geqslant 0$$

这是线性电感元件在任何时刻的磁场能量表达式。

当电流的绝对值 $|i|$ 增大时，$W_L(t_2) > W_L(t_1)$，$W_L > 0$，电感元件吸收能量并全部转变为磁场能量；当电流的绝对值 $|i|$ 减小时，$W_L(t_2) < W_L(t_1)$，$W_L < 0$，电感元件将磁场能量释放出来并转换成电能。可见它并不把吸收的能量消耗掉，而是以磁场能量的形式存储起来。所以，电感元件是一种储能元件。同时，电感元件不会释放出多于它吸收或储存的能量，所以它又是一种无源元件。

如果电感元件的韦安特性在 ψ-i 平面上不是通过原点的直线，则称为非线性电感元件；如果电感元件的韦安特性随时间改变，则称为时变电感元件。为了叙述方便，把线性电感元件简称为电感，所以本书中"电感"这个术语以及相应的符号 L 一方面表示一个电感元

件,另一方面也表示这个元件的参数。

思考与练习

1.3-1 列出电阻元件、电容元件、电感元件的不同之处。

1.3-2 画出电阻元件、电容元件、电感元件的电路符号。

1.4 独立电源

电源是提供能量的器件,是一种有源的电路元件,是各种电能量(电功率)产生器的理想化模型。独立电源可分为独立电压源和独立电流源。加"独立"二字是为了与以后介绍的受控源相区别。

1.4.1 独立电压源

电压源是一种理想的有源二端电路元件,它的端电压 $u(t)$ 为

$$u(t) = u_S(t)$$

式中,$u_S(t)$ 为给定的时间函数。即电压源的端电压 u 是已知的;而电流 i 是未知的,它由外电路决定。也就是说,电压源的两个特点为:

(1) 电压源对外提供的电压 $u(t)$ 是由自身确定的时间函数,与外电路无关,不会因所接的外电路不同而改变;

(2) 通过电压源的电流是由外电路决定的,随外接电路不同而不同。

电压源的电路符号如图 1.4-1(a)所示,一般为计算方便,常取电流和电压为关联参考方向。当 $u_S(t)$ 为常数,即 $u_S(t) = U_S$ 为常数,这种电压源称为直流电压源,用图 1.4-1(b)所示的图形符号表示,其中长划线表示电源的"+"端,该图也是用来表示电池的图形符号。

图 1.4-2(a)为直流电压源在 i-u 平面上的伏安特性,它是一条与电流轴平行的直线,截距 U_S 表示直流电压源的电压值。如果 $u_S(t)$ 是随时间而变化的,则平行于电流轴的直线也随之改变其位置,它在电压轴上的截距表示不同时刻时变电压的电压值,如图 1.4-2(b)所示的 $u_S(t_1)$ 和 $u_S(t_2)$ 分别表示 t_1 和 t_2 时刻电压源的电压值。

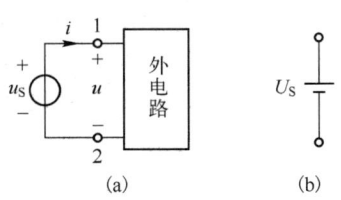

图 1.4-1 电压源电路符号

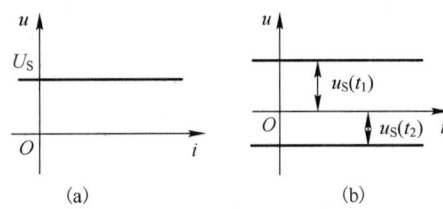

图 1.4-2 电压源伏安特性

电压源没有外接电路时,电流 i 的值总为零,这种情况称为"电压源处于开路",这时电压源既不发出功率也不吸收功率。当电压源接有外电路时,由于电压源的电压是给定的,但电流的大小和方向则与外电路有关,因此电压源可能对外电路提供能量,也可能从外电路吸收能量。如果电压源的电压及其电流为非关联参考方向(一般取为非关联参考方向),此

时，电压源发出的功率为

$$p(t) = u_S(t)i(t)$$

它也是外电路吸收的功率。$p>0$，表示电压源发出功率；$p<0$，则表示电压源吸收功率。

常见的实际电源（如发电机、蓄电池等）的工作原理比较接近电压源，但它们都具有内阻。在进行电路分析时，应采用电压源和电阻的串联组合作为电压源的电路模型。

1.4.2 独立电流源

电流源也是一个理想二端电路元件。电流源发出的电流 $i(t)$ 为

$$i(t) = i_S(t)$$

式中，$i_S(t)$ 为给定的时间函数。与电压源相反，通过电流源的电流与电压无关，而总是保持为给定的时间函数。电流源的两个特点为：

（1）电流源向外电路提供的电流 $i(t)$ 是由自身确定的时间函数，与外电路无关，不会因所接的外电路不同而改变。

（2）电流源的端电压 $u(t)$ 是由外电路决定的，随外接电路不同而不同。

电流源的图形符号如图 1.4-3（a）所示。如果电流源的电流 $i_S(t)$ 为常数，即 $i_S(t) = I_S$ 为常数，这种电流源称为直流电流源，图 1.4-3（b）为直流电流源在 i-u 平面上的伏安特性，它是一条与电压轴平行的直线，截距 I_S 表示直流电流源的电流值。如果 $i_S(t)$ 是随时间而变化的，则平行于电压轴的直线也随之改变其位置，它在电流轴上的截距表示不同时刻时变电流的电流值，其伏安特性如图 1.4-3（c）所示。

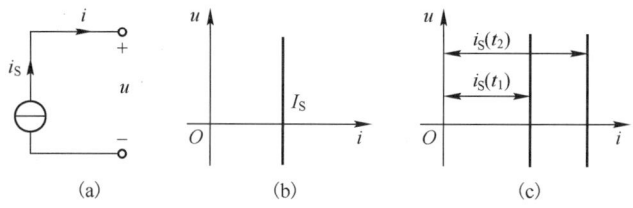

图 1.4-3 独立电流源及其伏安特性

如果电流源的电压、电流为非关联参考方向（一般取为非关联参考方向），此时，电流源发出的功率为

$$p(t) = u(t)i_S(t)$$

它也是外电路吸收的功率。$p>0$，表示电流源发出功率；$p<0$，则表示电流源吸收功率。当电流源短路时，$u=0$，这时电流源既不发出功率也不吸收功率。

常见的光电管、光电池等器件的工作原理比较接近电流源。在进行电路分析时，应采用电流源和电阻的并联组合作为电路模型。

在求解电路时，需要注意的是，电压源和电流源，其源电压和源电流都是给定的时间函数，不受外电路的影响，故称为独立源。"独立"二字是相对下一节要介绍的"受控"电源来说的。独立电源也叫激励源，源电压和源电流都是给定的时间函数，不受外电路的影响。

思考与练习

1.4-1 独立电压源的特点是什么？
1.4-2 独立电流源的特点是什么？
1.4-3 计算图 1.4-4 所示直流电路中电压源发出的功率以及电阻消耗的功率。

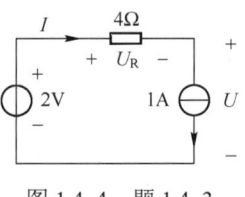

图 1.4-4 题 1.4-3

1.5 受控源

在电子电路中有这样一类元件，它们具有有源元件的一些特性，但其电压或电流不是给定时间的函数，而是受电路中某个电压或电流的控制，将这类元件称作受控源或非独立源。受控源是四端元件，是一类具有放大作用的电子元件（如电子管、晶体管、场效应管等）的电路模型，是电子电路的重要元件。

受控电压源或受控电流源因控制量是电压或电流，因此受控源电路可分为四种，包括电压控制电压源（Voltage Controlled Voltage Source，VCVS）、电压控制电流源（Voltage Controlled Current Source，VCCS）、电流控制电压源（Current Controlled Voltage Source，CCVS）、电流控制电流源（Current Controlled Current Source，CCCS），如图1.5-1所示。为了与独立源相区别，用菱形符号表示其电源部分。

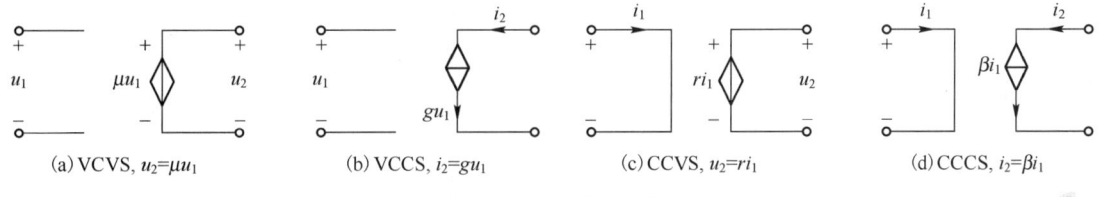

图 1.5-1 受控电源

其中 u_1、i_1 为控制量，u_2、i_2 为被控量，μ、g、r、β 为控制系数，分别称作转移电压比、转移电导、转移电阻、转移电流比。当 μ、g、r、β 均为常数时，称作线性受控源。本书中只考虑线性受控源，一般略去"线性"二字，简称受控源。

注意：受控源与独立源是有所不同的，独立源在电路中起"激励"作用，在电路中产生电压和电流。而受控源则不同，它的源电压或源电流受电路中其他电压或电流控制，当这些控制电压或控制电流为零时，受控源的源电压或源电流也为零。因此，受控源只是反映电路中某处的电压或电流能控制另一处的电压或电流这一现象而已，它本身不直接起"激励"作用。

例 1.5-1 图 1.5-2 所示电路中，$I_s = 2\text{A}$，$U_2 = 0.5U_1$，$R_1 = 5\Omega$，$R_2 = 2\Omega$，计算 I_2。

解：先求出控制电压 U_1，由图中左边电路有

$$U_1 = 5I_1 = 5I_s = 5 \times 2 = 10\text{V}$$

$$U_2 = 0.5U_1 = 5\text{V}$$

由欧姆定律，可得 $I_2 = U_2 / R_2 = 5/2 = 2.5\text{A}$

若 $I_s = 0$，则 $U_2 = 0$，说明控制源起作用，它才是激励源。

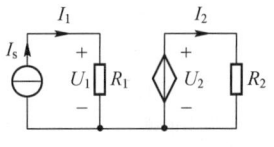

图 1.5-2 例 1.5-1 图

思考与练习

1.5-1 受控电压源的特点是什么？

1.5-2 受控电流源的特点是什么？

1.5-3 受控源与独立源的区别是什么？

1.6 基尔霍夫定律

课程思政融入点：通过基尔霍夫在 21 岁就提出了影响网状电路计算的两个重要定律：基尔霍夫电流和电压定律，指出人类历史上的重大发明和创造都是科学家在青年时期提出的，引导学生积极培养创新意识，要善于发现问题、解决问题。

古斯塔夫·罗伯特·基尔霍夫（Gustav Robert Kirchhoff, 1824—1887 年），1824 年 3 月 12 日生于普鲁士的柯尼斯堡（今为俄罗斯加里宁格勒），1887 年 10 月 17 日卒于柏林。基尔霍夫在柯尼斯堡大学学习物理学，1847 年毕业后去柏林大学任教，3 年后去布雷斯劳任临时教授。1854 年由化学家本生推荐任海德堡大学教授。1875 年到柏林大学任理论物理教授，直到逝世。1845 年，21 岁时他发表了第一篇论文，提出了稳恒电路网络中电流、电压、电阻关系的两条电路定律，即著名的基尔霍夫电流定律（KCL）和基尔霍夫电压定律（KVL），解决了电器设计中电路方面的难题。

基尔霍夫定律包括基尔霍夫电流定律（Kirchhoff's Current Law，KCL）和基尔霍夫电压定律（Kirchhoff's Voltage Law，KVL）。它反映了电路中所有支路电压和电流所遵循的基本规律，是分析集总参数电路的基本定律。基尔霍夫定律与元件的 VCR 构成了电路分析的基础。在叙述基尔霍夫定律之前，以图 1.6-1 所示典型电路为例介绍几个有关的电路名词。

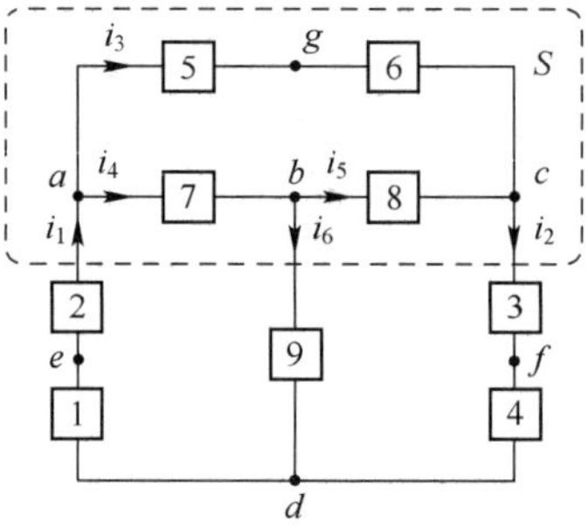

图 1.6-1 典型电路

（1）约束。电路一经给定，各支路电压、电流必然受到两种约束，即元件约束和拓扑约束。元件约束是元件的特性造成的约束（VCR），反映了元件上的电压电流关系。例如，线性电感元件的电压电流之间必然满足 $u = L\dfrac{\mathrm{d}i}{\mathrm{d}t}$（电压电流取关联参考方向）的关系。拓扑约束，又称为结构约束，是由元件连接方式、电路结构给支路电流电压带来的约束，只取决于连接方式，与元件性质无关，描述这类约束的就是基尔霍夫电流定律和基尔霍夫电压定律。

（2）支路（Branch）。将组成电路的每个二端元件称为一条支路。按此定义，图 1.6-1 所示电路有支路 1 至支路 9 共 9 条支路。

（3）节点（Node）。支路的连接点称为节点。图 1.6-1 中共有 7 个节点，即 a、b、c、d、e、f、g。

（4）回路（Loop）。由若干支路组成的闭合路径，且每个节点只经过一次，这条闭合路径称为回路。图 1.6-1 中有 7 个回路，即 $abdea$、$bcfdb$、$abcga$、$abdfcga$、$agcbdea$、$abcfdea$、$agcfdea$。

关于支路和节点，另外一种定义为：

（1）将电路中流过同一电流的一个分支称为一条支路。图 1.6-1 中有 6 条支路，即 *aed*、*cfd*、*agc*、*ab*、*bc*、*bd*。

（2）将三条或三条以上支路的连接点称为节点。图 1.6-1 中有 4 个节点，即 *a*、*b*、*c*、*d*。

对于同一电路，采用这种定义，得出的支路数、节点数一般比前述规定得出的要少。因此，为方便起见，本书中一般采用这种定义来确定支路和节点。

1.6.1 基尔霍夫电流定律

基尔霍夫电流定律（KCL）指的是在集总参数电路中，任何时刻，对任一节点，流出一个节点的所有支路电流的代数和恒等于零，即

$$\sum i = 0$$

上式中，流出节点的电流前取"+"，流入节点的电流前取"-"，而电流是流出节点还是流入节点均按电流的参考方向来判定。

基尔霍夫电流定律又称基尔霍夫第一定律，它反映了任一节点各支路电流之间的相互约束关系。

对图 1.6-1 中的节点 *a* 应用 KCL，有

$$-i_1 + i_3 + i_4 = 0 \tag{1.6-1}$$

式（1.6-1）可以写成

$$i_1 = i_3 + i_4 \tag{1.6-2}$$

式（1.6-2）表明在集总参数电路中，任何时刻，流入一个节点的电流之和等于流出该节点的电流之和。

KCL 不仅适用于一个节点，也适于一个包围部分电路的封闭面。

例如，图 1.6-1 中，封闭面 *S* 包围着节点 *a*、*b*、*c*，在这些节点处有

$$-i_4 + i_5 + i_6 = 0, \quad -i_1 + i_3 + i_4 = 0, \quad i_2 - i_3 - i_5 = 0 \tag{1.6-3}$$

把式（1.6-3）的各式相加，则流出封闭面的电流的代数和为

$$-i_1 + i_2 + i_6 = 0$$

即

$$\sum i = 0$$

因此，流出（或流入）一个封闭面的电流的代数和也恒等于零；或者说，流出封闭面的电流之和等于流入封闭面的电流之和，这就是电流的连续性。基尔霍夫电流定律也是电荷守恒定律的体现。

值得注意的是，利用 KCL，对于节点 *a*、*b*、*c*、*d*，有

$$\begin{cases} -i_1 + i_3 + i_4 = 0 \\ -i_4 + i_5 + i_6 = 0 \\ i_2 - i_3 - i_5 = 0 \\ i_1 - i_2 - i_6 = 0 \end{cases}$$

将上述四个方程加起来，则方程两边均为零。这说明四个方程不是相互独立的，是相关的。但从这四个方程中任意去掉一个，其余三个都是独立的。因此，利用 KCL，对一个有 *n* 个节点的电路列 KCL 方程仅能列(*n*-1)个，这(*n*-1)个节点也称为独立节点。

1.6.2 基尔霍夫电压定律

基尔霍夫电压定律（KVL）指的是在集总参数电路中，任何时刻，沿着一个回路所有支

路电压的代数和恒等于零，即

$$\sum u = 0$$

列写 KVL 方程式之前，先要指定回路的绕行方向，凡支路电压的参考方向与回路绕行方向一致时，此电压前面取"+"号；而支路电压的参考方向与回路绕行方向相反时，则电压前面取"-"号。回路的绕行方向可用箭头表示，也可用闭合节点序列来表示。

如果一个闭合节点序列不构成回路，如图 1.6-1 中节点（a、d、e、a），在节点 a、d 之间没有支路，但节点 a、d 之间有开路电压，KVL 同样适用于这样的闭合节点序列，则有

$$u_{ad} + u_{de} + u_{ea} = 0$$

所以在集总电路中，任何时刻，沿任何闭合节点序列，全部电压之代数和恒等于零。这是 KVL 的另一种形式。上式可改写为

$$u_{ad} = -u_{de} - u_{ea} = u_{ae} + u_{ed}$$

此外，对回路 *abdea*，应用 KVL 有

$$u_{ab} + u_{bd} + u_{de} + u_{ea} = 0$$

因此，电路中任意两点间的电压是与计算路径无关的，是单值的。KCL 和 KVL 只与电路中元件相互连接方式有关，而与元件的性质无关。所以这种约束称为"拓扑约束"。KCL 表明在每一节点上电荷是守恒的；KVL 是能量守恒的具体体现（电压与路径无关）。不论电路中的元件是线性的还是非线性的，时变的还是非时变的（定常的），只要是集总参数电路，KCL 和 KVL 就总是成立的。

例 1.6-1 已知图 1.6-2 所示回路中各元件电压分别为：U_1=4V，U_2=-3V，U_3=6V，求 U_4。

解：确定回路绕行方向为顺时针方向，则由 KVL 有

$$U_1 + U_2 - U_3 - U_4 = 0$$

$$U_4 = U_1 + U_2 - U_3 = 4 + (-3) - 6 = -5\text{V}$$

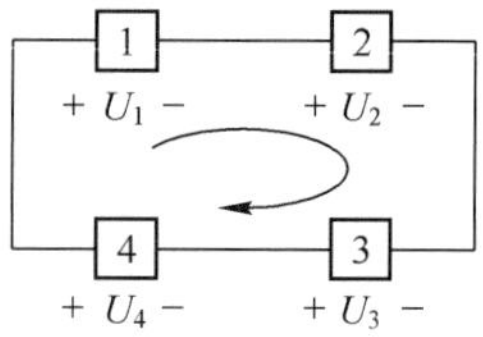

图 1.6-2　例 1.6-1 图

例 1.6-2 电路如图 1.6-3（a）所示，求电流 I 和电压 U_{ab}。

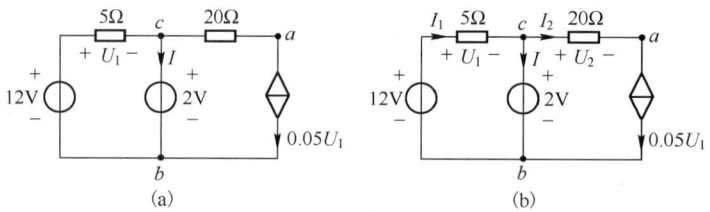

图 1.6-3　例 1.6-2 图

解：各元件电压、电流参考方向如图 1.6-3（b）所示。

由 KVL 得　　　　　　　　　$U_1 = 12 - 2 = 10\text{V}$

根据欧姆定律得　　　　　　$I_1 = U_1/5 = 10/5 = 2\text{A}$

则　　　　　　　　　　　　$I_2 = 0.05U_1 = 0.05 \times 10 = 0.5\text{A}$

根据欧姆定律有　　　　　　$U_2 = 20I_2 = 20 \times 0.5 = 10\text{V}$

由 KVL 有　　　　　　　　$U_{ab} = -U_2 + 2 = -10 + 2 = -8\text{V}$

由 KCL 有　　　　　　　　$I = I_1 - I_2 = 2 - 0.5 = 1.5\text{A}$

例 1.6-3 直流电路如图 1.6-4 所示，求电路中各元件的电流和功率。

解：在电路中标出各支路电流的参考方向。根据 KVL，有

$$U_{12} = U_{14} - U_{24} = 30 - 20 = 10\text{V}$$
$$U_{23} = U_{24} - U_{34} = 20 - 10 = 10\text{V}$$
$$U_{13} = U_{14} - U_{34} = 30 - 10 = 20\text{V}$$

根据欧姆定律，三个电阻中的电流分别为

$$I_1 = U_{12}/10 = 10/10 = 1\text{A}, \quad I_2 = U_{23}/20 = 10/20 = 0.5\text{A},$$
$$I_3 = U_{13}/5 = 20/5 = 4\text{A}$$

对节点①、②、③列 KCL 方程，可得三个电压源中的电流为

$$I_4 = I_1 + I_3 = 1 + 4 = 5\text{A},$$
$$I_5 = I_2 - I_1 = 0.5 - 1 = -0.5\text{A}$$
$$I_6 = -I_2 - I_3 = -0.5 - 4 = -4.5\text{A}$$

各电阻吸收的功率为 $\quad P_1 = 10I_1^2 = 10 \times 1^2 = 10\text{W}$

$$P_2 = 20I_2^2 = 20 \times 0.5^2 = 5\text{W}, \quad P_3 = 5I_3^2 = 5 \times 4^2 = 80\text{W}$$

各电压源发出的功率为 $\quad P_4 = 30I_4 = 30 \times 5 = 150\text{W}$

$$P_5 = 20I_5 = 20 \times (-0.5) = -10\text{W}, \quad P_6 = 10I_6 = 10 \times (-4.5) = -45\text{W}$$

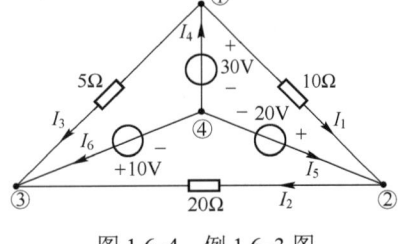

图 1.6-4 例 1.6-3 图

思考与练习

1.6-1 基尔霍夫电流定律的内容和适用条件。

1.6-2 基尔霍夫电压定律的内容和适用条件。

1.6-3 求图 1.6-5 所示直流电路中的电压 U 和电流 I。

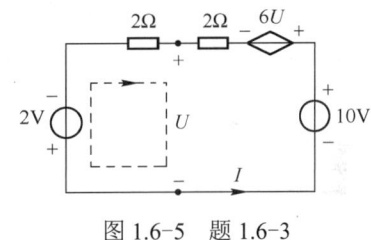

图 1.6-5 题 1.6-3

习题 1

1-1 如题 1-1 图所示，已知 $U_\text{S} = 8\text{V}$，$I_\text{S} = 5\text{A}$，$R = 4\Omega$，求各元件的电流、电压和功率。

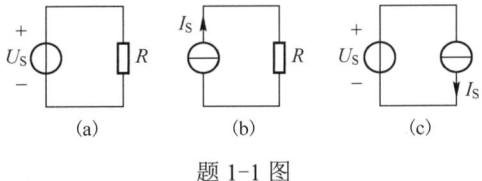

题 1-1 图

1-2 求题 1-2 图中各元件上的电流、电压和功率。

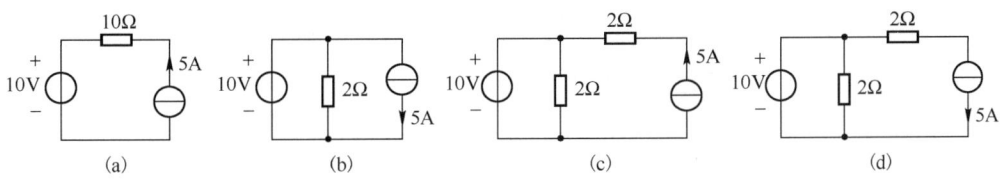

题 1-2 图

1-3 求题 1-3 图所示电路的伏安特性（即 u-i 关系）。

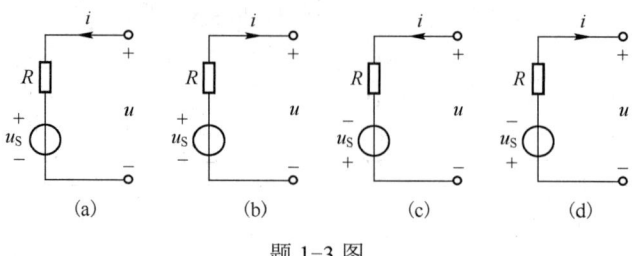

题 1-3 图

1-4 求题 1-4 图中 u_O 与 u_S 的关系，并求受控源的功率。

1-5 题 1-5 图所示直流电路中，I_1=3A，U_2=4V。求 I、U、U_S 和 R，并求 U_S 发出的功率。

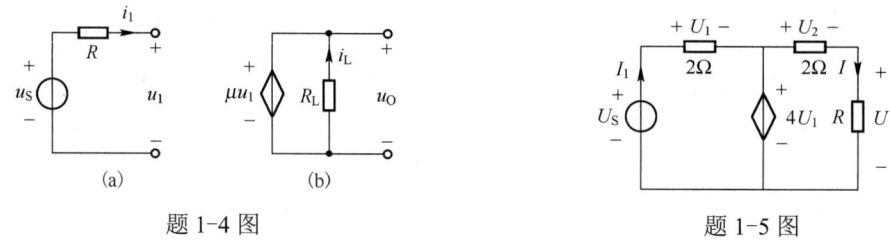

题 1-4 图　　　　　　　　　　题 1-5 图

1-6 智能车辆是一个集环境感知、规划决策、多等级辅助驾驶等功能于一体的综合系统，它集中运用了计算机、现代传感、信息融合、通信、人工智能及自动控制等技术，是典型的高新技术综合体。而照明系统对于汽车智能化至关重要。结合所学知识，设计一套简单的汽车照明电路，要求 5 个开关可以分别控制 5 个灯（左转向灯、右转向灯、制动灯、前大灯、后尾灯），且转向和夜间照明时可以分别控制。

第 2 章　基本电阻电路和电源模型的分析

主要内容：

（1）理解电路的等效变换，掌握电阻的串、并联。
（2）理解并掌握电源的串、并联及其等效变换。
（3）掌握一端口输入电阻的计算。

在线性电路中，如果构成电路的无源元件均为线性电阻，则称为线性电阻电路，简称电阻电路。它是由线性电阻、线性受控源和独立源组成的。电路中电压源的电压或电流源的电流，可以是直流，也可以随时间按某种规律变化；当电路中的独立电源都是直流电源时，这类电路简称为直流电路。本章主要针对线性电阻电路进行分析，基本方法分为两类：一类为等效变换；另一类为列方程求解。

2.1　简单电阻电路的分析

如果构成电路的元件数量比较少，电路结构简单，就可以利用第 1 章介绍的基尔霍夫定律及欧姆定律分析电路。但如果电路结构复杂，无法轻易得到结果，则可以利用等效变换的概念，使复杂电路变为简单电路，再利用基尔霍夫定律及欧姆定律分析。

2.1.1　电路的等效变换

对电路进行分析和计算时，可以把电路中某一部分简化，用一个较为简单的电路替代原电路，也就是可以用一个较简单的电路等效替换原电路，即等效变换。但是等效变换是有条件的，对没变换部分的响应不变（对外等效）。在图 2.1-1（a）中，虚线框中的几个电阻构成的电路可以用一个电阻 R_{eq}（称为等效电阻）替代，如图 2.1-1（b）所示。替代的条件是图 2.1-1（a）和（b）中，端子 a、b 右边的部分具有相同的伏安特性。

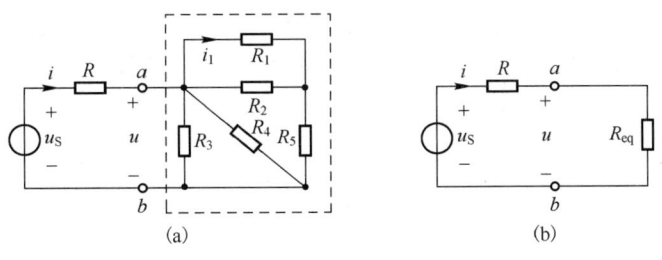

图 2.1-1　等效电阻

这里需注意的是，等效变换便于求解没有变换电路部分的响应。例如，图 2.1-1（b）为单一回路，可以利用 KVL 和欧姆定律求出电流 i 及电压 u。而若想求出虚线框中的电流 i_1，则需返回到图 2.1-1（a）中求解。

只要保证变换前后的外电路的伏安特性不变，等效变换就是成立的。由此可以得到电阻电路的替代条件是端子 a、b 右边的部分具有相同的伏安特性。而等效电阻 R_{eq} 取决于被替代的原电路中各电阻的值以及它们的连接方式。值得注意的是，在用等效变换的方法求解电路时，电压和电流保持不变的部分仅限于等效电路以外，是"对外等效"。

除了复杂电阻电路部分可用等效电阻替换外，电压源与电阻的串联可以等效变换为电流源与电阻的并联（反之亦然），而有源二端网络可以等效变换为一个电压源与电阻的串联形式（戴维宁等效电路）……在以后有关的各章节中将一一介绍。

2.1.2 电阻的串联及分压

把多个电阻一个接一个地连接起来，通过各电阻的电流相同，这种连接方式称为电阻串联。

图 2.1-2（a）是 n 个电阻 $R_1, R_2, \cdots, R_k, \cdots, R_n$ 的串联电路。

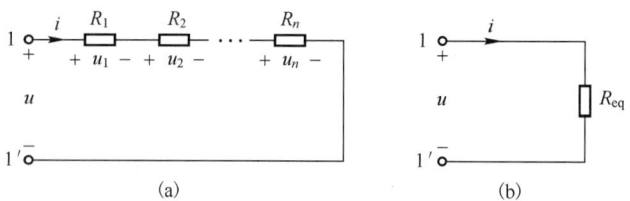

图 2.1-2 电阻串联电路

$u_1, u_2, \cdots, u_k, \cdots, u_n$ 为各电阻上的电压，u 为总电压，i 为电流。根据 KVL 和欧姆定律，有

$$u = u_1 + u_2 + \cdots + u_k + \cdots + u_n = R_1 i + R_2 i + \cdots + R_k i + \cdots + R_n i$$
$$= (R_1 + R_2 + \cdots + R_k + \cdots + R_n) i = R_{eq} i$$

其中

$$R_{eq} = R_1 + R_2 + \cdots + R_k + \cdots + R_n = \sum_{k=1}^{n} R_k$$

称为 $R_1, R_2, \cdots, R_k, \cdots, R_n$ 串联的等效电阻。同时，图 2.1-2（a）可等效变换为图 2.1-2（b）。

串联电阻中每一个电阻上的电压 u_k 永远小于总电压 u，所以串联电路可作为分压电路。各电阻的电压为

$$u_k = R_k i = \frac{R_k}{R_{eq}} u, \quad k = 1, 2, \cdots, n \tag{2.1-1}$$

由式（2.1-1）可见，各串联电阻的电压与电阻值成正比。式（2.1-1）称为分压公式。

串联电阻吸收的总功率为

$$p = ui = u_1 i + u_2 i + \cdots + u_k i + \cdots + u_n i = R_1 i^2 + R_2 i^2 + \cdots + R_k i^2 + \cdots + R_n i^2$$
$$= R_{eq} i^2 = p_1 + p_2 + \cdots + p_k + \cdots + p_n = \sum_{k=1}^{n} p_k$$

上式表明，n 个电阻串联吸收的总功率等于各电阻吸收功率之和。功率的分配与电阻成正比，即

$$p_k = R_k i^2 \propto R_k, \quad k = 1, 2, \cdots, n$$

同时总功率也等于等效电阻吸收的功率。

2.1.3 电阻的并联及分流

把多个电阻两端分别连接在一起,电路有两个公共连接点和多条通路,各电阻的电压为同一电压,这种连接方式称为电阻的并联。

图 2.1-3(a)是 n 个电阻 $R_1, R_2, \cdots, R_k, \cdots, R_n$ 的并联电路。

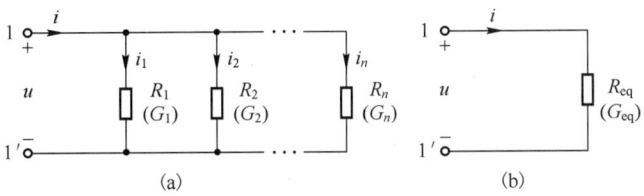

图 2.1-3 电阻并联电路

$i_1, i_2, \cdots, i_k, \cdots, i_n$ 为各电阻上的电流,i 为总电流,u 为电压。根据 KCL 和欧姆定律,有

$$i = i_1 + i_2 + \cdots + i_k + \cdots + i_n = \frac{u}{R_1} + \frac{u}{R_2} + \cdots + \frac{u}{R_k} + \cdots + \frac{u}{R_n}$$

$$= \left(\frac{1}{R_1} + \frac{1}{R_2} + \cdots + \frac{1}{R_k} + \cdots + \frac{1}{R_n}\right)u = \frac{1}{R_{eq}}u$$

其中

$$\frac{1}{R_{eq}} = \frac{1}{R_1} + \frac{1}{R_2} + \cdots + \frac{1}{R_k} + \cdots + \frac{1}{R_n} = \sum_{k=1}^{n} \frac{1}{R_k} \quad (2.1\text{-}2)$$

R_{eq} 称为 $R_1, R_2, \cdots, R_k, \cdots, R_n$ 并联的等效电阻。图 2.1-3(a)可等效变换为图 2.1-3(b)。应用电导的概念,即令 $G_{eq} = 1/R_{eq}$,$G_1 = 1/R_1$,$G_2 = 1/R_2$,$\cdots$,$G_k = 1/R_k$,$\cdots$,$G_n = 1/R_n$,则式(2.1-2)可改写为

$$G_{eq} = G_1 + G_2 + \cdots + G_k + \cdots + G_n = \sum_{k=1}^{n} G_k$$

G_{eq} 称为并联电阻的等效电导。并联电阻中每一个电阻上的电流 i_k 永远小于总电流 i,所以并联电路可作为分流电路。各电阻的电流为

$$i_k = G_k u = \frac{G_k}{G_{eq}} i, \quad k = 1, 2, \cdots, n \quad (2.1\text{-}3)$$

由式(2.1-3)可见,各并联电阻中的电流与电导值成正比。式(2.1-3)称为分流公式。

在分析电路中,经常遇到两个电阻并联情况,如图 2.1-4 所示,其等效电阻为

$$R_{eq} = R_1 // R_2 = \frac{R_1 R_2}{R_1 + R_2}$$

式中,"//"表示并联。

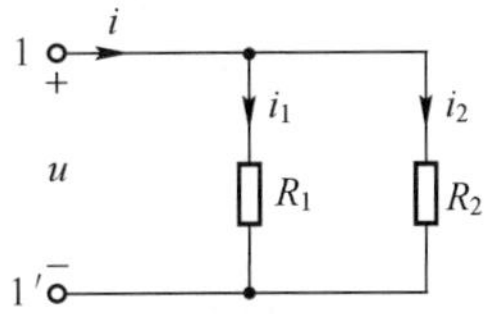

两个电阻的电流分别为

$$i_1 = \frac{G_1}{G_{eq}} i = \frac{R_2}{R_1 + R_2} i, \quad i_2 = \frac{G_2}{G_{eq}} i = \frac{R_1}{R_1 + R_2} i$$

图 2.1-4 两个电阻并联电路

而 n 个并联电阻吸收的总功率为

$$p = ui = ui_1 + ui_2 + \cdots + ui_k + \cdots + ui_n = G_1 u^2 + G_2 u^2 + \cdots + G_k u^2 + \cdots + G_n u^2$$

$$= G_{eq} u^2 = p_1 + p_2 + \cdots + p_k + \cdots + p_n = \sum_{k=1}^{n} p_k$$

上式表明，n 个电阻并联吸收的总功率等于各电阻吸收功率之和。功率的分配与电导成正比，即

$$p_k = G_k i^2 \propto G_k, \quad k=1,2,\cdots,n$$

同时总功率也等于等效电阻吸收的功率。

2.1.4 利用分压、分流分析电路

电阻的串联和并联相结合的连接方式，称为电阻的串并联。只有一个独立电源作用的电阻串并联电路，可以利用电阻串并联化简的方法，化电路为一个等效电阻和电源组成的单回路，这种电路又称为简单电路。

分析简单电路的步骤：首先将多个电阻连接的电路化简为一个等效电阻，利用 KVL 及欧姆定律计算出总电压（或总电流）；然后利用串联电路分压、并联电路分流等相应公式，逐步计算出化简前原电路中各电阻的电压和电流，同时也可获得电阻消耗的功率。

例 2.1-1 电路如图 2.1-5 所示，电阻 R_1、R_2 和电压源 u_S 已知，R_L 为负载电阻，求输出电压 u_O。

解：电阻 R_2 和负载电阻 R_L 并联，等效电阻为 $R_2 // R_L$，利用分压公式（2.1-1）可得

$$u_O = \frac{R_2 // R_L}{R_2 // R_L + R_1} u_S = \frac{R_2}{R_1 \left(1 + \frac{R_2}{R_L}\right) + R_2} u_S$$

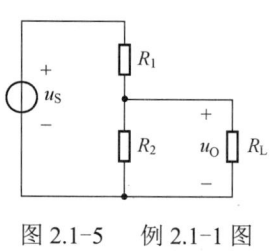

图 2.1-5　例 2.1-1 图

由 u_O 的表达式可以看出，当 $R_L \to \infty$ 时，$u_O = \frac{R_2}{R_1 + R_2} u_S$，即电阻 R_1、R_2 和电压源 u_S 串联电路中电阻 R_2 的电压。可见，只要 $R_L \gg R_2$，输出电压 u_O 与电压源电压 u_S 之比基本不受负载电阻的影响。

例 2.1-2 电工实验中常用滑线变阻器接成分压电路，用于调整负载电阻电压的高低，如图 2.1-6 所示，R_1、R_2 为滑线变阻器滑片两侧的电阻，R_L 是负载电阻。已知滑线变阻器的额定值为 100Ω、3A，输入电压 U_1=220V，$R_L = 50\Omega$。试求：

（1）当 $R_2 = 50\Omega$ 时，输出电压 U_O 是多少？分压器的输入功率、输出功率和分压器本身的功率损耗是多少？

（2）当 $R_2 = 75\Omega$ 时，输出电压 U_O 是多少？分压器能否安全工作？

解：（1）当 $R_2 = 50\Omega$ 时，R_2 与 R_L 并联再与 R_1 串联，总等效电阻为

$$R_{eq} = R_1 + \frac{R_2 R_L}{R_2 + R_L} = 75\Omega$$

滑线变阻器中 R_1 的电流为　　$I_1 = U_1 / R_{eq} \approx 2.93\text{A}$

R_L 中的电流为　　$I_L = \dfrac{R_2}{R_L + R_2} I_1 \approx 1.47\text{A}$

输出电压为　　$U_O = R_L I_L \approx 73.25\text{V}$

分压器的输入功率为　　$P_1 = U_1 I_1 \approx 644.6\text{W}$

分压器的输出功率为　　$P_O = U_O I_L \approx 107.3\text{W}$

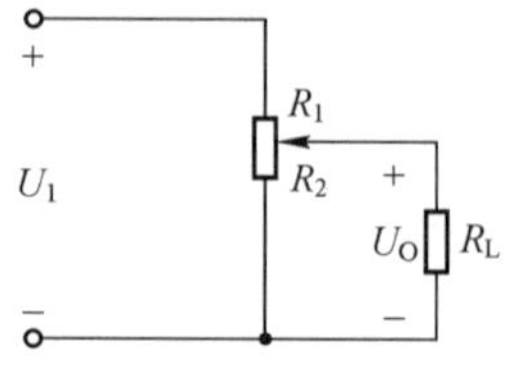

图 2.1-6　例 2.1-2 图

分压器本身消耗的功率为 $P' = R_1 I_1^2 + R_2(I_1 - I_L)^2 \approx 536.6\text{W}$

（2）当 $R_2=75\Omega$ 时，$R_{eq} = R_1 + \dfrac{R_2 R_L}{R_2 + R_L} = 55\Omega$，$I_1 = \dfrac{U_1}{R_{eq}} = 4\text{A}$，$I_L = \dfrac{R_2}{R_L + R_2} I_1 = 2.4\text{A}$，$U_O = R_L I_L = 120\text{V}$。

由于 $I_1 = 4\text{A}$，大于滑线变阻器的额定电流 3A，所以滑线变阻器有被烧断的危险。

正确求解简单电路的关键是，准确判断复杂电阻网络中，哪些电阻串联，哪些电阻并联。有效的方法是先在电路图中标出节点号，并将无电阻的长导线缩成一点，各元件连在相应节点间。

例 2.1-3 求如图 2.1-7（a）所示电路中 a、b 两点间的等效电阻 R_{ab}。

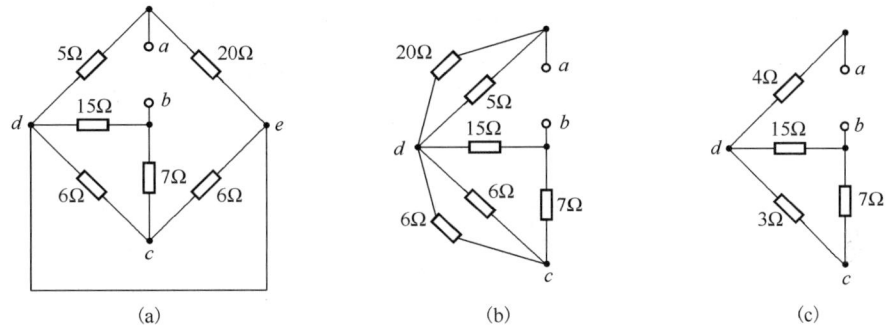

图 2.1-7 例 2.1-3 图

解：如图 2.1-7（b）所示先将无电阻导线 de 缩成一点 d，利用电阻并联公式，化为图 2.1-7（c），则得 a、b 两点间等效电阻为

$$R_{ab} = 4 + \dfrac{15 \times (3+7)}{15 + (3+7)} = 4 + 6 = 10\Omega$$

由例 2.1-3 可见，一些复杂的电阻电路可以利用电阻的串、并联公式等效变换为一个等效电阻，但并不是所有电阻电路都能如此化简。例如，图 2.1-1（a）中的虚线部分虽可以用一个等效电阻代替，但是不能利用电阻的串、并联公式获得等效电阻，对于这种桥型电路，下一节将深入讨论其等效电阻的求法。

思考与练习

2.1-1 含有两个电阻的串联电路分压公式是什么？

2.1-2 含有两个电阻的并联电路分流公式是什么？

2.1-3 求图 2.1-8 所示二端网络的等效电阻 R_{ab}。

2.1-4 求图 2.1-9 所示二端网络的等效电阻 R_{ab}。

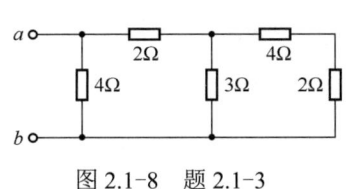

图 2.1-8 题 2.1-3

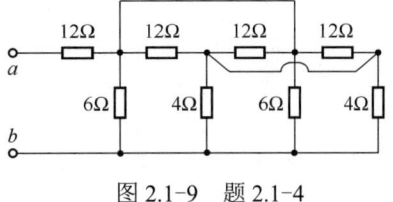

图 2.1-9 题 2.1-4

2.2 等效电阻

对于不能利用电阻的串、并联获得等效电阻的情况，较典型的是存在桥型电路。采用电阻的 Y-Δ 连接的等效变换，可以求出桥型电路的等效电阻。

2.2.1 惠斯通电桥测量电阻

惠斯通（Wheatstone）电桥，是英国发明家克里斯蒂在 1833 年发明的，但是惠斯通是第一个用它来测量电阻的。因此，习惯称为惠斯通电桥。

惠斯通电桥是精确测量未知电阻的仪器，通过被测电阻与标准电阻进行比较而获得测量结果，其原理电路如图 2.2-1（a）所示。

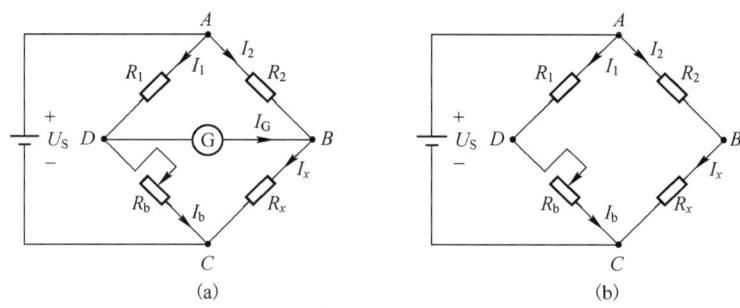

图 2.2-1 惠斯通电桥原理电路

待测电阻 R_x 与其他三个电阻 R_1、R_2、R_b 组成电桥的四个臂，在 A、C 两点间连接直流电源 U_S（通常用电池），在 B、D 两点间跨接灵敏检流计 G。一般 R_b 为可调电阻，适当调节其值，使 B、D 两点间的电位相等，从而使通过检流计的电流 $I_G = 0$，电桥达到平衡。这时，未知电阻 $R_x = R_2 R_b / R_1$。

证明：从 $I_G = 0$ 角度看，图 2.2-1（a）中 D、B 两点间是开路的，如图 2.2-1（b）所示，有

$$I_1 = \frac{U_S}{R_1 + R_b}, \quad I_2 = \frac{U_S}{R_2 + R_x}$$

对于回路 ABD，根据 KVL，可得

$$R_1 I_1 - R_2 I_2 + R_G I_G = 0$$

因为 $I_G = 0$，所以

$$\frac{R_1 U_S}{R_1 + R_b} = \frac{R_2 U_S}{R_2 + R_x}$$

整理后，得 $R_x = R_2 R_b / R_1$。上述即为惠斯通电桥平衡的证明过程。

理论上，利用惠斯通电桥可以测量任意阻值的未知电阻。但实际上，未知电阻在 1Ω 到 1MΩ 范围，过小过大都难以达到准确结果。直流惠斯通电桥用于测量电阻，而交流惠斯通电桥则可测量电容、电感。

2.2.2 含平衡电桥的等效电阻

课程思政融入点：介绍等效分析，培养实事求是的科学态度和职业道德。

对于含有电桥的电路，如图 2.2-2 所示。

如果满足 $R_1R_3 = R_2R_4$，则 R_5 桥上的电压为零，即两端的电位相等，电流也为零，为平衡电桥。这时，既可以把 R_5 所在支路看作短路（电压为零），也可看作开路（电流为零），等效电阻易于求解。

例 2.2-1 求图 2.2-3 所示电路的等效电阻 R_{ab}。

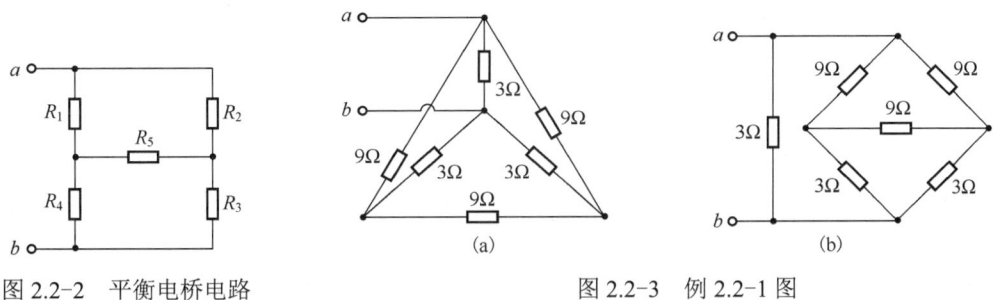

图 2.2-2 平衡电桥电路　　　　　图 2.2-3　例 2.2-1 图

解：图 2.2-3（a）可改画成图 2.2-3（b），其中含有一个平衡电桥，其等效电阻为

$$R_{ab} = 3 // (9+3) // (9+3) = 2\Omega$$

2.2.3　电阻的三角形连接与星形连接的等效变换

如果图 2.2-2 中的电桥不是平衡电桥，即不满足 $R_1R_3 = R_2R_4$，则 R_5 上有电流通过，支路两端存在电势差。这种情况下，用以前介绍的简单串联、并联的方法，无法求出等效电阻。采用三角形-星形（Δ-Y）连接的等效变换，可以将上述的电阻网络用一个等效电阻表示。

在电路中，三个电阻首尾相接，连成一个三角形，三个顶点是电路的三个节点，称为电阻的三角形连接，简称 Δ 形连接。而三个电阻的一端接在一起，另一端点分别接在电路的三个节点上，称为电阻的星形连接，简称 Y 形连接。以上两种连接方式见图 2.2-4。

对于三角形-星形（Δ-Y）连接的等效变换，不是通过简单地改变电路互连实现，两种结构的等效是指三角形-星形连接电路的等效，是指三角形连接结构可用星形连接结构替代，即 R_1、R_2、R_3 与 R_{12}、R_{23}、R_{31} 之间满足某一关系，而对外的伏安特性不变。

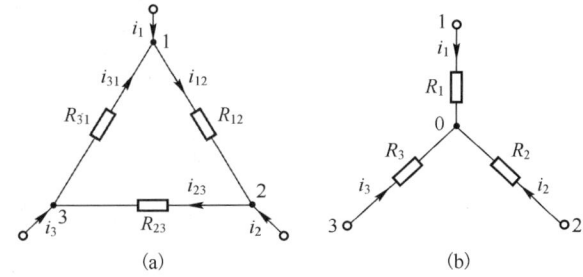

图 2.2-4　电阻的三角形连接和星形连接

图 2.2-4 中，三个节点间的电压分别为 u_{12}、u_{23}、u_{31}，流入节点的电流分别为 i_1、i_2、i_3，对于三角形连接中各电阻上的电流分别为 i_{12}、i_{23}、i_{31}。只要列出图 2.2-4（a）和（b）中各节点间电压与流入节点电流的方程，对应系数一定相等，就找到了电阻之间的关系。

根据 KVL，有

$$u_{12} + u_{23} + u_{31} = 0 \quad (2.2\text{-}1)$$

则只需列出 u_{12}、u_{23} 与 i_1、i_2 的关系方程即可。对于图 2.2-4（a）中的节点 1，根据 KCL，有

$$i_1 = i_{12} - i_{31} = \frac{u_{12}}{R_{12}} - \frac{u_{31}}{R_{31}}$$

再根据式（2.2-1）可得

$$i_1 = \left(\frac{1}{R_{12}} + \frac{1}{R_{31}}\right)u_{12} + \frac{1}{R_{31}}u_{23} \tag{2.2-2}$$

同样，对节点 2 利用 KCL 可得

$$i_2 = i_{23} - i_{12} = -\frac{1}{R_{12}}u_{12} + \frac{1}{R_{23}}u_{23} \tag{2.2-3}$$

由式（2.2-2）及式（2.2-3）可得

$$u_{12} = \frac{R_{12}R_{31}}{R_{12} + R_{23} + R_{31}}i_1 - \frac{R_{12}R_{23}}{R_{12} + R_{23} + R_{31}}i_2 \tag{2.2-4}$$

$$u_{23} = \frac{R_{23}R_{31}}{R_{12} + R_{23} + R_{31}}i_1 + \frac{R_{23}(R_{12} + R_{31})}{R_{12} + R_{23} + R_{31}}i_2 \tag{2.2-5}$$

对于图 2.2-4（b），利用 KVL，可得

$$u_{12} = R_1 i_1 - R_2 i_2 \tag{2.2-6}$$

$$u_{23} = R_2 i_2 - R_3 i_3 \tag{2.2-7}$$

由于节点 0 的 KCL 方程为 $i_1 + i_2 + i_3 = 0$，所以式（2.2-7）变为

$$u_{23} = R_3 i_1 + (R_2 + R_3)i_2$$

比较式（2.2-4）、式（2.2-5）与式（2.2-6）、式（2.2-7）的对应项系数，可得

$$R_1 = \frac{R_{12}R_{31}}{R_{12} + R_{23} + R_{31}}, \quad R_2 = \frac{R_{12}R_{23}}{R_{12} + R_{23} + R_{31}}, \quad R_3 = \frac{R_{23}R_{31}}{R_{12} + R_{23} + R_{31}} \tag{2.2-8}$$

式（2.2-8）即是从三角形连接变换为星形连接的等效条件。

根据式（2.2-8）中的三个方程，可得

$$R_1 R_2 + R_2 R_3 + R_3 R_1 = \frac{R_{12} R_{23} R_{31}}{R_{12} + R_{23} + R_{31}} \tag{2.2-9}$$

利用式（2.2-8）及式（2.2-9），有

$$\begin{aligned} R_{12} &= \frac{R_1 R_2 + R_2 R_3 + R_3 R_1}{R_3} = R_1 + R_2 + \frac{R_1 R_2}{R_3} \\ R_{23} &= \frac{R_1 R_2 + R_2 R_3 + R_3 R_1}{R_1} = R_2 + R_3 + \frac{R_2 R_3}{R_1} \\ R_{31} &= \frac{R_1 R_2 + R_2 R_3 + R_3 R_1}{R_2} = R_1 + R_3 + \frac{R_1 R_3}{R_2} \end{aligned} \tag{2.2-10}$$

式（2.2-10）即是从星形连接变成三角形连接的等效条件。

为了便于记忆，把互换公式归纳为

$$Y形电阻 = \frac{\Delta形相邻电阻乘积}{\Delta形电阻之和}, \quad \Delta形电阻 = \frac{Y形电阻两两乘积之和}{Y形不相邻电阻}$$

若用电导表示，可得与式（2.2-10）相对称的形式

$$G_{12}=\frac{G_1G_2}{G_1+G_2+G_3},\quad G_{23}=\frac{G_2G_3}{G_1+G_2+G_3},\quad G_{31}=\frac{G_1G_3}{G_1+G_2+G_3}$$

若星形连接的 3 个电阻相等，即 $R_1=R_2=R_3=R_Y$，则等效三角形连接的三个电阻也相等，即

$$R_\Delta=R_{12}=R_{23}=R_{31}=3R_Y$$

反之，则有

$$R_Y=\frac{1}{3}R_\Delta$$

例 2.2-2 求图 2.2-5（a）所示电路的等效电阻 R_{ab}。

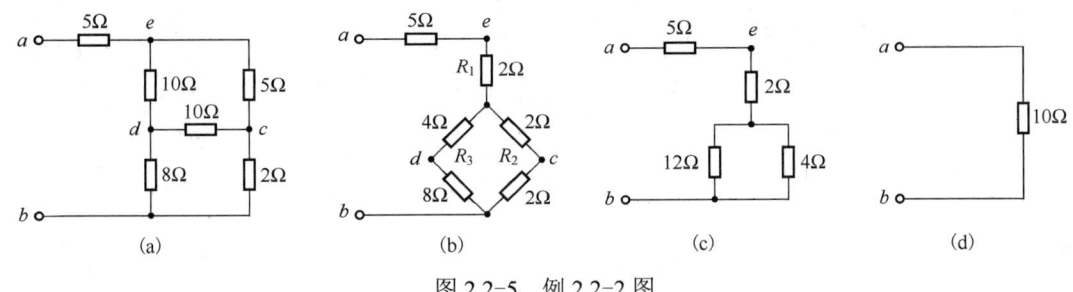

图 2.2-5 例 2.2-2 图

解：把图 2.2-5（a）中节点 c、d、e 内的 Δ 形电路用等效的 Y 形电路替代，得图 2.2-5（b），其中

$$R_1=R_2=\frac{5\times10}{5+10+10}=2\Omega,\quad R_3=\frac{10\times10}{5+10+10}=4\Omega$$

进一步得到简单的串、并联电路，如图 2.2-5（c）所示，最后得到等效电阻为

$$R_{ab}=5+2+12//4=10\Omega$$

当然，也可把 c、b、d 内的 Δ 形电路用等效的 Y 形电路替代。另外，还可把图 2.2-5（a）中的节点 e、b 之间利用 Δ 形电路替代原 Y 形电路，所得结论都是一样的。

思考与练习

2.2-1 惠斯通电桥平衡的适用条件是什么？

2.2-2 电阻的三角形连接与星形连接的等效变换条件是什么？

2.2-3 求图 2.2-6 所示电阻电路的等效电阻 R_{ab}。

2.2-4 求图 2.2-7 所示电阻电路的等效电阻 R_{ab}。

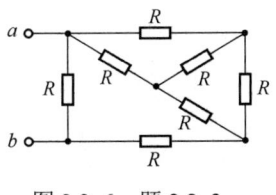

图 2.2-6 题 2.2-3

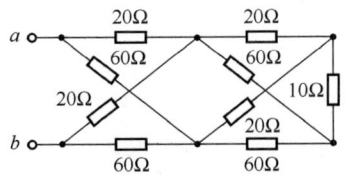

图 2.2-7 题 2.2-4

2.3 实际电源模型的等效变换

课程思政融入点：通过创建并调用新元件符号，培养学生学习前人的思维方法和坚韧不拔的科学精神。

理想电压源、电流源是实际电源的理想化模型。例如，电池在忽略内阻的前提下，可视为一个理想的直流电压源，端电压恒定。根据"等效电路"的对外等效含义，多个理想电源的组合可用一个等效的理想电源替代；实际中的电源模型，一般来说，也有两种形式。

2.3.1 理想电压源、理想电流源的连接

1. 电压源的串联与并联

n 个电压源的串联如图 2.3-1（a）所示，根据 KVL，端口处的电压 u 为

$$u = u_{S1} + u_{S2} + \cdots + u_{Sn} = \sum_{k=1}^{n} u_{Sk}$$

可见，图 2.3-1（a）可以用一个电压源 $u_S=u$ 等效替代，如图 2.3-1（b）所示。

如果电压源与任一部分电路并联，如图 2.3-2（a）所示，同样根据 KVL，端口处的电压 u 为 $u = u_S$，对外等效，只用电压源替代，如图 2.3-2（b）所示。需注意的是，如果部分电路只有电压源，即电压源并联，则只有电压相等、极性一致的电压源才允许并联，否则违背 KVL。

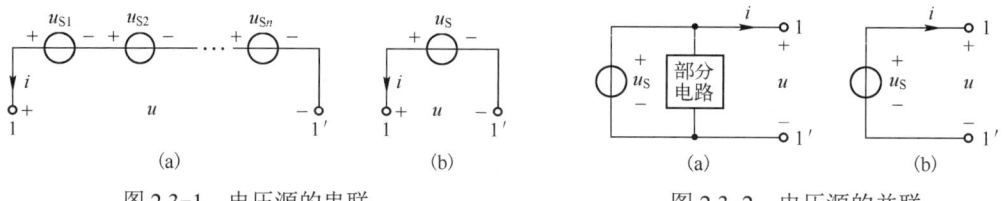

图 2.3-1 电压源的串联　　　　　　　图 2.3-2 电压源的并联

2. 电流源的并联与串联

n 个电流源的并联如图 2.3-3（a）所示，根据 KCL，端口处的电流 i 为

$$i = i_{S1} + i_{S2} + \cdots + i_{Sn} = \sum_{k=1}^{n} i_{Sk}$$

因此，图 2.3-3（a）可以用一个电流源 $i_S=i$ 等效替代，如图 2.3-3（b）所示。

另外，如果电流源与任一部分电路串联，如图 2.3-4（a）所示，同样根据 KCL，端口处的电流 i 为 $i = i_S$，对外等效，只用电流源替代，如图 2.3-4（b）所示。需注意的是，如果部分电路只有电流源，即电流源串联，则只有电流相等、方向一致的电流源才允许串联，否则违背 KCL。

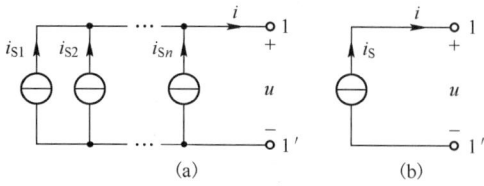 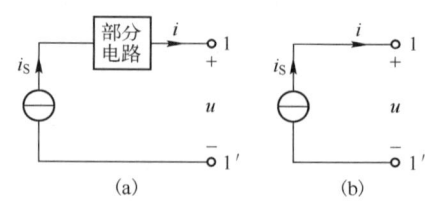

图 2.3-3 电流源的并联　　　　　　　图 2.3-4 电流源的串联

例 2.3-1 求图 2.3-5（a）和（b）所示电路的最简等效电路。

解：图 2.3-5（a），涉及电流源串联与并联。2A 电流源与电阻及电压源串联的结果只等效为 2A 的电流源，如图 2.3-5（c）所示，但这个 2A 的电流源与图 2.3-5（a）中 2A 的电流源不同，其端电压是不同的，由此可以进一步认识到，"等效"只是对外电路。再利用电流源的并联，可得

$$I_S = 2 + 3 = 5A$$

即 5A 的等效电流源如图 2.3-5（d）所示。

图 2.3-5（b）与图 2.3-5（a）不同之处是，3A 电流源换成 3V 电压源。分析与图 2.3-5（a）相同，只是图 2.3-5（c）中 3A 电流源被替换为 3V 电压源，利用电压源并联对外等效的特点，即对外等效为 3V 电压源，如图 2.3-5（e）所示。

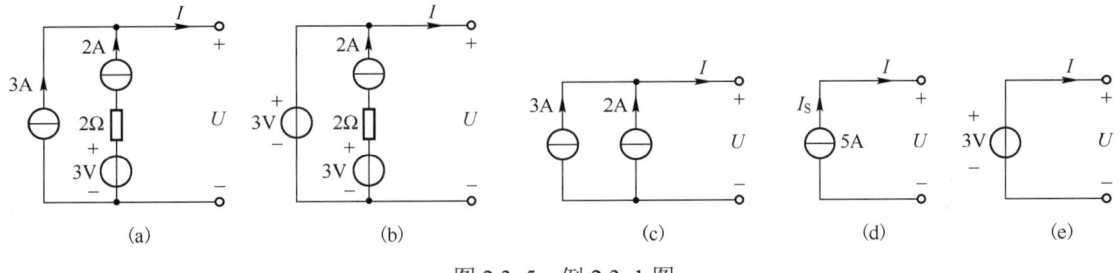

图 2.3-5 例 2.3-1 图

2.3.2 实际电源模型的等效变换

电源具有将其他形式的能量转变为电能的作用，一个实际的直流电源在给电阻负载供电时，由于存在内阻，其端电压随负载电流增大而略有下降，如图 2.3-6（a）所示。U_O 是直流电源的开路电压，其伏安特性曲线在某一段范围内近似为直线。

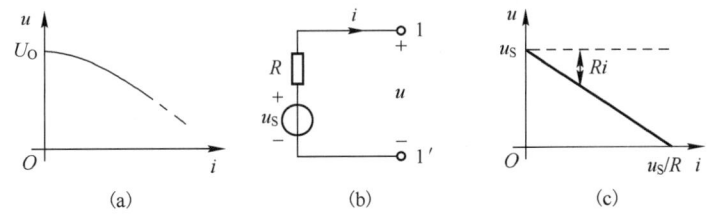

图 2.3-6 实际电源外特性和电压源、电阻的串联组合

由理想电压源 u_S 和电阻 R 组成的串联电路，见图 2.3-6（b），其端电压 u 和电流 i 都随外电路改变而改变，满足的方程为

$$u = u_S - Ri \tag{2.3-1}$$

对应的伏安特性曲线是直线，见图 2.3-6（c）。

如果图 2.3-6（b）中的电压源为直流电压源 $u_S = U_O$，只要适当选择 R 的值，则理想电压源 u_S 和电阻 R 的串联组合就可以近似作为实际直流电源的电路模型（R 相当于实际电源的内阻）。

下面考虑电流源与电导的并联组合，端电压及电流参考方向见图 2.3-7（a），满足的方

程为

$$i = i_S - Gu \quad (2.3\text{-}2)$$

对应的伏安特性曲线也是直线,见图2.3-7（b）。

比较式（2.3-1）和式（2.3-2），只要满足

$$G = 1/R, \quad i_S = Gu_S \quad (2.3\text{-}3)$$

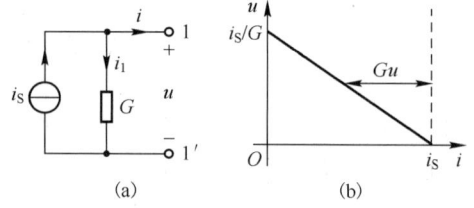

图 2.3-7 电流源、电阻的并联组合

则式（2.3-1）和式（2.3-2）所表示的方程完全相同，在 i–u 平面上表示同一直线。因此，图 2.3-6（b）和图 2.3-7（a）所示电路对外完全等效。需注意 u_S 和 i_S 的参考方向，i_S 的参考方向由 u_S 的负极性指向正极性。所以，只要满足式（2.3-3），电压源、电阻的串联组合与电流源、电导的并联组合都可以看成实际电源模型，两种组合之间可互相等效变换，能使求解某些电路问题变得简单。

两种组合的等效变换仅保证端子 1–1′ 外部电路的电压 u、电流 i 相同，即对外电路等效，对内部则无等效可言。例如，没有外部电路连接（开路）时，$i=0$，对于电压源和电阻串联组合，电压源不发出功率，电阻也不吸收功率；而在与其等效的电流源、电导的并联组合内部，电流源发出的功率为 i_S^2/G，电阻消耗功率，电流源发出的功率全部被电阻吸收。此时，两种组合对外部来说，都是既不发出功率也不吸收功率。

没有电阻串联的理想电压源称为无伴电压源，而没有电阻并联的理想电流源称为无伴电流源。

在使用电源的串联和并联时，需要注意以下问题。

（1）两种组合的等效变换只是对外电路而言的，对其内部不等效。

图 2.3-8（a）可以等效变换为图 2.3-8（b）。但是将电路开路，图 2.3-8（a）中电阻的功率为 $p_R = 0$，而图 2.3-8（b）中电阻的功率为 $p_R = Ri_S^2 = p_{\max}$，两者不相等。

（2）对于受控电压源、电阻串联组合也可利用上述方法等效变换为受控电压源与电导并联组合，反之亦然；受控源当作独立电源处理，但在变换过程中，控制量所在支路必须保持完整，不能改变。

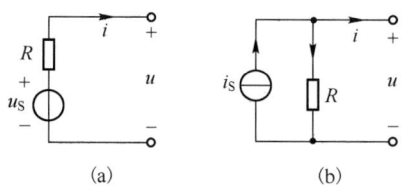

图 2.3-8 等效变换对内部不等效

（3）在进行等效变换的时候，应注意电压源的参考极性和电流源的参考方向。

例 2.3-2 求图 2.3-9（a）所示电路中的电流 I。

解：利用电源模型等效变换，把图 2.3-9（a）经图 2.3-9（b）简化为图 2.3-9（c）。利用电阻并联的分流公式，可得 $I = \dfrac{1}{1+8} \times 9 = 1\text{A}$。

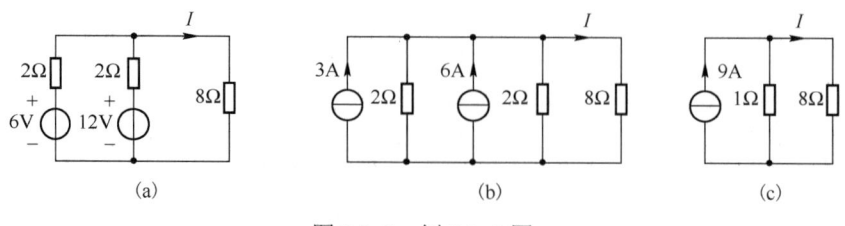

图 2.3-9 例 2.3-2 图

例 2.3-3 求图 2.3-10（a）中的电流 I。

解：受控电流源和电阻的并联组合等效变换成受控电压源与电阻的串联组合，原电路成为单一回路，见图 2.3-10（b），利用 KVL，得
$$(1+1+1.5)I = 9 + 0.5I$$
所以，$I = 9/3 = 3\text{A}$。

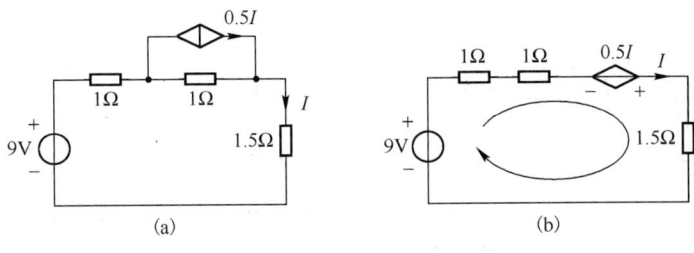

图 2.3-10 例 2.3-3 图

思考与练习

2.3-1 理想电源串联与并联需要注意的问题是什么？
2.3-2 实际电源模型的等效变换条件是什么？
2.3-3 求图 2.3-11 的最简等效电路。
2.3-4 求图 2.3-12 所示电路中的电流 I_1、I_2。

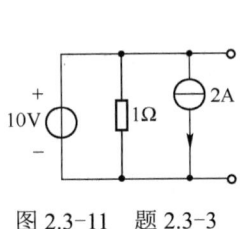 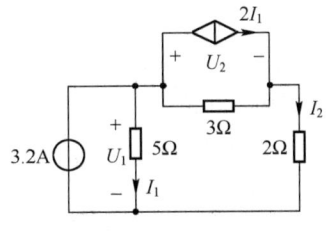

图 2.3-11 题 2.3-3   图 2.3-12 题 2.3-4

习题 2

2-1 一分压电路如题 2-1 图所示，没加负载时，$U_o=4\text{V}$；加上负载 R_L 后，$U_o=3\text{V}$。求 R_L 的值。
2-2 求题 2-2 图所示电路中的电流 I 及 15Ω 电阻消耗的功率。

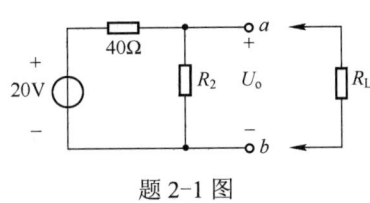 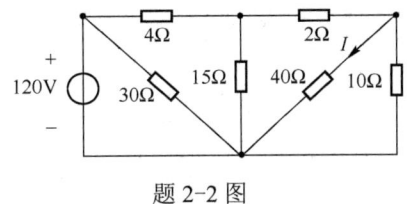

题 2-1 图   题 2-2 图

2-3 求题 2-3 图所示各电路的等效电阻 R_{ab}。
2-4 对题 2-4 图所示电桥电路，应用 Y-Δ 等效变换，求电流源电压 U 及 10Ω 电阻电压 U_1。
2-5 求题 2-5 图所示电路的最简等效电路。

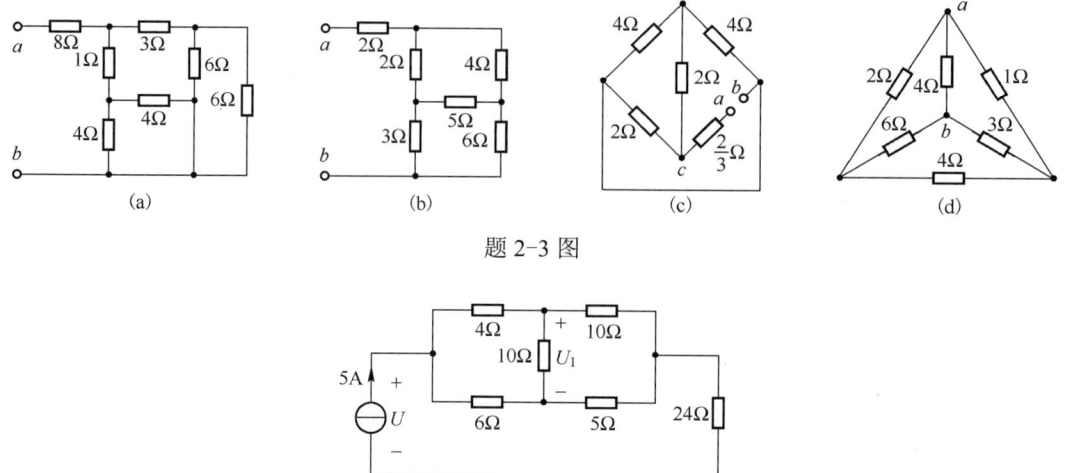

题 2-3 图

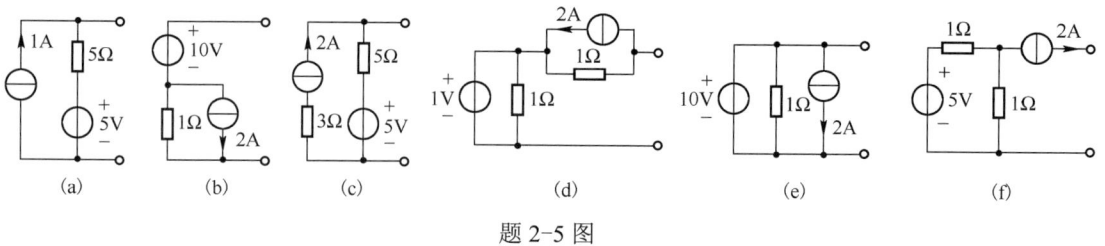

题 2-4 图

题 2-5 图

2-6 求题 2-6 图所示电阻电路的等效电阻 R_{ab}。

2-7 求题 2-7 图所示电路中的电流 I。

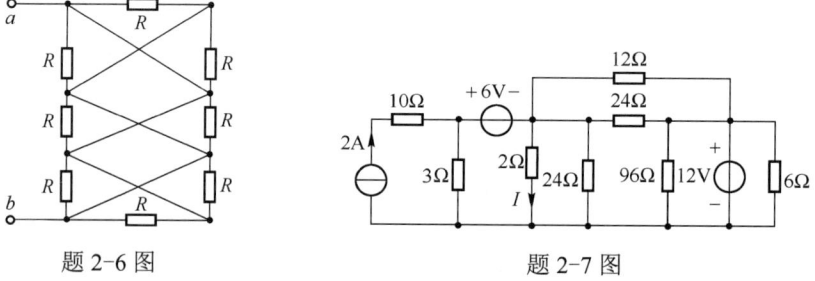

题 2-6 图   题 2-7 图

第3章 电阻电路的一般分析

主要内容：

（1）了解网络图论的相关知识，理解并掌握 KCL、KVL 独立方程的个数。

（2）理解并掌握支路电流法、网孔电流法、回路电流法、节点电压法的求解步骤和方法。

前面所介绍的分析电阻电路的等效变换法，只适用于一定结构形式的电路，而不便于对电路进行一般性探讨。本章将介绍另一类分析方法，即不改变电路的结构，对于线性电路，电路方程是一组线性代数方程，其分析步骤如下：选择电路变量（电压或电流），根据 KCL、KVL 及 VCR，列写电路变量的方程，求出电路变量 u 或 i。

3.1 电阻电路的基本概念

在电阻电路的分析中，经常接触到电路图。这就涉及一些图论的概念。本节介绍有关图论的初步知识，将图论知识应用到电路分析中，明确电路连接性质及有关独立电路方程。

3.1.1 电路的图

数学中，图是点和边的一个集合，每条边的两端都连到相应的节点上，但节点可以是孤立的。对于任意一个集总参数元件组成的网络 N（电路），如图 3.1-1（a）所示。如果不考虑元件的性质，只考虑元件间的连接情况，可将每一个元件用一条线段代替，仍称之为支路；将每个元件的端点或若干个元件的连接点用圆点表示，仍称之为节点。这样得到的点、线的集合，称为网络 N 的图（电路的图），用 G 表示，如图 3.1-1（b）所示。"图"中允许有孤立的节点存在，即移去一条支路并不意味着同时把它连接的节点也移去，所以在图的定义中，节点和支路各自为一个整体，但任意支路必须终止在节点上。

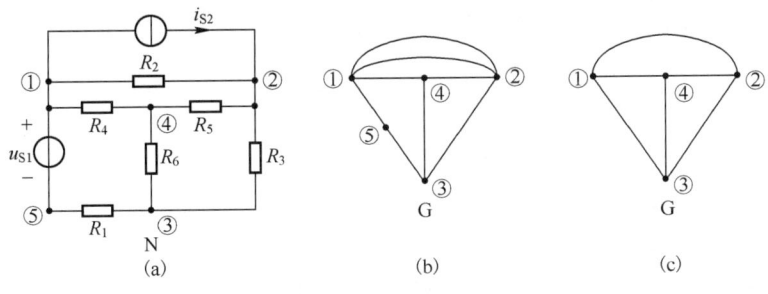

图 3.1-1　网络及其图

对于网络中的有源元件，除了单独作为一条支路外，如图 3.1-1（b）所示，还可采用如下的处理方法：将电压源（或受控电压源）连同串联的电阻元件作为一个复合支路；将电流源（或受控电流源）连同并联的电阻元件也作为一个复合支路，在图 G 中用一个支路表示，如图 3.1-1（c）所示。

3.1.2 图的相关概念

网络的图只表明网络中各支路的连接情况，与元件性质无关，只是用来表示网络的几何结构（拓扑结构）的图形。在网络分析中，需要规定直流电流和电压的参考方向。在网络的图中也规定了支路的参考方向。

无向图指的是没有表明支路方向的图，如图 3.1-1（c）所示。有向图指的是表明支路参考方向的图，如图 3.1-2（a）所示。

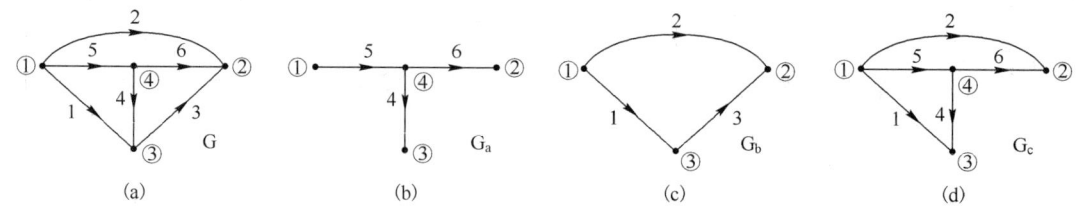

图 3.1-2　图及其子图、补图

如果图 3.1-2（b）中的每个节点和支路都是图 3.1-2（a）的节点和支路，则图 G_a 称为图 G 的子图。图 3.1-2 中的 G_b 和 G_c 也是图 G 的子图。图 G 的子图 G_a 和 G_b 包含了图 G 的全部支路和节点，并且 G_a 和 G_b 无公共支路，称 G_a 和 G_b 互为补图。

图 G 中，与一个节点相关联的支路数称为节点的次数，图 3.1-2 中的图 G 节点的次数都是 3。如果图中任意两个节点间至少存在一条路径，则称为连通图，如图 3.1-2 所示；否则，称为非连通图。

如果路径的始节点和终节点相重合，则得节点次数都是 2 的闭合路径，称为回路，如图 3.1-2（c）所示。在图 G 中，从一个节点出发连续经过不同的支路达到另一个节点，若这条通路中除了始节点和终节点的次数是 1，其他中间节点的次数都是 2，则这条通路称为路径，如图 3.1-3（a）、（c）和（d）所示。

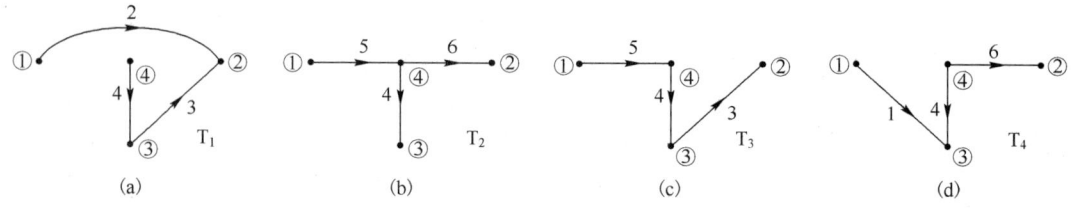

图 3.1-3　路径及树

在任一连通图 G 中，符合下列条件的子图称为图 G 的树，用符号 T 表示：子图是一连通图；该子图包含了图 G 的全部节点；该子图中不含有任何回路。图 3.1-3 为图 3.1-2（a）中图 G 的树。连通图 G 中与树互补的子图称为图 G 的树余。图 3.1-2 中子图 G_b 是图 3.1-3（b）中树 T_2 的树余。树的支路称为树支，树余的支路称为连支。图 3.1-3 中树 T_2 的树枝为 4、5、6，相应的连支为 1、2、3。

由树的有关概念，可以得到如下结论：

（1）树的任何两个节点之间只可能存在一条路径，否则势必形成回路；割断任意树支，则树的全部节点被分成互相分离的两组,而每一组节点仍是连通的。

(2)在树中任意两节点之间加一条连支,则该连支必定与这两个节点之间的树支构成回路。这种单连支回路称为基本回路。由每个连支构成的基本回路是唯一的,否则树中必有回路,与树的定义矛盾。

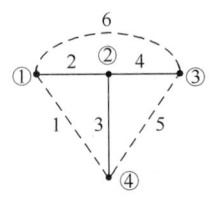

图 3.1-4 中,以(2,3,4)构成树,形成单连支回路(1,2,3)、(3,4,5)、(2,4,6)。

在任何一个连通图 G 中,符合下列条件的支路集合称为图 G 的割集,用符号 C_k 表示,主要特点为:

图 3.1-4 以(2,3,4)为树的连通图

(1)移去该支路集合中的所有支路,留下的图形是两个分离的而又各自连通的子图;

(2)在该支路集合中,保留任一支路而将其余的支路都移去,留下的图形仍是连通的。

如图 3.1-5(a)所示,做一个闭合面,把连通图分成两部分,节点①、②在内部,节点③、④在外部,如果把与闭合面切割的支路(1,5,6,3)移去,则图分成两个分离的连通子图,所以支路集(1,5,6,3)构成一个割集。通常利用与闭合面切割的方法确定割集,但要注意闭合面的选取。例如,图 3.1-5(b)的闭合面不能用来确定割集,因为把与闭合面切割的支路移去将出现三个分离的各自连通的子图。

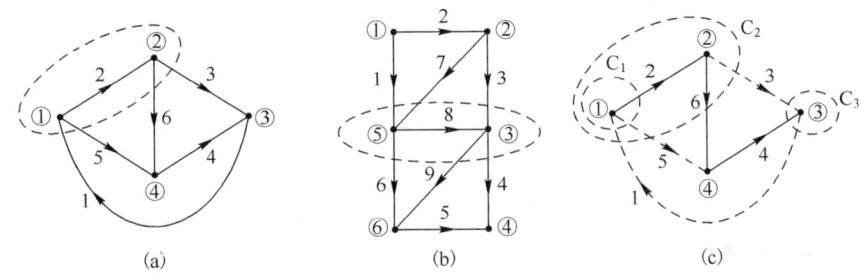

图 3.1-5 图的割集示意图

在图 3.1-5(c)中,实线(2,6,4)作为树支构成树,虚线(1,5,3)为连支。根据树的定义,每一个树支必定与若干个连支构成一个割集。例如,树支 2 与连支 1、5 构成割集 C_1(1,5,2),树支 6 与连支 1、5、3 构成割集 C_2(1,5,6,3),树支 4 与连支 1、3 构成割集 C_3(1,4,3)。这种只含一个树支的割集称为基本割集,也称单树支割集。由图 3.1-5(c)可以看出,每一树支只能与其所在的各基本割集中的连支一起构成一个基本割集,而不能与其他连支一起构成基本割集。因此,由每一树支决定的基本割集是唯一的。以(2,6,4)作为树支,如图 3.1-6 所示。

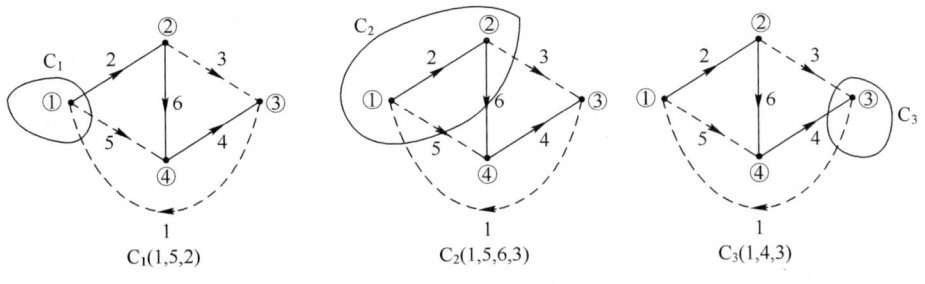

图 3.1-6 基本割集

3.1.3 图的基本回路数和基本割集数

一个节点数为 n、支路数为 b 的连通图 G，无论如何选树，其基本割集数为 $n-1$，基本回路数为 $b-n+1$。

证明：设想把连通图 G 的 b 条支路全部去掉，而 n 个节点全部保留。为了形成一个树，先用一个支路连接其中的两个节点，把已连接的节点称作连通节点；以后每增加一个支路，要把一个新的节点与一个连通节点相连接。如此下去，把 n 个节点全部连接并形成一个树，需要且仅需要 $(n-1)$ 个支路。因此，树支数为 $(n-1)$。

因为每一树支必定与若干连支构成一个基本割集，所以具有 n 个节点的连通图 G 恒有 $(n-1)$ 个基本割集。树余的连支数等于连通图 G 的支路数 b 减去树支数 $(n-1)$，即连支数等于 $(b-n+1)$。由于每一个连支必定与若干个树支组成一个基本回路，所以具有 n 个节点、b 条支路的连通图 G，恒有 $(b-n+1)$ 个基本回路。

对于同一个树，存在以下规律：

（1）由某个树支确定的基本割集所包含的连支，每个连支构成的单连支回路中包含该树支。

（2）由某个连支确定的单连支回路所包含的树支，每个树支所构成的基本割集中含有该连支。

如果一个图画在平面上，各条支路除了连接的节点外不再交叉，则把这样的图称为平面图，见图 3.1-5 中的图，否则称为非平面图。平面图中可以引入网孔的概念，一个网孔是平面图的一个自然的"孔"，如果只考虑不包括边界回路的内网孔，则网孔限定的区域内没有其他支路。由图 3.1-5（c）可以看出三个网孔恰是基本回路，这个结论对于一般平面电路也是适用的，总可以找到一个树，使树支位于不同的网孔中。网孔数可以直观地观察出，所以对于平面电路根据网孔数就获得了独立的基本回路数。

思考与练习

3.1-1 树支与连支的区别是什么？

3.1-2 基本回路与基本割集的区别是什么？

3.1-3 画出图 3.1-7（a）和（b）所示电路的有向图，指出支路数和节点数。

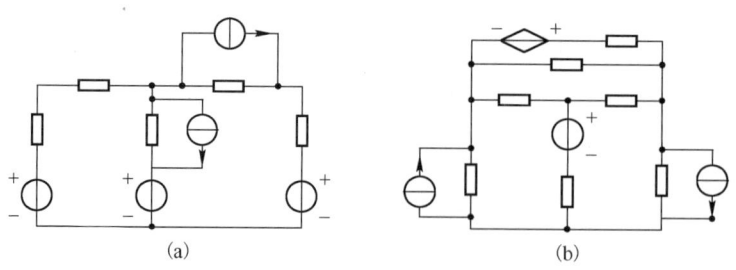

图 3.1-7 题 3.1-3 图

3.1-4 如图 3.1-8 所示有向图，图（a）以支路 2、4、5 为树，图（b）以支路 9、8、12、7、11、6、10 为树，分别列出图中基本回路的支路集合及基本割集的支路集合。

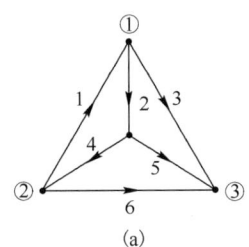
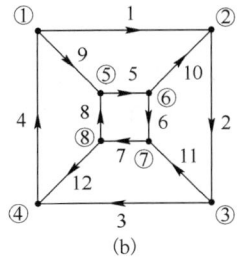

图 3.1-8 题 3.1-4 图

3.2 KCL、KVL 独立方程的个数

本节介绍的研究电路的方法需要根据 KCL、KVL 列出方程，确定独立方程数是一个关键，可利用数学上图论的知识解决这一问题。一个电路的图如图 3.2-1 所示，节点和支路的编号都已分别标出，并给出了支路的方向，该方向也即支路电流和与之相关联的支路电压的参考方向。

1. KCL 独立方程

基本割集组是独立割集组，根据基本割集组列出的 KCL 方程组是独立方程，独立方程数为(n-1)。一个电路的 KCL 独立方程数等于它的割集数。
对图 3.2-1 的节点①、②、③分别列出 KCL 方程，可得

$$\begin{cases} -i_1 + i_2 + i_5 = 0 \\ -i_2 + i_3 + i_6 = 0 \\ i_1 - i_3 - i_4 = 0 \end{cases}$$

这三个方程是独立的，而三个方程相加可得

$$i_4 - i_5 - i_6 = 0$$

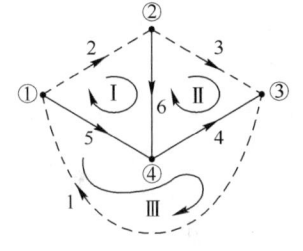

图 3.2-1 基本回路的 KVL 方程

此方程即是节点④的 KCL 方程，以上 4 个方程任意 3 个是独立的。由此可见，电路的 KCL 独立方程数等于它的割集数，即对于具有 n 个节点的电路，在任意(n-1)个节点上可以得出(n-1)个独立的 KCL 方程，这(n-1)个节点称为独立节点。

2. KVL 独立方程

基本回路组是独立回路组，根据基本回路列出的 KVL 方程组是独立方程，独立方程数为(b-n+1)。一个电路的 KVL 独立方程数等于它的独立回路数。图 3.2-1 中的实线组成树，树支为支路 4、5、6，连支为支路 1、2、3，由 3 个连支构成 3 个基本回路Ⅰ、Ⅱ、Ⅲ，即网孔。

对每个网孔列出 KVL 方程为

$$\begin{cases} u_2 - u_5 + u_6 = 0 \\ u_3 - u_4 - u_6 = 0 \\ u_1 + u_4 + u_5 = 0 \end{cases}$$

这一组方程是独立的，相加可得

$$u_1 + u_2 + u_3 = 0$$

此方程为图 3.2-1 中虚线即支路 1、2、3 组成回路的 KVL 方程。以上 4 个方程任意 3 个是独立的。所以，电路的 KVL 独立方程数等于它的基本回路数。对于具有 n 个节点、b 条支路的电路，有 $(b-n+1)$ 个基本回路，而平面回路的网孔数即为基本回路数。

思考与练习

3.2-1　KCL 独立方程的个数与什么有关？

3.2-2　KVL 独立方程的个数与什么有关？

3.3　支路电流法

通过上面的分析可知，对于具有 n 个节点、b 条支路的电路，具有 $(n-1)$ 个独立的 KCL 方程，$(b-n+1)$ 个独立的 KVL 方程。根据所选择的分析方法的不同，首先选择电路变量（电流和/或电压），作为线性方程组的变量，再根据 KVL、KCL，以及元件的伏安特性，用观察（不需要改变电路的结构）的方法建立方程。

当以支路电流、支路电压为电路变量列方程时，共有 $2b$ 个未知量。加上元件的 VCR，恰好也是 $2b$ 个方程，与未知量数量相等，可解出支路电压、支路电流，这种方法是一种直接方法，称为 $2b$ 法。

为了减少求解方程数，如果只以支路电流（电压）为电路变量，则称为支路电流（电压）法。下面只介绍支路电流法，支路电压以支路电流表示，代入 KVL 方程，得到以 b 个支路电流为未知量的 b 个方程。

以图 3.3-1（a）为例，把电压源 u_{S1} 和电阻 R_1 的串联组合作为一条支路，把电流源 i_{S5} 和电阻 R_5 的并联组合也作为一条支路，如图 3.3-1（b）所示，相应电路的图如图 3.3-1（c）所示。

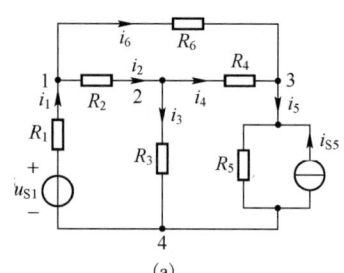
(a)
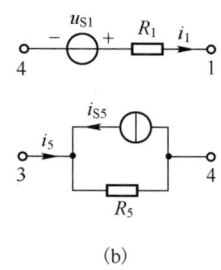
(b)
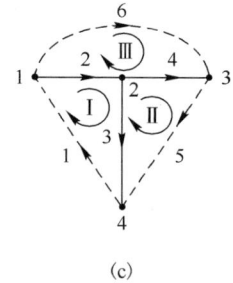
(c)

图 3.3-1　支路电流法

选取节点 1、2、3 为独立节点，列出 KCL 方程为

$$\begin{cases} -i_1 + i_2 + i_6 = 0 \\ -i_2 + i_3 + i_4 = 0 \\ -i_4 + i_5 - i_6 = 0 \end{cases}$$

选择网孔作为独立回路 Ⅰ、Ⅱ、Ⅲ，按回路绕行方向列出 KVL 方程为

$$\begin{cases} u_1 + u_2 + u_3 = 0 \\ -u_3 + u_4 + u_5 = 0 \\ -u_2 - u_4 + u_6 = 0 \end{cases}$$

各支路电压用支路电流表示，有

$$\begin{cases} u_1 = -u_{S1} + R_1 i_1 \\ u_2 = R_2 i_2 \\ u_3 = R_3 i_3 \\ u_4 = R_4 i_4 \\ u_5 = R_5 i_5 + R_5 i_{S5} \\ u_6 = R_6 i_6 \end{cases}$$

以上是通过 $2b$ 法得到的 12 个方程。$2b$ 法的优点是任何电路都可解；缺点是未知量、方程数目过多。因此，将支路电压方程代入 KVL 方程，整理后，有

$$\begin{cases} R_1 i_1 + R_2 i_2 + R_3 i_3 = u_{S1} \\ -R_3 i_3 + R_4 i_4 + R_5 i_5 = -R_5 i_{S5} \\ -R_2 i_2 - R_4 i_4 + R_6 i_6 = 0 \end{cases} \tag{3.3-1}$$

KCL 方程与式（3.3-1）组成了图 3.3-1（a）所示电路的支路电流方程，共 6 个未知量。

特别需要注意的是，应用支路电流法解题时，应先把支路 5 的电流源 i_{S5} 和电阻 R_5 并联组合等效变换为电压源 $u_{S5}=R_5 i_{S5}$，其"+"极性到"–"极性的方向与支路 5 的电流参考方向一致。这样式（3.3-1）就可按 $\sum R_k i_k = \sum u_{Sk}$，用观察法列出。

支路电流法的电路方程列写步骤为：

（1）规定电流的参考方向；

（2）按 KCL，对 $(n-1)$ 个独立节点列方程；

（3）选取 $(b-n+1)$ 个独立回路，设定回路的绕行方向，按 $\sum R_k i_k = \sum u_{Sk}$ 列方程。

支路电流法要求每一条支路的电压可以通过支路电流表示，否则利用 KVL 就得不到 $\sum R_k i_k = \sum u_{Sk}$ 的表达形式。特例：若一条支路仅含有电流源而不存在与之并联的电阻时，就无法将支路电压以支路电流表示。这种情况需额外加一个辅助方程解决。而 $2b$ 法则无这种限制，电路的计算机辅助分析，常采用 $2b$ 法。

例 3.3-1 图 3.3-2 所示电路中，$U_{S1}=130\text{V}$，$R_1=1\Omega$，$U_{S2}=117\text{V}$，$R_2=0.6\Omega$，$R=24\Omega$，求各支路电流。

解：此题可利用电压源与电阻串联等效变换为电流源与电阻并联的方法，先求出 R 上的电流，再回到原电路分别求出另外两个支路的电流，需要改变电路的结构。

这里利用支路电流法，不必改变电路结构，通过列方程，利用求解方程直接得到各支路的电流。

由图 3.3-2 可知，此电路有三条支路，两个节点，即 $n=2$，$b=3$。直接在电路图上标出节点及各支路电流参考方向。以支路电流为未知量，列出方程。

以节点 a 为独立节点，应用 KCL，可得

$$-I_1 - I_2 + I = 0$$

以两个网孔为基本回路Ⅰ、Ⅱ，回路绕行方向为顺时针，利用观察法，其KVL方程为

$$\begin{cases} R_1 I_1 - R_2 I_2 = U_{S1} - U_{S2} \\ R_2 I_2 + RI = U_{S2} \end{cases}$$

把已知参数代入上面三个方程，得

$$\begin{cases} -I_1 - I_2 + I = 0 \\ I_1 - 0.6 I_2 = 13 \\ 0.6 I_2 + 24 I = 117 \end{cases}$$

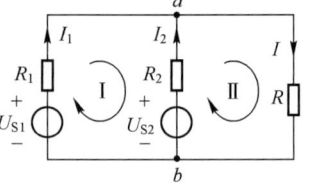

图 3.3-2 例 3.3-1 图

解得
$$I_1 = 10\text{A}, \quad I_2 = -5\text{A}, \quad I = 5\text{A}。$$

思考与练习

3.3-1 $2b$ 法求解电路方程的步骤。

3.3-2 支路电流法求解电路方程的步骤。

3.3-3 运用支路电流法求解图 3.3-3 所示电路中的 I_1、I_2、U。

3.3-4 求解图 3.3-4 所示电路中的电流 I_1、I_2、I_3。

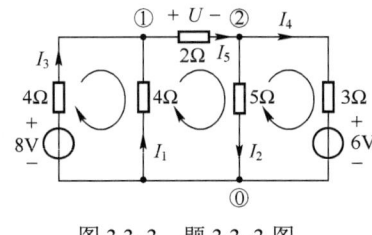

图 3.3-3 题 3.3-3 图　　　　　图 3.3-4 题 3.3-4 图

3.4 网孔电流法与回路电流法

课程思政融入点：因支路电流法求解电路问题存在方程数多的缺点，必须寻求更优的求解方法，可以使用网孔电流法与回路电流法。由此指出科学研究的目的是不断发现更快更好的方法解决具体问题，即培养学生的科学方法论。

前面介绍的支路电流法，方程数等于支路数 b，利用计算机易于求解，但如果手算，对于三个未知量，需求解三个方程，无论是代入消元法还是行列式法，计算工作量都很大，需要花费大量的时间。而求解两个方程就容易得多。如果减少未知量的个数，则方程数就可相应地减少。以下的方法就是针对减少方程数而提出的，分为电流法，包括网孔电流法和回路电流法；电压法，即节点电压法。

电流法是基于支路电流法，进一步考察支路电流，可以发现，由于汇集到每个节点的支路电流服从 KCL 的约束，其中一个支路电流可以用汇集到该点的其他支路电流表示，所以汇集到节点上的支路电流不是独立的。对于具有 b 条支路、n 个节点的电路，有 $(n-1)$ 个独立的节点电流方程，因而有 $(n-1)$ 个不独立的支路电流，所以独立的电流变量只有 $(b-n+1)$ 个。一旦确定了这组独立的电流变量，电路中其他支路的电流通过简单的代数计算即可获得。

电路的独立电流变量数目是唯一的，但选取独立电流变量的方法可以灵活运用。满足下列条件的一组电流便可充当独立电流变量：电流变量数目等于 $(b-n+1)$ 个，为连支数；电流

变量为连支电流，能够唯一确定全部支路电流。

3.4.1 网孔电流法

图 3.4-1（a）为平面电路，网孔数为$(b-n+1)$，电路独立电流的数目等于电路网孔的数目，支路电流的参考方向已标出。如果假设在电路的每个网孔中有电流流动，如图 3.4-1（b）所示，则这组假设在网孔中连续流动的电流称为网孔电流。这组网孔电流就是一组独立电流变量，为连支电流，图 3.4-1（c）为图 3.4-1（a）所示电路的图，其中的实线为树支组成的树，虚线为连支。

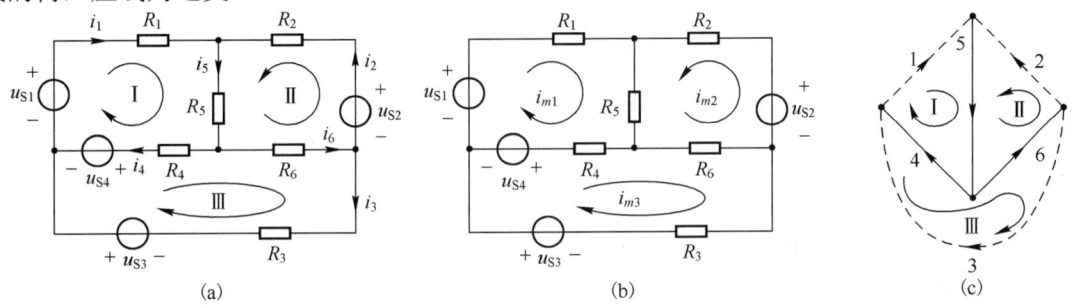

图 3.4-1 网孔电流法示例

比较图 3.4-1（a）、（b）和（c），可以看到各支路电流为

$$\begin{cases} i_1 = i_{m1} \\ i_2 = i_{m2} \\ i_3 = i_{m3} \\ i_4 = i_{m1} - i_{m3} \\ i_5 = i_{m1} + i_{m2} \\ i_6 = i_{m2} + i_{m3} \end{cases}$$

由于网孔电流对于每个网孔上的节点，一次流入，一次流出，自动满足 KCL，所以网孔电流只能利用 KVL 方程求解。以图 3.4-1 为例，推导以网孔电流为变量的 KVL 方程形式。

对于图 3.4-1（a）所示电路，首先，以支路电流为变量列出 KVL 方程，回路的绕行方向与网孔电流的参考方向一致，则有

$$\begin{cases} R_1 i_1 + R_4 i_4 + R_5 i_5 = u_{S1} - u_{S4} \\ R_2 i_2 + R_5 i_5 + R_6 i_6 = u_{S2} \\ R_3 i_3 - R_4 i_4 + R_6 i_6 = u_{S3} + u_{S4} \end{cases}$$

将支路电流方程代入上式，把支路电流换成对应的网孔电流，整理得

$$\begin{cases} (R_1 + R_4 + R_5)i_{m1} + R_5 i_{m2} - R_4 i_{m3} = u_{S1} - u_{S4} \\ R_5 i_{m1} + (R_2 + R_5 + R_6)i_{m2} + R_6 i_{m3} = u_{S2} \\ -R_4 i_{m1} + R_6 i_{m2} + (R_3 + R_4 + R_6)i_{m3} = u_{S3} + u_{S4} \end{cases}$$

上式是以网孔电流为变量的 KVL 方程，称为网孔电流方程，可以写成标准形式：

$$\begin{cases} R_{11} i_{m1} + R_{12} i_{m2} + R_{13} i_{m3} = u_{S11} \\ R_{21} i_{m1} + R_{22} i_{m2} + R_{23} i_{m3} = u_{S22} \\ R_{31} i_{m1} + R_{32} i_{m2} + R_{33} i_{m3} = u_{S33} \end{cases} \quad (3.4-1)$$

式中，R_{11}、R_{22}、R_{33} 分别为网孔 I、II、III 的自阻，为各自网孔所有电阻之和，即 $R_{11}=R_1+R_4+R_5$，$R_{22}=R_2+R_5+R_6$，$R_{33}=R_3+R_4+R_6$；R_{12} 和 R_{21} 是网孔 I、II 之间的互阻，$R_{12}=R_{21}=R_5$；R_{13} 和 R_{31} 是网孔 I、III 之间的互阻，$R_{13}=R_{31}=-R_4$；R_{23} 和 R_{32} 是网孔 II、III 之间的互阻，$R_{23}=R_{32}=R_6$。

网孔电流方程组即式（3.4-1）可用观察法写出，$R_{11}i_{m1}$ 项代表网孔电流 i_{m1} 在网孔 I 的所有电阻（R_1，R_4，R_5）上引起的电压，$R_{22}i_{m2}$ 项代表网孔电流 i_{m2} 在网孔 II 的所有电阻（R_2，R_5，R_6）上引起的电压，$R_{33}i_{m3}$ 项代表网孔电流 i_{m3} 在网孔 III 的所有电阻（R_3，R_4，R_6）上引起的电压。由于网孔的绕行方向和网孔电流参考方向一致，所以自阻 R_{11}、R_{22}、R_{33} 总是正值。

$R_{12}i_{m2}$ 项代表网孔电流 i_{m2} 流过网孔 I、II 的公共电阻（R_5）引起的电压，$R_{21}i_{m1}$ 项代表网孔电流 i_{m1} 流过网孔 II、I 的公共电阻（R_5）引起的电压，由于 i_{m1}、i_{m2} 流过公共电阻（R_5）的参考方向相同，则 i_{m1} 和 i_{m2} 中任一个在公共电阻上引起的电压在另一个网孔电压方程中取正号。

$R_{13}i_{m3}$ 项代表网孔电流 i_{m3} 流过网孔 I、III 的公共电阻（R_4）引起的电压，$R_{31}i_{m1}$ 项代表网孔电流 i_{m1} 流过网孔 III、I 的公共电阻（R_4）引起的电压，由于 i_{m1}、i_{m3} 流过公共电阻（R_4）的参考方向相反，则 i_{m1} 和 i_{m3} 中任一个在公共电阻上引起的电压在另一个网孔电压方程中取负号。

$R_{23}i_{m3}$ 项代表网孔电流 i_{m3} 流过网孔 II、III 的公共电阻（R_6）引起的电压，$R_{32}i_{m2}$ 项代表网孔电流 i_{m2} 流过网孔 III、II 的公共电阻（R_6）引起的电压，由于 i_{m2}、i_{m3} 流过公共电阻（R_6）的参考方向相同，则 i_{m2} 和 i_{m3} 中任一个在公共电阻上引起的电压在另一个网孔电压方程中取正号。

为了使方程形式整齐，把电压前的正负号包括在有关的互阻中。因此，两个网孔电流流经互阻时，参考方向相同，互阻为正，参考方向相反，互阻为负。所以，图 3.4-1（a）中

$$R_{12}=R_{21}=R_5, \quad R_{13}=R_{31}=-R_4, \quad R_{23}=R_{32}=R_6$$

而式（3.4-1）等号右边表示各网孔中电压源的电压升的代数和，即各网孔中的电压源电压参考方向与网孔电流参考方向一致，电压前面取负号，反之取正号。所以，对于图 3.4-1（a），三个网孔的网孔电流方程中，$u_{S11}=u_{S1}-u_{S4}$，$u_{S22}=u_{S2}$，$u_{S33}=u_{S3}+u_{S4}$，均为各网孔电压源电压升的代数和。

对于具有 m 个网孔的平面电路，其网孔电流方程的一般形式为

$$\begin{cases} R_{11}i_{m1}+R_{12}i_{m2}+\cdots+R_{1m}i_{mm}=u_{S11} \\ R_{21}i_{m1}+R_{22}i_{m2}+\cdots+R_{2m}i_{mm}=u_{S22} \\ \vdots \\ R_{m1}i_{m1}+R_{m2}i_{m2}+\cdots+R_{mm}i_{mm}=u_{Smm} \end{cases} \quad (3.4\text{-}2)$$

式中，R_{kk}（$k=1,2,\cdots,m$）是网孔 k 的自阻，符号总为正；R_{kj}（$k=1,2,\cdots,m$；$j=1,2,\cdots,m$；$k\neq j$）是网孔 k 与 j 的互阻，可正可负，由两个网孔电流通过公共电阻的参考方向是否相同确定，相同时取正号，相反时取负号；不含受控源的电阻电路，式（3.4-2）的系数矩阵为对称矩阵，即 $R_{kj}=R_{jk}$。

电路中含有受控电压源时，可把受控源看作独立电压源列在方程右边，再利用控制量与

网孔电流的关系,移到方程左边整理,可见,在受控源存在时,系数矩阵一般是不对称的。如果电路中有理想电流源和电阻的并联组合,则可将它等效变换成电压源和电阻的串联组合,再按上述方法分析。

网孔电流法的电路方程解题步骤:
(1)规定网孔电流的方向。
(2)列出网孔电流的方程(实际是电压方程)。
(3)解此方程(消元法、行列式法)。
(4)规定支路电流的参考方向,由网孔电流求得支路电流。
(5)检验:对外网孔列 KVL 方程,计算 $\sum RI$。

例 3.4-1 用网孔电流法求图 3.4-2 所示电路的支路电流 I_1、I_2、I_3。

解:首先根据图中的支路电流参考方向,相应选择网孔电流 $I_{m1}=I_1$,$I_{m2}=I_3$,并在图中标出网孔电流 I_{m1}、I_{m2} 的参考方向。

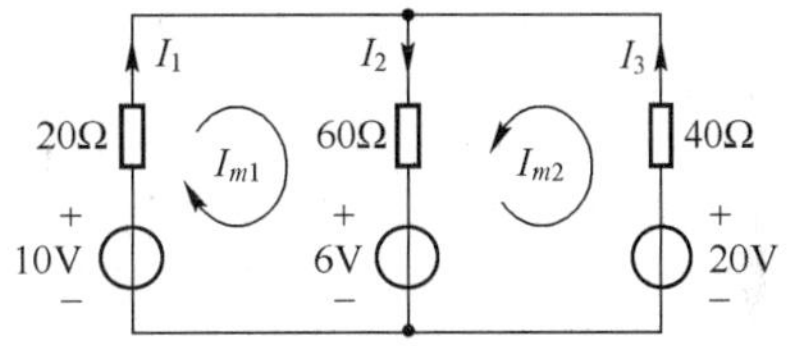

由图 3.4-2 中的参数值,可得

$R_{11} = 20 + 60 = 80\Omega$,$R_{22} = 40 + 60 = 100\Omega$,

$R_{12} = R_{21} = 60\Omega$,$U_{S11} = 10 - 6 = 4V$,$U_{S22} = 20 - 6 = 14V$

根据式(3.4-1),$m=2$ 的网孔电流方程为

$$\begin{cases} 80I_{m1} + 60I_{m2} = 4 \\ 60I_{m1} + 100I_{m2} = 14 \end{cases}$$

图 3.4-2 例 3.4-1 图

求出 $I_{m1} = -0.1A$,$I_{m2} = 0.2A$,即 $I_1 = -0.1A$,$I_3 = 0.2A$,而 $I_2 = I_{m2} + I_{m1} = 0.2 + (-0.1) = 0.1A$。

和例 3.3-1 比较,电路图类似,由于采用不同的方法,有关的方程数不同,网孔电流法的方程数少于支路电流法,求解起来也较方便。

3.4.2 回路电流法

网孔电流法针对的是网孔,所以只能适用于平面电路。另外,各网孔电流是电路的图中的连支电流,网孔对应的树是唯一的,所以不能灵活地选取网孔电流。而回路电流法中的回路电流可以灵活地选取。

选 $l(=b-n+1)$ 个独立回路的电路,即回路电流作为独立电流变量,称作回路电流法。图 3.4-3(a)和(c)给出了两种不同的回路电流取法,对于同一个电路,可以有不同的树,如图 3.4-3(b)和(d)中的实线(树支)组成不同的树,而虚线(连支)上的电流就是回路电流。

回路电流法有类似于网孔电流法的一般表达式,即

$$\begin{cases} R_{11}i_{l1} + R_{12}i_{l2} + \cdots + R_{1l}i_{ll} = u_{S11} \\ R_{21}i_{l1} + R_{22}i_{l2} + \cdots + R_{2l}i_{ll} = u_{S22} \\ \vdots \\ R_{l1}i_{l1} + R_{l2}i_{l2} + \cdots + R_{ll}i_{ll} = u_{Sll} \end{cases} \tag{3.4-3}$$

式中,$R_{kk}(k = 1,2,\cdots,l)$ 是回路 k 的自阻,符号总为正;R_{kj}($k = 1,2,\cdots,l$;$j = 1,2,\cdots,m$;$k \neq j$)是回路 k 与 j 的互阻,可正可负,由两个回路电流通过公共电阻的参考方向是否相同确定,相同时取正号,相反时取负号;u_{Skk} 是回路 k 中所有电压源的电压升的代数和,源电

压的参考方向与回路电流的参考方向一致时取负号，相反时取正号。其他情况也和网孔电流法相同。

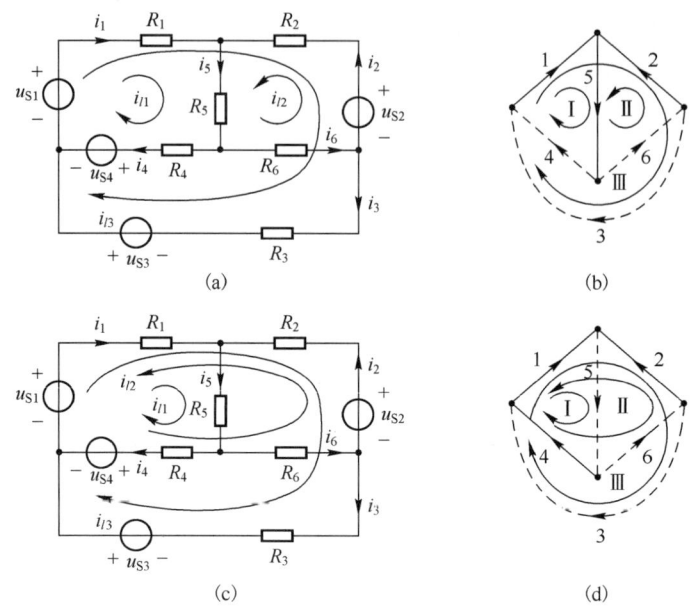

图 3.4-3 两种不同回路电流的取法

回路电流法不仅适用于平面电路，也适用于非平面电路。当电路中存在无伴电流源时，回路电流法比网孔电流法更方便。

回路电流法的电路方程解题步骤为：
（1）选一个树，连支电流为回路电流。
（2）列出回路电流的方程式（计算自阻、互阻、u_{Skk}）。
（3）解方程（消元法、行列式法）。
（4）规定支路电流的参考方向，由回路电流求得支路电流。
（5）检验：对外回路列 KVL 方程，计算 $\sum RI$。

例 3.4-2 求图 3.4-4 所示电路各支路电流及电压 U。

解： 对于存在无伴电流源的电路，由于无伴电流源所在支路电流已知，而选取回路电流为这一支路电流时，回路电流也是已知的，因此，可不必列出该回路的 KVL 方程，避免引入电流源端电压这个未知量。以回路电流为未知量的方程数又进一步较少。

对于图 3.4-4，回路电流参考方向已标出，可得

$$\begin{cases} I_{l1} = 1 \\ I_{l2} = 2 \\ 3I_{l1} + (1+3)I_{l2} + (1+3+5)I_{l3} = -20 \end{cases}$$

可以求出

$$I_{l3} = -\frac{31}{9} \text{A}$$

再根据图 3.4-4 中各支路电流与回路电流的关系，得

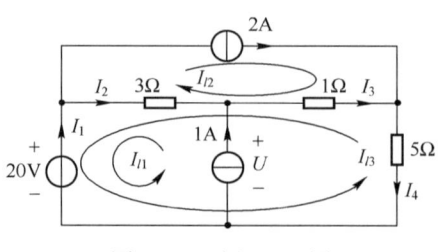

图 3.4-4 例 3.4-2 图

$$\begin{cases} I_1 = -(I_{l1}+I_{l3}) = -\left(1-\dfrac{31}{9}\right) = \dfrac{22}{9}\,\text{A} \\ I_2 = -(I_{l1}+I_{l2}+I_{l3}) = -\left(1+2-\dfrac{31}{9}\right) = \dfrac{4}{9}\,\text{A} \\ I_3 = -(I_{l2}+I_{l3}) = -\left(2-\dfrac{31}{9}\right) = \dfrac{13}{9}\,\text{A} \\ I_4 = -I_{l3} = \dfrac{31}{9}\,\text{A} \end{cases}$$

由 KVL，可求出 $U = 1 \times I_3 + 5 \times I_4 = 1 \times \dfrac{13}{9} + 5 \times \dfrac{31}{9} = \dfrac{56}{3}\,\text{A}$

如果电路中存在受控源，可先当作独立电源处理，列出方程，再进一步整理为以回路电流为变量的方程。

例 3.4-3 列出图 3.4-5 所示电路的回路电流方程。

解：电路中有一受控电流源，可当作理想的无伴电流源处理，选取的回路电流如图 3.4-5 所示，列出回路电流方程。

$$\begin{cases} I_{l1} = 3U \\ -R_2 I_{l1} + (R_2+R_3+R_4)I_{l2} - (R_2+R_4)I_{l3} = 0 \\ (R_1+R_2)I_{l1} - (R_2+R_4)I_{l2} + (R_1+R_2+R_4+R_5)I_{l3} = U_{S1} \end{cases}$$

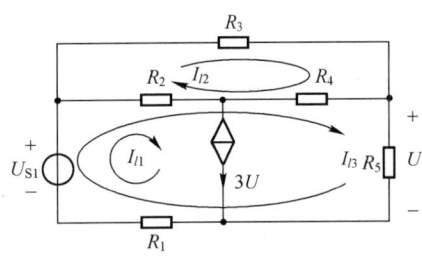

图 3.4-5 例 3.4-3 图

由于 $U = R_5 I_{l3}$，代入方程，合并同类项，整理可得回路电流方程为

$$\begin{cases} (R_2+R_3+R_4)I_{l2} - (R_2+R_4+3R_2R_5)I_{l3} = 0 \\ -(R_2+R_4)I_{l2} + (R_1+R_2+R_4+R_5+3R_1R_5+3R_2R_5)I_{l3} = U_{S1} \end{cases}$$

思考与练习

3.4-1 网孔电流法的电路方程解题步骤？

3.4-2 回路电流法的电路方程解题步骤？

3.4-3 用网络电流法求图 3.4-6 所示电路中的电压 U。

3.4-4 图 3.4-7 所示电路中，$U_{S1}=50\text{V}$，$U_{S2}=20\text{V}$，$I_{S2}=1\text{A}$，此电流源为无伴电流源，用回路法列出电路的方程。

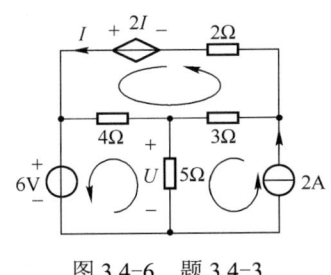

图 3.4-6 题 3.4-3

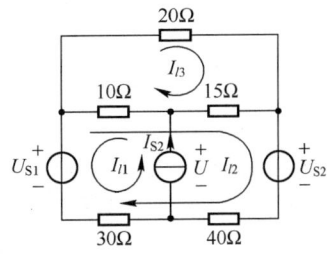

图 3.4-7 题 3.4-4

3.5 节点电压法

课程思政融入点：引导学生认识到掌握事物普遍规律的重要性，鼓励学生在实际生活工作中善于从问题的表象去发现本质及内在规律，从而找到解决问题的最佳策略。

由图论知识可知，对于 n 个节点、b 条支路的电路，其独立回路数为$(b-n+1)$，可见，电路的独立电压方程数为$(b-n+1)$个，而每个回路的支路电压满足 KVL，因此，每个回路有一个支路电压是不独立的。所以，电路的独立电压数目为$(n-1)$个。如果以电路中的一个节点为参考节点，则其他节点也称为独立节点，独立节点相对于参考节点的电压称为节点电压，共有$(n-1)$个节点电压。

电路的图是由树支和连支组成的，只要节点电压已知，所有支路的电压就可通过节点电压之差求出，进而求出支路电流、功率等。一个具有 n 个节点的电路，如果 n 比较小，则以节点电压为未知量列写方程数就少。

对于图 3.5-1（a）所示电路，以节点 0 为参考节点，节点 1、2、3 为独立节点，其节点电压分别用 u_{n1}、u_{n2}、u_{n3} 表示。图 3.5-1（a）所示电路对应的图为图 3.5-1（b），可见，如果求出了 u_{n1}、u_{n2}、u_{n3}，相当于得到了支路 1、2、3 的电压，而支路 4、5、6 的电压分别为 $u_4=u_{n1}-u_{n2}$，$u_5=u_{n2}-u_{n3}$，$u_6=u_{n1}-u_{n3}$。可见，全部支路电压都可用节点电压表示。支路电压与节点电压的关系是 KVL 的体现，即节点电压自动满足 KVL。

$(n-1)$个节点电压是一组独立的电压变量，以节点电压为电路变量列写电路方程的方法，称为节点电压法。由于电路的 KCL 独立方程数为$(n-1)$个，所以利用 KCL 可以列出节点电压方程。

分别对图 3.5-1（a）中的节点 1、2、3 列 KCL 方程，有

$$\begin{cases} i_1 + i_4 + i_6 = 0 \\ i_2 - i_4 + i_5 = 0 \\ i_3 - i_5 - i_6 = 0 \end{cases}$$

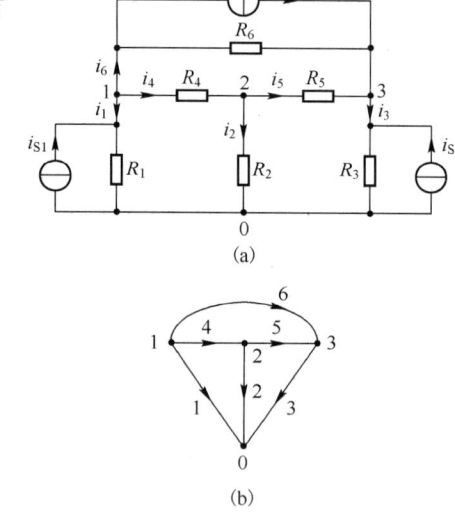

图 3.5-1 节点电压法

各支路电流分别为 $i_1 = \dfrac{u_{n1}}{R_1} - i_{S1}$，$i_2 = \dfrac{u_{n2}}{R_2}$，$i_3 = \dfrac{u_{n3}}{R_3} - i_{S3}$

$$i_4 = \frac{u_{n1}-u_{n2}}{R_4}, \quad i_5 = \frac{u_{n2}-u_{n3}}{R_5}, \quad i_6 = \frac{u_{n1}-u_{n3}}{R_6} + i_{S6}$$

将支路电流方程代入 KCL 方程，经整理可得

$$\begin{cases} (G_1+G_4+G_6)u_{n1} - G_4 u_{n2} - G_6 u_{n3} = i_{S1} - i_{S6} \\ -G_4 u_{n1} + (G_2+G_4+G_5)u_{n2} - G_5 u_{n3} = 0 \\ -G_6 u_{n1} - G_5 u_{n2} + (G_3+G_5+G_6)u_{n3} = i_{S3} + i_{S6} \end{cases} \quad (3.5-1)$$

式中，$G_k=1/R_k$，$k=1,2,\cdots,6$。式（3.5-1）即为图 3.5-1（a）所示电路的节点电压方程。写成标准形式为

$$\begin{cases} G_{11}u_{n1} + G_{12}u_{n2} + G_{13}u_{n3} = i_{S11} \\ G_{21}u_{n1} + G_{22}u_{n2} + G_{23}u_{n3} = i_{S22} \\ G_{31}u_{n1} + G_{32}u_{n2} + G_{33}u_{n3} = i_{S33} \end{cases} \quad (3.5-2)$$

式中，$G_{11}=G_1+G_4+G_6$，$G_{22}=G_2+G_4+G_5$，$G_{33}=G_3+G_5+G_6$，分别表示连到节点 1、

2、3 上全部支路电导之和，称为节点 1、2、3 的自导；$G_{12}=G_{21}=-G_4$，表示节点 1 和节点 2 之间的互导；$G_{23}=G_{32}=-G_5$，表示节点 2 和节点 3 之间的互导；$G_{13}=G_{31}=-G_6$，表示节点 1 和节点 3 的之间的互导。i_{S11}、i_{S22}、i_{S33} 分别表示流进节点 1、2、3 的电流源电流的代数和，因此 $i_{S11}=i_{S1}-i_{S6}$，$i_{S33}=i_{S3}+i_{S6}$，而由于没有电流源与节点 2 连接，因此 $i_{S22}=0$。

节点的自导总是正的，节点之间的互导总是负的。由于节点电压的参考方向都是由独立节点指向参考节点的，因此各节点电压在自导中产生的电流总是流出该节点的。在 KCL 方程左端，流出节点的电流前为正号，所以自导总是正的；而其他节点电压通过互导产生的电流总是流入此节点的，在 KCL 方程左端，流入节点电流取负号，因而互导总是负的。

对于具有(n-1)个独立节点的电路，节点电压方程可表示为

$$\begin{cases} G_{11}u_{n1}+G_{12}u_{n2}+\cdots+G_{1(n-1)}u_{n(n-1)}=i_{S11} \\ G_{21}u_{n1}+G_{22}u_{n2}+\cdots+G_{2(n-1)}u_{n(n-1)}=i_{S22} \\ \quad\quad\quad\quad\quad\vdots \\ G_{(n-1)1}u_{n1}+G_{(n-1)2}u_{n2}+\cdots+G_{(n-1)(n-1)}u_{n(n-1)}=i_{S(n-1)(n-1)} \end{cases} \quad (3.5\text{-}3)$$

式中，G_{kk}（k=1, 2, $\cdots$, n-1）为节点 k 的自导，总是正的；G_{kj} 是节点 k 和 j 之间的互导，总是负的；i_{Skk} 表示流入节点 k 的电流源电流的代数和。

在无受控源的电路中，$G_{kj}=G_{jk}$，方程（3.5-3）中的系数矩阵为对称矩阵。如果电路中含有受控电流源时，可把受控源看作独立电流源列在方程右边，再利用控制量与节点电压的关系，移到方程左边进行整理，可见，在受控源存在时，系数矩阵一般是不对称的。

节点电压法的电路方程解题步骤为：

（1）确定参考节点，标定(n-1)个独立节点。

（2）对(n-1)个独立节点，以节点电压为未知量，列写 KCL 方程。

（3）求解上述方程，得到(n-1)个节点电压。

（4）求各支路电流。

当电路中有理想电压源和电阻的串联组合时，可将它等效变换成电流源和电阻的并联组合，再按上述方法分析。

下面介绍一种基于节点电压法证明而来的弥尔曼定理。

由电压源和电阻组成的具有一个独立节点的电路，如图 3.5-2（a）所示，其节点电压 u_{10} 为

$$u_{10}=\frac{\sum(G_k u_{Sk})}{\sum G_k} \quad (3.5\text{-}4)$$

式（3.5-4）称为弥尔曼定理。

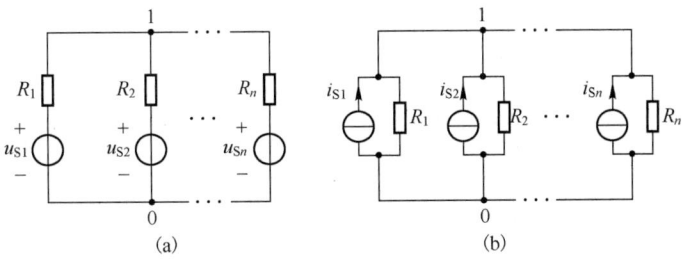

图 3.5-2 弥尔曼定理

证明：利用节点电压法，将电压源与电阻的并联组合等效变换为电流源与电阻的并联组合，如图 3.5-2（b）所示，对应的节点电压方程为

$$u_{10} = \frac{\dfrac{u_{S1}}{R_1} + \dfrac{u_{S2}}{R_2} + \cdots + \dfrac{u_{Sn}}{R_n}}{\dfrac{1}{R_1} + \dfrac{1}{R_2} + \cdots + \dfrac{1}{R_n}} = \frac{\sum(G_k u_{Sk})}{\sum G_k}$$

弥尔曼定理得证。需要说明的是，代数和 $\sum(G_k u_{Sk})$ 中，当电压源的正极性端接到节点 1 时，$G_k u_{Sk}$ 前面取正号，反之取负号。

对于电路只存在两个节点的情况，利用弥尔曼定理，可以非常方便地求得这两个节点之间的电压。当电路中含有无伴电压源时，一般以无伴电压源的负极性端作为参考节点，而正极性端的节点电压就是无伴电压源的电压，因此，未知的节点电压数相应减少。

例 3.5-1 求图 3.5-3 所示电路中受控源发出的功率。

解：利用节点电压法，节点 0 为参考节点，节点 1、2、3 为独立节点，节点电压方程为

$$\begin{cases} U_{n1} = 10 \\ -\dfrac{1}{0.5}U_{n1} + \left(\dfrac{1}{0.5} + 1\right)U_{n2} - U_{n3} = -3U \\ -\dfrac{1}{0.5}U_{n1} - U_{n2} + \left(\dfrac{1}{0.5} + 1 + 1\right)U_{n3} = 6 \end{cases}$$

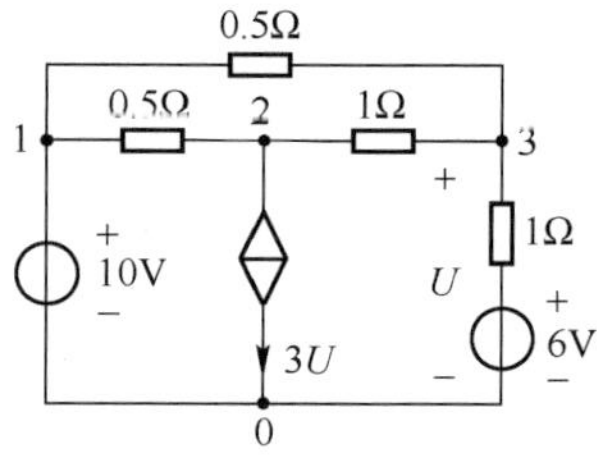

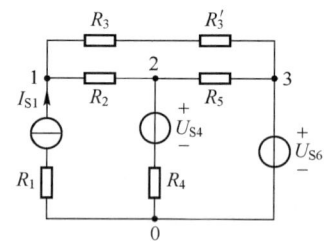

图 3.5-3 例 3.5-1 图

而控制量 $U = U_{n3}$，代入上式中，经整理可得

$$\begin{cases} 3U_{n2} + 2U_{n3} = 20 \\ -U_{n2} + 4U_{n3} = 26 \end{cases}$$

解得 $U_{n2} = 2\text{ V}$，$U_{n3} = 7\text{ V}$。
则受控源发出的功率为

$$P = -U_{n2} \times 3 \times U_{n3} = -42\text{W}$$

即受控电流源实际吸收功率。

例 3.5-2 列出图 3.5-4 所示电路的节点电压方程。

解：由于图中电路存在一无伴电压源，以此电压源负极性端节点 0 为参考节点，节点 1、2、3 为独立节点，列节点电压方程如下

$$\begin{cases} \left(\dfrac{1}{R_2} + \dfrac{1}{R_3 + R_3'}\right)U_{n1} - \dfrac{1}{R_2}U_{n2} - \dfrac{1}{R_3 + R_3'}U_{n3} = I_{S1} \\ -\dfrac{1}{R_2}U_{n1} + \left(\dfrac{1}{R_2} + \dfrac{1}{R_4} + \dfrac{1}{R_5}\right)U_{n2} - \dfrac{1}{R_5}U_{n3} = \dfrac{U_{S4}}{R_4} \\ U_{n3} = U_{S6} \end{cases}$$

由于图中无伴电流源 I_{S1} 与电阻 R_1 串联，而 R_1 对节点 1 的电流没有贡献，所以属于"无用电阻"，不能出现在节点 1 的自导中。

图 3.5-4 例 3.5-2 图

思考与练习

3.5-1 节点电压法的电路方程解题步骤？

3.5-2 列出图 3.5-5 所示电路的节点电压方程。

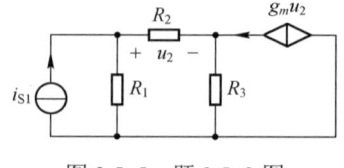

图 3.5-5 题 3.5-2 图

习题 3

3-1 用网孔电流法求解题 3-1 图所示电路中的电压 U_o。

3-2 利用回路电流法求解题 3-2 图所示电路的各支路电流。

3-3 用节点电压法求解题 3-3 图所示电路中的电流 I_s 和 I_o。

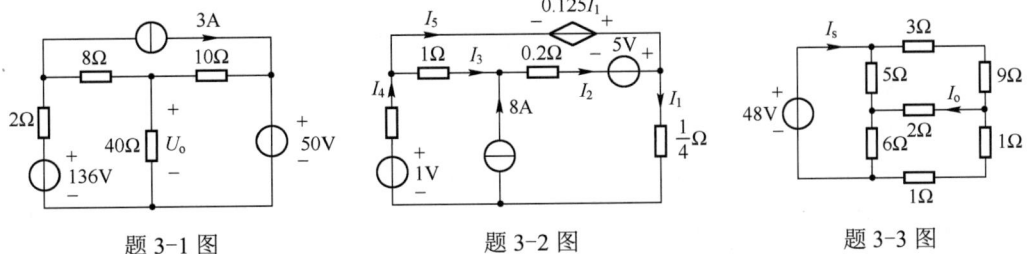

题 3-1 图　　　　　题 3-2 图　　　　　题 3-3 图

3-4 用节点电压法求解题 3-4 图所示电路中受控源吸收的功率。

3-5 求解题 3-5 图所示电路中各电源发出的功率。

3-6 求解题 3-6 图所示电路中的电流 I_1。

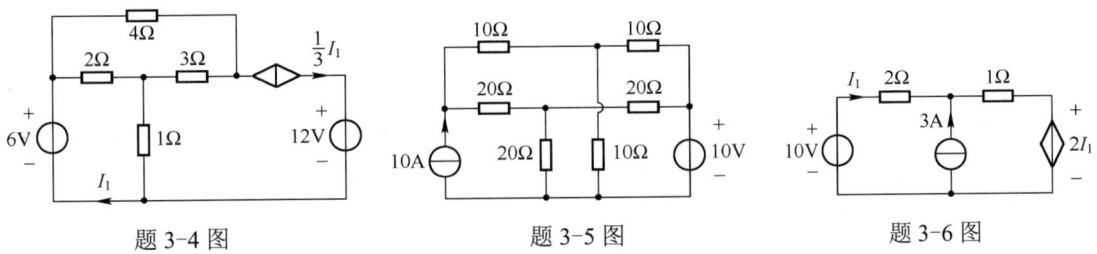

题 3-4 图　　　　　题 3-5 图　　　　　题 3-6 图

第4章 电路定理

主要内容：

（1）理解并掌握叠加定理、齐性定理的求解步骤和方法。
（2）理解替代定理的求解步骤和方法。
（3）理解并掌握戴维宁定理和诺顿定理的求解步骤和方法。
（4）了解特勒根定理、互易定理的求解步骤和方法。

在电路分析中，当求解多条支路上或者多个元件上的电流电压时，用方程比较方便；但对某一条支路电流电压的求解，采用等效法或应用电路定理更为简单。

本章介绍一些重要的电路定理，这些定理在电路理论的研究和分析计算中十分有用。电路定理不仅为电路分析提供了等效变换的分析方法，而且为电路理论问题的证明提供了基本的理论依据。

4.1 叠加定理和齐性定理

课程思政融入点：以"量变引起质变"为切入点，告诉学生永远不要小看持之以恒的努力学习中点滴知识的累积量变导致质变；现今社会知识更新迅速，只有不满足现状，不断更新所需知识，才能不被时代淘汰，要树立终身学习的理念。

线性系统，无论是电系统还是非电系统，都同时具有齐次性和叠加性。由线性元件和独立电源组成的电路为线性电路，叠加定理和齐性定理是反映线性电路本质的重要定理。

4.1.1 叠加定理

叠加定理（Superposition theorem）是线性电路普遍适用的基本定理，它反映了线性电路所具有的基本性质。其内容可表达为：在线性电路中，任一支路的电流（或电压）可以看成电路中每一个独立电源单独作用于电路时，在该支路产生的电流（或电压）的代数和。

下面以一个简单电路为例，来说明叠加定理的正确性。

图 4.1-1 所示电路中有两个独立源（激励），现在求解电路中的电流 i_2 和电压 u_1（响应）。

选用网孔电流法解题，设网孔电流分别为 i_{m1} 和 i_{m2}，方向如图 4.1-1 中所示，则网孔电流方程如下

$$\begin{cases}(R_1+R_2)i_{m1}+R_2i_{m2}=u_S \\ i_{m2}=i_S\end{cases}$$

解得

$$i_{m1}=\frac{1}{R_1+R_2}u_S-\frac{R_2}{R_1+R_2}i_S,\ i_{m2}=i_S$$

于是可得

$$\begin{cases} i_2 = i_{m1} + i_{m2} = \dfrac{1}{R_1 + R_2} u_S + \dfrac{R_1}{R_1 + R_2} i_S \\ u_1 = R_1 i_{m1} = \dfrac{R_1}{R_1 + R_2} u_S - \dfrac{R_1 R_2}{R_1 + R_2} i_S \end{cases} \quad (4.1\text{-}1)$$

在线性电路中，R_1、R_2 是常量，则式（4.1-1）中 u_S 和 i_S 项的系数也都是常量。因此，电流 i_2 和电压 u_1 都是电压源 u_S 和电流源 i_S 的一次函数。

下面考虑两个独立电源单独作用。

首先，假设 $i_S=0$，即只有电压源 u_S 单独作用，电流源 i_S 处用开路来代替，如图 4.1-2 所示。此时电路中待求量为

$$i_2^{(1)} = \frac{1}{R_1 + R_2} u_S, \quad u_1^{(1)} = \frac{R_1}{R_1 + R_2} u_S$$

同理，假设 $u_S=0$，即只有电流源 i_S 单独作用，电压源 u_S 处用短路来代替，如图 4.1-3 所示。此时待求量为

$$i_2^{(2)} = \frac{R_1}{R_1 + R_2} i_S, \quad u_1^{(2)} = \frac{-R_1 R_2}{R_1 + R_2} i_S$$

可见 $\quad i_2 = i_2^{(1)} + i_2^{(2)} = \dfrac{1}{R_1 + R_2} u_S + \dfrac{R_1}{R_1 + R_2} i_S, \quad u_1 = u_1^{(1)} + u_1^{(2)} = \dfrac{R_1}{R_1 + R_2} u_S - \dfrac{R_1 R_2}{R_1 + R_2} i_S$

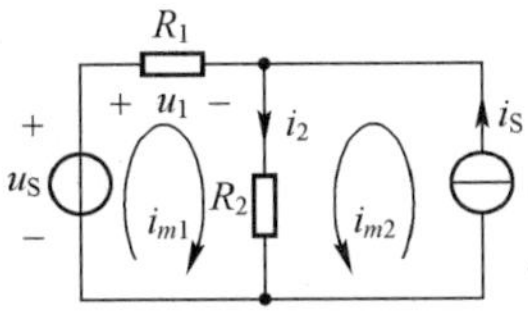

图 4.1-1 叠加定理 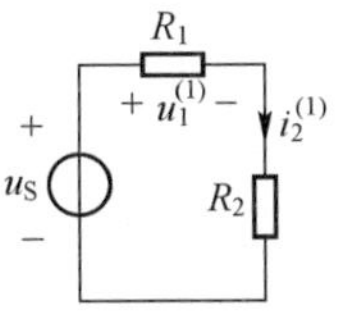　　　图 4.1-2 电压源单独作用电路 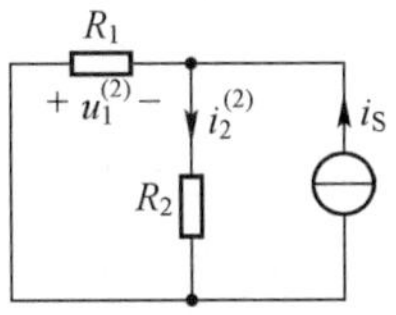　　　图 4.1-3 电流源单独作用电路

以上分析表明，电路中的支路电压 u_1 和支路电流 i_2 都是 u_S 和 i_S 单独作用时产生的分量的叠加，说明了叠加定理的正确性。

上述分析可以推广到一般情况，如果电路中含有 g 个电压源和 h 个电流源，则任意一处的电压 u_f 或电流 i_f 都可以表示为

$$u_f = \sum_{m=1}^{g} k_{fm} u_{Sm} + \sum_{m=1}^{h} K_{fm} i_{Sm}, \quad i_f = \sum_{m=1}^{g} k'_{fm} u_{Sm} + \sum_{m=1}^{h} K'_{fm} i_{Sm}$$

使用叠加定理分析电路时应注意以下几个问题：

（1）叠加定理只适用于线性电路，不适用于非线性电路。

（2）在叠加的各分电路中，不作用的电压源置零，在电压源处用短路代替；不作用的电流源置零，在电流源处用开路代替。电路中所有的电阻不予变动，受控源保留在各分电路中，控制支路用相应的分量表示且不能简化、消除。

（3）各分响应叠加时是代数和，注意电流、电压的参考方向。为方便可以选择各分响应的参考方向与原响应参考方向一致，则电路的原响应为各分响应的和。

（4）叠加定理只适用于计算电压、电流，而不能用于计算功率和能量，因为功率和能量是电压或电流的二次函数。

（5）叠加方式是任意的，可以一次使一个独立源单独作用，也可以一次使几个独立源共同作用。

例 4.1-1 电路如图 4.1-4（a）所示，已知 $R_1=6\Omega$，$R_2=4\Omega$，$R_3=8\Omega$，$R_4=6\Omega$，$U_S=10V$，$I_S=2A$。试用叠加定理计算通过 R_2 的电流 I_2。

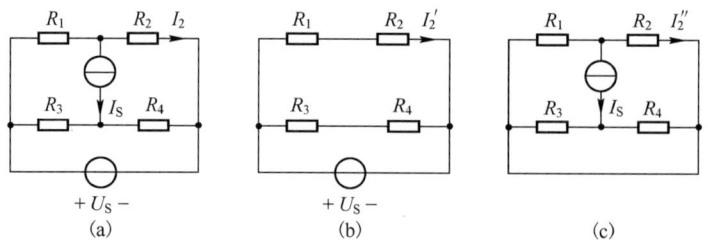

图 4.1-4　例 4.1-1 图

解：根据叠加定理计算 R_2 的电流 I_2。

当电压源 U_S 单独作用时，电路如图 4.1-4（b）所示。

$$I_2' = \frac{U_S}{R_1+R_2} = \frac{10}{6+4} = 1A$$

当电流源 I_S 单独作用时，电路如图 4.1-4（c）所示。

$$I_2'' = \frac{R_1}{R_1+R_2} \times (-I_S) = \frac{6}{6+4} \times (-2) = -1.2A$$

图 4.1-4（b）和（c）所规定的 I_2 的参考方向与图（a）中的参考方向相同，则有

$$I_2 = I_2' + I_2'' = 1 - 1.2 = -0.2A$$

例 4.1-2 电路如图 4.1-5（a）所示，其中受控源 CCVS 的电压受流过电阻 R_1 的电流 I_1 的控制。已知 $U_S=10V$，$I_S=4A$，$R_1=6\Omega$，$R_2=4\Omega$，求电压 U_3。

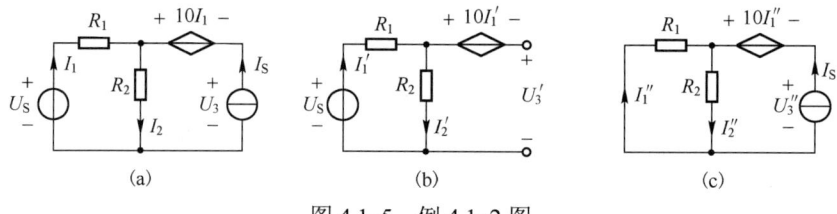

图 4.1-5　例 4.1-2 图

解：由叠加定理，画出 10V 电压源和 4A 电流源分别作用时的分电路，如图 4.1-5（b）和（c）所示，受控源不是独立源，应该保留在各分电路中。

对图 4.1-5（b）有 　　$I_1' = I_2' = \dfrac{U_S}{R_1+R_2} = \dfrac{10}{6+4} = 1A$

$$U_3' = -10I_1' + 4I_2' = -10 + 4 = -6V$$

对图 4.1-5（c）有 　　$I_1'' = -\dfrac{R_2}{R_1+R_2}I_S = -\dfrac{4}{6+4} \times 4 = -1.6A$，$I_2'' = I_S + I_1'' = 4 - 1.6 = 2.4A$

$$U_3'' = -10I_1'' + 4I_2'' = -10 \times (-1.6) + 4 \times 2.4 = 25.6V$$

由于图 4.1-5（b）和（c）所规定的 U_3 的参考方向与图（a）中的参考方向相同，则有

$$U_3 = U_3' + U_3'' = -6 + 25.6 = 19.6V$$

4.1.2　齐性定理

仍以图 4.1-1 为例，若电路中电压源和电流源都增大 K 倍（K 为实常数），则 i_2 和 u_1 如

何变化呢？此时电路中的待求量为

$$\begin{cases} i_2 = i_2^{(1)} + i_2^{(2)} = \dfrac{1}{R_1+R_2}Ku_S + \dfrac{R_1}{R_1+R_2}Ki_S = K\text{倍原电流} \\ u_1 = u_1^{(1)} + u_1^{(2)} = \dfrac{R_1}{R_1+R_2}Ku_S - \dfrac{R_1R_2}{R_1+R_2}Ki_S = K\text{倍原电压} \end{cases}$$

即各电压和电流也将同样增大 K 倍。当独立电源同时缩小 K 倍时，电压和电流也将同样缩小 K 倍。

由此可得齐性定理（Homogeneity theorem）的内容为：在线性电路中，当所有激励（电压源和电流源）都同时增大或减小 K 倍（K 为常数）时，响应（电压和电流）也将同样增大或缩小 K 倍。

齐性定理可由叠加定理推出，用该定理分析梯形电路时特别有效。

例 4.1-3 求图 4.1-6 所示梯形电路中的电压 U。

解：设 $U = U' = 10\text{V}$，则 10Ω 电阻中电流为 1A，由图 4.1-6 容易计算出 $I'_S = 3\text{A}$。而题中 $I_S = 1.5\text{A}$，由齐性定理可得 $U = 10 \times \dfrac{1.5}{3} = 5\text{V}$。

本例从梯形电路最远离电源的一端开始计算，先设某一电压或电流为一个便于计算的值，然后根据 KCL、KVL 倒推算到电源端，最后按齐性定理予以修正，这种方法称为"倒推法"，它比用串并联化简计算要简洁得多。梯形电路的级数越多，此法的优越性体现得越明显。

思考与练习

4.1-1 叠加定理的内容与适用条件。

4.1-2 齐性定理的内容与适用条件。

4.1-3 在图 4.1-7 所示电路中，当 2A 电流源单独作用时，求电流 I。

4.1-4 用叠加定理求图 4.1-8 所示电路的电流 I_1 和 I_2。

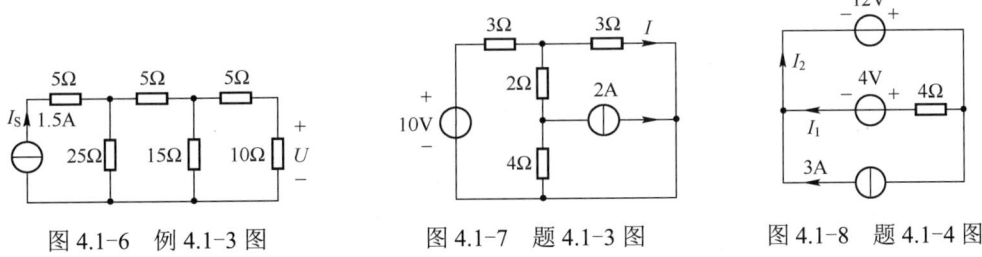

图 4.1-6 例 4.1-3 图　　图 4.1-7 题 4.1-3 图　　图 4.1-8 题 4.1-4 图

4.2 替 代 定 理

替代定理（Substitution theorem）是基本电路定理之一，对于线性或非线性电路的分析十分重要，应用替代定理可以简化电路，使电路更直观，便于分析。

替代定理的内容为：在给定的任意一个线性或非线性电路中，若第 k 条支路的电压 u_k 和电流 i_k 已知，则此支路可用一个电压 $u_S=u_k$ 的电压源或用一个电流 $i_S=i_k$ 的电流源替代，替代后电路中的全部电压和电流均保持原值。被替代支路与其他支路之间不能有耦合关系。

证明：图 4.2-1（a）所示线性电阻电路中，N 表示第 k 条支路外的电路其余部分，第 k

条支路的电流、电压分别为 i_k 和 u_k。若将第 k 条支路用电流源 $i_S=i_k$ 替代后，如图 4.2-1（b）所示，由于替代前后电路的几何结构完全相同，所以两个电路的 KCL 和 KVL 方程也相同。除第 k 条支路外，两个电路中各支路电压、电流约束关系也完全相同。新电路中第 k 条支路的电流用电流源替代了，即 $i_S=i_k$，而该电流源端电压 u'_k 可以是任意的。但原电路的全部电压和电流又将满足新电路的全部 KCL 和 KVL 方程，再根据两电路的解均唯一的假设，必须满足 $u_k = u'_k$。当然 N 内部各支路的电压、电流替代前后也均一致。如果第 k 条支路被一个电压源替代（如图 4.2-1（c）所示），可做类似的证明。以上证明仅用到 KCL 和 KVL，所以对线性电路和非线性电路均适用。

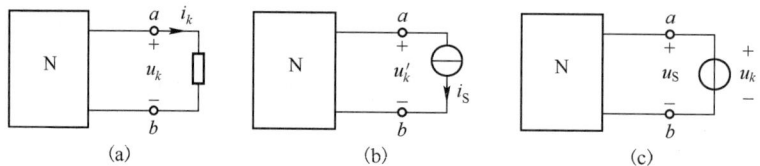

图 4.2-1 替代定理

下面从另一个角度进行替代定理的证明。如图 4.2-2（a）所示，任意一条支路 k，流经的电流为 i_k，支路电压为 u_k，那么这个支路电流可以用一个电流源 i_k 或者一个电压源 u_k 来替代。

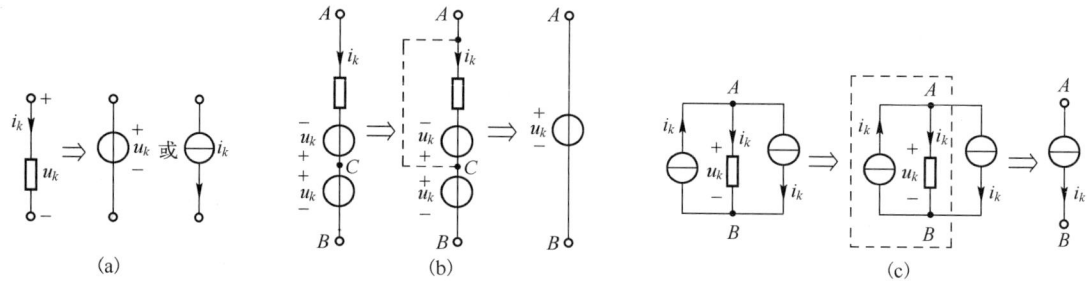

图 4.2-2 替代定理的证明

图 4.2-2（b）中，在原电路中补充两个极性相反的电压源，那么其中一个电压源与原支路电压的总电压为零，原电路对外等效于另一个电压源。

图 4.2-2（c）中，在原电路中补充两个极性相反的电流源，那么其中一个电流源与原支路电流的总电流为零，对外等效于另一个电流源。

这样替代后不影响电路中各支路的电流和电压的唯一解。

如果第 k 条支路上的电压或电流为 N 中受控源的控制量，而替代后该电压或电流不复存在，则此支路不能被替代。

例 4.2-1 求图 4.2-3（a）所示电路中支路上的电流 I_1 和 I_2。

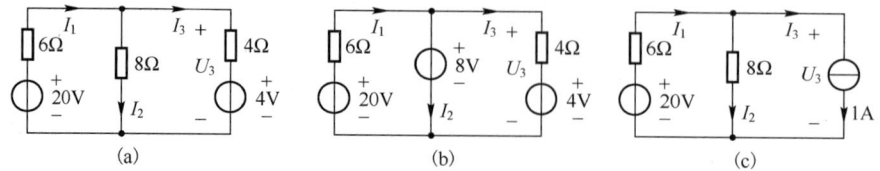

图 4.2-3 替代定理示例

由图 4.2-3（a）所示的电阻电路，不难求得 $U_3=8V$，$I_3=(U_3-4)/4=1A$，$I_2=U_3/8=1A$，$I_1=I_2+I_3=2A$，现将支路 3 分别以 $U_S=U_3=8V$ 的电压源或 $I_S=I_3=1A$ 的电流源替代，如图 4.2-3（b）和（c）所示。则不难求出各支路电流均保持不变，即 $I_1=2A$，$I_2=1A$，说明了替代定理的正确性。

例 4.2-2　求图 4.2-4（a）所示电路的 U_1 和 I，已知 $U=3V$。

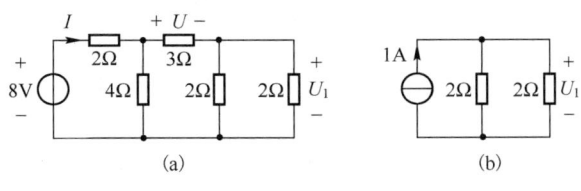

图 4.2-4　例 4.2-2 图

解：根据替代定理，可将 3Ω 电阻连同左边网络用 $3/3=1A$ 的电流源置换，如图 4.2-4（b）所示，易得

$$U_1=(2//2)\times 1=1V$$

再回到图 4.2-4（a）中，由 KVL 有

$$2I+U+U_1-8=0$$

则有

$$I=(8-U-U_1)/2=2A$$

替代定理是非常有用的定理，在以后的定理证明中会多次用到。

思考与练习

4.2-1　替代定理的内容与适用条件。

4.2-2　求图 4.2-5 所示电路中的 I_1、I_2、I_3。

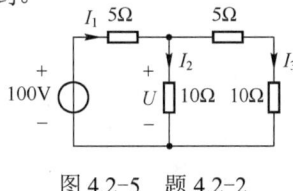

图 4.2-5　题 4.2-2

4.3　戴维宁定理和诺顿定理

课程思政融入点：强化等效概念，培养学生观察猜想归纳和分析电路的能力，引导学生遇到难题时打破思维惯性。

前面介绍的支路电流法、回路电流法和节点电压法，都是计算线性电路的一般性方法。然而在复杂的电路中，如果只需求某一条支路中的电压、电流或功率时，该支路以外的电路一般是含有独立源的一端口，此类含源一端口的等效电路是什么？本节介绍的戴维宁和诺顿定理将回答这个问题。

下面首先介绍几个相关概念。

- 一端口。电路或网络的一个端口是它向外引出的一对端子，这对端子可以与外部电源或其他电路相连接。对于一个端口来说，从它的一个端子流入的电流一定等于从另一个端子流出的电流。这种具有向外引出一对端子的电路或网络称为一端口（网络）或二端网络，如图 4.3-1 所示。

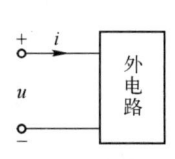

图 4.3-1　一端口

- 无源一端口。如果一个一端口内部仅含有电阻和受控源，但不含任何独立电源，则称此端口为无源一端口，常用 N_0 表示。可以证明，不论其内部如何复杂，端口电压

与端口电流成正比,比值定义为此一端口的输入电阻 R_{in},如图 4.3-2 所示。
- 含源一端口。如果一个一端口内部含有独立电源,则称此端口为含源一端口,常用 N_s 表示,当有外电路与它连接时如图 4.3-3(a)所示。最简单的含源一端口电阻网络如图 4.3-3(b)和(c)所示,其中图(b)由电压源和电阻串联构成,图(c)由电流源和电阻并联构成,它们分别对应该含源一端口的戴维宁等效电路和诺顿等效电路。对于任意一个线性含源一端口,戴维宁定理和诺顿定理为其提供了求解等效电路的一般方法。

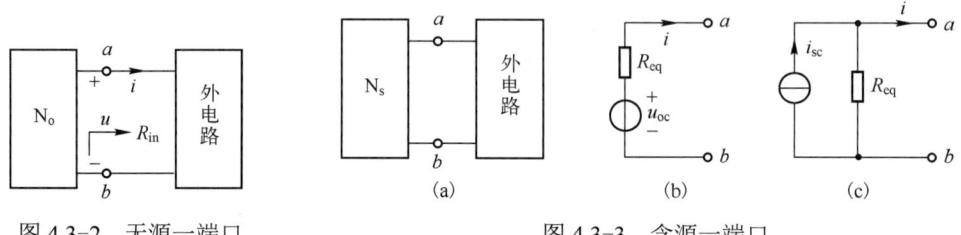

图 4.3-2 无源一端口　　　　图 4.3-3 含源一端口

下面再介绍含源一端口的几个概念。
- 开路电压 u_{oc}。把图 4.3-3(a)所示的外电路断开,此时由于 N_s 内部含有独立电源,一般在端口 a-b 间将出现电压,这个电压称为 N_s 的开路电压,用 u_{oc} 表示,如图 4.3-4 所示。
- 短路电流 i_{sc}。将图 4.3-4 所示的外电路用一根导线短路,此时由于 N_s 内部含有独立电源,一般在短路导线上将出现电流,这个电流称为 N_s 的短路电流,用 i_{sc} 表示,如图 4.3-5 所示。
- 等效电阻 R_{eq}。将 N_s 内部的所有独立源置零,即独立电压源用短路替代,独立电流源用开路替代,受控源和电阻留下,得到不含源一端口,用 N_o 表示,N_o 可以用一个等效电阻 R_{eq} 代替,此等效电阻等于 N_o 在端口 a-b 处的输入电阻,如图 4.3-6 所示。

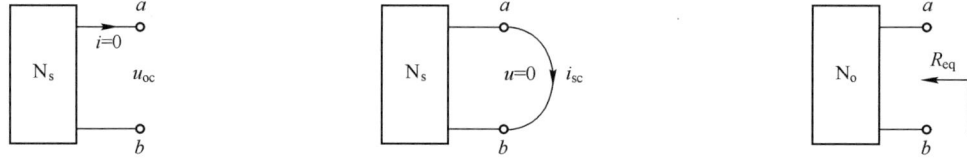

图 4.3-4 开路电压的基本概念　　图 4.3-5 短路电流的基本概念　　图 4.3-6 等效电阻的基本概念

端口的输入电阻也就是端口的等效电阻,但两者的含义有区别。求端口等效电阻的一般方法称为电压电流法,即在端口加电压源 u_S,然后求出端口电流 i;或者在端口加电流源 i_S,然后求出端口电压 u。根据输入电阻的定义,可知 $R_{in} = u_S/i = u/i_S$。

4.3.1 戴维宁定理

戴维宁定理(Thevenin's theorem):一个含有独立源、线性电阻和受控源的一端口 N_s,对外电路来说,可以用一个电压源和电阻的串联组合等效替换,电压源的电压等于该一端口的开路电压 u_{oc},等效电阻 R_{eq} 等于 N_s 中全部独立源置零后的输入电阻 R_{in}。该电压源与电阻的串联组合称作戴维宁等效电路。当一端口用戴维宁等效电路替换后,端口以外的电路(以后称外电路)中的电压、电流均保持不变。这种等效变换称为对外等效。

戴维宁定理的证明如下。

图 4.3-7 所示电路中，N_s 为含源一端口网络，外电路为一电阻 R，流过 R 的电流已知为 i。根据替代定理，用 $i_S=i$ 的电流源代替电阻 R，可得图 4.3-8 所示电路。

对图 4.3-8 应用叠加定理，所得分电路如图 4.3-9（a）和（b）所示。

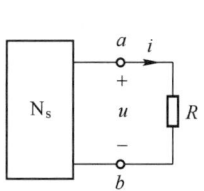 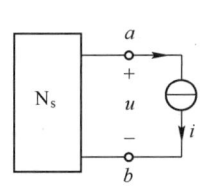 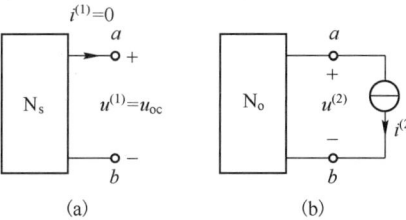

图 4.3-7 某含源一　　图 4.3-8 利用替代定理　　图 4.3-9 利用叠加定理后的含源一端口电路
　　　　端口电路　　　　　　后的含源一端口电路

图 4.3-9（a）是电流源 $i_S=i$ 不作用而 N_s 中的全部独立源作用时的情况，此时 $i^{(1)}=0$，$u^{(1)}=u_{oc}$，u_{oc} 是含源一端口的开路电压；图 4.3-9（b）是电流源 i_S 单独作用而 N_s 中的全部独立源不作用时的情况，N_o 是 N_s 中全部独立源置零后的不含源一端口，此时 $u^{(2)}=-R_{eq}i^{(2)}$，R_{eq} 是 N_o 端口间的等效电阻。根据叠加定理，图 4.3-7 中的电压 u 为

$$u = u^{(1)} + u^{(2)} = u_{oc} - R_{eq}i \qquad (4.3\text{-}1)$$

式（4.3-1）表明含源一端口 N_s 对外作用等效于一个源电压为 u_{oc} 的电压源和电阻为 R_{eq} 的串联组合的对外作用，所以图 4.3-7 中的 N_s 的对外作用可用 u_{oc} 与 R_{eq} 串联组合代替，如图 4.3-10 所示。戴维宁定理得证。

如果将外部电阻 R 换成一个含源一端口，以上证明仍能成立。应用戴维宁定理，关键是要求出一端口 N_s 的开路电压 u_{oc} 和等效电阻 R_{eq}。

求戴维宁等效电路的步骤为：

（1）求一端口的开路电压 u_{oc}。

（2）将一端口的独立电源置零，得松弛一端口（无源一端口），计算 R_{eq}（有受控源时，$R_{eq}=u/i$），外加电压 u。称为外加电压电流法。

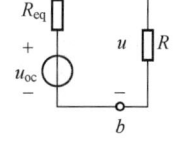

图 4.3-10 戴维宁等效电路

（3）画等效电路，接到相应的位置上去。

例 4.3-1 求图 4.3-11（a）所示电路中的电流 I。

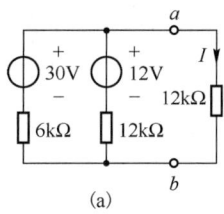 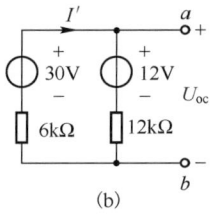 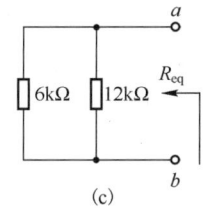 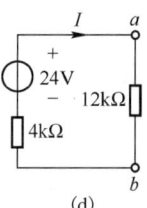

　　(a)　　　　　　　　(b)　　　　　　　　(c)　　　　　　　　(d)

图 4.3-11 例 4.3-1 图

解：根据戴维宁定理，除 12kΩ 电阻以外的部分可等效为电压源 U_{oc} 与电阻 R_{eq} 的串联组合，先求开路电压 U_{oc}。端口 a-b 开路时的电路如图 4.3-11（b）所示。不难求得

$$I' = (30\text{V} - 12\text{V})/(6\text{k}\Omega + 12\text{k}\Omega) = 1\text{mA}$$

$$U_{oc} = 12\text{V} + 12\text{k}\Omega \cdot I' = 24\text{V}$$

然后求等效电阻 R_{eq}，将各独立源置零，如图 4.3-11（c）所示。可求得

$$R_{eq} = 6\text{k}\Omega // 12\text{k}\Omega = 4\text{k}\Omega$$

因此得到图 4.3-11（d）所示的戴维宁等效电路，求得

$$I = \frac{U_{oc}}{R_{eq} + 12\text{k}\Omega} = \frac{24\text{V}}{4\text{k}\Omega + 12\text{k}\Omega} = 1.5\text{mA}$$

例 4.3-2　求图 4.3-12（a）所示电路的戴维宁等效电路。

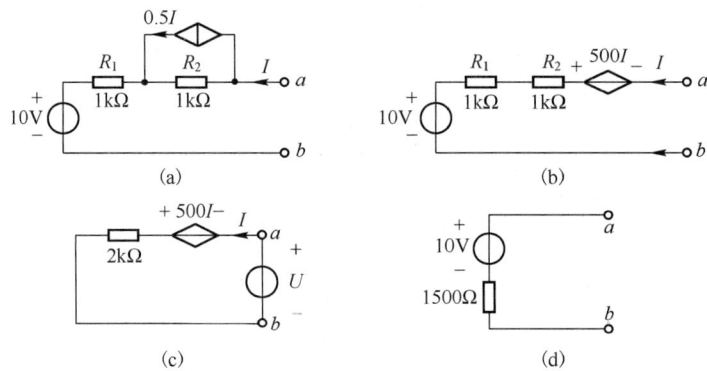

图 4.3-12　例 4.3-2 图

解：利用电源的等效变换，将图 4.3-12（a）变换成图 4.3-12（b）。可求得 $U_{oc} = 10\text{V}$。

然后将图 4.3-12（b）中独立电压源置零，变为无源一端口。由于该无源一端口的内部包含受控源，所以外加电压 U，如图 4.3-12（c）所示。则由 KVL 有

$$U = -500I + 2000I$$

所以有　　　　　$R_{eq} = U/I = 1500\Omega$

戴维宁等效电路如图 4.3-12（d）所示。

以上求等效电阻 R_{eq} 的方法采用的是外加电压电流法。下面再介绍另外一种求等效电阻 R_{eq} 的方法。

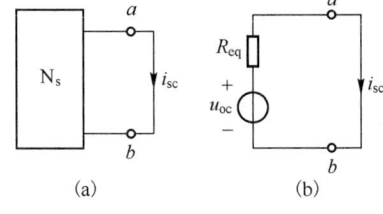

图 4.3-13　求输入电阻的开路短路法

很明显，一端口的短路电流与其等效电路的短路电流 i_{sc} 是一致的，如图 4.3-13 所示。

由图 4.3-13（b）可知　　　　　$R_{eq} = u_{oc} / i_{sc}$　　　　　（4.3-2）

可知只要求出开路电压 u_{oc} 及短路电流 i_{sc}，即可根据式（4.3-2）求得 R_{eq}。这也是求 R_{eq} 的非常有效的方法，称为开路短路法。利用这种方法，对例 4.3-2 进行求解，过程如下。

首先求 U_{oc}，如图 4.3-14 所示。可得

$$I = 0, \quad U_{oc} = 10\text{V}$$

然后求短路电流 I_{sc}，如图 4.3-15 所示。可得

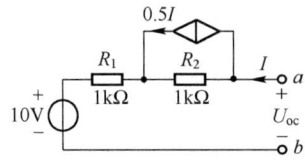

图 4.3-14　求开路电压

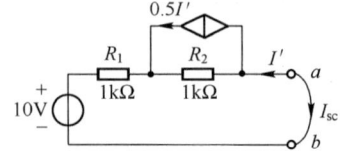

图 4.3-15　求短路电流

$$I_{sc} = \frac{10}{R_1 + 0.5R_2} = \frac{1}{150} \text{A}$$

根据式（4.3-2）得

$$R_{eq} = \frac{U_{oc}}{I_{sc}} = \frac{10}{1/150} = 1500 \Omega$$

戴维宁等效电路如图 4.3-12（d）所示。

4.3.2 诺顿定理

诺顿定理（Norton's theorem）：一个含源一端口 N_s，对外电路的作用可以用一个电流源和电导的并联组合等效替换。等效电流源的电流等于该一端口 N_s 的短路电流 i_{sc}，等效电导等于该一端口 N_s 全部独立源置零后的等效电导 G_{eq}。该电流源和电导的并联组合称为诺顿等效电路。

诺顿定理的证明如图 4.3-16 所示。

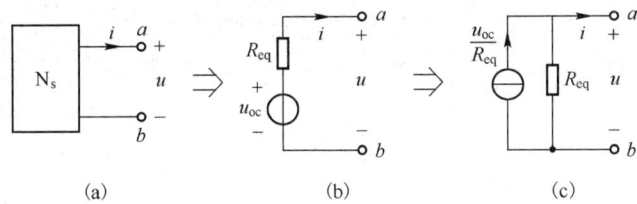

图 4.3-16　诺顿定理的证明

根据戴维宁定理可以把图 4.3-16（a）所示的含源一端口 N_s 变换为图 4.3-16（b）所示的戴维宁等效电路；利用电压源和电阻串联组合与电流源和电阻并联组合间的等效变换公式，可把图 4.3-16（b）所示的串联组合等效电源变换成图 4.3-16（c）所示的并联组合等效电源，于是诺顿等效定理得以证明。

例 4.3-3　求图 4.3-17 所示电路的诺顿等效电路。

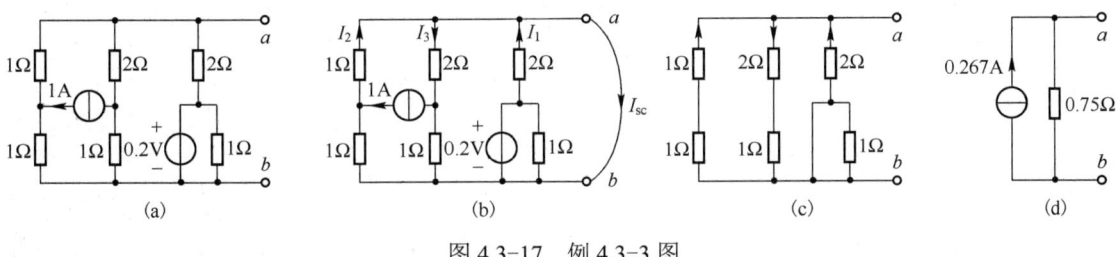

图 4.3-17　例 4.3-3 图

解：将图 4.3-17（a）所示电路中 a、b 两端短接，如图 4.3-17（b）所示。可得短路电流 I_{sc} 为

$$I_{sc} = I_1 + I_2 - I_3 = \frac{0.2}{2} + \frac{1}{2} - \frac{1}{2+1} = 0.267 \text{A}$$

然后求等效电阻 R_{eq}，将各独立源置零，如图 4.3-17（c）所示。可求得

$$R_{eq} = (1+1)//(1+2)//2 = 3/4 = 0.75 \Omega$$

因此得到图 4.3-17（d）所示的诺顿等效电路

使用戴维宁定理和诺顿定理求解电路时需要注意的是：

（1）在求开路电压、短路电流时可以使用叠加定理。

（2）含源一端口内部含有受控源时，若 $R_{eq}=0$，则只有戴维宁等效电路，而无诺顿等效电路；若 $G_{eq}=0$，则只有诺顿等效电路，而无戴维宁等效电路。

（3）通常情况下，两种等效电路是同时存在的，R_{eq} 也可能是一个线性负电阻。

4.3.3 最大功率传输定理

最大功率传输定理：对于给定的直流电源（或线性含源一端口的等效电路），其负载获得最大功率的条件是，负载电阻必须等于电源内阻，此时称负载与电源匹配。最大功率为

$$p_{\max} = \frac{u_{oc}^2}{4R_{eq}} \tag{4.3-3}$$

证明：任何电路都可以表示为含源一端口与外电路连接的形式，因此都可以化为戴维宁等效电路与外电路相连的形式，如图 4.3-18 所示。

在戴维宁等效电路中，电流 $i = \dfrac{u_{oc}}{R+R_{eq}}$，则电阻 R 吸收的功率为

$$p = Ri^2 = \frac{R}{(R+R_{eq})^2}u_{oc}^2$$

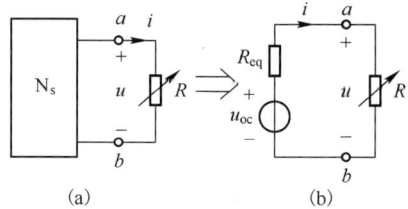

图 4.3-18　最大功率传输定理

要使功率最大，须满足 $p_{\max} = p\Big|_{\frac{dp}{dR}=0}$

则

$$\frac{dp}{dR} = \frac{d\left[\dfrac{R}{(R+R_{eq})^2}\right]}{dR}u_{oc}^2 = \frac{(R+R_{eq})^2 - 2R(R+R_{eq})}{(R+R_{eq})^4}u_{oc}^2 = \frac{(R_{eq}^2 - R^2)u_{oc}^2}{(R+R_{eq})^4} = 0$$

因此，有

$$R = R_{eq}$$

则

$$p_{\max} = \frac{R}{(R+R_{eq})^2}u_{oc}^2\Big|_{R=R_{eq}} = \frac{u_{oc}^2}{4R_{eq}}$$

最大功率传输定理得以证明。

需要注意的方面有：

（1）最大功率传输定理用于一端口网络给定而负载可调的情况。如果负载电阻一定，内阻可变的话，应该是内阻越小，负载获得的功率越大，当内阻为零时，负载获得的功率最大。

（2）计算最大功率的问题结合应用戴维宁定理或诺顿定理比较方便。

（3）一个含源线性一端口电路，当所接负载不同时，一端口电路传输给负载的功率就不同，因此很有必要讨论负载为何值时能从电路获取最大功率以及最大功率的值是多少。

例 4.3-4　电路如图 4.3-19（a）所示，R_L 为何值时它获得最大功率？并求此最大功率。

解：将图 4.3-19（a）所示电路中 a、b 端左侧一端口用戴维宁等效电路替代，如图 4.3-19（b）所示。开路电压 U_{oc} 按图 4.3-19（c）所示计算，可得

$$2I_1 + 2(I_1 + 4I_1) = 6, \quad I_1 = 6/12 = 0.5\text{A}$$

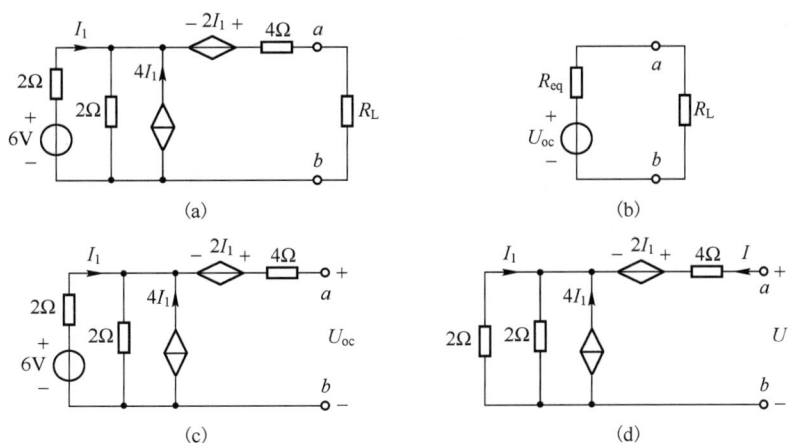

图 4.3-19 例 4.3-4 图

$$U_{oc} = 2I_1 + 2(I_1 + 4I_1) = 12I_1 = 6\text{V}$$

等效电阻 R_{eq} 采用外加电压电流法计算，按图 4.3-19（d）计算，可得

$$U = 4I + 2I_1 - 2I_1 = 4I, \quad R_{eq} = U/I = 4\Omega$$

根据最大功率传输定理，当 $R_L = R_{eq} = 4\Omega$ 时，其获得最大功率，有

$$P_{max} = \frac{U_{oc}^2}{4R_{eq}} = \frac{6^2}{4 \times 4} = 2.25\text{W}$$

思考与练习

4.3-1 戴维宁等效电路的求解步骤。

4.3-2 诺顿等效电路的求解步骤。

4.3-3 最大功率传输定理的主要内容和适用条件。

4.3-4 求图 4.3-20 所示电路在 a–b 端口的戴维宁等效电路和诺顿等效电路。

4.3-5 图 4.3-21 所示电路在 a–b 端口的戴维宁等效电路和诺顿等效电路。

4.3-6 如图 4.3-22 所示电路，设负载 R_L 可变，问 R_L 为多大时它可获得最大功率？此时最大功率 P_{Lmax} 为多少？

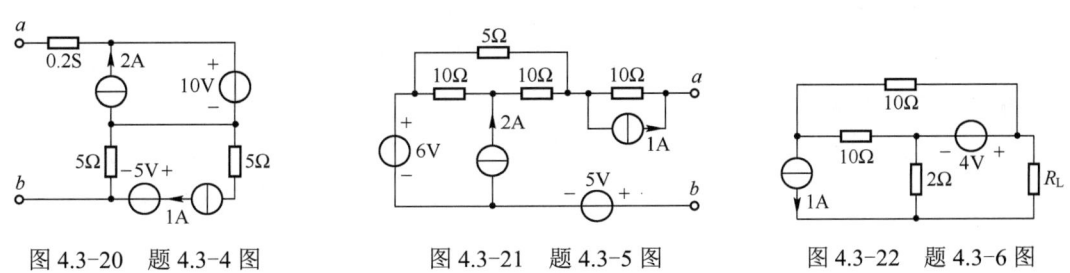

图 4.3-20 题 4.3-4 图   图 4.3-21 题 4.3-5 图   图 4.3-22 题 4.3-6 图

4.4 特勒根定理

特勒根定理（Tellegen's theorem）由荷兰学者特勒根于 1952 年提出，它是电路理论中与

基尔霍夫定律等价的一条基本定理。特勒根定理包含特勒根定理 1 和特勒根定理 2。

4.4.1 特勒根定理 1

特勒根定理 1（功率守恒定理）：对于一个具有 n 个节点和 b 条支路的电路 N，设 $(i_1, i_2, \cdots, i_b)$ 和 $(u_1, u_2, \cdots, u_b)$ 分别表示 b 条支路的电压和电流，各支路电流和电压的参考方向都是关联的，则对任意时间 t 有

$$\sum_{k=1}^{b} u_k i_k = 0 \qquad (4.4\text{-}1)$$

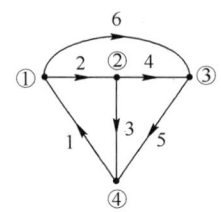

图 4.4-1 特勒根定理证明

现以图 4.4-1 为例，来验证特勒根定理 1。

按照图中假定的各支路方向，各支路电流、电压的参考方向与各支路方向都一致，首先对节点①、②、③应用 KCL 有

$$\begin{cases} -i_1 + i_2 + i_6 = 0 \\ -i_2 + i_3 + i_4 = 0 \\ -i_4 - i_6 + i_5 = 0 \end{cases}$$

选择节点④作为参考节点，则其他三个节点电压分别为 u_{n1}、u_{n2} 和 u_{n3}。

各支路电压用节点电压表示，可得

$$u_1 = -u_{n1},\ u_2 = u_{n1} - u_{n2},\ u_3 = u_{n2},\ u_4 = u_{n2} - u_{n3},\ u_5 = u_{n3},\ u_6 = u_{n1} - u_{n3} \qquad (4.4\text{-}2)$$

则

$$\begin{aligned}
\sum_{k=1}^{6} u_k i_k &= u_1 i_1 + u_2 i_2 + u_3 i_3 + u_4 i_4 + u_5 i_5 + u_6 i_6 \\
&= -u_{n1} i_1 + (u_{n1} - u_{n2}) i_2 + u_{n2} i_3 + (u_{n2} - u_{n3}) i_4 + u_{n3} i_5 + (u_{n1} - u_{n3}) i_6 \\
&= u_{n1}(-i_1 + i_2 + i_6) + u_{n2}(-i_2 + i_3 + i_4) + u_{n3}(-i_4 + i_5 - i_6) \\
&= u_{n1} \times 0 + u_{n2} \times 0 + u_{n3} \times 0 \\
&= 0
\end{aligned}$$

用上述类似的过程，对任何具有 n 个节点和 b 条支路的电路，均可证明 $\sum_{k=1}^{b} u_k i_k = 0$。由于式（4.4-1）中每一项是同一支路电压和电流的乘积，表示支路吸收功率，因此特勒根定理所表达的是功率守恒，故又称功率守恒定理。该定理的证明只是根据电路的结构应用基尔霍夫定律，并未涉及元件性质，故此定理适用于任何集总参数电路。

4.4.2 特勒根定理 2

特勒根定理 2（拟功率守恒定理）：设有两个具有 n 个节点和 b 条支路的电路 N 和 $\hat{\text{N}}$，两者具有相同的拓扑图，但由内容不同的支路组成。设各支路电流和电压都取关联参考方向，分别用 $(i_1, i_2, \cdots, i_b)$、$(u_1, u_2, \cdots, u_b)$ 和 $(\hat{i}_1, \hat{i}_2, \cdots, \hat{i}_b)$、$(\hat{u}_1, \hat{u}_2, \cdots, \hat{u}_b)$ 表示 b 条支路的电压和电流，则对任意时间 t 有

$$\sum_{k=1}^{b} u_k \hat{i}_k = 0 \quad \text{和} \quad \sum_{k=1}^{b} \hat{u}_k i_k = 0 \qquad (4.4\text{-}3)$$

下面验证特勒根定理 2。

设两个电路的图与图 4.4-1 的结构一样。对电路 N，用 KVL 可写出式（4.4-2）；同理，

对电路 $\hat{N}$ 的节点①、②、③应用 KCL 有

$$\begin{cases} -\hat{i}_1 + \hat{i}_2 + \hat{i}_6 = 0 \\ -\hat{i}_2 + \hat{i}_3 + \hat{i}_4 = 0 \\ -\hat{i}_4 - \hat{i}_6 + \hat{i}_5 = 0 \end{cases}$$

可得

$$\sum_{k=1}^{6} u_k \hat{i}_k = u_1 \hat{i}_1 + u_2 \hat{i}_2 + u_3 \hat{i}_3 + u_4 \hat{i}_4 + u_5 \hat{i}_5 + u_6 \hat{i}_6$$
$$= u_{n1}(-\hat{i}_1 + \hat{i}_2 + \hat{i}_6) + u_{n2}(-\hat{i}_2 + \hat{i}_3 + \hat{i}_4) + u_{n3}(-\hat{i}_4 + \hat{i}_5 - \hat{i}_6)$$
$$= 0$$

只要两个电路具有相同的图,此证明可推广到任何具有 n 个节点和 b 条支路的两个电路。定理 2 并不能用功率守恒来解释,因为它涉及两个相同结构的电路或者同一电路在不同时刻的支路电压和电流所必然遵循的规律。它具有类似功率之和的形式,故有时称之为拟功率守恒定理。同样,定理 2 适用于任何集总参数电路。

思考与练习

4.4-1 特勒根定理 1 的主要内容和适宜条件。

4.4-2 特勒根定理 2 的主要内容和适宜条件。

4.5 互 易 定 理

互易性是一类特殊的线性网络的重要性质。一个具有互易性的网络在输入端(激励)与输出端(响应)互换位置后,同一激励所产生的响应并不改变。具有互易性的网络叫互易网络,互易定理(Reciprocity Theorem)是对电路的这种性质所进行的概括,它广泛应用于网络的灵敏度分析和测量技术等方面。

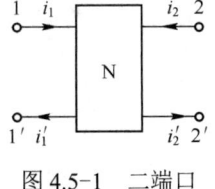

下面首先介绍互易定理的一般形式。

如图 4.5-1 所示,若 $i_1 = i_1'$,则端点 1 与 1' 构成一个端口;若 $i_2 = i_2'$,则端点 2 与 2' 构成一个端口。这样的(电阻)网络叫双口电阻网络(或二端口)。

图 4.5-1 二端口

不含源(即无独立源也无受控源)线性电阻网络 N 和 $\hat{N}$ 具有相同的拓扑结构,如图 4.5-2 所示,各端口的电流、电压参考方向标示在图中。

由特勒根定理 2 可知

$$\sum_{k=1}^{b} u_k \hat{i}_k = u_1 \hat{i}_1 + u_2 \hat{i}_2 + \sum_{k=3}^{b} u_k \hat{i}_k = 0$$

$$\sum_{k=1}^{b} \hat{u}_k i_k = \hat{u}_1 i_1 + \hat{u}_2 i_2 + \sum_{k=3}^{b} \hat{u}_k i_k = 0$$

又因为

$$\begin{cases} u_k = R_k i_k \\ \hat{u}_k = R_k \hat{i}_k \end{cases}$$

有

$$\begin{cases} u_k \hat{i}_k = R_k i_k \hat{i}_k \\ \hat{u}_k i_k = R_k \hat{i}_k i_k \end{cases}$$

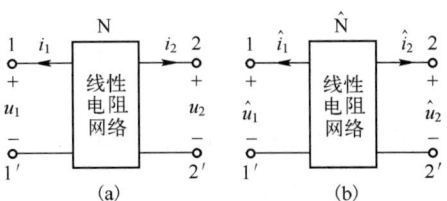

因此,对双口电阻网络有

$$u_1 \hat{i}_1 + u_2 \hat{i}_2 = \hat{u}_1 i_1 + \hat{u}_2 i_2 \quad (4.5\text{-}1)$$

图 4.5-2 互易定理

式（4.5-1）即互易定理的一般形式。

下面介绍互易定理的三种特殊形式。

4.5.1 互易定理形式1

对一个仅由线性电阻组成的网络 N_R，在端口 $1-1'$ 间接入电压源 u_S，它在端口 $2-2'$ 间产生短路电流 i_2，见图 4.5-3（a）；在端口 $2-2'$ 间接入电压源 $\hat{u}_S$，它在端口 $1-1'$ 间产生短路电流 $\hat{i}_1$，见图 4.5-3（b）。则有

$$\frac{i_2}{u_S} = \frac{\hat{i}_1}{\hat{u}_S} \quad (4.5-2)$$

证明：根据互易定理一般形式，即式（4.5-1）可知

$$u_1\hat{i}_1 + u_2\hat{i}_2 = \hat{u}_1 i_1 + \hat{u}_2 i_2$$

由图 4.5-3 可知，$u_2 = \hat{u}_1 = 0$，代入式（4.5-1）中有

$$u_1\hat{i}_1 = \hat{u}_2 i_2$$

又因为 $u_1 = u_{S1}$，$\hat{u}_2 = \hat{u}_S$，则有

$$\frac{i_2}{u_S} = \frac{\hat{i}_1}{\hat{u}_S}$$

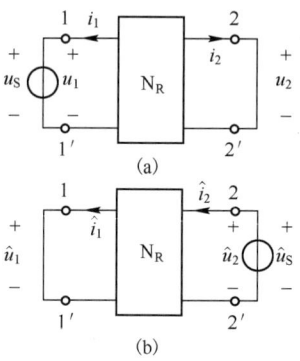

图 4.5-3　互易定理形式1

互易定理1得证。特殊情况：若 $u_S = \hat{u}_S$，则有 $i_2 = \hat{i}_1$。

4.5.2 互易定理形式2

对于仅由线性电阻组成的网络 N_R，在端口 $1-1'$ 间接入电流源 i_S，它在端口 $2-2'$ 间产生开路电压 u_2，如图 4.5-4（a）所示；在端口 $2-2'$ 间接入电流源 $\hat{i}_S$，它在端口 $1-1'$ 间产生开路电压 $\hat{u}_1$，如图 4.5-4（b）所示。则有

$$\frac{u_2}{i_S} = \frac{\hat{u}_1}{\hat{i}_S} \quad (4.5-3)$$

证明：由互易定理一般形式，即式（4.5-1）可知

$$u_1\hat{i}_1 + u_2\hat{i}_2 = \hat{u}_1 i_1 + \hat{u}_2 i_2$$

由图 4.5-4 可知 $i_2 = \hat{i}_1 = 0$，代入式（4.5-1）中有

$$u_2\hat{i}_2 = \hat{u}_1 i_1$$

又因为 $i_1 = -i_S$，$\hat{i}_2 = -\hat{i}_S$，故有

$$\frac{u_2}{i_S} = \frac{\hat{u}_1}{\hat{i}_S}$$

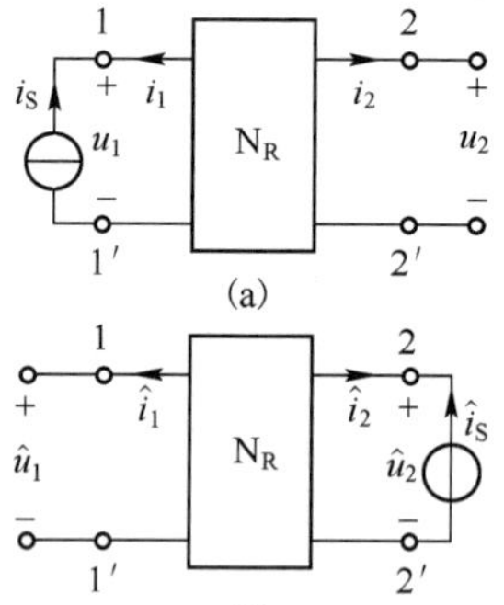

图 4.5-4　互易定理形式2

互易定理2得证。特殊情况：若 $i_S = \hat{i}_S$，则有 $u_2 = \hat{u}_1$。

4.5.3 互易定理形式3

对于仅由线性电阻组成的网络 N_R，在端口 $1-1'$ 间接入电流源 i_S，它在端口 $2-2'$ 间产生短路电流 i_2，见图 4.5-5（a）；在端口 $2-2'$ 间接入电压源 $\hat{u}_S$，它在端口 $1-1'$ 间产生开路

电压 $\hat{u}_1$,见图 4.5-5(b)。则有

$$\frac{i_2}{i_S} = \frac{\hat{u}_1}{\hat{u}_S} \quad (4.5\text{-}4)$$

证明:由互易定理一般形式,即式(4.5-1)可知

$$u_1\hat{i}_1 + u_2\hat{i}_2 = \hat{u}_1 i_1 + \hat{u}_2 i_2$$

由图 4.5-5 知 $u_2 = \hat{i}_1 = 0$,代入式(4.5-1)中有

$$\hat{u}_1 i_1 + \hat{u}_2 i_2 = 0$$

又因为 $i_1 = -i_S$,$\hat{u}_2 = \hat{u}_S$,则有

$$\frac{i_2}{i_S} = \frac{\hat{u}_1}{\hat{u}_S}$$

互易定理 3 得证。特殊情况:若 i_S 和 $\hat{u}_S$ 在数值上相等,则 i_2 和 $\hat{u}_1$ 在数值上也相等。

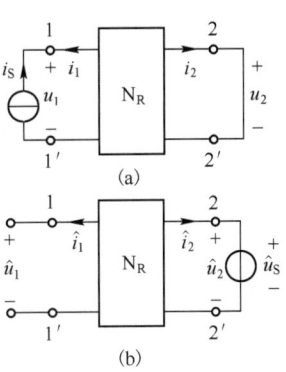

图 4.5-5 互易定理形式 3

总结上面互易定理的三种形式,可以得到以下结论:对于一个仅含线性电阻的电路,在单一激励下产生的响应,当激励和响应互换位置时,其比值保持不变。

应用互易定理应注意以下两点:
(1)该定理只能用于不含受控源的单个独立源激励的线性网络。
(2)注意定理中激励与响应的参考方向。

例 4.5-1 已知图 4.5-6(a)所示电路在电压源 u_{S1} 的作用下,电阻 R_2 上的电压为 u_2。求图 4.5-6(b)所示电路在电流源 i_{S2} 的作用下,电流 i_1 的值。

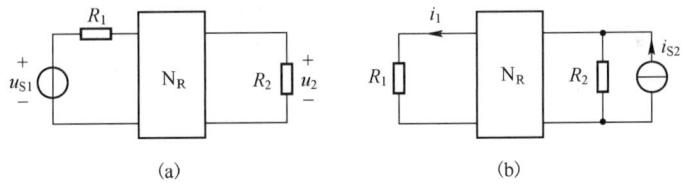

图 4.5-6 例 4.5-1 图

解:将电阻 R_1、R_2 和网络 N_R 当作一个新的电阻网络,如图 4.5-7(a)和(b)所示。

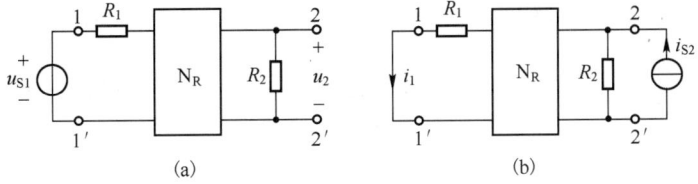

图 4.5-7 方法一的图

此时根据互易定理 3 的表达式(4.5-4),有

$$\frac{i_1}{i_{S2}} = \frac{u_2}{u_{S1}}, \quad 则 \quad i_1 = \frac{u_2}{u_{S1}} i_{S2}$$

或者改变电路的画法,如图 4.5-8(a)和(b)所示,可与互易定理 1 的电路对应起来。

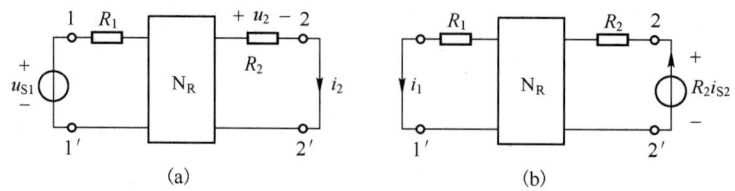

图 4.5-8 方法二的图

由式（4.5-2）有 $\quad \dfrac{i_2}{u_{S1}} = \dfrac{i_1}{R_2 i_{S2}}$，即 $i_1 = \dfrac{R_2 i_{S2}}{u_{S1}} \cdot i_2$

又 $\quad i_2 = \dfrac{u_2}{R_2}$

所以 $\quad i_1 = \dfrac{R_2 i_{S2}}{u_{S1}} \cdot \dfrac{u_2}{R_2} = \dfrac{u_2 i_{S2}}{u_{S1}}$

思考与练习

4.5-1 互易定理一般形式的主要内容和适用条件。

4.5-2 互易定理形式 1、形式 2、形式 3 的主要内容和适用条件。

习题 4

4-1 用叠加定理求题 4-1 图中的 U_x 和 I_x。

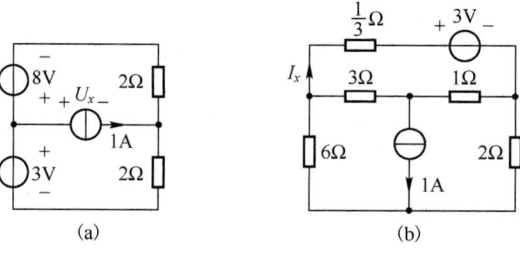

题 4-1 图

4-2 用叠加定理求题 4-2 图中的 I_1。

4-3 电路如题 4-3 图所示，求电压 U_3。

4-4 求题 4-4 图所示梯形电路中各支路电流、节点电压和 U_o/U_S。其中 $U_S = 10\text{V}$。

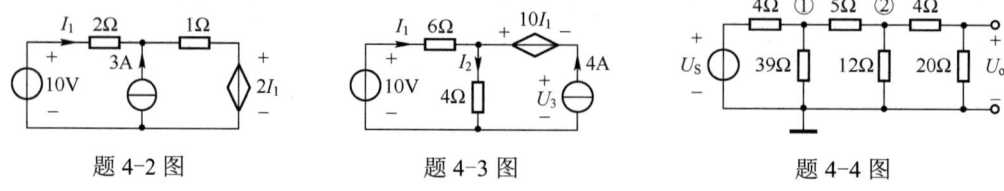

题 4-2 图　　　　题 4-3 图　　　　题 4-4 图

4-5 用戴维宁定理求题 4-5 图中的电流 I。

4-6 求题 4-6 图所示电路的戴维宁等效电路和诺顿等效电路。

4-7 求题 4-7 图所示一端口的戴维宁或诺顿等效电路。

4-8 求题 4-8 图所示电路中的电流 I_x。

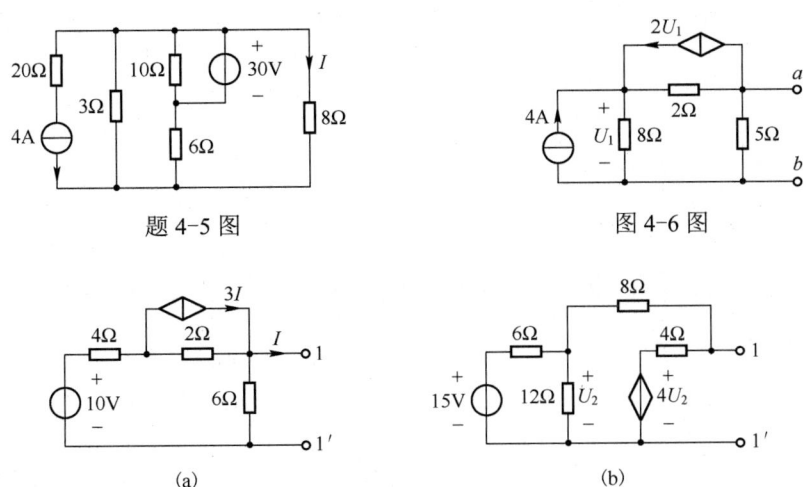

题 4-5 图　　　　　　　　图 4-6 图

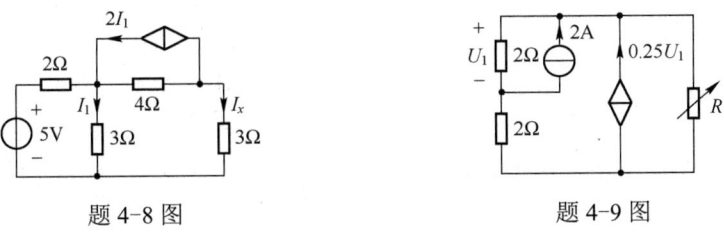

(a)　　　　　　　　(b)

题 4-7 图

4-9　题 4-9 图所示电路中 R 可变，问 R 为多大时，负载获得最大功率？并求此最大功率 $P_{\max}$。

题 4-8 图　　　　　　　　题 4-9 图

第 2 部分　模拟电子技术基础

这部分主要通过对常用电子器件、电路及其系统分析和设计的学习，获得模拟电子技术方面的基本知识、基本理论和基本技能。本部分课程的主要内容包括半导体二极管及其典型应用、半导体三极管及其放大电路、集成运算放大电路、模拟信号运算电路。

模拟信号在时间上和幅度上均具有连续性，如压力、温度及转速等物理量都是时间连续、数值连续的变量，而且通过相应的传感器都可转换为模拟信号并在电子系统中传输。而实现模拟信号产生、发送和处理的电子电路，称为模拟电路，如放大电路、滤波电路、电压/电流变换电路等，典型设备有收音机、电视机、扩音机等。研究模拟电路的电子技术就是模拟电子技术。在模拟电子技术中，信号的放大是最基本的模拟信号处理功能，它是通过放大电路实现的。而放大电路中常用的器件是二极管、三极管，构成二极管、三极管的主要材料是半导体材料。

模拟电子技术基础内容之间的关系如图 1 所示。

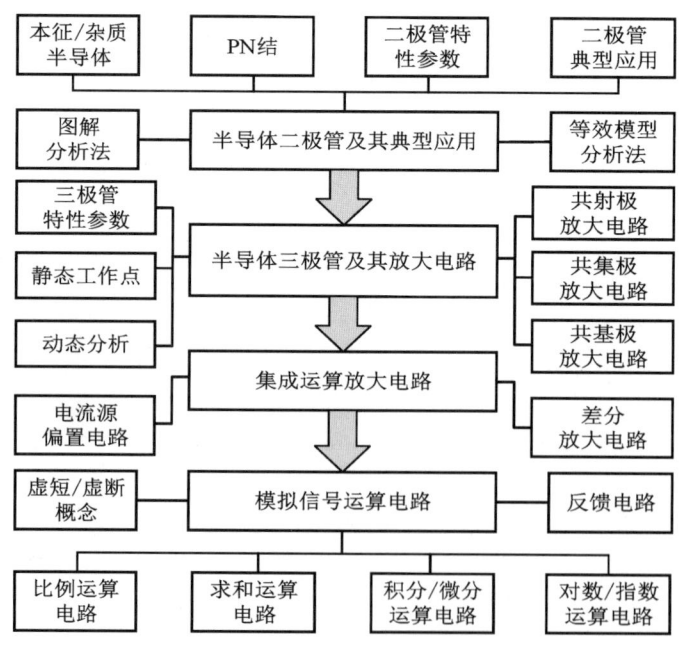

图 1　模拟电子技术基础内容之间的关系

第 5 章　半导体二极管及其典型应用

主要内容：

（1）理解本征半导体、杂质半导体、P 型半导体、N 型半导体、空穴、自由电子-空穴对的概念。

（2）掌握 PN 结的形成过程以及 PN 结的单向导电性。

（3）了解二极管的构成，掌握二极管电路的简化模型分析方法。

（4）理解二极管整流与检波电路、限幅电路的典型应用，掌握二极管开关电路的分析方法。

（5）了解稳压二极管、光电二极管、发光二极管、变容二极管的工作原理。

5.1　半导体基础知识

课程思政融入点：以半导体新材料碳化硅及应用实例引出节能减碳的重要问题，树立绿色低碳理念。

在自然界中存在着许多不同的物质，根据其导电性能的不同大体可分为导体、绝缘体、半导体三大类。

导体，通常指的是很容易导电、电阻率小于 $10^{-4}\Omega\cdot cm$ 的物质，例如铜、铝、银等金属材料。

绝缘体，通常指的是很难导电、电阻率大于 $10^{10}\Omega\cdot cm$ 的物质，例如塑料、橡胶、陶瓷等材料。

半导体，通常指的是导电能力介于导体和绝缘体之间、电阻率在 $10^{-3}\sim 10^{9}\Omega\cdot cm$ 范围内的物质，常用的半导体材料是硅（Si）、锗（Ge）和砷化镓（GaAs）。

半导体具有独特的热敏性、光敏性和杂敏性。

半导体的热敏性指的是，半导体的导电能力受温度影响较大，当温度升高时，半导体的导电能力大大增强。例如纯净的锗从 20℃升高到 30℃时，它的电阻率几乎减小为原来的一半。利用半导体的热敏性可制成热敏元件，如水温传感器等。

半导体的光敏性指的是，半导体的导电能力随光照的不同而不同，当光照增强时，导电能力增强。例如一种硫化镉薄膜，在暗处其电阻为几十兆欧姆；受光照后，电阻可以下降到几十千欧姆，只有原来的千分之一。利用光敏性可制成光敏元件，例如自动控制中用的光电二极管和光敏电阻。

半导体的杂敏性指的是，当在导体中掺入少量杂质时，半导体的导电性能增强。例如在半导体硅中只要掺入亿分之一的硼，电阻率就会下降到原来的几万分之一。

因此，用半导体材料制作电子元器件，不是因为它的导电能力介于导体和绝缘体之间，而是由于其导电能力会随着温度的变化、光照或掺入杂质的多少而发生显著的变化。利用半导体材料的这些特性，可以制造出不同性能、不同用途的半导体器件。

半导体之所以具有上述独特特性，根本原因在于其特殊的原子结构和导电机理。根据半导体中杂质掺杂浓度的不同，可分为本征半导体和杂质半导体。

5.1.1 本征半导体

本征半导体是指纯净的、不含杂质的半导体。在近代电子学中，最常用的半导体材料就是硅（Si）和锗（Ge）。

硅原子和锗原子的电子数分别为 14 和 32，所以它们最外层的电子都是四个，是四价元素。其结构如图 5.1-1（a）和（b）所示。最外层电子受原子核的束缚力最小，称为价电子。其原子结构可以表示成如图 5.1-1（c）所示的简化模型。

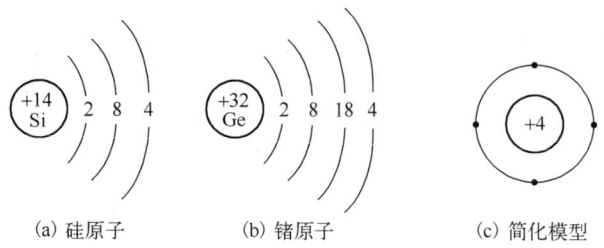

(a) 硅原子　　　(b) 锗原子　　　(c) 简化模型

图 5.1-1　硅和锗原子最外层结构示意图

在实际应用中，必须将半导体提炼成单晶体，使它的原子排列由杂乱无章的状态变成有一定规律、整齐排列的晶体结构，称为单晶，如图 5.1-2 所示。本征半导体是纯净的晶体结构的半导体。

从图 5.1-2 可以看出，硅和锗原子组成单晶的组合方式是共价键结构。每个价电子都要受到相邻的两个原子核的束缚，每个原子的最外层就有了八个价电子而形成了四对共价键结构，从而使每个硅或锗原子最外层拥有八个电子。因此，本征半导体是稳定的。

在热力学温度（-273℃），同时又无外部激发时，半导体中的价电子没有办法脱离共价键的束缚，所以半导体中没有可以自由运动的带电粒子——载流子，因此，即使有外电场作用，也不能产生电流，此时的半导体相当于绝缘体。

但是当有外部激发时，如温度逐渐升高或在一定强度的光照下，本征硅或锗中的一些价电子获得了足够的能量，挣脱共价键的束缚而成为自由电子。同时，在原来的共价键位置上留下一个相当于带有单位正电荷电量的空位，称之为空穴。这种现象，叫本征激发。在本征激发中，带一个单位负电荷的自由电子和带一个单位正电荷的空穴总是成对出现的，所以称之为自由电子-空穴对，如图 5.1-3 所示。

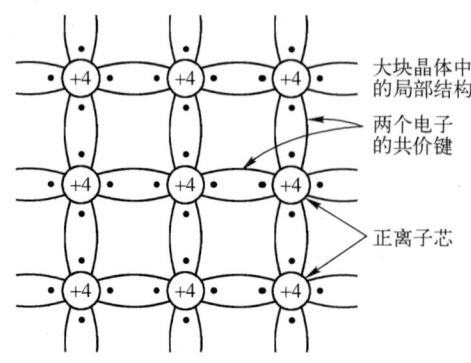

图 5.1-2　本征半导体结构

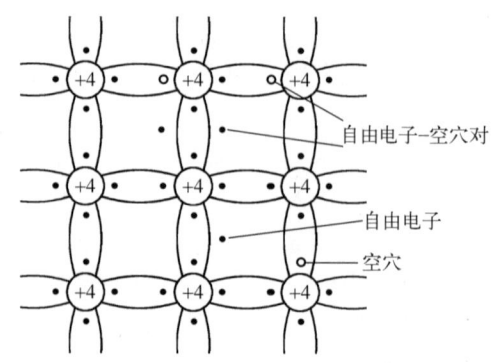

图 5.1-3　本征激发产生自由电子-空穴对

空穴又很容易被附近从另一共价键挣脱出来的电子填充，于是电子与空穴又成对消失，叫复合。本征激发和复合总是同时存在、同时进行的，这是半导体内部进行的一对矛盾运动，在温度一定的情况下，本征激发和复合达到动态平衡，单位时间本征激发出的自由电子-空穴对数目正好等于复合消失的数目，这样在整块半导体内，自由电子和空穴的数目保持一定。

一般在室温时，纯硅中的自由电子浓度 n_i 和空穴浓度 p_i 约为 $1.5×10^{10}$ 个/cm³，对于纯锗来说约为 $2.5×10^{13}$ 个/cm³，而金属导体中的自由电子浓度约为 10^{22} 个/cm³。可以看出，本征半导体的导电能力是较差的。温度越高，本征激发越激烈，产生的自由电子-空穴对越多，即 n_i、p_i 随温度的增加而显著增加，当半导体重新达到动态平衡时的自由电子或空穴的浓度就升高，导电能力就增强，这实际上就是半导体材料具有热敏性和光敏性的本质原因。

本征半导体中带负电的自由电子和带正电的空穴是成对出现的，由于二者电荷量相等，极性相反，所以整块半导体是呈电中性的。

但是，在外加电场的作用下，邻近原子带负电的价电子很容易跳过来填补这个空位，这相当于此处的空穴消失了，但却转移到相邻的那个原子处去了，如价电子由位置 A 到位置 B 的运动，就相当于空穴从位置 B 移动到位置 A。而新形成的这个空位，又会被其他相邻原子的价电子填补，这样依次递补就形成了空穴的相对运动。

空穴运动的实质就是价电子依次填补空位的运动，就像一个带正电的空穴在价电子移动的相反方向上运动一样。这样，可以把空穴看成一种可以运动的带正电荷的粒子，它和价电子一样都是可以运动的、带电荷的粒子，所以称这两种粒子都是载流子。因此，半导体中有两种载流子：一种是带负电荷的自由电子，一种是带正电荷的空穴。它们在外加电场的作用下都会出现定向移动。微观上载流子的定向运动，在宏观上就形成了电流。特别应注意的是，同时有两种载流子参与导电是半导体所独有的。

5.1.2 杂质半导体

由于半导体具有杂敏性，因此利用掺杂可以改善半导体材料的导电性能。根据掺入杂质的不同，可分为 N 型半导体和 P 型半导体。

1. N 型半导体

在四价的本征硅（或锗）中，掺入微量的五价杂质元素，如磷（P）。磷原子最外层有五个价电子，因此用四个价电子与和它相邻的四个硅原子构成共价键后，多余的一个价电子很容易受激发脱离原子核的束缚成为自由电子；同时，磷原子由于失去一个电子，而成为带正电的离子，如图 5.1-4 所示。

因此，每掺入一个杂质原子，就相当于掺入了一个自由电子，而掺入杂质的浓度越高，提供的自由电子浓度就越高。

由于磷元素杂质可以提供自由电子，故称之为施主杂质。在这种掺杂半导体中自由电子数远远大于空穴数，因此称自由电子为多数载流子，简称多子；本征激发产生的空穴为少数载流子，简称少子。这种掺杂半导体称为 N 型或电子型半导体。N 为 Negative 的字头，由于电子带负电荷而得此名。

2. P型半导体

在四价的本征硅（或锗）中掺入微量的三价元素，如硼（B）。三价硼原子的最外层只有三个价电子，和相邻的三个硅原子组成共价键后，尚缺一个价电子不能组成共价键，因此出现了一个空位，即空穴。这样邻近原子的价电子就可以跳过来填补这个空位。所以硼原子掺入后，一方面提供了一个带正电荷的空穴，另一方面使自己成了带负电的离子，即掺入一个硼原子就相当于掺入了一个能接受电子的空穴，如图5.1-5所示。

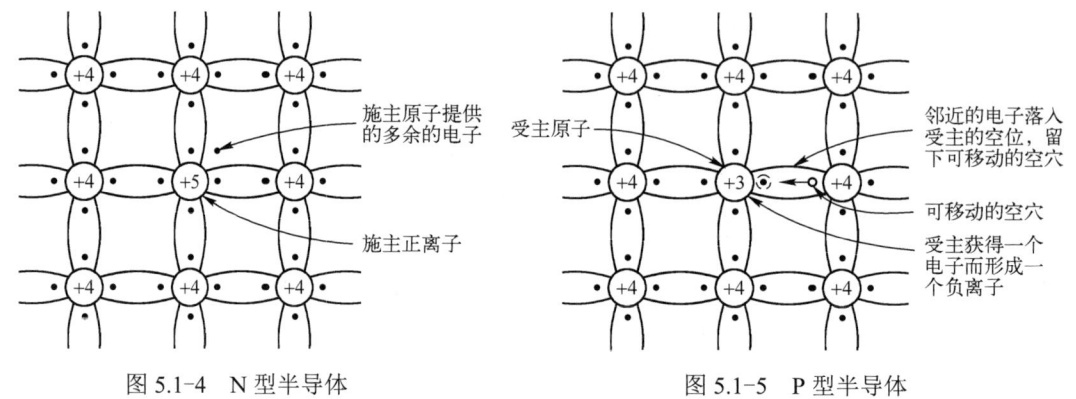

图 5.1-4　N 型半导体　　　　　图 5.1-5　P 型半导体

因此，称三价元素硼为受主杂质，此时杂质半导体中的空穴浓度约等于掺杂浓度，远远大于自由电子浓度，称空穴为多子、自由电子为少子。这种杂质半导体叫 P 型或空穴型半导体。P 为 Positive 的字头，由于空穴带正电而得此名。

杂质半导体中多子的浓度取决于掺杂浓度，而少子是由热激发产生的，其数量随温度上升而增加，杂质原子电离成一个电子和一个正离子（N 型）或一个空穴和一个负离子（P 型），整个半导体对外呈电中性。

当掺入三价元素的密度大于五价元素的密度时，可将 N 型转型为 P 型；当掺入五价元素的密度大于三价元素的密度时，可将 P 型转型为 N 型。

思考与练习

5.1-1　空穴、自由电子的含义是什么？
5.1-2　N 型半导体和 P 型半导体的区别是什么？
5.1-3　光敏电阻的工作原理是什么？

5.2　PN 结

PN 结是电子技术中许多元件的物质基础。几乎所有的半导体器件都是由不同数量和结构的 PN 结构成的。

5.2.1　PN 结的形成

在一块本征半导体上通过某种掺杂工艺，使其形成 N 型区和 P 型区，在它们的交界处就形成了一个特殊薄层，这就是 PN 结。

如图 5.2-1 所示，在 P 型半导体中多子是空穴，N 型半导体中多子是自由电子，因此在 P 区和 N 区的交界处多子的浓度存在很大差异，电子和空穴都要从高浓度处向低浓度处扩散。这种载流子在浓度差作用下的定向运动，叫扩散运动。

多子扩散到对方区域后，和对方区域的多子产生复合，所以 P 区和 N 区的交界处就只剩下了不能移动的带电施主和受主离子，N 区形成正离子区，P 区形成负离子区，形成一个电场方向从 N 区指向 P 区的空间电荷区。

这个电场是由载流子扩散运动形成的，称为内建电场，简称内电场。它所产生的电位差（称为势垒电位差或接触电位差）使 N 区电位高于 P 区电位（一般小于 1V）。在这个区域内，因为多子已扩散到对方，因复合而消耗掉了，所以这个区域也称为耗尽层。在耗尽层以外的区域仍呈电中性。

由于内电场的方向是从 N 区指向 P 区，对多子的扩散起了一个阻碍的作用，使多子扩散运动逐渐减弱。内电场对 P 区和 N 区的少子同样产生电场力的作用。由于 P 区的少子是自由电子，N 区的少子是空穴，因此内电场对少子的运动起到了加速的作用。这种少数载流子在电场力作用下发生定向移动，使空间电荷减少，阻止内电场的增强，称为漂移运动。

随着内电场从无到有，从弱到强的建立，少子的漂移运动也从无到有并逐渐增强。随着扩散运动的逐渐减弱，漂移运动的逐渐增强，最后形成了一种动态平衡，即单位时间内 P 区和 N 区交界处的少子漂移数目和多子扩散数目相等，如图 5.2-2 所示。这样空间电荷区的厚度、内电场的大小都不再发生变化，宏观上 N 区和 P 区的交界面上没有电流流过，这个空间电荷区就称为 PN 结，也称平衡 PN 结，其厚度约为几微米，其接触电位差的大小与半导体材料、掺杂浓度和环境温度有关。在常温下温度每升高 1℃，硅材料 PN 结电位差降低约 2mV。在空间电荷区，由于缺少多子，所以也称耗尽层。

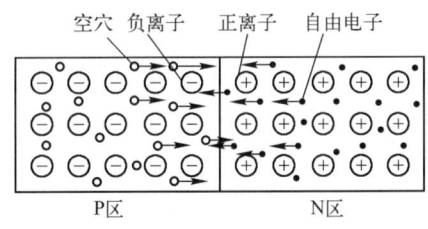

图 5.2-1 PN 结中的扩散运动

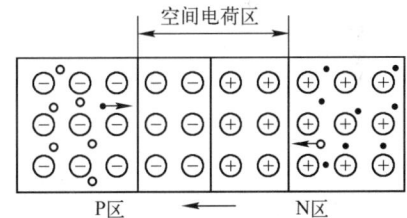

图 5.2-2 平衡状态下的 PN 结

5.2.2 PN 结的单向导电性

未加外电压时，因为动态平衡，PN 结内无宏观电流，只有外加电压时 PN 结才显示出单向导电性。

1. 外加正偏电压时 PN 结正向导通

将 PN 结的 P 区接较高电位（电源正极），N 区接较低电位（电源负极），称为外加正向电压，或称正向偏置（简称正偏），如图 5.2-3 所示。

由于外加电压的极性与内电场的极性相反，P 区的多子（空穴）在外加电场的驱使下进入 PN 结；N 区的多子（电子）在外加电场的驱动下也进入 PN 结，这将使 PN 结的部分正、负离子被中和，导致 PN 结变窄，内电场被削弱，有利于多数载流子的扩散运动，形成较大的扩散电流。同时这种偏压将不利于少子的漂移运动，致使漂移电流可以忽略不计。在外加正向电压下形成的电流称为正向电流，由上述分析可知正向电流主要由多子的扩散电流构成，它随着正向电压的增加而迅速增加，PN 结在正向偏置时呈现一个很小的电阻，将这种状态称为 PN 结处于正向导通状态。

2．外加反向电压时 PN 结反向截止

将外加电压的负端接 P 区，正端接 N 区，称为外加反向电压，或称反向偏置（简称反偏），如图 5.2-4 所示。

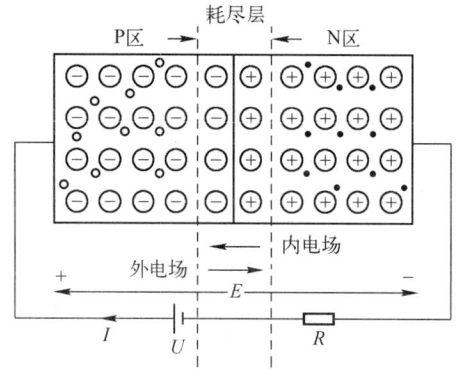

图 5.2-3　PN 结外加正向电压

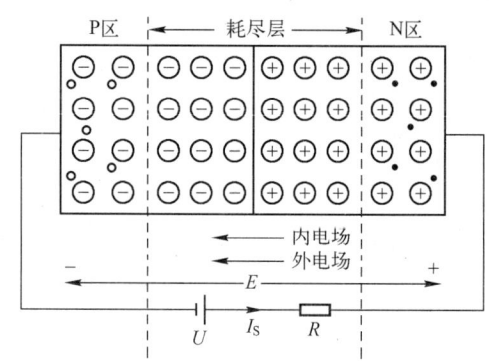

图 5.2-4　PN 结外加反向电压

由于外加电压的极性与内电场极性相同，P 区的空穴将离开 PN 结向电源负极运动；N 区电子也将离开 PN 结向电源正极运动，于是在 PN 结就出现了更多的正、负离子，使 PN 结展宽，内电场增强，这有利于少子的漂移运动，不利于多子的扩散运动。由于少子是由热激发产生的，浓度很低，当反向电压还不是很高时，几乎所有的少子均参与了导电，反向电流已几乎不再增加，相当于饱和了，所以 PN 结反偏时，流过的反向电流很小，它是由少子的漂移运动形成的，称为反向饱和电流。因此，当 PN 结反向偏置时，常温下由于反向电流很小，PN 结呈现高阻状态，一般可近似认为 PN 结处于反向截止状态。

综上，PN 结外加正向电压时，处于导通状态，流过 PN 结的电流数值较大，电流方向从 P 区到 N 区；而外加反向电压时，呈现高阻状态，仅有很小的电流流过，电流方向从 N 区到 P 区。因此，PN 结具有单向导电性。

3．PN 结伏安特性

PN 结的伏安特性曲线如图 5.2-5 所示。

由图 5.2-5 可得 PN 结的伏安特性方程为

$$i_D = I_S(e^{u_D/U_T} - 1)$$

式中，I_S 为反向饱和电流；u_D 为外加电压；U_T 为温度电压当量，$U_T = kT/q$，其值与 PN 结的热力学温度 T 和玻尔兹曼常数 k 成正比，与电子电量 q 成反比，始终为正数。在室温（$T=300K$）时，$U_T \approx 26\text{mV}$。

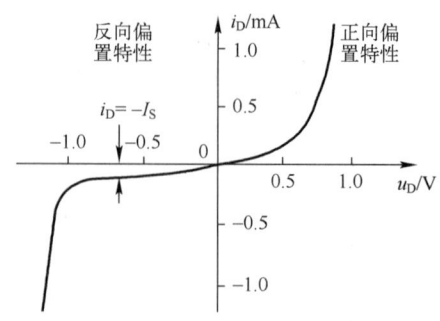

图 5.2-5　PN 结伏安特性曲线

当在 PN 结两端施加不同外加电压时，可得到如下结果：

（1）当外加正向电压，且 $u_D \gg U_T$ 时，可得 $i_D \approx I_S e^{u_D/U_T}$，即当 PN 结正向偏置时，$i_D$ 和 u_D 基本上呈指数关系。

（2）当 u_D 为 0 时，$i_D = 0$。

（3）当外加反向电压，且 $|u_D| \gg U_T$ 时，因 $e^{u_D/U_T} \ll 1$，可得 $i_D \approx -I_S$，即反向电流的大小与反向电压的大小几乎无关，PN 结反向截止。当 PN 结的反向电压增加到一定数值时，反向电流突然快速增加，此现象称为 PN 结的反向击穿（电击穿）。PN 结电击穿后电流很大，容易使 PN 结发热。这时 PN 结的电流和温度进一步升高，从而容易烧毁 PN 结。

5.2.3 PN 结的电容效应

PN 结除了具有单向导电性，当加在 PN 结上的电压发生变化时，由于 PN 结中储存的电荷量也随之发生了变化，因此它还具有一定的电容效应。PN 结的电容包括两部分：

（1）势垒电容 C_B：势垒电容是由空间电荷区的离子薄层形成的。当 PN 结正向偏置电压增大时，PN 结变窄，电量减少，C_B 减小；PN 结正向偏置电压降低时，PN 结变宽，电量增加，C_B 增大。C_B 的大小与 PN 结面积成正比，与空间电荷层的宽度成反比。

（2）扩散电容 C_D：扩散电容是由多子扩散后，在 PN 结的另一侧面积累而形成的。当 PN 结正向偏置时，对多子扩散有利，扩散到另一侧的多子称为非平衡少数载流子。当正向电流增大时，非平衡少数载流子的浓度增大，扩散电容变大；当正向电流减小时，非平衡少数载流子的浓度减小，扩散电容变小。即 PN 结正向偏置时，非平衡载流子随外加电压增大而增大得快，扩散电容增大；而反向偏置时，少数载流子本身的数量就少，相应扩散电容很小，一般可以忽略。

PN 结的结电容是 C_B 和 C_D 之和。PN 结正向偏置时，以 C_D 为主；反向偏置时，以 C_B 为主。C_B 和 C_D 都是随外加电压的改变而改变的，属于非线性电容。

思考与练习

5.2-1 如何理解 PN 结的形成过程？

5.2-2 PN 结的单向导电性的具体含义是什么？

5.2-3 当在 PN 结两端施加不同外加电压时，PN 结的输出电流会发生什么变化？

5.3 二极管特性与参数

半导体二极管（简称二极管）是在 PN 结的两端各引出一个电极并加管壳封装而成的。PN 结的 P 型半导体一端引出的电极为阳极（或称为正极），PN 结的 N 型半导体一端引出的电极为阴极（或称为负极），如图 5.3-1 所示。

按材料来分类，常用的有硅二极管和锗二极管两种；按其工艺结构来分类，有点接触型、面接触型和平面型，如图 5.3-2 所示。

点接触型二极管由一根很细的金属触丝和一块半导体的表面接触，然后通过很大的瞬时电流，使触丝和半导体牢固地熔接在一起而构成的 PN 结。由于点接触型二极管的金属丝较细，形成的 PN 结面积很小，因此其结电容也很小，不能承受高的反向电压和大的电流，而它的高频性能较好，适用于高频检波、混频，也可以用作小电流整流管。

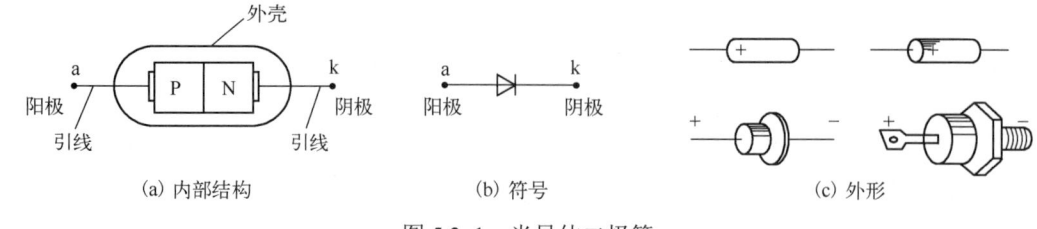

图 5.3-1 半导体二极管

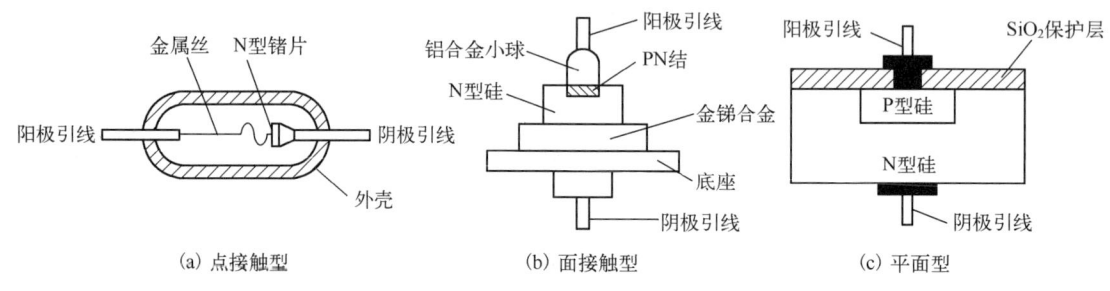

图 5.3-2 半导体二极管的分类

面接触型二极管的 PN 结结面积较大，能通过较大的正向电流，同时结电容也大，但其工作频率较低，可用于低频、大电流电路中，如大电流的整流管。它耐高温，如硅合金整流二极管，其工作温度高达 150～200℃。

平面型二极管中二氧化硅是绝缘体，它相当于一个保护层，用于保护 PN 结不受外界玷污，使二极管漏电流小，工作稳定。可以根据窗口的大小选择结面积的大小。当结面积大时，可以通过较大的电流，可用于大功率整流；而结面积较小时，PN 结电容也较小，在脉冲数字电路中用作开关管。

5.3.1 二极管的伏安特性

二极管两端电压与流过的电流之间的关系称为伏安特性。二极管的伏安特性与 PN 结的伏安特性略有差别。硅二极管和锗二极管的伏安特性曲线如图 5.3-3 所示。

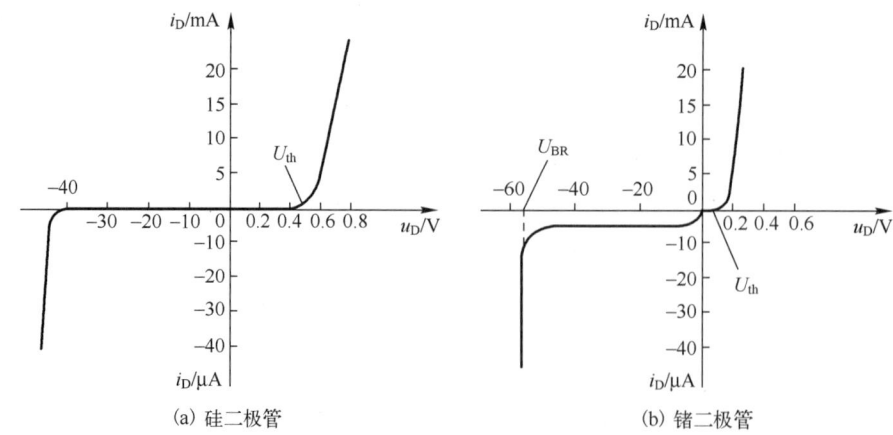

图 5.3-3 二极管伏安特性曲线

1. 正向特性

整个正向特性曲线近似地呈指数曲线。由于二极管的引线电阻、体电阻很小，电极间的漏电阻又很大，对二极管的伏安特性的影响均不大，故仍然用 PN 结的伏安特性方程来近似描述。

当外加正向电压 $u_D = 0$ 时，PN 结处于平衡状态，即图 5.3-3 中的坐标原点。

当 u_D 开始增加时，即正向特性的起始部分。由于此时 u_D 较小，外电场还不足以克服 PN 结的内电场，正向扩散电流仍几乎为零。U_{th} 称为死区电压或开启电压。

当 u_D 大于死区电压时（锗二极管约 0.1V，硅二极管约 0.5V），外加电场才足以克服内电场，使扩散运动迅速增加，才开始产生正向电流，并且只要 u_D 有微小的增加，i_D 就急剧地以指数规律上升，二极管导通。

二极管导通后，电流呈指数规律增长，而正向压降却很小，硅管约为 0.6～0.7V，锗管约为 0.2～0.3V。因为二极管正向导通电阻极小，所以在使用时，必须外加限流电阻，以免增加正向电压 u_D 时，i_D 急剧增大而烧坏管子。

2. 反向特性

当外加反向偏置电压时，反向电流由少数载流子的漂移运动形成。当反向偏置电压在一定范围内变化时，反向电流几乎不变，所以又称为反向饱和电流 I_S。当温度升高时，少子数目增加，所以 I_S 增加。室温下一般硅二极管的反向饱和电流小于 $1\mu A$，锗二极管为几十到几百微安。这时二极管处于反向截止状态。

当外加反向偏置电压增大到一定程度时，反向电流也急剧增加，二极管发生反向击穿。二极管发生反向击穿后，当反向电流还不太大时，二极管的功耗不大，PN 结的温度还不会超过允许的最高温度，二极管仍不会被损坏，一旦降低反向偏置电压，二极管仍能正常工作，这种击穿是可逆的，称为电击穿。当发生电击穿后，若仍继续增加反向偏置电压，反向电流也随之增大，管子会因功耗过大而使 PN 结的温度超过允许温度而烧坏，这种击穿是不可逆的，称为热击穿。

3. 温度对伏安特性的影响

当温度上升时，二极管的死区缩小，死区电压和正向电压将降低，即二极管的正向特性曲线左移。在同样电流下，温度每升高 1℃，二极管的正向电压将降低 2～2.5mV，即具有负的温度系数。同时由于二极管的反向电流由少子漂移形成，少子浓度又受温度的影响，所以二极管的反向特性也与温度有关。一般来说，温度每升高 10℃，反向饱和电流将增大一倍。

5.3.2 二极管的主要参数

为了正确选用和判断二极管的好坏，必须对其主要参数有所了解。

（1）最大整流电流 I_F：指二极管在一定温度下，长期允许通过的最大正向平均电流，它是由 PN 结的结面积和外界散热条件所决定的。半导体器件手册上提供的 I_F 是在一定的散热条件下得到的，因此使用时必须满足一定的散热条件并使流过管子的正向平均电流不超过此值，否则会使二极管因过热而损坏。

（2）反向击穿电压 U_{BR}：指管子反向击穿时所能承受的最高反向电压值，该值与温度有关。一般手册上给出的最高反向工作电压 U_R 约为反向击穿电压 U_{BR} 的一半，以保证二极管正常工作。

（3）反向电流 I_R：指在室温和规定的反向工作电压下（管子未击穿时）的反向电流，也称为反向饱和电流 I_S。这个值越小，管子的单向导电性就越好，它随温度的增加而呈指数上升。

（4）最高工作频率 f_M：指二极管仍能保持单向导电性时外加交流电压的最高频率。这个参数主要由 PN 结的结电容决定，反映了二极管高频性能的好坏。结电容越大，二极管的高频单向导电性越差。

（5）二极管的直流电阻 R_D：指加到二极管两端的直流电压 U_F 与流过二极管的电流 I_F 之比，即 $R_D = U_F / I_F$。

（6）二极管的交流电阻 r_d：指在二极管工作点附近，电压的微变值 ΔU 与相应的微变电流值 ΔI 之比，即 $r_d = \Delta U / \Delta I$。

从几何意义上讲，当 $\Delta U \to 0$ 时，$r_d = dU / dI$。

r_d 就是工作点 Q 处切线斜率的倒数（斜率为 dI/dU 即曲线在 Q 点的导数）。显然，r_d 也是非线性的，即工作电流越大，r_d 越小。

二极管手册上给出的参数是在一定测试条件下测得的数值。如果条件发生变化，相应参数也会发生变化。因此，在选择二极管时注意留有余量。

思考与练习

5.3-1　点接触型、面接触型和平面型二极管的区别是什么？

5.3-2　当在二极管两端施加不同外加电压时，其输出电流会发生什么变化？

5.4　二极管的等效分析

二极管是一种非线性元件，为了分析计算方便，可以采用两种方法进行分析：图解分析法和简化模型分析法。

5.4.1　图解分析法

二极管是一种非线性器件，因此对比较简单的二极管电路，可以采用图解法进行分析。其步骤为：

（1）把电路分成两个部分，一部分是由二极管组成的非线性电路，另一部分则是由电源、电阻等线性元件组成的线性部分。

（2）分别画出非线性部分（二极管）的伏安特性和线性部分的特性曲线。

（3）两条特性曲线的交点即为电路的工作电压和电流。

例 5.4-1　已知二极管电路及其伏安特性曲线如图 5.4-1 所示，求二极管两端电压 u_D 和流过二极管的电流 i_D。

解：根据电路的 KVL 方程，可得

$$i_D = \frac{U_{DD} - u_D}{R}$$

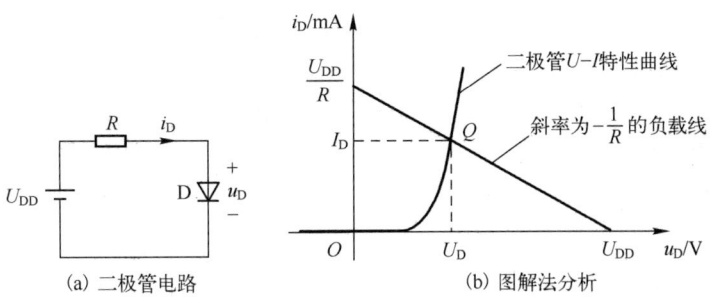

(a) 二极管电路 (b) 图解法分析

图 5.4-1 例 5.4-1 的图

结合二极管的伏安特性曲线方程 $i_D = I_S(e^{\frac{u_D}{U_T}} - 1)$，可得

$$i_D = -\frac{1}{R}u_D + \frac{1}{R}U_{DD}$$

是一条斜率为-1/R 的直线，称为负载线。二极管的伏安特性曲线与负载线相交，交点 Q 的坐标值（U_D, I_D）即为所求。Q 点称为电路的工作点。

二极管是非线性元件，除了图解法外，还有等效模型分析法。等效模型分析法根据二极管在电路中的实际工作状态，以及分析精度的要求，用一个线性电路模型代替实际的二极管。

5.4.2 等效模型分析法

常用的有理想、恒压降、折线和微变等效模型四种二极管模型，前三种是二极管工作在低频大信号下的等效模型；如果二极管工作在低频小信号情况下，则采用微变等效模型。

（1）理想模型

理想模型就是将二极管的单向导电特性理想化，认为正偏时二极管的管压降为 0V，而二极管处于反偏状态时，则认为二极管的等效电阻为无穷大，即反向偏置时电流为 0，如图 5.4-2（a）所示。一般在电源电压远大于二极管的导通压降时，就可以利用理想模型来分析。

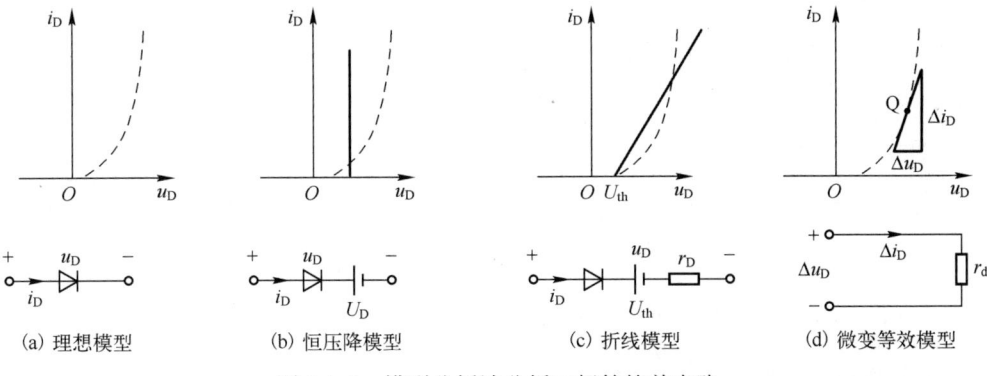

(a) 理想模型 (b) 恒压降模型 (c) 折线模型 (d) 微变等效模型

图 5.4-2 模型分析法分析二极管简单电路

（2）恒压降模型

如果考虑二极管的两端电压，恒压降模型的伏安特性曲线如图 5.4-2（b）所示，当正向

电压超过导通电压时，认为二极管正偏导通的管压降是一个恒定值，对于硅二极管和锗二极管来说，分别取 0.7V 和 0.2V，而其反偏模型还是理想的，电流为 0。这个模型比理想模型更接近实际情况，因此应用比较广泛。一般在二极管电流大于 1mA 时，恒压降模型的近似精度还是相当高的。

（3）折线模型

如果二极管导通时电压和正向电阻都不可忽略，就采用图 5.4-2（c）所示的折线模型来等效。这条折线的斜线部分的斜率是二极管导通范围内的电流与电压的比值，其倒数为等效电阻 $r_D = \Delta u_D / \Delta i_D$。在模型中用一个电池和一个电阻 r_D 来做进一步的近似。这个电池的电压选定为二极管的门槛电压 U_{th}（硅二极管 0.5V，锗二极管 0.1V）。r_D 可以这样来确定：即当二极管导通电流为 1mA 时，硅二极管管压降为 0.7V，r_D 的值可计算如下

$$r_D = \frac{0.7\text{V} - 0.5\text{V}}{1\text{mA}} = 200\Omega$$

（4）微变等效模型

如果二极管在导通后只工作在某固定值 Q 点的小范围内，就可以用该固定值 Q 点处的切线来近似表示二极管工作的特性曲线，如图 5.4-2（d）所示，过 Q 点的切线可以等效成一个微变电阻，根据 $i_D = I_S(e^{u_D/U_T} - 1)$，得 Q 点处的微变电导

$$g_d = \frac{di_D}{du_D}\bigg|_Q = \frac{I_S}{U_T} e^{u_D/U_T}\bigg|_Q \approx \frac{i_D}{U_T}\bigg|_Q = \frac{I_D}{U_T}$$

则 $r_d = \frac{1}{g_d} = \frac{U_T}{I_D}$。常温下（$T=300K$），$r_d = \frac{U_T}{I_D} = \frac{26(\text{mV})}{I_D(\text{mA})}$。

微变等效模型只适用于小信号工作情况。

例 5.4-2 图 5.4-3 所示为硅二极管电路，电阻 $R = 10\text{k}\Omega$，分别用理想、恒压降、折线模型对其进行分析。分别考虑在以下几种不同电压时的工作情况：（1）$U_{DD}=10\text{V}$；（2）$U_{DD} = 1\text{V}$。

解：二极管的理想、恒压降、折线等效电路模型如图 5.4-4 所示。

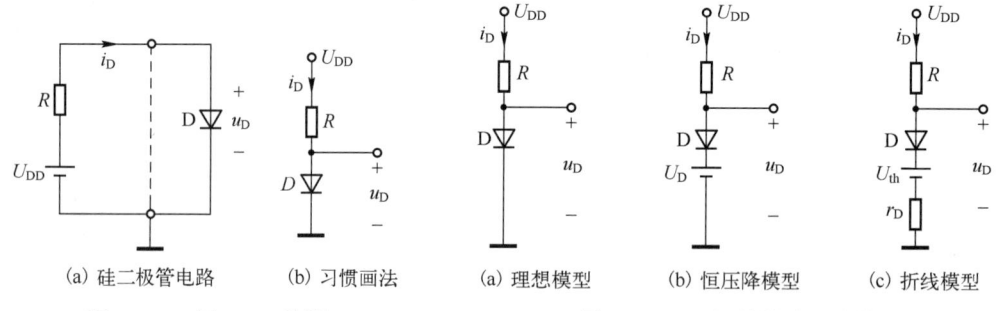

(a) 硅二极管电路　　(b) 习惯画法　　(a) 理想模型　　(b) 恒压降模型　　(c) 折线模型

图 5.4-3　例 5.4-2 的图　　　　图 5.4-4　二极管等效电路模型

（1）当 $U_{DD}=10\text{V}$ 时，使用理想模型可得：$u_D = 0\text{V}$，$I_D = U_{DD}/R = 1\text{mA}$；

使用恒压降模型可得：$u_D = 0.7\text{V}$，$I_D = \frac{U_{DD} - U_D}{R} = 0.93\text{mA}$；

使用折线模型，设 $r_D = 0.2\text{k}\Omega$，$U_{th} = 0.5\text{V}$，可得：

$$I_D = \frac{U_{DD} - U_{th}}{R + r_D} = 0.931\text{mA}, \quad u_D = U_{th} + r_D I_D = 0.69\text{V}$$

（2）当 $U_{DD}=1V$ 时，使用理想模型可得：$u_D = 0V$，$I_D = U_{DD}/R = 0.1\text{mA}$；

使用恒压降模型可得：$u_D = 0.7V$，$I_D = \dfrac{U_{DD} - U_D}{R} = 0.03\text{mA}$；

使用折线模型，设 $r_D = 0.2\text{k}\Omega$，$U_{th} = 0.5V$，得：

$$I_D = \dfrac{U_{DD} - U_{th}}{R + r_D} = 0.049\text{mA},\ u_D = U_{th} + r_D I_D = 0.51V$$

可知，当外加电压远大于导通压降时，利用三种不同模型对电路进行分析，结果接近，尤其是恒压降和折线模型，结果几乎相同；而当外加电压接近导通电压时，三种模型的处理效果会产生较大的差异。

思考与练习

5.4-1 二极管理想、恒压降、折线和微变等效模型的应用条件分别是什么？

5.4-2 在 $T=300K$ 时，某硅二极管和锗二极管的反向饱和电流分别是 $0.05\mu A$ 和 $10\mu A$。两管按如图题 5.4-5 所示的方式串联，且回路中电流为 1mA。用二极管伏安特性方程估算两管的端电压。

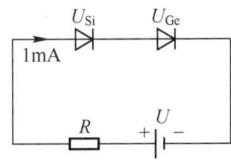

图 5.4-5 题 5.4-2 图

5.4-3 在 $T=300K$ 时，对于某硅二极管，若反向饱和电流 $I_S = 0.01\mu A$，利用 PN 结伏安特性方程求正向电压为 $0.1V$、$0.2V$ 和 $0.3V$ 时的电流。

5.5 二极管典型应用

课程思政融入点：由 PN 结的构成及伏安特性推导出二极管的构成及伏安特性，归纳出认识事物应该由浅入深、利用熟悉事物分析新生事物的认知规律；引导学生们思考二极管的发明对推动电子行业发展的重要意义，同时也让学生们认识到科技创新对社会的积极影响。

半导体二极管的单向导电性使它在电子电路中得到广泛应用，可用于整流、限幅、检波、开关及保护电路中，也可以结合特殊材料和工艺制造出具有特殊功能的二极管。

5.5.1 整流与检波电路

利用二极管的单向导电性，可以将大小和方向都变化的正弦交流电变成单向脉动直流电，完成整流作用。完成整流功能的电路称为整流电路。图 5.5-1（a）所示为半波整流电路，u_s 为正弦交流电，二极管为理想模型。

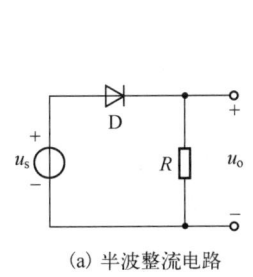

(a) 半波整流电路

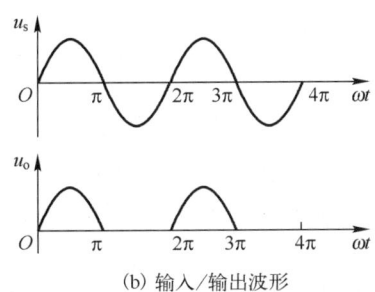

(b) 输入/输出波形

图 5.5-1 二极管的整流应用

当 u_s 为正半周时,二极管导通,电流由上至下流过 R,因为二极管采用理想模型,正向导通电压为 0,所以在 R 上获得的电压波形和输入一致;当 u_s 为负半周时,二极管反向截止,表现为电阻为无穷大,流过 R 的电流为 0。利用二极管的单向导电性,将交流电转化为单向脉动直流电,这种方法简单、经济,在日常生活及电子电路中经常采用。根据这个原理,还可以构成整流效果更好的单相全波、单相桥式等整流电路。

5.5.2 限幅电路

在电子电路中,为了降低信号的幅度以满足电路工作的需要,或为了保护某些器件不受大的信号电压作用而损坏,往往利用二极管的导通和截止来限制信号的幅度,这就是限幅。

例 5.5-1 电路如图 5.5-2 所示,$R=1\text{k}\Omega$,$U_{REF}=3\text{V}$,二极管为硅二极管。用恒压降模型对电路进行分析。

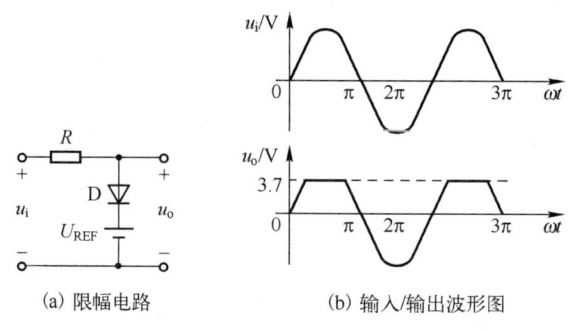

(a) 限幅电路　　(b) 输入/输出波形图

图 5.5-2　例 5.5-1 的图

解: 当 $u_i=6\sin\omega t\text{V}$ 时,由二极管的恒压降模型可知,硅二极管的导通压降为 0.7V,当 $u_i \geqslant U_{REF}+U_D=3.7\text{V}$ 时,二极管导通,$u_o=3.7\text{V}$,即将输出电压钳制在 3.7V;当 $u_i<3.7\text{V}$ 时,二极管截止,相当于开路,此时 $u_o=u_i$。

利用这个简单的限幅电路可以把输入电压的幅度加以限制,所以限幅电路又称为削波电路。把电路稍加变化,还可以得到双向限幅等各种不同的限幅应用。

5.5.3 开关电路

在数字电路中经常将半导体二极管作为开关元件来使用,因为二极管具有单向导电性,在由二极管组成的开关电路中,把二极管处于导通状态看成开关闭合,把二极管处于截止状态看成是开关断开。

如图 5.5-3 所示电路是由二极管、电阻组成的电路。

假定二极管为理想模型。先断开 D,以 O 为基准电位,即 O 点为 0V。此时,接 D 的阳极的电位为-6V,接阴极的电位为-12V。阳极电位高于阴极电位,D 接入时正向导通。导通后,D 的压降等于零,即 A 点的电位就是 D 的阳极的电位。因此,AO 之间的电压值为-6V。

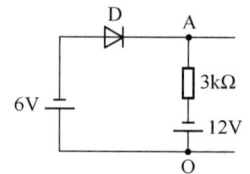

图 5.5-3　二极管门电路

在分析判断电路中二极管工作状态,即判断电路中二极管处于导通状态还是截止状态时,应掌握两条基本原则,即

（1）断开二极管，设定参考零电位点，分析电路断开点的开路电压。如果该电压能使二极管正偏，且大于二极管的死区电压，二极管导通；否则二极管截止。

（2）如果电路中有多个二极管，利用原则（1）分别判断各个二极管两端的开路电压，开路电压高的二极管优先导通；当此二极管导通后，再根据电路的约束条件，判断其他二极管的工作状态。

例 5.5-2 电路如图 5.5-4 所示，设图示电路中的二极管性能均为理想。试判断各电路中的二极管是导通还是截止，并求出 A、B 两点之间的电压 U_{AB} 的值。

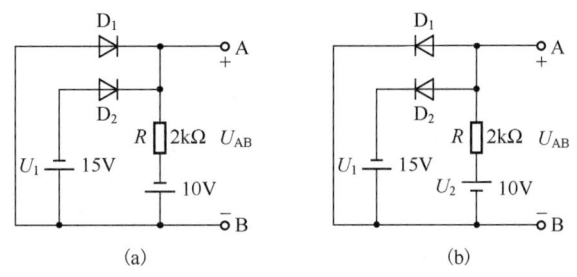

图 5.5-4 二极管电路

解：设参考零电位点为 B 点，对于图（a），经判断知，D_1、D_2 两端的开路电压分别为 10V 和-5V，D_1 优先导通，因此 AB 两点间电位为 0V。所以 D_2 处于截止状态。

对于图（b），经判断知，D_1、D_2 两端的开路电压分别为 10V 和 25V，D_2 优先导通，因此 AB 两点间电位为-15V。所以 D_1 处于截止状态。

5.5.4 特殊二极管

以 PN 结为核心，利用特殊材料和工艺可以制备特殊二极管，例如稳压管、变容二极管、光电二极管、发光二极管等。

1．稳压二极管

稳压二极管简称稳压管，是一种用特殊工艺制造的面结型半导体二极管，可以稳定地工作于击穿区而不损坏。由于硅半导体的温度特性好，通常稳压管是由硅材料制成的。稳压二极管的外形、内部结构均与普通二极管相似，其电路符号、伏安特性曲线如图 5.5-5 所示。

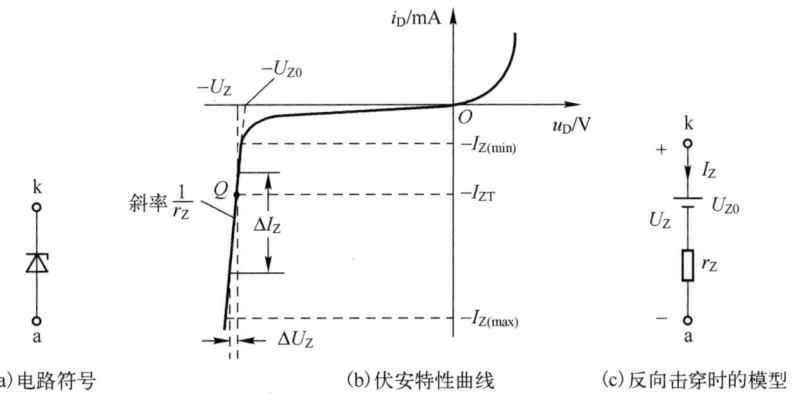

(a) 电路符号　　(b) 伏安特性曲线　　(c) 反向击穿时的模型

图 5.5-5 稳压管的电路符号及伏安特性曲线

从伏安特性曲线上可以看出，稳压二极管也具有单向导电性，硅稳压管在正向偏置时，等效于普通二极管，区别仅在于这种管子具有很陡的反向击穿特性，当反向电流有很大变化时，稳压管两端的电压几乎保持不变。稳压管正是工作在反向击穿区内，所以才具有稳压作用。稳压管反向击穿后的曲线越陡，则稳压性能越好。在稳压时，反向电流应限制在一定的范围内，以免过热损坏管子。

稳压管的主要技术参数有：

（1）稳定电压 U_Z：指稳压管中电流为规定值 I_Z 时，稳压管两端的的反向击穿电压。

（2）最大允许工作电流 I_{ZM}：稳压管允许流过的最大工作电流，超过 I_{ZM} 时，管子会从电击穿过渡到热击穿而损坏。

（3）最大耗散功率 P_M：稳压管所允许的最大功率，$P_M = U_Z I_{ZM}$。

（4）动态内阻 r_Z：也称为交流电阻，是指在稳压范围内，稳压管两端电压变化量 ΔU_Z 与相应电流变化量 ΔI_Z 之比值。它反映管子的稳压性能，r_Z 越小，稳压性能越好。

稳压管常用于构成稳压电路，如图 5.5-6 所示，其中 U_i 为输入电压，R 为限流电阻，R_L 为负载电阻，U_o 是稳压电路的输出电压。

因负载与稳压管并联连接，所以又称为"并联式稳压电路"。电路中限流电阻为 R，其作用是限制电路的工作电流及进行电压调节。在该电路中，使输出电压不稳定的因素主要有两个：输入电压 U_i 的波动和负载电阻 R_L 的变化。

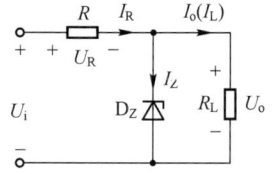

图 5.5-6 稳压管稳压电路

（1）当 R_L 不变而 U_i 变化时：U_i 升高，会使得输出电压 U_o 有随之增大的趋势。由稳压管的伏安特性可知，U_i 的微小增加会引起流过稳压管的电流显著上升，从而使流过限流电阻 R 的电流增加，R 上的电压增加，使得 U_i 的变化大部分落在 R 上，U_o 保持基本稳定。同理，当 U_i 降低而引起 U_o 减小时，也会因为电流的减小，使 R 上的压降减小，从而使 U_o 保持稳定。

（2）当 U_i 不变而 R_L 变化时：R_L 减小，会使得负载电流 I_L 随之增大，流过限流电阻 R 的电流增加，R 上的电压增加，输出电压 U_o 减小，而 U_Z 的微小减小会引起流过稳压管的电流有较大减小，使流过 R 的电流不变，以保持 U_o 稳定。同理可以分析 R_L 增大的情况。

总之，稳压管的稳压功能，是靠稳压管稳压特性和限流电阻的电压调节作用相互配合来实现的。在工作中，当 U_i 和 R_L 变化时，为了保证稳压管正常稳压，必须保证稳压管电流 I_Z 在 $I_{Zmin} \sim I_{ZM}$ 的范围内。因此，必须合理选择限流电阻 R。

2．光电二极管

光电二极管也叫光敏二极管，它的结构和一般二极管相似，也具有单向导电性。光电二极管的 PN 结被封装在透明玻璃外壳中，其 PN 结装在管子的顶部，面积较大，可以直接受到光的照射。光电二极管的电路符号、电路模型和特性曲线如图 5.5-7 所示。它是利用 PN 结在施加反向电压时，反向电流的大小随光照强度增加而上升进行工作的。

正偏时光电二极管的光敏特性不明显，所以光电二极管在电路中一般是处于反向偏置状态。在没有光照射时，反向电阻很大，反向电流很小，处于截止状态；当光照射在 PN 结上时，PN 结附近产生光生电子和光生空穴对，它们在偏置电压的作用下做定向运动，宏观上就形成了光电流，处于导通状态。光的照度越大，光照产生的光电流就越大。光电二极管可用于光测量、光电控制等方面，如遥控接收器、光纤通信、激光测量中都用到光电二极管；

还可以作为将光信号转换成电信号的传感器。

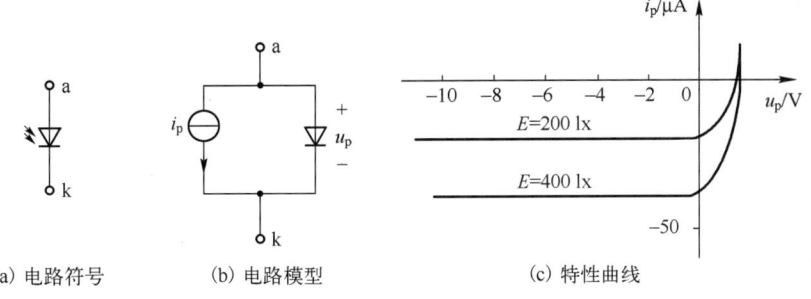

(a) 电路符号　　(b) 电路模型　　(c) 特性曲线

图 5.5-7　光电二极管的电路符号、电路模型和特性曲线

3．发光二极管

发光二极管简称 LED（Light-Emitting Diode），它是一种将电能转换为光能的半导体器件，由化合物半导体制成，其电路符号如图 5.5-8（a）所示。

发光二极管也具有单向导电性，当外加反偏电压时，二极管截止，不发光；当外加正偏电压导通时，因流过正向电流而发光。而颜色与发光二极管的材料和掺杂元素有关。

发光二极管是一种电流控制器件，工作电流约为几至几十毫安，具有功耗小、体积小、可直接与集成电路连接使用等特点，并且稳定、可靠、寿命长、光输出响应速度快（1～100MHz），应用十分方便和广泛，可用于信号灯指示、数字和字符指示等发光显示方式，还可以通过光缆传输，接收端配合光电转换器件再现电信号，实现光电耦合、光纤通信等应用。图 5.5-9 是常见的利用光信号来远距离传输电信号的原理图。

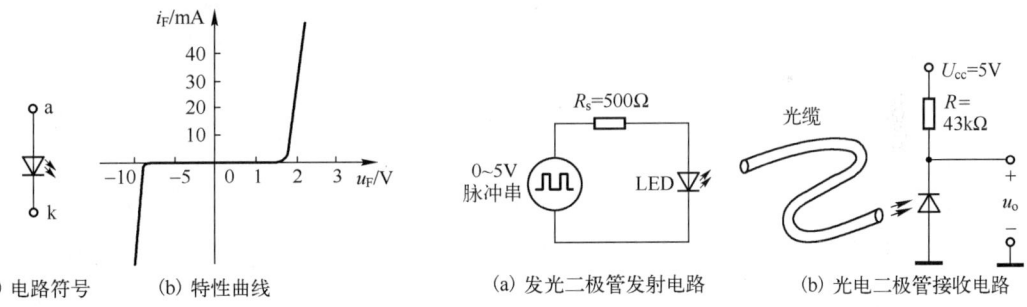

(a) 电路符号　　(b) 特性曲线　　　　　　　　(a) 发光二极管发射电路　　(b) 光电二极管接收电路

图 5.5-8　发光二极管的电路符号和特性曲线　　　图 5.5-9　远距离光电传输原理图

4．变容二极管

变容二极管（Varactor Diode）又称"可变电抗二极管"，是利用 PN 结反偏时结电容大小随外加电压而变化的特性制成的。图 5.5-10 为变容二极管的电路符号和特性曲线。

变容二极管在高频技术中应用较多，广泛应用在通信、电视等设备中。当二极管反向偏置时，因反向电阻很大，可作为电容使用，还可以广泛应用于 LC 调谐电路、RC 滤波电路、电子调谐、自动频率控制、调幅、调相、调频，以及微波参量放大器、倍频器、变频器等电路中。

思考与练习

5.5-1　举例说明发光二极管在日常生活中的应用有哪些？

5.5-2 能否将1.5V的干电池以正向接法接到二极管两端？为什么？

5.5-3 判断图5.5-11所示电路中二极管D_1和D_2是导通状态还是截止状态？设二极管的正向导通压降为0.7V。

5.5-4 图5.5-12所示电路中，u_i是振幅为10V的低频正弦电压，二极管视为恒压器件，正向导通压降为0.7V。画出u_o的波形。

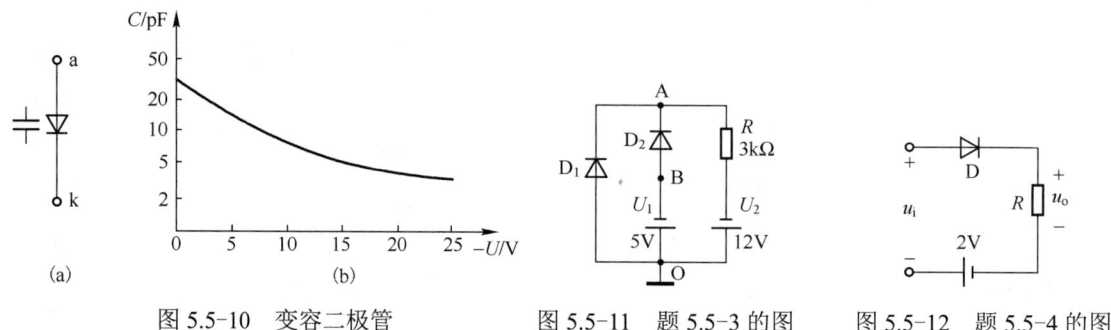

图5.5-10 变容二极管　　　　图5.5-11 题5.5-3的图　　　图5.5-12 题5.5-4的图

习题5

5-1 写出题5-1图所示各电路的输出电压值，设二极管导通电压$U_D=0.7V$。

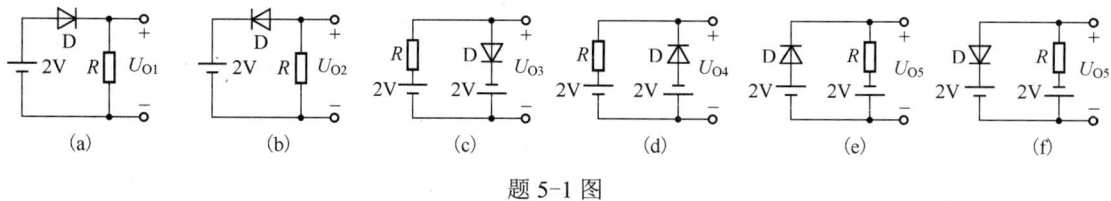

题5-1图

5-2 已知稳压管的稳压值$U_Z=6V$，稳定电流的最小值$I_{Zmin}=5mA$。求题5-2图所示电路的U_{O1}和U_{O2}。

5-3 电路如题5-3图所示，已知$u_i=10\sin\omega t(V)$，试画出u_i与u_o的波形。设二极管正向导通电压可忽略不计。

5-4 分析题5-4图所示二极管箝位电路，画出输出电压u_o的近似波形。图中u_i是振幅为5V的正弦电压。

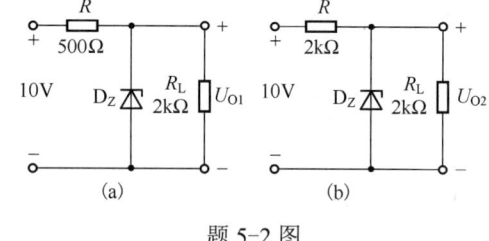

题5-2图

5-5 题5-5图所示为串联型二极管双向限幅电路。假设D_1和D_2为理想开关，试分析u_o对u_i的电压关系。

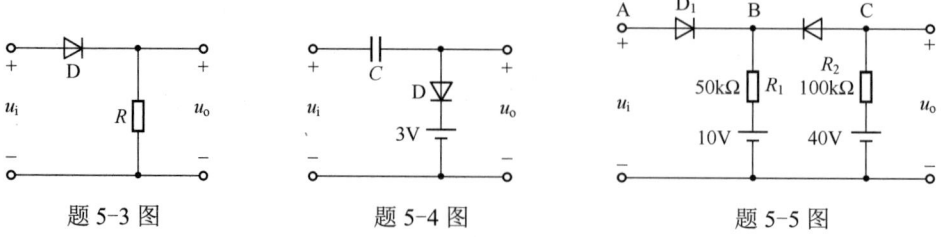

题5-3图　　　　　　　题5-4图　　　　　　　题5-5图

第6章 半导体三极管及其放大电路

主要内容：

（1）理解并掌握半导体三极管的结构、放大原理、输入和输出特性。
（2）理解基本放大电路基本原理，掌握共发射极基本放大电路的静态分析和动态分析。
（3）理解共集电极、共基极放大电路的工作原理和性能特点。

6.1 三 极 管

课程思政融入点：以三极管在生活中广泛应用为切入点，激发学生学习的积极性，鼓励启发学生发现生活、身边的电子应用，激发学生的自主研究精神。

半导体三极管又称为晶体管、双极型三极管（Bipolar Junction Transistor，BJT），以下简称三极管。它是由两个 PN 结构成的具有放大作用的半导体器件，因其参与导电的有空穴和自由电子两种极性的载流子而得名。

三极管的种类很多，按构成材料分，有硅管、锗管等；按工作频率分，有高频管、低频管等；按功率分，有大、中、小功率管等。

三极管是组成各种电子电路的核心器件。三极管有三个电极。常见的三极管外形如图 6.1-1 所示。

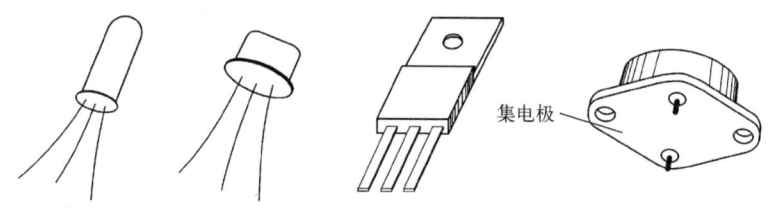

图 6.1-1 常见三极管外形

6.1.1 三极管的结构与电路符号

三极管由两个 PN 结组成，按 PN 结的组成方式，有 PNP 型和 NPN 型两种类型。三极管结构和电路符号如图 6.1-2 所示。其中发射极上的箭头表示发射结加正向偏置电压时，发射极电流的实际方向。

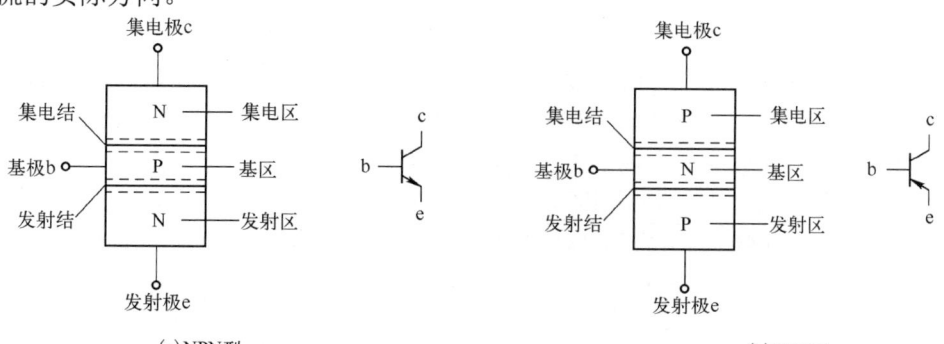

(a) NPN型　　　　　　　　　　　　　　　　(b) PNP型

图 6.1-2 两种类型三极管结构和电路符号

从结构上看,三极管内部有三个区域,分别称为发射区、基区和集电区,并相应地引出三个电极:发射极(e)、基极(b)和集电极(c)。三个区形成的两个 PN 结分别称为发射结和集电结。一个 P 区(或 N 区)夹在两个 N 区(或 P 区)中间,分别形成两种类型的三极管:NPN 型和 PNP 型。一般来说:基区很薄(微米数量级),且低掺杂;发射区高掺杂,其掺杂浓度远远高于基区和集电区的掺杂浓度,因此双极型三极管是不对称的。

由于硅 NPN 三极管用得最广,在今后无说明时,即为硅 NPN 三极管。后续章节主要讨论 NPN 型三极管及其电路,但结论对 PNP 型同样适用。所不同的是,PNP 型三极管发射结和集电结所需偏置电压的极性和 NPN 型三极管相反,三个电极的电流方向也与前者相反。

6.1.2 三极管的工作原理

根据三极管集电结和发射结所加偏置电压的不同,可以有三种工作状态(放大、截止和饱和)。每种工作状态仅与 PN 结的偏置状态有关,而与 NPN 型或者 PNP 型管型无关。要使三极管实现放大,所需的内部结构要求和外部条件为:

(1)内部结构要求:发射区高掺杂,多数载流子电子浓度远大于基区多数载流子空穴浓度;基区做得很薄,通常只有几微米到几十微米,而且是低掺杂;集电极面积大,以保证尽可能收集到发射区发射的电子。

(2)外部条件:外加电源的极性应使发射结处于正向偏置状态,集电结处于反向偏置状态。

下面以 NPN 型管为例,分析在偏置电压作用下三极管内部载流子的传输过程。

图 6.1-3 所示为处于放大状态的 NPN 型三极管内部载流子的传输过程。

(1)发射区:发射结正向偏置,载流子扩散形成发射极电流。由于发射结外加正向偏置电压,发射区的多子电子将不断通过发射结扩散到基区,形成发射结电子扩散电流 I_{EN},其方向与电子扩散方向相反。同时,基区的多子空穴也扩散到发射区,

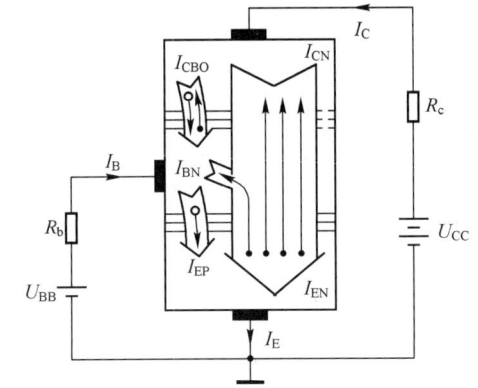

图 6.1-3 放大状态下三极管中载流子的传输

形成空穴扩散电流 I_{EP},方向与 I_{EN} 相同。I_{EN} 与 I_{EP} 一起构成受发射结正向电压 U_{BE} 控制的发射结电流(也就是发射极电流)I_E,即 $I_E = I_{EN} + I_{EP}$。由于基区掺杂浓度很低,所以 I_{EP} 很小,可以认为

$$I_E = I_{EN} + I_{EP} \approx I_{EN} \tag{6.1-1}$$

(2)基区:载流子在基区扩散与复合,形成复合电流。由发射区扩散到基区的电子,在发射结边界附近浓度最高,离发射结越远浓度越低,形成了一定浓度梯度。浓度梯度使得扩散到基区的电子继续向集电结方向扩散。在扩散过程中,有一部分电子与基区的空穴复合,形成基区复合电流 I_{BN}。由于基区很薄,且掺杂浓度很低,因此电子与空穴复合机会少,I_{BN} 很小,大多数电子继续扩散到集电结边界。基区被复合掉的空穴由电源 U_{BB} 从基区拉走电子,等效于向基区提供空穴来补充,使得基区的空穴浓度基本保持不变。

(3)集电区:集电结反向偏置,收集载流子形成集电极电流。由于集电结上外加反向偏置电压,集电结的内电场被加强,不能形成多子的扩散。但对基区扩散到集电结边缘的载流

子电子有很强的吸引力，使它们很快漂移过集电结，被集电区收集，形成电子漂移电流 I_{CN}，其方向与电子漂移方向相反。显然有 $I_{CN} = I_{EN} - I_{BN}$。同时，基区自身的少子电子和集电区的少子空穴也要在集电结的反向偏置电压作用下产生漂移运动，形成集电结反向漂移电流，通常称为反向饱和电流 I_{CBO}，其方向与 I_{CN} 方向一致。I_{CN} 和 I_{CBO} 一起构成集电极电流 I_C，即

$$I_C = I_{CN} + I_{CBO} \tag{6.1-2}$$

I_{CBO} 很小，对三极管的放大作用没有贡献，且受温度影响很大，所以在制作三极管时应尽量减小 I_{CBO}。

由图 6.1-3 可以看出，基极电流为

$$I_B = I_{EP} + I_{BN} - I_{CBO} \tag{6.1-3}$$

综合式（6.1-1）、式（6.1-2），三极管的三个电极的电流满足

$$I_B = I_{EP} + I_{EN} - I_{CN} - I_{CBO} = I_E - I_C \tag{6.1-4}$$

基于三极管结构上的特点，从载流子的传输过程可知，确保在发射结正向偏置、集电结反向偏置的共同作用下，由发射区扩散到基区的载流子绝大部分能被集电区收集，形成电流 I_{CN}，小部分在基区被复合，形成电流 I_{BN}。通常把 I_{CN} 与发射极电流 I_E 的比定义为三极管共基极直流电流放大系数 $\bar{\alpha}$，即

$$\bar{\alpha} = I_{CN} / I_E \tag{6.1-5}$$

$\bar{\alpha}$ 表达了 I_E 转化为 I_{CN} 的能力。显然 $\bar{\alpha} < 1$，但接近于 1，典型值为 0.95~0.995。为了使 $\bar{\alpha} \to 1$，要求发射区的掺杂浓度远高于基区的掺杂浓度。

将式（6.1-5）代入式（6.1-2），结合式（6.1-4），可得

$$I_C = \bar{\alpha}(I_C + I_B) + I_{CBO}$$

上式整理可得

$$I_C = \frac{\bar{\alpha}}{1-\bar{\alpha}} I_B + \frac{1}{1-\bar{\alpha}} I_{CBO}$$

令 $\bar{\beta} = \frac{\bar{\alpha}}{1-\bar{\alpha}}$，则上式为

$$I_C = \bar{\beta} I_B + (1+\bar{\beta}) I_{CBO} \tag{6.1-6}$$

$\bar{\beta}$ 称为共射极直流电流放大系数。上式中最后一项常用符号 I_{CEO} 表示，称为穿透电流，即

$$I_{CEO} = (1+\bar{\beta}) I_{CBO}$$

当穿透电流 $I_{CEO} \ll I_C$ 时，由式（6.1-6）可得

$$\bar{\beta} \approx I_C / I_B$$

即 $\bar{\beta}$ 近似等于 I_C 与 I_B 之比。一般三极管的 $\bar{\beta}$ 值约为几十至几百。$\bar{\beta}$ 太小，管子的放大能力就差；$\bar{\beta}$ 过大，则管子不够稳定。

6.1.3 三极管的特性曲线

三极管的特性曲线能直观地描述各极间电压与各极电流之间的关系。要完整地描述三极管的伏安特性，必须选用两组表示不同端变量（即输入电压和输入电流、输出电压和输出电流）之间的特性关系曲线，即输入特性曲线和输出特性曲线。特性曲线主要用于对三极管的性能、参数和三极管电路的分析估算。

1. 输入特性曲线

输入特性曲线描述了当集电极与发射极之间电压 u_{CE} 为某一数值（即以 u_{CE} 为参数变量）时，输入电流 i_B 与输入电压 u_{BE} 之间的关系，其函数表达式为

$$i_B = f(u_{BE})|_{u_{CE}=\text{常数}}$$

当 u_{CE} 分别为 0V、1V、10V 时，NPN 型三极管的输入特性曲线如图 6.1-4 所示。

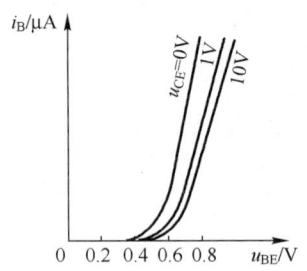

图 6.1-4　NPN 型三极管的输入特性曲线

由图可见，由于发射结正偏，所以三极管的输入特性曲线与二极管的正向特性曲线相似，但还与参数变量 u_{CE} 有关。

当 $u_{CE} = 0V$ 时，相当于集电极与发射极短路，即发射结与集电结并联。此时集电极无收集电子的能力，基区的复合作用最强。所以在 u_{BE} 相同的情况下，i_B 较大。所以 $u_{CE} = 0$ 的那条曲线位于最左边。

当 $u_{CE} = 1V$ 时，三极管的集电结已加上反向偏置电压，三极管工作于放大状态，集电极收集电子的能力加强，由发射区注入到基区的电子更多地流向了集电区。所以在 u_{BE} 相同的情况下，i_B 较 $u_{CE} = 0$ 时减小了，特性曲线也就相应地向右移了。

当 $u_{CE} > 1V$ 时，i_B 随 u_{CE} 增加而略有减小，特性曲线也略向右移。但由图 6.1-4 可见，$u_{CE} = 10V$ 时的输入特性曲线与 $u_{CE} = 1V$ 时的输入特性曲线非常接近。这是因为只要保持 u_{BE} 不变，从发射区扩散到基区的电子数就不变，而 u_{CE} 增大到 1V 以后，集电极收集电子的能力已足够强，已能把发射到基区的电子中的绝大部分收集到集电区，以至于 u_{CE} 再增加，i_B 也不再明显减小。因此可近似认为三极管在 $u_{CE} > 1V$ 以后的所有输入特性曲线基本上是重合的。

2. 输出特性曲线

输出特性曲线描述了当基极电流 i_B 为某一数值（即以 i_B 为参数变量）时，集电极电流 i_C 与集电极-发射极电压 u_{CE} 之间的关系。其函数表达式为

$$i_C = f(u_{CE})|_{i_B=\text{常数}}$$

图 6.1-5 为 NPN 型三极管的输出特性曲线。由图可以看出三极管的三个工作区域：放大区、饱和区和截止区。

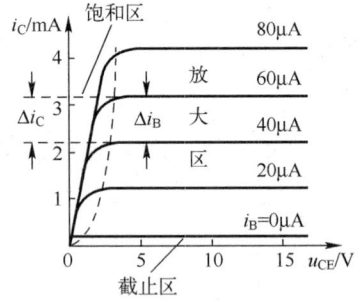

图 6.1-5　NPN 型三极管的输出特性曲线

（1）放大区：此时发射结正向偏置且集电结反向偏置，对于 NPN 型三极管来说，$u_{BE} > 0$，$u_{BC} < 0$。由图可知，工作在放大区的三极管的输出特性曲线近似为水平直线，表示 i_B 一定时，i_C 基本上不随 u_{CE} 变化。但当基极电流有一个微小的变化量 Δi_B 时，相应的集电极电流将产生一个较大的变化量 Δi_C。可见，三极管具有电流放大作用。

将集电极与基极电流的变化量之比定义为三极管的共射极电流放大系数，用 β 表示，即

$$\beta = \Delta i_C / \Delta i_B$$

（2）饱和区：此时发射结和集电结均正向偏置，对于 NPN 型三极管来说，$u_{BE} > 0$，$u_{BC} > 0$。由图可知，工作在饱和区的三极管对于不同 i_B 值的各条特性曲线几乎重叠在一起，十分密集。也就是说，i_C 基本上不随 i_B 变化。此时三极管失去了放大作用，不能再用放

大区的 β 来描述 i_C 与 i_B 间的关系。

在饱和区，三极管的管压降 u_{CE} 很小。三极管饱和时的管压降常用 u_{CES} 表示，其大小与 i_B 及 i_C 无关，对于一般小功率的硅三极管，$u_{CES} < 0.4\text{V}$。一般认为，当 $u_{CE} < u_{BE}$ 时，三极管达到饱和状态；当 $u_{CE} = u_{BE}$（即 $u_{BC} = 0$）时，三极管处于临界饱和（或临界放大）状态。

（3）截止区：此时发射结和集电结均反向偏置，对于 NPN 型三极管来说，$u_{BE} < 0$，$u_{BC} < 0$。由图可知，工作在截止区的三极管各极的电流都近似为零。

实际上，当 $i_B = 0$ 时，i_C 并不等于零，而是有一个比较小的穿透电流 I_{CEO}。可以认为，当发射结反向偏置时，发射区不能再向基区发射电子，则三极管真正处于截止状态，失去了放大作用，同样不能再用放大区的 β 来描述 i_C 与 i_B 间的关系。

6.1.4 三极管的主要参数

三极管的参数可用来表征管子性能的优劣和适用范围，是合理选择和正确使用三极管的重要依据。下面介绍一些最常见的参数。

1. 直流电流放大系数

（1）共射极直流电流放大系数 $\bar{\beta}$

$$\bar{\beta} = (I_C - I_{CEO})/I_B$$

当 $I_C \gg I_{CEO}$ 时，$\bar{\beta} \approx I_C / I_B$。

（2）共基极直流电流放大系数 $\bar{\alpha}$

$$\bar{\alpha} = (I_C - I_{CEO})/I_E$$

当 $I_C \gg I_{CBO}$ 时，$\bar{\alpha} \approx I_C / I_E$。

2. 交流电流放大系数

（1）共射极交流电流放大系数 β

$$\beta = \left.\frac{\Delta i_C}{\Delta i_B}\right|_{u_{CE}=常数}$$

选用管子时，β 应适中，太小放大能力不强，太大稳定性差。显然，β 与 $\bar{\beta}$ 的含义不同，$\bar{\beta}$ 反映静态（直流工作状态）时的电流放大特性，β 反映动态（交流工作状态）时的电流放大特性。但在近似计算中，可以认为 $\bar{\beta} \approx \beta$。同时，严格说来，$\bar{\beta}$ 和 β 都不恒定，仅在 i_C 的一定范围内，可近似认为是常数。

（2）共基极交流电流放大系数 α

$$\alpha = \left.\frac{\Delta i_C}{\Delta i_E}\right|_{u_{CB}=常数}$$

同样，$\bar{\alpha}$ 和 α 含义不同，在近似计算中，$\alpha \approx \bar{\alpha}$。

3. 极间反向电流

I_{CBO} 是发射极开路时，集电结的反向饱和电流。I_{CEO} 是基极开路时，集电极和发射极间的穿透电流，$I_{CEO} = (1+\bar{\beta})I_{CBO}$。对三极管而言，反向电流越小，性能越稳定。所以在选用管子时，I_{CBO} 与 I_{CEO} 应尽量小。

4. 极限参数

（1）$U_{(BR)EBO}$：是指集电极开路时，发射极-基极间反向击穿电压。这是发射结所允许的最大反向电压，超过这一参数，管子的发射结有可能被击穿。

（2）$U_{(BR)CBO}$：是指发射极开路，集电极-基极间的反向击穿电压。这是集电结所允许的最大反向电压，超过这一参数，管子的集电结有可能被击穿。

（3）$U_{(BR)CEO}$：是指基极开路时，集电极-发射极间的反向击穿电压。这个电压大小与穿透电流 I_{CEO} 直接联系，当 U_{CE} 增加，使得 I_{CEO} 明显增加时，导致集电结出现雪崩击穿。

（4）集电极最大允许电流 I_{CM}：当集电极电流过大时，三极管的 β 值就会减小。当 $i_C = I_{CM}$ 时，管子的 β 值可下降到额定值的三分之二，导致放大能力减弱。

（5）集电极最大允许耗散功率 P_{CM}：当三极管工作时，管子两端的管压降为 U_{CE}，集电极流过的电流为 I_C，因此损耗功率为 $P_C = I_C U_{CE}$。集电极的功率损耗将电能转化为热能，使得管子的温度上升。如果温度过高，可使得管子的性能恶化甚至烧毁。所以集电极的损耗必须在一定范围内。

此外，由于半导体的载流子浓度受温度的影响，因而三极管的参数也会受温度的影响。这将严重影响三极管电路的热稳定性。通常三极管的如下参数受温度影响比较明显。

① 温度对 U_{BE} 的影响：输入特性曲线随温度升高向左移动。即 I_B 不变时，U_{BE} 将下降，其变化规律是温度每升高 1℃，U_{BE} 减小 2～2.5mV。

② 温度对 I_{CBO} 的影响：I_{CBO} 是由少数载流子形成的。当温度上升时，少数载流子增加，故 I_{CBO} 也上升。其变化规律是，温度每上升 10℃，I_{CBO} 约上升 1 倍。I_{CEO} 随温度的变化规律大致与 I_{CBO} 相同。在输出特性曲线上，温度上升，曲线上移。

③ 温度对 β 的影响：β 随温度的升高而增大，变化的规律是：温度每升高 1℃，β 值增大 0.5%～1%。在输出特性曲线上，曲线间的距离随温度升高而增大。

综上所述，温度对 U_{BE}、I_{CBO}、β 的影响，均使 I_C 随温度上升而增加，这将严重影响三极管的工作状态。

思考与练习

6.1-1 三极管工作在放大区的条件是什么？

6.1-2 测得某些电路中的三极管各极的电位如图 6.1-6 所示，试判断三极管分别工作在截止区、放大区还是饱和区？

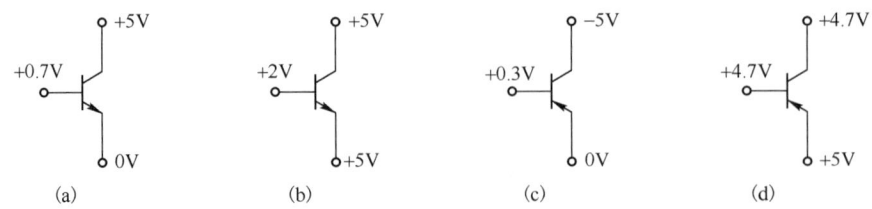

图 6.1-6 题 6.1-2 的电路

6.1-3 已知某三极管的 $I_{CQ} = 1.02\text{mA}$，$I_{EQ} = 1.05\text{mA}$，I_{CEO} 可以忽略。试估算该三极管的 $\bar{\alpha}$ 和 $\bar{\beta}$ 值。

6.2 基本放大电路的概念及参数

放大的现象存在于各种场合。例如：利用放大镜放大微小物体，这是光学中的放大；利用杠杆原理，用小力移动物体，这是力学中的放大；利用变压器将低电压变换为高电压，这是电学中的放大。研究它们的共同点，一是将"原物"形状或大小按一定比例放大了；二是放大前后能量守恒。放大电路也叫放大器，是模拟电路中应用最广泛的电路。图 6.2-1 所示为声音放大电路模型。

如图 6.2-1 所示，利用扩音机放大声音，是电子学中的放大。话筒将微弱的声音转换成电信号，经放大电路放大成足够强的电信号，驱动扬声器，使其发出比原来强得多的声音，扬声器所获得的能量（输出功率）远大于话筒送出的能量（输入功率）。

放大电路放大的本质是能量的控制和转换，即在输入信号作用下，通过放大电路将直流电源的能量转换成负载所获得的能量，使负载从电源获得的能量大于信号源所提供的能量。因此，放大电路的作用是把微弱的电信号不失真地放大到负载（如扬声器、显示仪表等）所需的数值。

放大器一般为四端网络，而三极管只有三个电极，所以组成放大电路时，要有一个电极作为输入与输出信号的公共端。根据所选公共端电极的不同，有以下三种连接方式：共基极、共发射极（简称共射极）、共集电极（简称共集极）。三种接法可称为三种组态，如图 6.2-2 所示。

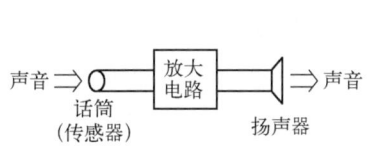

图 6.2-1 声音放大电路模型

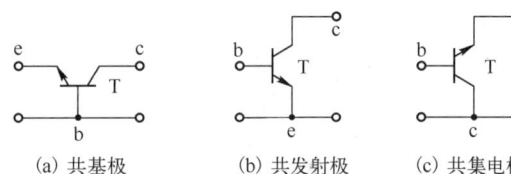

(a) 共基极　　(b) 共发射极　　(c) 共集电极

图 6.2-2 三极管的三种连接方式

无论何种连接方式，要使 BJT 有放大作用，都必须保证发射结正偏、集电结反偏，而其内部载流子的传输过程相同。

放大电路的技术指标用于定量描述电路的有关技术性能。测试时常在放大电路的输入端加上一个正弦测试电压，然后测试电路中的其他有关量。图 6.2-3 所示为放大电路的示意图。

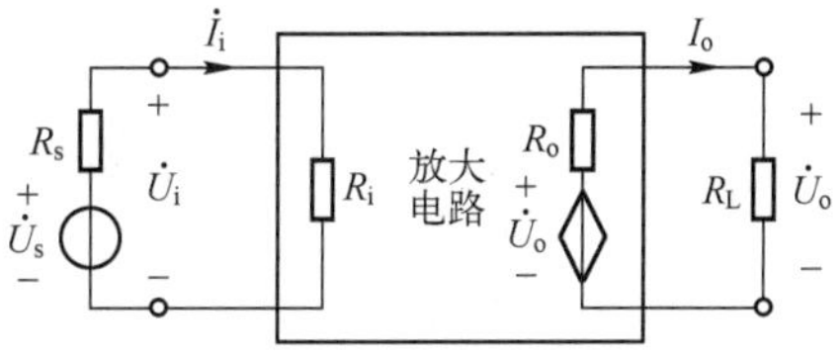

放大电路的主要技术指标简要介绍如下。

图 6.2-3 放大电路示意图

（1）放大倍数

放大倍数是衡量放大电路放大能力的重要指标。主要分为以下四种。

① 电压放大倍数：输出电压的变化量和输入电压的变化量之比，又称为电压增益，无量纲。考虑电压增益的电路称为电压放大电路。当输入一个正弦测试电压时，可用输出电压和输入电压的正弦相量比值来表示，即 $\dot{A}_U = \dot{U}_o / \dot{U}_i$。

② 电流放大倍数：输出电流的变化量和输入电流的变化量之比，又称为电流增益，无量纲。考虑电流增益的电路称为电流放大电路。当然，也可以用输出电流和输入电流的正弦相量比值表示，即 $\dot{A}_I = \dot{I}_o / \dot{I}_i$。

③ 互阻放大倍数：又称为互阻增益，具有电阻的量纲（Ω），这是一种广义的增益，不同于前述的电压增益和电流增益。这种电路称为互阻放大电路。用输出电压和输入电流的正弦相量比值表示，即 $A_r = \dot{U}_o / \dot{I}_i$。

④ 互导放大倍数：又称为互导增益，具有电导的量纲（S）。这种电路称为互导放大电路。用输出电流和输入电压的正弦相量比值表示，即 $A_g = \dot{I}_o / \dot{U}_i$。

功率放大倍数：输出功率与输入功率的比值，即 $A_p = P_o / P_i$。

综上所述，根据实际的输入信号和输出信号是电压或电流，放大电路可分为四种类型：电压放大、电流放大、互阻放大和互导放大。四种电路只是考虑问题的侧重点不同，没有本质区别。同一个放大电路可分别做四种不同的类型来考虑，并且不同类型的电路之间可以相互转换。

一般来说，电压放大电路应用最为普遍，所以本书重点讨论电压放大电路。

（2）输入电阻

从放大电路输入端看进去的等效电阻称为放大电路的输入电阻 R_i，它是描述放大电路从信号源索取电流的大小或者衡量信号源负载大小的一项指标。从图 6.2-3 所示放大电路的输入端看，等效为一个纯电阻 R_i，输入电阻 R_i 的大小等于外加正弦电压与相应的输入电流之比，即 $R_i = \dot{U}_i / \dot{I}_i$。

R_i 越大，放大电路从信号源索取的电流越小，放大电路所得到的输入电压 $\dot{U}_i$ 越接近信号源电压 $\dot{U}_s$；换言之，信号源内阻上压降越小，信号电压损失越小。

（3）输出电阻

这是描述放大电路带负载能力的一项技术指标。当信号电压加在放大电路的输入端时，如果改变接到输出端负载的大小，输出电压 $\dot{U}_o$ 也要随着改变。这种情况相当于从输出端看进去有一个具有内阻 R_o 的电源一样，如图 6.2-3 所示。把电阻 R_o 称为输出电阻，可以通过下面方法求得：将输入端信号短路（即 $\dot{U}_s = 0$，但保留 R_s），输出端负载开路（即 R_L 为无穷大）时，外加一个正弦输出电压 $\dot{U}_o$，得到相应的输出电流 $\dot{I}_o$，两者之比即为输出电阻 R_o，即 $R_o = \dfrac{\dot{U}_o}{\dot{I}_o}\bigg|_{\substack{\dot{U}_s=0 \\ R_L=\infty}}$。

如图 6.2-3 所示。$\dot{U}_o'$ 为空载时电压有效值，$\dot{U}_o$ 为带负载后输出电压的有效值，因此

$$\dot{U}_o = \frac{R_L}{R_o + R_L}\dot{U}_o'$$

输出电阻为

$$R_o = \left(\frac{\dot{U}_o'}{\dot{U}_o} - 1\right) R_L$$

R_o 描述放大电路带负载的能力。通常希望放大电路的 R_o 越小越好。R_o 越小，说明放大电路带负载能力越强。

（4）最大不失真输出电压

它是指在输出波形不失真的情况下，放大电路可提供给负载的最大输出电压，一般用有效值 U_{om} 表示。

（5）最大输出功率和效率

最大输出功率是指在输出信号不失真的情况下，负载上能获得的最大功率，记为 P_{om}。

在放大电路中,输入信号的功率通常较小,经放大电路放大器件的控制作用将直流电源的功率转换为交流功率,使负载上得到较大的输出功率。通常将最大输出功率 P_{om} 与直流电源消耗的功率 P_U 之比称为效率 η,即 $\eta = P_{om}/P_U$。

(6)通频带

它衡量放大电路对不同频率信号的适应能力,如图 6.2-4 所示。

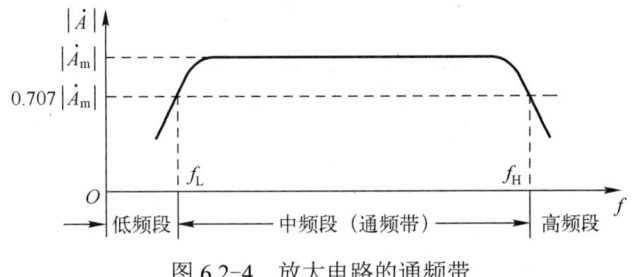

图 6.2-4 放大电路的通频带

一般情况下,放大电路对某一频率范围内信号的放大倍数基本保持不变,称之为中频放大倍数 $\dot{A}_m$。由于放大电路中存在电容、电感及半导体器件的结电容,在输入信号频率较高或较低时,放大倍数会下降并产生相移。在信号频率下降到一定程度时,放大倍数明显下降;当放大倍数下降到 $0.707|\dot{A}_m|$ 时的频率称为下限截止频率 f_L。在信号频率上升到一定程度时,放大倍数也明显下降;当放大倍数下降到 $0.707|\dot{A}_m|$ 时的频率称为上限截止频率 f_H。信号频率 f 处于 f_L 与 f_H 之间形成的频带称为中频带,也称为放大电路的通频带,用符号 BW 表示,此时 BW = $f_H - f_L$。因此,图 6.2-4 也称为放大电路的放大倍数与信号频率的关系曲线,即幅频特性曲线。显然,通频带越宽,放大电路对信号频率的变化具有更强的适应能力。

思考与练习

6.2-1 三极管组成放大电路时,有哪三种接法?

6.2-2 三极管放大电路的电压放大倍数、电流放大倍数的区别是什么?

6.2-3 三极管放大电路的输入电阻和输出电阻的区别是什么?

6.3 放大电路的工作原理

课程思政融入点:结合不同基本放大电路的特点,选用不同的设计方案,可使设计的电路实现的性能不一样。使学生认识到放大电路的设计过程就是在众多方案中折中的过程,应该根据实际需要进行优化设计,选择最优方案,从而培养学生精益求精、勇于创新、一丝不苟、追求卓越的工匠精神。

实际中常常需要把一些微弱信号,放大到便于测量和利用的程度。例如,从收音机天线接收到的无线电信号或者从传感器得到的信号,有时只有微伏或毫伏的数量级,必须经过放大才能驱动扬声器或者进行观察、记录和控制。

所谓放大,表面上是将信号的幅度由小增大,但是,放大的实质是能量的转换,即由一个较小的输入信号控制直流电源,使之转换成交流能量输出,驱动负载。

在放大电路中,为了分析方便,一般把公共端接"地",设其电位为零,作为电路中其他各点电位的参考点。同时规定:电压的正方向是以共同地端为负端,其他各点为正端。图中所标出的"+""-"号分别表示各电压的参考方向；而电流的参考方向如图中的箭头所示，即 i_c、i_b 以流入电极为正，i_e 则以流出电极为正。此外，图中表示电压、电流的各符号的含义如下：

U_{BE}、I_B——（大写符号，大写下标）表示静态值。

u_{be}、i_b——（小写符号，小写下标）表示交流分量瞬时值。

u_{BE}、i_B——（小写符号，大写下标）表示总电压（总电流）瞬时值，即交直流量之和。

U_{be}、I_b——（大写符号，小写下标）表示交流分量有效值。

除非特别说明，本书电压和电流的符号均表示此含义。

6.3.1 基本结构

为了构成放大电路，一般遵循以下原则：

（1）为保证三极管工作在放大区，发射结必须正向偏置，集电结必须反向偏置。

（2）电路中应保证输入信号能加至三极管的发射结，以控制三极管的电流。同时，也要保证放大了的信号从电路中输出。

图 6.3-1 是共射极基本放大电路的原理图。该电路中发射极是输入回路与输出回路的共同端，所以称为共射极基本放大电路。

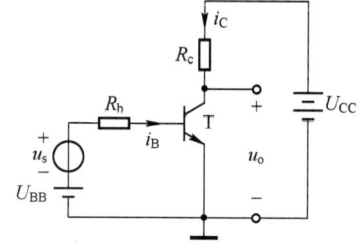

图 6.3-1 共射极基本放大电路的原理图

在图 6.3-1 中，放大电路中三极管是核心元件。直流电源 U_{BB} 通过基极电阻 R_b 给三极管发射结提供正向偏置电压，并产生基极直流电流 I_B。直流电源 U_{CC} 通过集电极电阻 R_c，并与 U_{BB} 和 R_b 配合，给集电结提供反向偏置电压，使得三极管工作在放大状态。u_s 是待放大的时变输入信号，加在基极与发射极间的输入回路中，输出信号从集电极–发射极间输出。此外，电阻 R_c 还可将集电极电流的变化转换为电压的变化，再送到放大电路的输出端。

6.3.2 放大原理

以图 6.3-1 中的共射极基本放大电路为例，说明其放大原理。

如果图 6.3-1 中的时变信号 u_s 为正弦信号，那么放大电路中的电压或电流既含有直流成分，又含有交流成分，称为交、直流共存。交流信号叠加在直流量上。分析计算时，常将直流和交流分开进行，即分析直流时，可将交流电源置零，分析交流时可将直流电源置零，总的影响是两个单独影响的叠加。放大原理分析如下。

（1）当输入正弦信号 u_s 后，电路将处于动态工作情况。此时，三极管各极电流及电压都将在静态值的基础上随输入信号做相应的变化。此时，基极–发射极间的电压 $u_{BE} = U_{BEQ} + u_{be}$，$u_{be}$ 是 u_s 在发射结上产生的交流电压。

（2）当 u_{be} 的幅值小于 U_{BEQ}，且使发射结上所加正向电压仍然大于 U_{th} 时，u_{BE} 随 u_s 的变化必然导致受其控制的基极电流 i_B、集电极电流 i_C 产生相应变化，即 $i_B = I_{BQ} + i_b$，$i_C = I_{CQ} + i_c$，其中 $i_c = \beta i_b$ 是交流电流。

（3）同时，集电极–发射极间的电压 u_{CE} 也将发生变化，$u_{CE} = U_{CC} - i_C R_c = U_{CEQ} + u_{ce}$。

此时，在 u_s 的正半周，u_{BE}、i_B、i_C 都将在静态值的基础上增加，电阻 R_c 上的电压降也在增加，使得 u_{CE} 在静态 U_{CEQ} 的基础上减小；在 u_s 的负半周，情况则相反，u_{ce} 与 u_s 是相反的。

将 u_{ce} 用适当的方式取出来，作为该放大电路的输出电压。

只要选择合适的电路参数，就可以使输出电压的幅度比输入电压的幅度大得多，实现电压放大作用。

图 6.3-1 所示的共射极基本放大电路只是一个原理性电路，还存在信号源与放大电路相互影响、放大电路与负载相互影响等问题。因此，若将此放大电路付诸实际应用还需对其进行改进。图 6.3-2 所示是改进后的共射极基本放大电路。

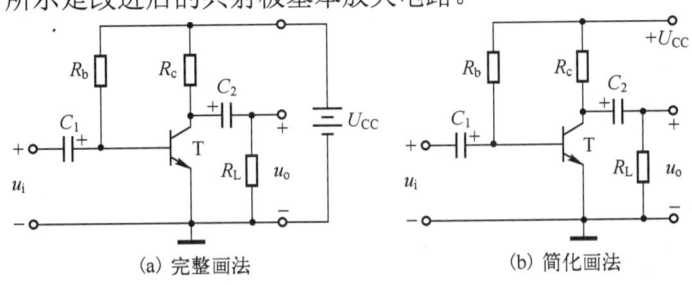

图 6.3-2 改进后的共射极基本放大电路

图 6.3-2 中，耦合电容 C_1、C_2 的作用是隔离放大电路对信号源和负载的直流影响，也是沟通信号源、放大电路、负载之间的信号传递通道，C_1 保证信号加到发射结，不影响发射结偏置，C_2 保证信号输送到负载，不影响集电结偏置；负载电阻 R_L 将变化的集电极电流转换为电压输出；偏置电压 U_{CC}、电阻 R_b 使三极管工作在线性区。

在图 6.3-2 所示放大电路中，存在两种工作状态：静态，即当输入信号为零时电路的工作状态，此时放大电路只有直流分量，称为直流工作状态；动态，即有输入信号时电路的工作状态，此时放大电路中的信号为交流信号，称为交流工作状态。静态时的直流电压、电流值，将在管子的特性曲线上确定一点，该点称为静态工作点。

在图 6.3-1 中，如果直流电压和电流为零，即 $U_{BB}=0$，当输入电压 u_s 的幅值小于发射极的门坎电压 U_{th}（硅三极管 0.5V、锗三极管 0.1V）时，则在输入信号的整个周期内三极管始终是截止的，因而输出电压没有变化量。即使输入电压的幅值足够大，三极管也只能在输入信号正半周大于 U_{th} 的时间内导通，这必然使输出电压出现严重失真。因此，必须要给放大电路设置合适的静态工作点，以保证输出信号不失真。

由于放大电路的作用是将微弱的输入信号进行不失真的放大，因此在放大电路中设置静态工作点是必不可少的。静态工作点的求解方法将在后面章节介绍。

思考与练习

6.3-1 构成三极管放大电路的基本原则是什么？

6.3-2 电路如图 6.3-3 所示，各硅三极管的 β 均为 50，$U_{BE}=0.7\text{V}$，分别估算各电路中三极管的 i_C 和 U_{CE}，并判断它们各自工作在哪个区（截止区、放大区、饱和区）？

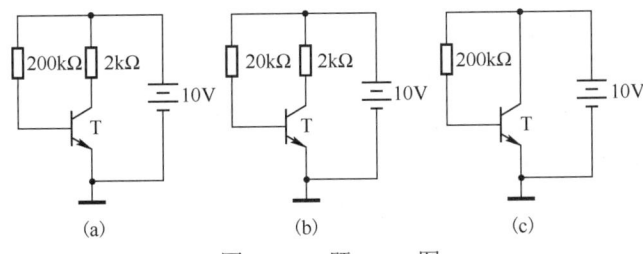

图 6.3-3 题 6.3-2 图

6.4 放大电路的分析方法

在学习了三极管放大电路的工作原理之后,就需要进一步分析放大电路的工作情况。放大电路中各点的电压或电流都是在静态直流上附加了小的交流信号。但是,电容对交、直流的作用不同。如果电容容量足够大,可以认为它对交流不起作用,即对交流短路。而对直流可以看成开路。这样,交、直流所走的通道是不同的。这样就有了直流通路(只考虑直流信号的分电路)和交流通路(只考虑交流信号的分电路)。不同的信号可以分别在不同的通道进行分析。为简化分析,将它们分别作用于电路中。

(1)直流通路:电容视为开路;电感视为短路;信号源为电压源视为短路,为电流源视为开路,但电源内阻保留。

(2)交流通路:容量大的电容视为短路;无内阻的直流电源视为短路。由于理想直流电源的内阻为零,交流电流在直流电源上产生的压降为零(直流电源对交流通路而言视为短路)。

根据上述定义,图 6.3-2(b)的直流通路和交流通路如图 6.4-1 所示。

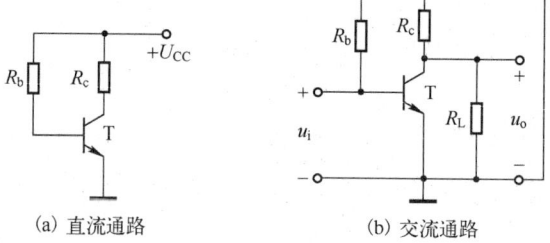

(a) 直流通路   (b) 交流通路

图 6.4-1 共射极基本放大电路的直流和交流通路

根据放大电路的直流通路和交流通路,即可分别进行静态分析和动态分析。分析时,可以采用图解分析法和微变等效电路分析法,也可以采用一些简单实用的近似估算法。下面首先介绍放大电路的静态工作点的近似估算。

6.4.1 静态工作点的近似估算

如图 6.4-1(a)所示,当外加输入信号为零时,在直流电源 U_{CC} 的作用下,三极管的基极和集电极回路均存在着直流电流和直流电压,这些直流量在三极管的输入、输出特性曲线上各自对应一个点,此点即为所求的静态工作点 Q。Q 处的基极电流、基极-发射极之间的电压、集电极电流和集电极-发射极之间的电压分别用符号 I_{BQ}、U_{BEQ}、I_{CQ} 和 U_{CEQ} 表示。利用近似估算法可求得放大电路的直流通路中的静态工作点,具体步骤为:

(1)画出放大电路的直流通路,标出各支路的电流。
(2)由基极-发射极回路求 I_{BQ},可得

$$I_{BQ} = \frac{U_{CC} - U_{BEQ}}{R_b}$$

式中,U_{BEQ} 常被认为是已知量,硅三极管约为 0.6~0.7V,锗三极管约为 0.2~0.3V,通常取硅三极管 0.7V,锗三极管 0.2V。

(3)由三极管的电流分配关系求得

$$I_{CQ} = \beta I_{BQ} + I_{CEQ} \approx \beta I_{BQ}$$

(4)由集电极-发射极回路求 U_{CEQ},即

$$U_{CEQ} = U_{CC} - I_{CQ} R_c$$

6.4.2 图解分析法

图解分析法是利用三极管的伏安特性曲线及管外电路的特性，通过作图的方法对放大电路进行静态及动态分析。现以共射极基本放大电路为例，对图解分析法加以讨论。

1. 静态分析

图解法静态分析的目的就是确定静态工作点，求出三极管各极的直流电压和直流电流，分析对象是直流通路，分析的关键是作直流负载线。因此，静态工作点既在输入、输出特性曲线上，又在电路直流通路的输入回路、输出回路上。将图 6.3-1 所示电路改变形式，并用虚线把电路分成三部分：三极管、输入端管外电路、输出端管外电路，如图 6.4-2 所示。

分析步骤如下。

第 1 步，分析输入回路。在输入特性曲线上画出直流通路输入回路方程所确定的直线，即输入回路负载线，二者的交点即为 Q，读出 I_{BQ} 和 U_{BEQ}；静态时，令图中 $u_s=0$ 即得该电路的直流通路。

在输入回路中，静态工作点（I_{BQ}、U_{BEQ}）既应在三极管的输入特性曲线上，又应满足外电路的回路方程 $u_{BE}=U_{BB}-i_B R_b$，显然，由此回路方程可作出一条斜率为 $-1/R_b$ 的直线，称其为输入直流负载线。因此，可在三极管的输入特性曲线图上画出这条输入直流负载线，即在横坐标轴上取一点（$U_{BB},0$），在纵坐标轴上取一点（$0,U_{BB}/R_b$），并连接这两点成直线，如图 6.4-3 所示。

图 6.4-3 中直流负载线与输入特性曲线的交点就是所求的静态工作点 Q，其横坐标值为 U_{BEQ}，纵坐标值为 I_{BQ}。

第 2 步，分析输出回路。在输出特性曲线上画出直流通路输出回路方程所确定的直线，即输出回路负载线；输出回路负载线与 I_{BQ} 那条曲线的交点即为静态工作点在输出特性曲线上的位置，读出 I_{CQ} 和 U_{CEQ}。

在输出回路中，静态工作点既应在 $i_B=I_{BQ}$ 的那条输出特性曲线上，又应满足外电路回路方程 $u_{CE}=U_{CC}-i_C R_c$ 所对应的直线，即输出电流负载线，斜率为 $-1/R_c$。在三极管的输出特性曲线图上画出这条直线，即连接横轴上的点（U_{CC},0）和纵轴上的点（0,U_{CC}/R_c）成直线，如图 6.4-4 所示。

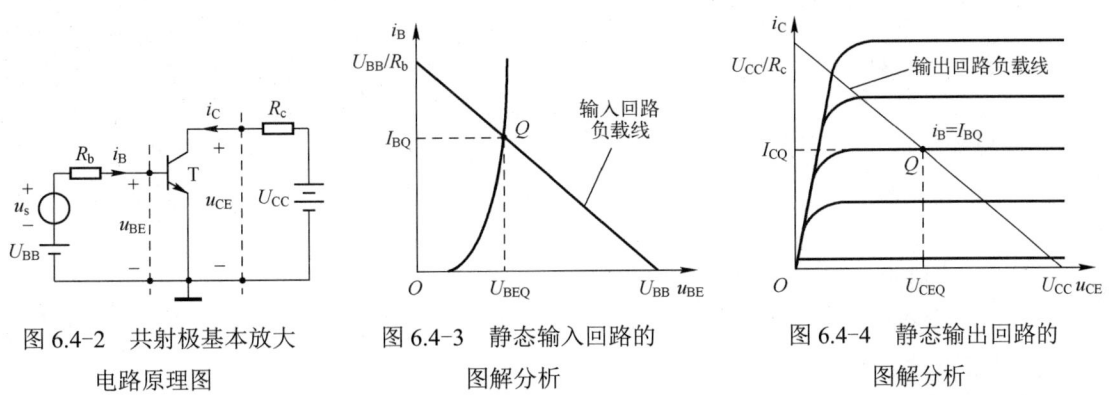

图 6.4-2 共射极基本放大电路原理图　　图 6.4-3 静态输入回路的图解分析　　图 6.4-4 静态输出回路的图解分析

图 6.4-4 中的负载线与曲线 $i_C=f(u_{CE})|_{i_B=I_{BQ}}$ 的交点就是所求的静态工作点 Q，其横坐标

值为 U_{CEQ}，纵坐标值为 I_{CQ}。

2．动态分析

利用图解法进行动态分析的目的是观察放大电路的工作情况，研究放大电路的非线性失真并求解最大不失真输出电压幅值。动态分析的对象是交流通路，分析的关键是做交流负载线。图解法动态分析是在静态分析的基础上进行的，分析步骤如下。

第 1 步，根据 u_s 的波形，在三极管的输入特性曲线图上画出 u_{BE}-i_B 的波形。

设图 6.4-2 中的输入信号 $u_s = U_{sm}\sin\omega t$。在 U_{BB} 及 u_s 共同作用下，输入回路方程变为 $u_{BE} = U_{BB} + u_s - i_B R_b$，相应的输入负载线是一组斜率为 $-1/R_b$，且随 u_s 变化而平行移动的直线。图 6.4-5 中虚线①、②是 $u_s = \pm U_{sm}$ 时的输入负载线。根据它们与输入特性曲线的相交点的移动，便可画出 u_{BE}-i_B 的波形。

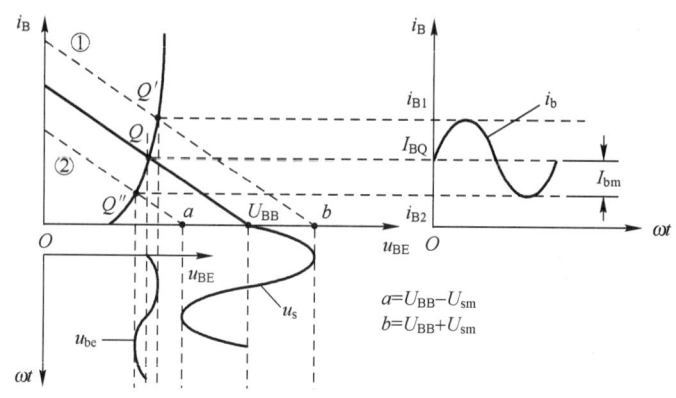

图 6.4-5 动态输入回路的图解分析

此时，加上输入信号 u_s 后，在静态工作点的基础上基极电流 i_B 将随着 u_s 的变化规律，在 i_{B1} 和 i_{B2} 之间变化。

第 2 步，根据 i_B 的变化范围在输出特性曲线图上画出 u_{CE}-i_C 的波形。

加上输入信号 u_s 后，输出回路的方程仍为 $u_{CE} = U_{CC} - i_C R_c$，即输出负载线不变。因此，由 i_B 的变化范围及输出负载线可共同确定 i_C 和 u_{CE} 的变化范围，即在 Q' 和 Q'' 之间，由此便可画出 i_C 及 u_{CE} 的波形，如图 6.4-6 所示。

此时，u_{CE} 中的交流量 u_{ce} 就是输出电压 u_o，它与 u_s 是同频率的正弦波，但二者的相位相反，这是共射极基本放大电路的一个重要特点。

在图 6.4-2 所示电路中，当电路带上负载 R_L 时，输出电压是集电极动态电流 i_c 在集电极电阻 R_c 和负载电阻 R_L 并联总电阻（$R_c // R_L$）上所产生的电压。因此，直流通路所确定的负载线 $u_{CE} = U_{CC} - i_C R_c$，称为直流负载线，而动态信号所遵循的负载线称为交流负载线。直流负载线和交流负载线如图 6.4-7 所示。

由图 6.4-7 可见，交流负载线应具备以下两个特征：

（1）由于输入电压 $u_i = 0$ 时，三极管的集电极电流应为 I_{CQ}，管压降应为 U_{CEQ}，所以它必须过静态工作点；

（2）由于集电极动态电流 i_c 仅取决于基极的动态电流 i_b，而管压降 $u_{ce} = i_c(R_c // R_L)$，所以它的斜率为 $-1/(R_c // R_L)$。

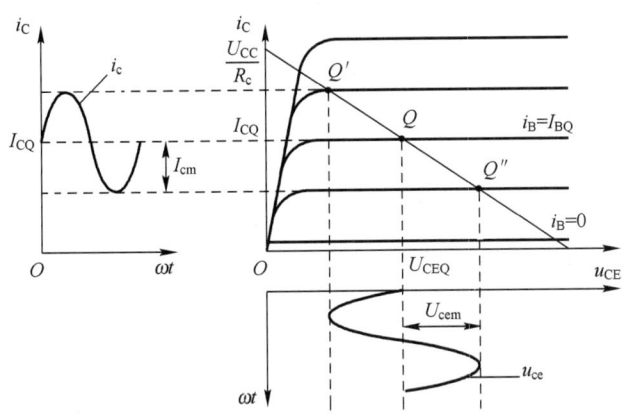
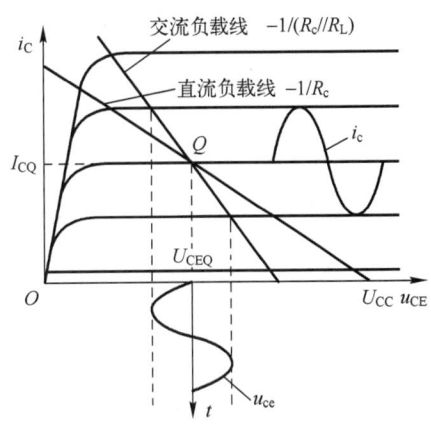

图 6.4-6 动态输出回路的图解分析　　　　图 6.4-7 直流负载线和交流负载线

根据以上特征,只要过静态工作点画一条斜率为 $-1/(R_c // R_L)$ 的直线就是交流负载线。

6.4.3 微变等效电路分析法

图解法作为分析放大电路的最基本的方法之一,虽然便于观察、直观、形象,有助于建立和理解交、直流共存,静态和动态等重要概念,有助于理解正确选择电路参数、合理设置静态工作点的重要性,能全面地分析放大电路的静态、动态工作情况。但是也存在一些问题,如不能分析信号幅值太小或工作频率较高时的电路工作状态,也不能用来分析放大电路的输入电阻、输出电阻等动态性能指标。因此,下面介绍放大电路的另一种基本分析方法——微变等效电路分析法。

1. 三极管的微变等效电路

三极管特性的非线性使其放大电路的分析变得复杂,不能直接采用线性电路原理来分析计算。如同在二极管分析中,给二极管建立线性模型一样,也可以给三极管建立线性模型。

在输入信号电压幅值比较小的条件下,可以把三极管在静态工作点附近小范围内的特性曲线近似的用直线代替,这时可把三极管用小信号线性模型代替,从而将由三极管组成的放大电路当成线性电路来处理,这就是小信号模型分析法。在交流小信号输入的前提下,三极管的线性化使放大电路线性化,可以方便地利用电路理论来分析电路的交流性能,这即是小信号模型分析法的基本思路。三极管共射极接法线性化原理如图 6.4-8 所示。

令三极管采用共射极接法,同时输入低频小信号,在此条件下将三极管看成一个二端口网络,输入回路、输出回路各为一个端口,如图 6.4-9 所示,然后用网络的 h 参数来描述该二端口网络的输入、输出关系,由此得到的电路模型称为 h 参数等效模型,因其只适用于小信号情况下的交流分析,所以也称为交流小信号模型或微变等效模型。

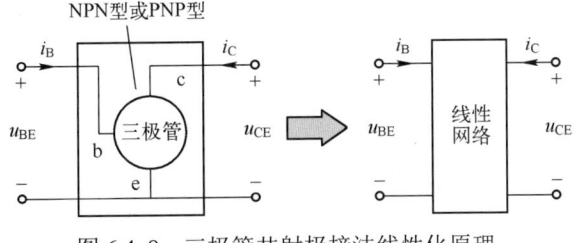
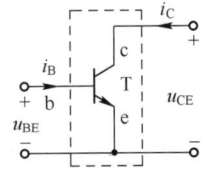

图 6.4-8 三极管共射极接法线性化原理　　　　图 6.4-9 三极管二端口网络

在二端口网络中,分别以 u_{BE}、i_B 和 u_{CE}、i_C 表示输入端口和输出端口的电压和电流。如果以 u_{CE}、i_B 作为自变量,以 i_C、u_{BE} 作为因变量,由三极管的输入、输出特性曲线可以写出如下两个方程

$$\begin{cases} u_{BE} = f(i_B, u_{CE}) \\ i_C = f(i_B, u_{CE}) \end{cases}$$

上式中的 u_{BE}、i_B、u_{CE}、i_C 是电路中交、直流的瞬时总量,而 h 参数小信号模型,是三极管输入低频小信号情况下工作状态的模型,所以要考虑的是电压、电流的微变关系。因此要对上式取全微分,即

$$\begin{cases} du_{BE} = \dfrac{\partial u_{BE}}{\partial i_B}\bigg|_{U_{CEQ}} \cdot di_B + \dfrac{\partial u_{BE}}{\partial u_{CE}}\bigg|_{I_{BQ}} \cdot du_{CE} \\ di_C = \dfrac{\partial i_C}{\partial i_B}\bigg|_{U_{CEQ}} \cdot di_B + \dfrac{\partial i_C}{\partial u_{CE}}\bigg|_{I_{BQ}} \cdot du_{CE} \end{cases} \quad (6.4\text{-}1)$$

式中,u_{CE}=常数,所以 du_{CE}=0,即输出端只有直流电压输出,没有交流电压输出,相当于输出端交流短路;i_B=常数,所以 di_B=0,即输入端只有直流电流输入,没有交流电流输入,相当于输入端交流开路。此时只有直流电压和电流,所以是在静态工作点附近的情况。由于 du_{BE} 是 u_{BE} 中的交流分量(变化量),用 u_{be} 表示;同理,di_B、du_{CE}、di_C 可分别用 i_b、u_{ce}、i_c 表示。则式(6.4-1)可化简为

$$\begin{cases} u_{be} = h_{ie}i_b + h_{re}u_{ce} \\ i_c = h_{fe}i_b + h_{oe}u_{ce} \end{cases} \quad (6.4\text{-}2)$$

上式的物理意义如图 6.4-10 所示。

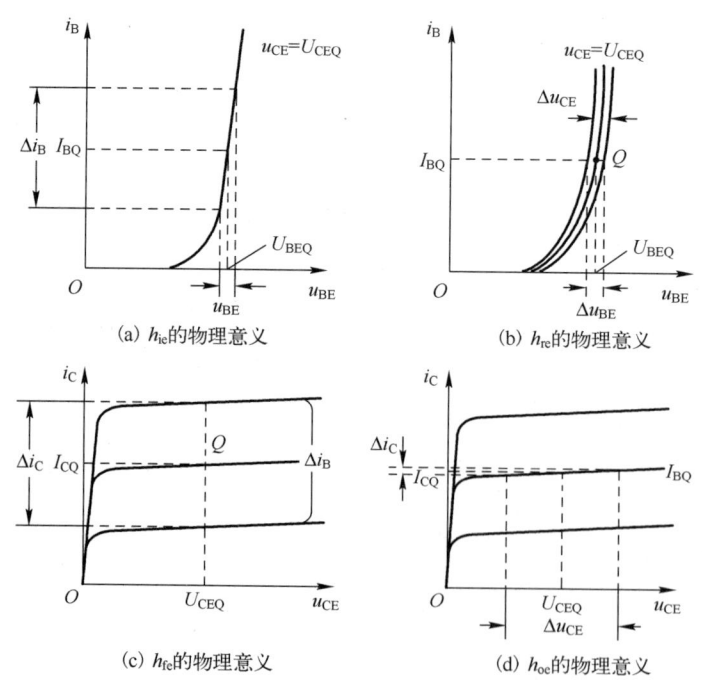

图 6.4-10 h 参数的物理意义

其中,4 个参数的定义如下。

$$h_{ie} = \left.\frac{\partial u_{BE}}{\partial i_B}\right|_{U_{CEQ}} = \left.\frac{\Delta u_{BE}}{\Delta i_B}\right|_{U_{CEQ}} = r_{be}(\Omega), \text{记为输出端交流短路时的输入电阻;}$$

$$h_{fe} = \left.\frac{\partial i_C}{\partial i_B}\right|_{U_{CEQ}} \approx \left.\frac{\Delta i_C}{\Delta i_B}\right|_{U_{CEQ}} = \beta(\text{无量纲}), \text{记为输出端交流短路时的正向电流传输比或电流}$$

放大系数;

$$h_{re} = \left.\frac{\partial u_{BE}}{\partial u_{CE}}\right|_{I_{BQ}} \approx \left.\frac{\Delta u_{BE}}{\Delta u_{CE}}\right|_{I_{BQ}} = \mu_r(\text{无量纲}), \text{记为输入端交流开路时的反向电压传输比;}$$

$$h_{oe} = \left.\frac{\partial i_C}{\partial u_{CE}}\right|_{I_{BQ}} \approx \left.\frac{\Delta i_C}{\Delta u_{CE}}\right|_{I_{BQ}} = \frac{1}{r_{ce}}(S), \text{记为输入端交流开路时的输出电导。}$$

由于 h_{ie}、h_{re}、h_{fe}、h_{oe} 的量纲各不相同,因此由它们构成的交流等效模型称为 h 参数(即混合参数)模型。由此可以画出三极管 h 参数小信号模型,如图 6.4-11 所示。

根据上述分析,可将式(6.4-2)改写成

$$\begin{cases} u_{be} = r_{be}i_b + \mu_r u_{ce} \\ i_c = \beta i_b + \dfrac{1}{r_{ce}} u_{ce} \end{cases} \quad (6.4\text{-}3)$$

图 6.4-11 中参数 r_{be}、μ_r、β、r_{ce} 可以由三极管特性仪测得。

三极管在共射极连接时,h 参数小信号模型中各参数的数量级一般如下。

$h_{ie}=r_{be}$: $1\text{k}\Omega$; $h_{re}=\mu_r$: $10^{-5} \sim 10^{-4}$; $h_{fe}=\beta$: 10^2; $h_{oe}=1/r_{ce}$: 10^{-5}S。

因为 r_{ce} 比较大,可视为开路,μ_r 比较小,$\mu_r u_{ce}$ 可视为短路,因此 h 参数小信号模型的可以简化,如图 6.4-12 所示。

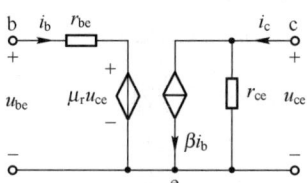 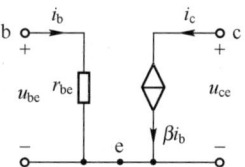

图 6.4-11　h 参数小信号模型　　　　图 6.4-12　h 参数简化模型

当负载电阻 $R_c(R_L)$ 较小,满足 $R_c(R_L)/r_{ce}<0.1$ 的条件时,利用图 6.4-12 的简化模型来分析低频放大电路的主要指标,如电压增益、电流增益、放大电路的输入电阻及输出电阻等,其误差不会超过 10%;在不满足 $r_{ce} \gg R_L$ 或 $r_{ce} \gg R_c$ 时,要考虑 r_{ce} 的影响。

在 h 参数简化模型中,r_{be} 也可以由下面的方法计算得出。

图 6.4-13 所示为三极管结构示意图。三极管 b、e 之间的电阻由三部分组成:基区体电阻 $r_{bb'}$,发射结结电阻 $r_{b'e'}$,发射区体电阻 $r_{e'}$。对于不同类型的三极管,$r_{bb'}$ 的数值有所不同,一般低频小功率三极管约为几百欧;由于发射区高掺杂,因此其体电阻 $r_{e'}$ 较小,约为几欧,与 $r_{b'e'}$ 相比,一般可以忽略。因此,应求出发射结结电阻 $r_{b'e'}$ 的近似估算公式。

由 PN 结的伏安特性关系

$$i_D = I_s(e^{u_D/U_T} - 1)$$

可知

$$i_E \approx I_s e^{u_{BE}/U_T}$$

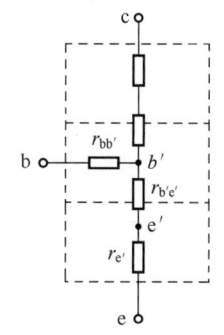

图 6.4-13　三极管结构示意图

式中 I_s 为反向饱和电流，U_T 为温度的电压当量，常温时 $U_T \approx 26\text{mV}$。将上式对 u_{BE} 求导数，可得

$$\frac{1}{r_{b'e'}} = \frac{di_E}{du_{BE}} \approx \frac{I_s}{U_T} e^{u_{BE}/U_T} \approx \frac{i_E}{U_T}$$

在静态工作点 Q 附近一个比较小的变化范围内，可认为 $i_E = I_{EQ}$，则得

$$r_{b'e'} = U_T / I_{EQ} \approx 26\text{mV}/I_{EQ}$$

式中，分子为 26mV，如果分母 I_{EQ} 的单位为 mA，则求得 $r_{b'e'}$ 的单位是 Ω。

可由图 6.4-13 知 $u_{BE} \approx i_B r_{bb'} + i_E r_{b'e'} = i_B r_{bb'} + (1+\beta) i_B \dfrac{26\text{mV}}{I_{EQ}}$

因此可得 r_{be} 的近似估算公式

$$r_{be} = \frac{du_{BE}}{di_B} \approx r_{bb'} + (1+\beta)\frac{26\text{mV}}{I_{EQ}} \tag{6.4-4}$$

一般来说，在利用微变等效电路分析放大电路时，都采用上式来近似估算 r_{be}。对于低频、小功率三极管而言，如果没有特别说明，可以认为式中 $r_{bb'} \approx 200\Omega$。式（6.4-4）只适用于 $0.1\text{mA} < I_{EQ} < 5\text{mA}$，超出此范围，$r_{be}$ 的计算会有比较大的误差。

2．用微变等效电路法分析放大电路

以图 6.4-14 所示的共射极基本放大电路为例，用微变等效电路分析其动态性能指标，具体步骤如下。

（1）利用直流通路求 Q 点。首先将放大电路中的交流电压源对直流信号视为开路，同时若电路中有耦合电容，也把它视为对直流信号开路，画出放大电路的直流通路，并标出各有关电压及电流的方向，如图 6.4-15 所示。

然后列出输入回路方程和输出回路方程，可得

$$U_{CC} = U_{BEQ} + I_{BQ} R_b, \quad U_{CC} = U_{CEQ} + I_{CQ} R_L$$

求解上两式，可得

$$I_{BQ} = \frac{U_{CC} - U_{BEQ}}{R_b}, \quad I_{CQ} = \beta I_{BQ}$$

$$U_{CEQ} = U_{CC} - I_{CQ} R_L, \quad I_{EQ} = I_{BQ} + I_{CQ}$$

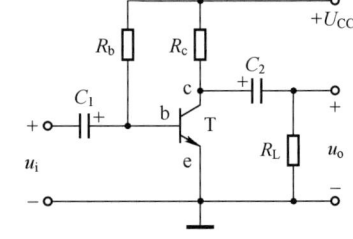

图 6.4-14 共射极基本放大电路

一般硅三极管 $U_{BEQ}=0.7\text{V}$，锗三极管 $U_{BEQ}=0.2\text{V}$，β 已知。

（2）画放大电路的微变等效电路。首先将放大电路中的直流电压源对交流信号视为短路，同时若电路中有耦合电容，也把它视为对交流信号短路，画出放大电路的交流通路，并标出各有关电压及电流的方向，如图 6.4-16 所示。

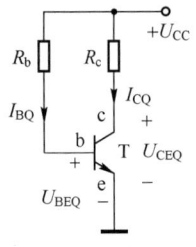

图 6.4-15 直流通路

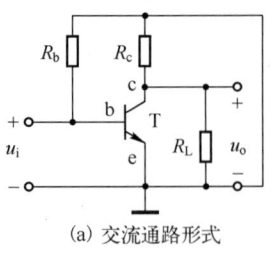

(a) 交流通路形式　　(b) 交流通路另外一种形式

图 6.4-16 交流通路

根据交流通路，用三极管的 h 参数等效电路代替交流通路中的三极管符号，画出微变等效电路（小信号等效电路），并标出各有关电压及电流的方向，如图 6.4-17 所示。

（3）估算 r_{be}。$r_{be} \approx r_{bb'} + (1+\beta)\dfrac{26\text{mV}}{I_{EQ}}$，其中 $r_{bb'} \approx 200\Omega$。

（4）求电压增益 A_U。由图 6.4-17 可知

$$u_i = i_b r_{be}, \quad u_o = -i_c(R_c // R_L)$$

根据电压增益的定义

$$A_U = \dfrac{u_o}{u_i} = \dfrac{-i_c(R_c // R_L)}{i_b r_{be}} = \dfrac{-\beta i_b(R_c // R_L)}{i_b r_{be}} = -\dfrac{\beta(R_c // R_L)}{r_{be}}$$

式中，负号表示共射极基本放大电路的输出电压与输入电压相位相反，即输出电压滞后输入电压180°，同时只要选择适当的电路参数，就会实现电压放大作用。

（5）计算输入电阻 R_i。根据放大电路输入电阻的概念，由图 6.4-17 可画出求输入电阻电路，如图 6.4-18 所示。输入电阻为

$$R_i = \dfrac{u_i}{i_i} = \dfrac{i_i(R_b // r_{be})}{i_i} = R_b // r_{be}$$

（6）计算输出电阻 R_o。采用外加电压求输出电阻的方法，如图 6.4-19 所示。

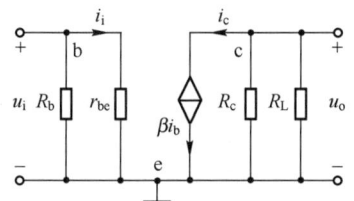
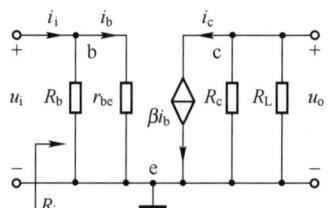
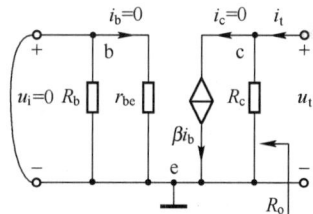

图 6.4-17 微变等效电路　　　图 6.4-18 求输入电阻电路　　　图 6.4-19 求输出电阻电路

在求输出电阻时，负载电阻 R_L 开路，信号源 $u_s = u_i$ 短路，在输出端加测试电压 u_t。因为 $u_s = u_i = 0$ 使 $i_b = 0$，同样会使 $i_c = 0$，所以

$$R_o = \dfrac{u_t}{i_t}\bigg|_{\substack{u_s = 0 \\ R_L = \infty}} = R_c$$

输入电阻、输出电阻是放大电路性能的重要衡量指标之一，对于共射极基本放大电路，R_i 越大，放大电路从信号源吸取的电流越小，输入端得到的电压 u_i 越大。而 R_o 越小，负载电阻 R_L 的变化对输出电压 u_o 的影响越小，放大电路带负载的能力越强。

微变等效电路分析法对于在放大电路的输入信号幅度较小时，分析放大电路的动态性能指标（A_U、R_i 和 R_o 等）非常方便，计算结果误差也不大。即使在输入信号频率较高的情况下，三极管的放大性能也仍然可以在微变等效电路的基础上引入某些元件来反映，这是图解分析法所无法做到的。在三极管与放大电路的小信号等效电路中，电压、电流等参量及三极管的 h 参数均是针对变化量（交流量）而言的，不能用来分析计算静态工作点。但是，动态参数又是在静态工作点基础上求得的。所以，放大电路的动态性能与静态工作点参数值的大小及稳定性密切相关。

思考与练习

6.4-1　如图 6.4-14 所示的共射极基本放大电路中，已知 $R_b=280\text{k}\Omega$，$R_c=R_L=3\text{k}\Omega$，$U_{CC}=12\text{V}$，

$r_{bb'}=200\Omega$,硅三极管的 $\beta=50$,估算放大电路的静态工作点。

6.4-2 图 6.4-14 所示电路中三极管的 $\beta=40$,$r_{bb'}=200\Omega$,$U_{BEQ}=0.7V$,$U_{CC}=12V$,$R_b=300k\Omega$,$R_c=R_L=4k\Omega$,$C_1=C_2=20\mu F$。求该电路的 $\dot{A}_U$、R_i 和 R_o。

6.4-3 图 6.4-20 所示电路中,已知 $U_{CC}=12V$,三极管的 $\beta=100$,$R_b'=100k\Omega$,求(先填表达式后填得数):

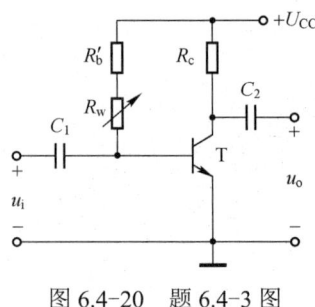

(1)当 $u_i=0V$ 时,测得 $U_{BEQ}=0.7V$,若 $I_{BQ}=20\mu A$,则 R_b' 和 R_W 之和 $R_b=$ _____ ≈ _____ $k\Omega$;如果测得 $U_{CEQ}=6V$,则 $R_c=$ _____ ≈ _____ $k\Omega$。

(2)若测得输入电压有效值 $U_i=5mV$ 时,输出电压有效值 $U_o'=0.6V$,则电压放大倍数 $\dot{A}_u=$ _____ ≈ _____ ;若 $R_L=R_C$,则带上负载后输出电压有效值 $U_o=$ _____ = _____ V。

图 6.4-20 题 6.4-3 图

6.5 静态工作点的稳定

放大电路的多项技术指标均与电路静态工作点的位置密切相关。如果静态工作点不稳定,则放大电路的某些性能也将发生波动。因此,如何使静态工作点保持稳定,是一个十分重要的问题。

实际应用中,电源电压的波动、元件参数的分散性及元件的老化,以及环境温度的变化等,都会引起静态工作点的不稳定,影响放大电路的正常工作。下面介绍影响静态工作点的一些主要因素,如温度、基极电阻 R_b、集电极电阻 R_c、电源电压 U_{CC} 等,如图 6.5-1 所示。

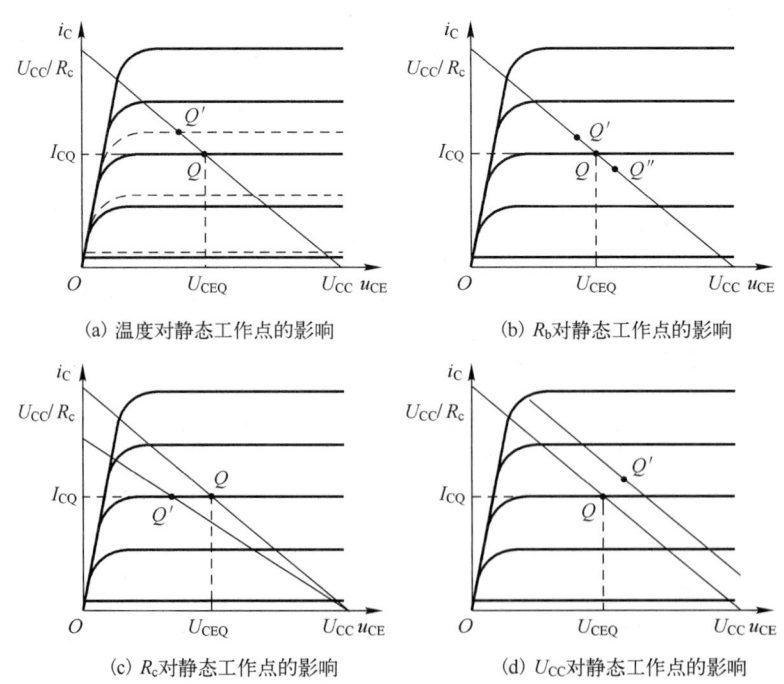

图 6.5-1 电路参数改变对静态工作点的影响

如图 6.5-1(a)所示,温度上升,静态工作点由 Q 上移到 Q'。温度上升时,三极管的反向电流 I_{CBO}、I_{CEO} 及电流放大系数 β 或 α 都会增大,而发射结正向压降 U_{BE} 会减小。这些参数随温度的变化，都会使放大电路中的集电极静态电流 I_{CQ} 随温度升高而增加，从而使静态工作点随温度变化。

如图 6.5-1（b）所示，R_b 增大，导致 I_{BQ} 减小，进而静态工作点由 Q 下移至 Q''；反之，就由 Q 上移到 Q'。

如图 6.5-1（c）所示，R_c 增大，静态工作点由 Q 向饱和区移动到 Q'，主要通过改变直流负载线的斜率影响静态工作点。

如图 6.5-1（d）所示，U_{CC} 上升，导致 I_{BQ} 波动，静态工作点由 Q 上移到 Q'，动态工作范围也随之增大。

要使信号既能被放大又不失真，则必须设置合适的静态工作点 Q。否则会产生严重的波形失真。

6.5.1 静态工作点对波形失真的影响

对于小信号线性放大电路来说，为保证在交流信号的整个周期内，三极管都处于放大区域内（即不能进入截止区和饱和区），静止工作点 Q 必须同时满足两个条件：

$$I_{CQ} > I_{cm} + I_{CEO}, \quad U_{CEQ} > U_{cem} + U_{CES}$$

如果 Q 点选择得过低，U_{BEQ}、I_{BQ} 过小，则三极管会在交流信号 u_{be} 负半周的峰值附近的部分时间内进入截止区，使 i_B、i_C、u_{CE} 及 u_{ce} 的波形失真，如图 6.5-2 所示。

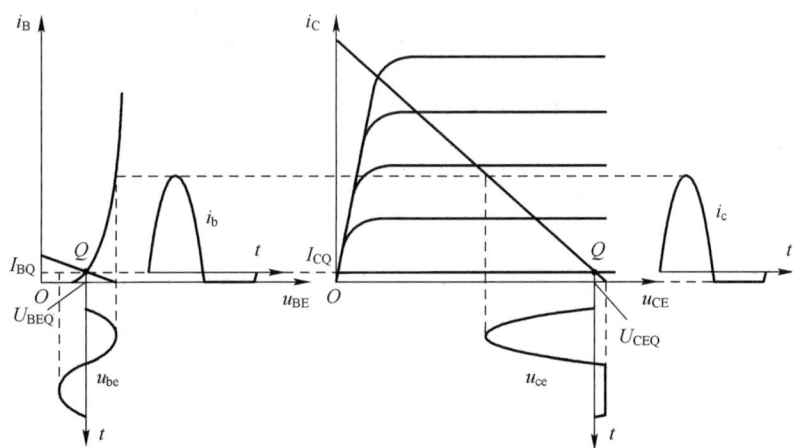

图 6.5-2 截止失真波形

这种因静态工作点 Q 过低而产生的失真称为截止失真。

如果静态工作点 Q 过高，U_{BEQ}、I_{BQ} 过大，则三极管会在交流信号 u_{be} 正半周的峰值附近的部分时间内进入饱和区，引起 i_C、u_{CE} 及 u_{ce} 的波形失真，如图 6.5-3 所示。

这种因静态工作点 Q 过高而产生的失真称为饱和失真。

在引起静态工作点不稳定的诸因素中，尤以环境温度变化的影响最大。为了抑制放大电路输出波形的波动，以保持放大电路技术性能的稳定，需要从电路结构上采取适当的措施，使其在环境温度变化时，电路仍能保持必要的稳定。例如，分压式静态工作点稳定电路就是一种结构简单，成本低廉，并能有效地保持静态工作点稳定的电路。

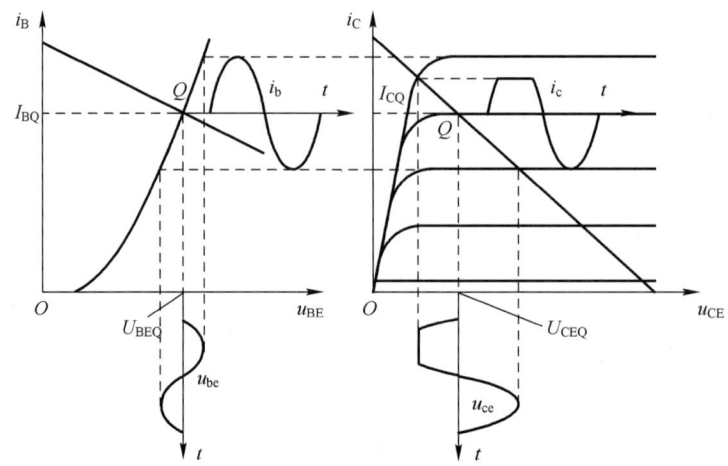

图 6.5-3　饱和失真波形

6.5.2　静态工作点的稳定电路

图 6.5-4 所示为最常用的稳定静态工作点的共射极放大电路。此电路与共射极基本放大电路的差别在于有发射极电阻 R_e 和旁路电容 C_e。另外，直流电源 U_{CC} 经电阻 R_{b1}、R_{b2} 分压后接到三极管的基极，所以该电路又常称为分压式静态工作点稳定电路。

分压式静态工作点稳定电路的直流通路如图 6.5-5 所示。

当 R_{b1}、R_{b2} 的阻值大小选择适当，能满足 $I_1 \gg I_{BQ}$，使 $I_2 \approx I_1$ 时，可认为基极直流电位基本上为一固定值，即 $U_{BQ} \approx R_{b2}U_{CC}/(R_{b1}+R_{b2})$，与环境温度几乎无关。在此条件下，当温度升高引起 I_{CQ} 增加时，发射极直流电位 U_{EQ} 也增加，由于基极电位 U_{BQ} 基本固定不变，因此外加在发射结上的电压 $U_{BEQ}=U_{BQ}-U_{EQ}$ 将自动减小，使 I_{EQ} 跟着减小，结果抑制了 I_{CQ} 的增加，使 I_{CQ} 基本维持不变，达到自动稳定静态工作点的目的。当温度降低时，各电流向相反方向变化，Q 点也能稳定。这种利用 I_{CQ} 的变化，通过 R_e 取样反过来控制 U_{BEQ}，使 I_{EQ}、I_{CQ} 基本保持不变的自动调节作用称为负反馈。

下面首先对分压式静态工作点稳定电路进行静态分析。

由图 6.5-5 所示直流通路求 Q 点的值。在 $I_1 \gg I_{BQ}$ 的条件下，有

$$U_{BQ} \approx \frac{R_{b2}}{R_{b1}+R_{b2}}U_{CC}, \quad I_{CQ} \approx I_{EQ} = \frac{U_{BQ}-U_{BEQ}}{R_e}$$

由上式可见，该电路中 I_{CQ} 仅与直流电压及电阻 R_e 有关，因此 β 随温度变化时，I_{CQ} 基本不变。因此，$I_{BQ}=I_{CQ}/\beta$。

$$U_{CEQ}=U_{CC}-I_{CQ}R_c-I_{EQ}R_e$$

接下来进行动态分析。

当旁路电容 C_e 足够大时，在分压式工作点稳定电路的交流通路中，三极管的发射极可视为接地。此时电路实际上是一个共射极放大电路，故可以用微变等效电路法来分析其动态工作情况。画出其微变等效电路，如图 6.5-6 所示。

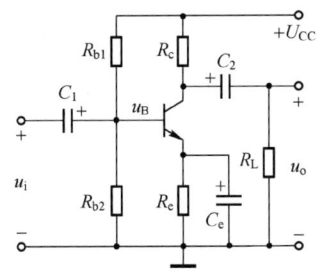
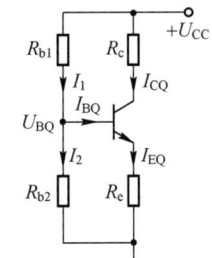
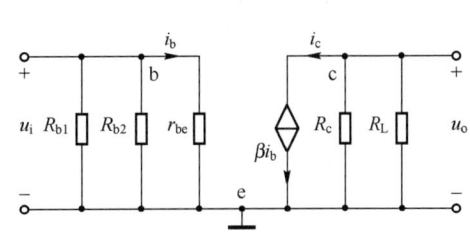

图 6.5-4　分压式静态工作点稳定电路　　图 6.5-5　直流通路　　图 6.5-6　微变等效电路

经过分析，该电路的电压放大倍数与共射极基本放大电路相同，即

$$A_U = -\frac{\beta(R_c /\!/ R_L)}{r_{be}}$$

电路的输入电阻为　　　　　　　$R_i = r_{be} /\!/ R_{b1} /\!/ R_{b2}$

输出电阻为　　　　　　　　　　$R_o = R_c$

思考与练习

6.5-1　在图 6.5-4 所示电路中，旁路电容 C_e 开路，已知 $U_{CC}=12V$，$R_{b1}=56k\Omega$，$R_{b2}=20k\Omega$，$R_e=2k\Omega$，$R_c=3k\Omega$，$R_L=9k\Omega$，硅三极管的 $\beta=80$，$U_{BEQ}=0.7V$，$r_{bb'}=300\Omega$。

（1）估算静态电流 I_{CQ}、I_{BQ} 和 U_{CEQ}；

（2）计算 A_U、R_i 和 R_o。

6.5-2　电路如图 6.5-7 所示，硅三极管的 $\beta=80$，$r_{be}=1k\Omega$。

（1）求出静态工作点；

（2）分别求出 $R_L=\infty$ 和 $R_L=3k\Omega$ 时电路的 A_U、R_i 和 R_o。

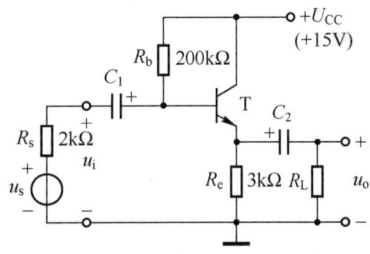

图 6.5-7　题 6.5-2 的电路

6.6　共集极和共基极放大电路

三极管构成的基本放大电路有共射极、共集极、共基极三种基本接法，除了前面所介绍的共射极放大电路外，还有以集电极为公共端的共集极放大电路和以基极为公共端的共基极放大电路。它们的组成原则和分析方法完全相同，但动态参数具有不同特点，使用时应根据需求合理选择。

6.6.1　共集极放大电路

图 6.6-1 是共集极放大电路原理图。

图 6.6-2（a）和（b）分别是它的直流通路和交流通路。

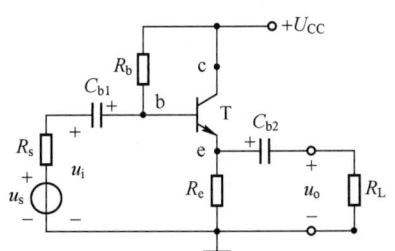
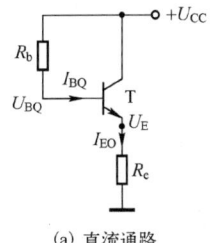
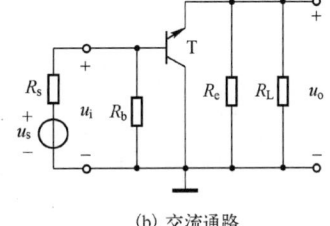

(a) 直流通路　　　　　　　(b) 交流通路

图 6.6-1　共集极放大电路原理图　　　　图 6.6-2　共集极放大电路

由交流通路可见，输入电压 u_i 加在基极和集电极（地）之间，而输出电压 u_o 从发射极和集电极之间取出，集电极是输入、输出回路的共同端，所以该电路属于共集极组态。下面介绍共集极放大电路的静态分析和动态分析。

（1）静态分析

根据图 6.6-2（a）所示的直流通路可知，对输入回路

$$U_{CC} = I_{BQ}R_b + U_{BEQ} + I_{EQ}R_e$$

而

$$I_{EQ} = (1+\beta)I_{BQ}$$

所以

$$I_{BQ} = \frac{U_{CC} - U_{BEQ}}{R_b + (1+\beta)R_e}$$

则

$$I_{EQ} \approx I_{CQ} = \beta I_{BQ}$$

$$U_{CEQ} = U_{CC} - I_{EQ}R_e \approx U_{CC} - I_{CQ}R_e$$

通过上述分析即可求出静态工作点 Q 的值（I_{BQ}、I_{CQ}、U_{CEQ}）。

（2）动态分析

根据图 6.6-2（b）所示的交流通路，画出共集极放大电路的微变等效电路如图 6.6-3 所示。

由输入回路可得

$$u_i = i_b r_{be} + (i_b + \beta \cdot i_b)(R_e // R_L)$$
$$= i_b r_{be} + i_b(1+\beta)(R_e // R_L)$$

由输出回路可得

$$u_o = i_e R'_L = (i_b + \beta \cdot i_b)(R_e // R_L)$$
$$= i_b(1+\beta)(R_e // R_L)$$

因此

$$A_U = \frac{u_o}{u_i} = \frac{i_b(1+\beta)R'_L}{i_b[r_{be} + (1+\beta)R'_L]} = \frac{(1+\beta)R'_L}{r_{be} + (1+\beta)R'_L} \approx \frac{\beta \cdot R'_L}{r_{be} + \beta \cdot R'_L} < 1$$

式中，$R'_L = R_e // R_L$。上式表明，共集极放大电路的电压增益 $|A_U| < 1$，没有电压放大作用。u_o 和 u_i 相位相同。当 $(1+\beta)R'_L \gg r_{be}$ 时，$|A_U| \approx 1$，即 u_o 与 u_i 大小接近相等，因此共集极放大电路又称为射随器。

输入电阻为

$$R_i = \frac{u_i}{i_i} = \frac{u_i}{\frac{u_i}{R_b} + \frac{u_i}{r_{be} + (1+\beta)R'_L}} = R_b // [r_{be} + (1+\beta)R'_L]$$

当 $\beta \gg 1$，$\beta R'_L \gg r_{be}$ 时，$R_i \approx R_b // \beta R'_L$。共集极放大电路的输入电阻较高，而且与负载电阻 R_L 或后一级放大电路的输入电阻的大小有关，射随器的输入电阻远远大于共射极放大电路的输入电阻。

利用外加电压电流法，求解输出电阻的电路，如图 6.6-4 所示。

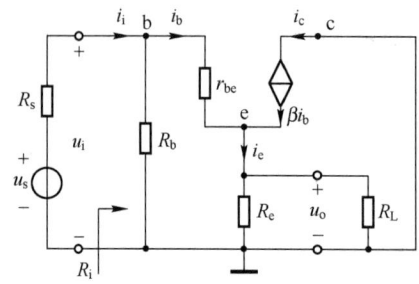

图 6.6-3　共集极放大电路的微变等效电路

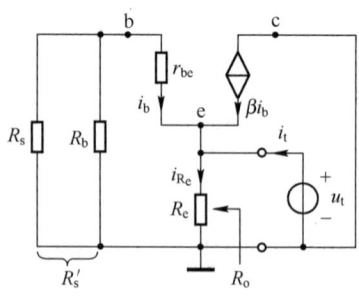

图 6.6-4　求解输出电阻的电路

由电路列出方程
$$\begin{cases} i_t = i_{R_e} - i_b - \beta i_b \\ u_t = -i_b(r_{be} + R_s') \\ u_t = i_{R_e} R_e \end{cases}$$

其中，$R_s' = R_s // R_b$。可求得输出电阻为

$$R_o = \frac{u_t}{i_t} = \frac{u_t}{\frac{u_t}{R_s' + r_{be}} + \frac{\beta u_t}{R_s' + r_{be}} + \frac{u_t}{R_e}} = \frac{1}{\frac{1+\beta}{R_s' + r_{be}} + \frac{1}{R_e}} = R_e // \frac{R_s' + r_{be}}{1+\beta}$$

当 $R_e \gg \frac{R_s' + r_{be}}{1+\beta}$，$\beta \gg 1$ 时，$R_o \approx \frac{R_s' + r_{be}}{\beta}$，输出电阻很小。射随器的输出电阻远小于共射极放大电路的输出电阻。

综上分析说明，共集极放大电路的特点是：电压增益小于 1 而接近于 1，输出电压与输入电压同相；输入电阻高，输出电阻低。利用其输入电阻高，可减小放大电路对信号源的衰减，常作为放大电路的输入级；利用其输出电阻小，带负载能力强的特点，可将其作为放大电路的输出级；同时利用其输入电阻大、输出电阻小的特点，可用来连接两电路，减少电路间直接相连所带来的影响，起缓冲作用。常用在高内阻的信号源和低阻抗负载之间。

6.6.2 共基极放大电路

图 6.6-5 所示是共基极放大电路。由图可见，输入信号 u_i 加在发射极和基极之间，输出信号 u_o 由集电极和基极之间引出，基极是输入、输出回路的共同端，因此，该电路属共基极组态。

首先介绍共基极放大电路的静态分析。直流通路如图 6.5-5 所示的分压式静态工作点稳定电路，进而可求出静态工作点 Q 的值（I_{BQ}、I_{CQ}、U_{CEQ}）。

接下来进行共基极放大电路的动态分析。交流通路如图 6.6-6 所示。

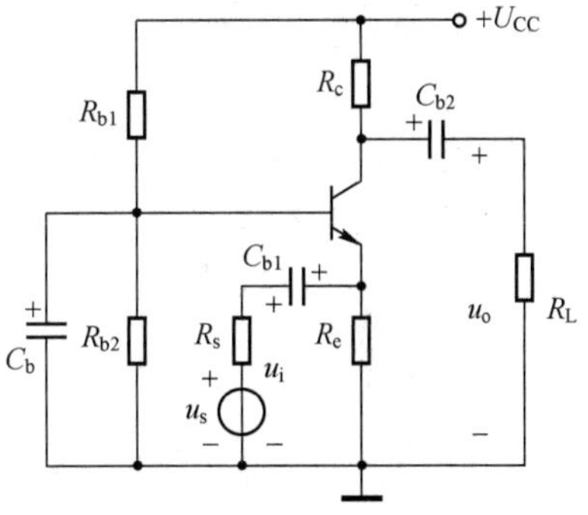

图 6.6-5 共基极放大电路

交流通路的微变等效电路如图 6.6-7 所示。

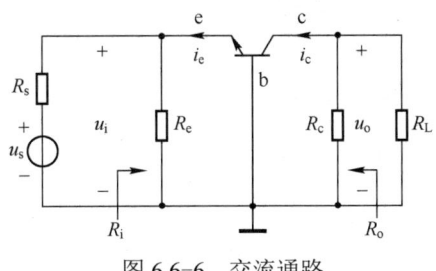

图 6.6-6 交流通路

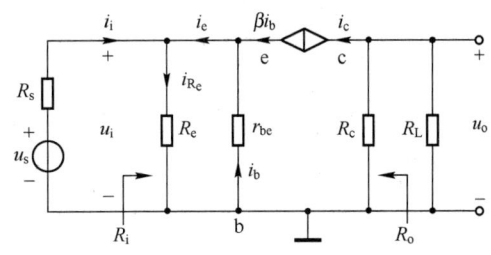

图 6.6-7 微变等效电路

由输入回路可得 $u_i = -i_b r_{be}$

由输出回路可得 $u_o = -\beta i_b R_L'$

则电压增益 $A_U = \frac{u_o}{u_i} = \frac{\beta R_L'}{r_{be}}$

式中，$R'_L = R_c // R_L$。

上式说明，只要电路参数选择得恰当，共基极放大电路也具有电压放大作用，而且输出电压和输入电压相位相同。

为了计算输入电阻 R_i，可得以下方程

$$\begin{cases} i_i = i_{R_e} - i_e = i_{R_e} - (1+\beta)i_b \\ i_{R_e} = u_i / R_e \\ i_b = -u_i / r_{be} \end{cases}$$

则

$$R_i = \frac{u_i}{i_i} = \frac{u_i}{\frac{u_i}{R_e} - (1+\beta)\frac{-u_i}{r_{be}}} = \frac{1}{\frac{1}{R_e} + \frac{1+\beta}{r_{be}}} = R_e // \frac{r_{be}}{1+\beta}$$

输出电阻为

$$R_o \approx R_c$$

上式说明共基极放大电路的输出电阻与共射极放大电路的输出电阻相同，近似等于集电极电阻 R_c。共基电路的特点：共基电路只能放大电压不能放大电流，具有电流跟随的特点；输入电阻小，是三种接法中高频特性最好的电路。

思考与练习

6.6-1 在图 6.6-1 所示的共集极放大电路中，已知 $U_{CC}=10\text{V}$，$R_b=240\text{k}\Omega$，$R_s=10\text{k}\Omega$，$R_e=R_L=5.6\text{k}\Omega$，三极管的 $\beta=40$，$U_{BEQ}=0.7\text{V}$，$r_{bb'}=300\Omega$。求：(1) 估算放大电路的静态工作点；(2) 估算放大电路的 A_U、R_i 和 R_o。

6.6-2 在图 6.6-5 所示电路中，已知 $U_{CC}=15\text{V}$，$R_c=2.1\text{k}\Omega$，$R_e=2.9\text{k}\Omega$，$R_{b1}=R_{b2}=60\text{k}\Omega$，$R_L=1\text{k}\Omega$，三极管的 $\beta=100$，$U_{BEQ}=0.7\text{V}$，$r_{bb'}=200\Omega$。求：(1) 该电路的静态工作点；(2) A_U、R_i 和 R_o。

习题 6

6-1 在题 6-1 图所示电路中，已知三极管的 $\beta=80$，$r_{be}=1\text{k}\Omega$，$\dot{U}_i=20\text{mV}$；静态时 $U_{BEQ}=0.7\text{V}$，$U_{CEQ}=4\text{V}$，$I_{BQ}=20\mu\text{A}$。判断下列结论是否正确（对的在括号内打"√"，否则打"×"）。

(1) $A_U = -\frac{4}{20 \times 10^{-3}} = -200$ （ ） (2) $A_U = -\frac{4}{0.7} \approx -5.71$ （ ）

(3) $A_U = -\frac{80 \times 5}{1} = -400$ （ ） (4) $A_U = -\frac{80 \times 2.5}{1} = -200$ （ ）

(5) $R_i = \left(\frac{20}{20}\right)\text{k}\Omega = 1\text{k}\Omega$ （ ） (6) $R_i = \left(\frac{0.7}{0.02}\right)\text{k}\Omega = 35\text{k}\Omega$ （ ）

(7) $R_i \approx 3\text{k}\Omega$ （ ） (8) $R_i \approx 1\text{k}\Omega$ （ ）

(9) $R_o \approx 5\text{k}\Omega$ （ ） (10) $R_o \approx 2.5\text{k}\Omega$ （ ）

(11) $\dot{U}_s \approx 20\text{mV}$ （ ） (12) $\dot{U}_s \approx 60\text{mV}$ （ ）

6-2 电路如题 6-2 图所示，三极管的 $\beta=80$，$r_{bb'}=100\Omega$。分别计算 $R_L=\infty$ 和 $R_L=3\text{k}\Omega$ 时的 Q 点、A_U、R_i 和 R_o。

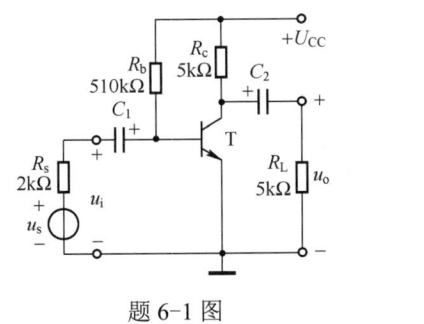
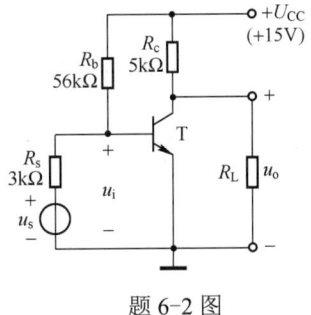

题 6-1 图　　　　　　　题 6-2 图

6-3　测得放大电路中几个 NPN 型三极管的直流电位如题 6-3 图所示，在圆圈中画出管子，并分别说明它们是硅三极管还是锗三极管。

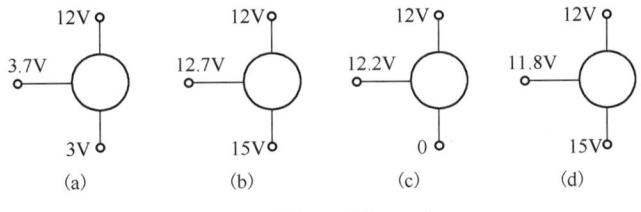

题 6-3 图

6-4　电路如题 6-4 图所示，各三极管的 β 均为 50，$U_{BE}=0.7\text{V}$，分别估算各电路中三极管的 I_C 和 U_{CE}，并判断它们各自工作在哪个区（截止区、放大区和饱和区）。

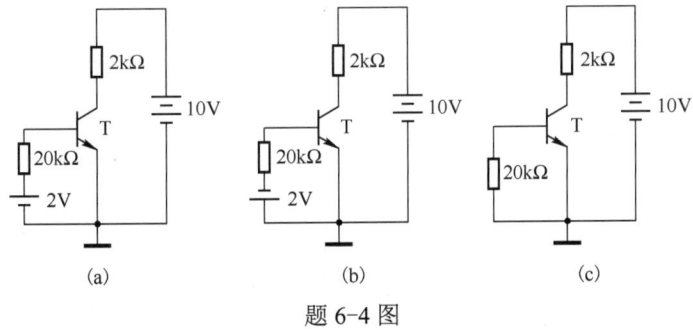

题 6-4 图

6-5　画出题 6-5 图所示各电路的直流通路和交流通路。设所有电容对交流信号均可视为短路。

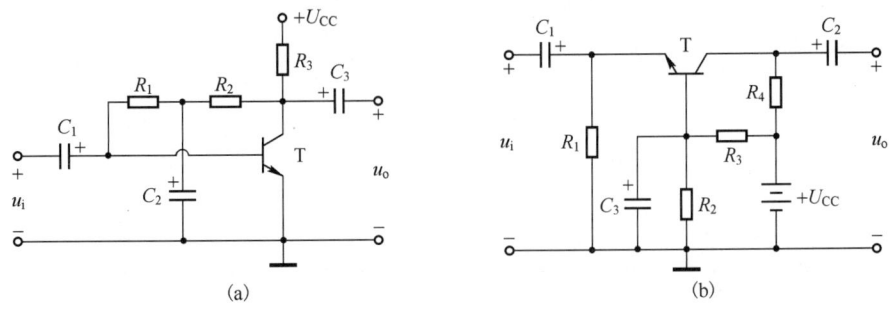

题 6-5 图

6-6　电路如题 6-6 图（a）所示，题 6-6 图（b）是三极管的输出特性曲线，静态时 $U_{BEQ}=0.7\text{V}$。利用图解法分别求出 $R_L=\infty$ 和 $R_L=3\text{k}\Omega$ 时的静态工作点。

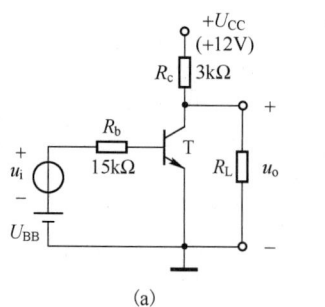 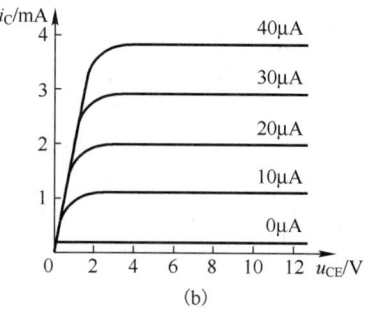

题 6-6 图

6-7 电路如题 6-7 图所示,三极管的 $\beta=80$, $r_{bb'}=100\Omega$。分别计算 $R_L=\infty$ 和 $R_L=3k\Omega$ 时的静态工作点、A_U、R_i 和 R_o。

6-8 电路如题 6-8 图所示,三极管的 $\beta=100$, $r_{be}=1k\Omega$。

(1) 现已测得静态管压降 $U_{CEQ}=6V$,估算 R_b 约为多少千欧;

(2) 若测得 u_i 和 u_o 的有效值分别为 1mV 和 100mV,则负载电阻 R_L 为多少千欧?

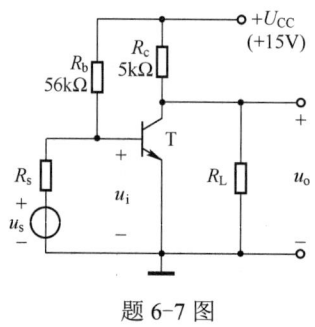 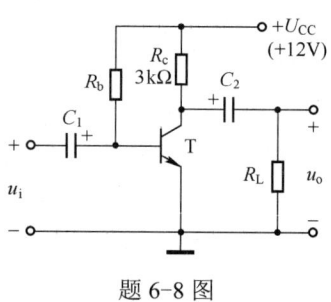

题 6-7 图　　　　　　　　　　　题 6-8 图

6-9 电路如题 6-9 图所示,三极管的 $\beta=80$, $r_{bb'}=100\Omega$。(1) 求电路的静态工作点;(2) 求 A_U、R_i 和 R_o。

6-10 电路如题 6-10 图所示,已知 $U_{CC}=12V$,$R_c=5.1k\Omega$,$R_e=2k\Omega$,$R_{b1}=3k\Omega$,$R_{b2}=10k\Omega$,$R_L=5.1k\Omega$,三极管的 $\beta=50$,$U_{BEQ}=0.7V$,$r_{bb'}=300\Omega$。求:(1) 该电路的静态工作点;(2) A_U、R_i 和 R_o。

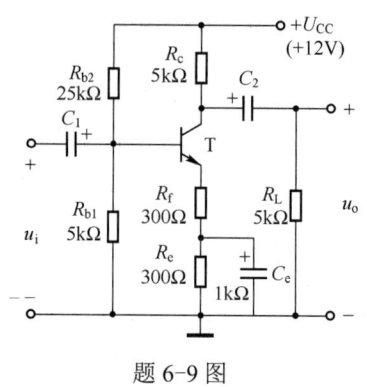 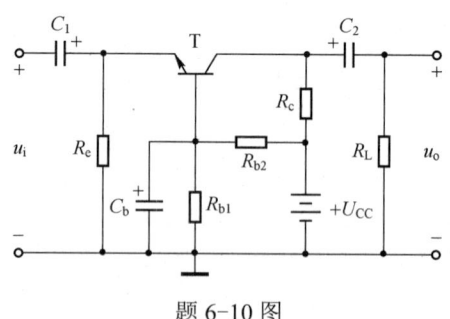

题 6-9 图　　　　　　　　　　　题 6-10 图

第7章　集成运算放大电路

主要内容：
（1）理解集成运算放大电路的定义、分类、特点和组成。
（2）理解镜像电流源、精密电流源、微电流源、比例电流源的工作原理。
（3）理解并掌握差分放大电路的组成、接法、静态分析和动态分析。

7.1　集成运算放大器

课程思政融入点：集成运算放大器的设计和生产需要非常高的精度和稳定性，否则会导致性能不稳定甚至失效。通过介绍这个特点，可以引导学生认识到严谨细致的重要性，培养他们的责任心和专注力。

前两章介绍的电子电路都是由二极管、三极管、电阻、电容等元器件组装而成的，称为分立元件电路。这种电路的功能和指标较少，难以满足电子设备的需要。例如，用二极管、三极管、电阻等单个元器件组装的电子计算机，最简单的也要上万个元器件。如果用集成电路，只需几个到几十个就行了。集成电路的使用使得电子电路的结构大大简化，成本迅速降低。模拟集成电路一般由一块厚约 0.2~0.25mm 的 P 型硅支撑，这种硅片是集成电路的基片。基片上可以做成包含数十个或更多个三极管、电阻和连接导线的电路。其外形一般有金属圆壳和双列直插结构。

将一个具有特定功能电子电路中的全部或绝大部分元器件制作在一个硅片上，做成一个独立的器件封装，称为集成电路（Integrated Circuits，IC）。相对于分立元件电路，集成电路中的元器件种类、参数、性能和电路结构设计都将受到集成电路制作工艺的限制，具有以下特点：

（1）电路元件制作在一个芯片上，元件参数偏差方向一致，温度均一性好。
（2）电阻元件由硅半导体构成，范围在几十到 20 千欧，精度低。高阻值电阻用三极管有源元件代替或外接。
（3）几十 pF 以下的小电容用 PN 结的结电容构成，大电容要外接。
（4）二极管一般用三极管的发射结构成。
（5）集成电路的芯片面积小，集成度高，各个元器件的工作电流很小，一般在毫安以下。所以功耗很小，在毫瓦以下。
（6）级间采用直接耦合方式。
（7）使用方便、体积小、重量轻、成本低、可靠性高、组装和调试的难度小。

集成运算放大器（Integrated Operational Amplifier，简称集成运放）是集成电路的典型芯片之一，它是一种高增益、采用直接耦合方式连接的多级线性放大器芯片。由于最初用于数学运算，所以称为运算放大器（简称运放）。运算放大器的用途早已不限于数学运算，它在信号的产生、变换、处理、测量等方面，起着非常重要的作用。由于要求高增益和高稳定性，集成运放内部电路采用直接耦合的多级放大器结构，内部电路的结构框图如图 7.1-1 所示。

在图 7.1-1 中，偏置电路为各级电路提供直流偏置电流，并使整个运放的静态工作点稳定且功耗较小；输入级对整个运放的性能指标影响较大，通常采用差分放大器，它具有与输出同相和反相的两个输入端，有较高的输入电阻和抑制干扰及零漂的能力；中间级主要进行电压放大，具有很高的电压增益，一般采用带有源负载的共射极电压放大器；输出级的任务是进行功率放大，以驱动负载工作，为负载提供足够的电压和电流，具有很小的输出电阻和较大的动态范围，一般采用互补对称的功率放大器。

除此之外，还有一些辅助环节，如电平偏移电路是调节各级工作电压的，且当输入信号为零时，保证输出电压为零。短路保护电路是防止输出端短路时损坏内部管子的。

图 7.1-2 是集成运放的电路符号。

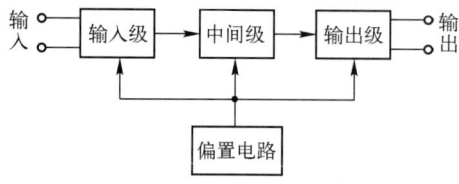 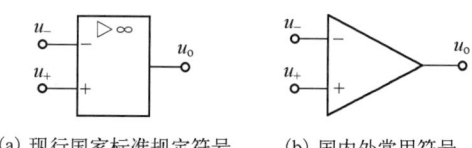

图 7.1-1 集成运放内部电路结构框图   图 7.1-2 集成运放的电路符号

在图 7.1-2 的符号中有两个输入端和一个输出端。其中，u_- 称为反相输入端，主要是由于以同相输入端 u_+ 为参考点，从 u_- 端输入信号，经放大后的输出信号与输入信号反相，在符号中标注"－"。同理，以 u_- 为参考点，从 u_+ 端输入信号，放大后的输出信号与输入信号同相，在符号中标注"+"。在本书中，采用图 7.1-2（b）所示国内外常用符号进行后续章节的学习。

思考与练习

7.1-1　与分立元件电路相比，集成电路有何特点？

7.1-2　集成运放一般由几部分电路组成？每一部分常采用哪种基本电路？通常对每一部分性能的要求分别是什么？

7.2　电流源偏置电路

集成运放中的偏置电路一般采用电流源偏置，这样可以保证当电源电压在较大范围内波动时放大电路的静态工作点基本稳定，增强电路的电源电压适用性。下面介绍集成运放内部偏置电路中常用的电流源电路。

7.2.1　基本镜像电流源

利用制作在同一硅片上的两个性能一致的三极管 T_1 和 T_2 构成基本镜像电流源电路，如图 7.2-1 所示。其中 T_1 的基极与集电极相连接成二极管，通过 R 连接到电源 U_{CC}，则 R 上的电流为 I_R。

由于 T_1、T_2 性能相同且发射结并联，即 $U_{BE1}=U_{BE2}=U_{BE}$。虽然 T_1 的集电结零偏，但在小电流的条件下，仍然工作在线性放大状态，设 $\beta_1=\beta_2=\beta$，因此，在忽略基区宽度调制效应的条件下，有

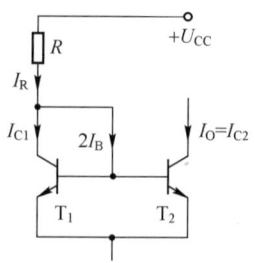

图 7.2-1　基本镜像电流源电路

$$I_{C1} = I_{C2}, \quad I_R = \frac{U_{CC} - U_{BE}}{R}$$

$$I_O = I_{C2} = I_{C1} = I_R - 2I_B = I_R - \frac{2I_{C1}}{\beta} = I_R - \frac{2I_O}{\beta}$$

整理得

$$I_O = \frac{I_R}{1 + \frac{2}{\beta}} \approx I_R \left(1 - \frac{2}{\beta}\right) = \frac{U_{CC} - U_{BE}}{R}\left(1 - \frac{2}{\beta}\right)$$

当 $\beta \gg 2$ 且 $U_{CC} \gg U_{BE}$ 时，可得 $I_O \approx I_R$。可见当电源电压和电阻值确定以后 I_R 也就确定了，电流源的电流 I_O 始终与 I_R 一致，就像是 I_R 的镜像，所以这个电路被称为基本镜像电流源电路。

7.2.2 精密镜像电流源

在图 7.2-1 的电路中接入 T_3 管代替 T_1 管 c-b 间的短路线，T_1、T_2、T_3 特性相同，得到精密镜像电流源电路如图 7.2-2 所示。

由三极管电流关系和基本镜像电流源特性，可得

$$I_{C2} \approx I_{C1} = I_R - I_{B3}, \quad I_{C2} = I_R - \frac{2I_B}{1+\beta}, \quad I_{B3} = \frac{2I_B}{1+\beta}, \quad I_{C2} = \beta I_B$$

相对误差为

$$\gamma_1 = \frac{|I_{C2} - I_R|}{I_{C2}} = \frac{2}{\beta(1+\beta)}$$

而图 7.2-1 中的基本镜像电流源输出电流 I_O 与 I_R 的相对误差为

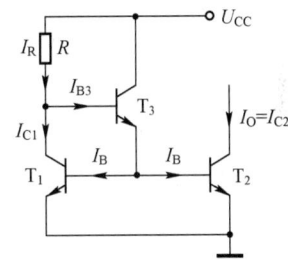

图 7.2-2 精密镜像电流源电路

$$\gamma_2 = \frac{|I_{C2} - I_R|}{I_{C2}} = \frac{2}{\beta}$$

很明显，精密镜像电流源和普通镜像电流源相比，误差减小了，精度提高为基本镜像电流源的 $(1+\beta)$ 倍。

7.2.3 微电流源

集成电路中有很多三极管需要非常小的基极偏置电流。由于上述电流源电路中 I_O 与 I_R 的大小相当，要使 I_R 达到微安级，则电阻 R 要达到兆欧级，这在集成电路制作工艺中是难以实现的。因此，在图 7.2-1 电路的基础上进行修正，添加一个千欧级的电阻 R_e，可以得到能够提供微安级基极偏置电流的微电流源电路，如图 7.2-3 所示。

图 7.2-1 和图 7.2-3 电路中，不同之处在于两个三极管的发射结电压不同。对于两个三极管 T_1、T_2 和电阻 R_e 构成的回路，可得

$$U_{BE1} = U_{BE2} + I_{E2} \cdot R_e \approx U_{BE2} + I_O \cdot R_e$$

由于 PN 结电流方程式为 $I_D \approx I_S e^{U_D/U_T}$，因此在三极管中也有同样的关系式 $I_E \approx I_S e^{U_{BE}/U_T}$，可得

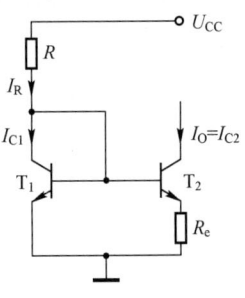

图 7.2-3 微电流源电路

$$U_{BE} = U_T \cdot \ln\frac{I_E}{I_S} \approx U_T \cdot \ln\frac{I_C}{I_S} \tag{7.2-1}$$

于是可得
$$I_O \approx \frac{U_{BE1} - U_{BE2}}{R_e} \approx \frac{U_T}{R_e}\left(\ln\frac{I_{C1}}{I_S} - \ln\frac{I_{C2}}{I_S}\right) = \frac{U_T}{R_e} \cdot \ln\frac{I_{C1}}{I_{C2}}$$

由于 $U_T \approx 26\text{mV}$，因此当 R_e 的阻值为千欧级时，就可以得到微安级的电流 I_O。

7.2.4 比例电流源

在集成运放的电流源偏置电路中，有时需要提供与基准电流 I_R 成特定比例关系的偏置电流 I_O，在图 7.2-1 的基础上，添加两个电阻 R_{e1} 和 R_{e2}，即可得到如图 7.2-4 所示的比例电流源电路。

由 T_1、T_2 和电阻 R_{e1}、R_{e2} 构成的回路，可得
$$U_{BE1} + I_{E1} \cdot R_{e1} = U_{BE2} + I_{E2} \cdot R_{e2}$$

设 β 足够大，则 $I_E \approx I_C$，即
$$U_{BE1} + I_{C1} \cdot R_{e1} \approx U_{BE2} + I_{C2} \cdot R_{e2}$$

结合式（7.2-1）可得
$$U_{BE1} - U_{BE2} \approx U_T \cdot \left(\ln\frac{I_{C1}}{I_S} - \ln\frac{I_{C2}}{I_S}\right) = U_T \cdot \ln\frac{I_{C1}}{I_{C2}}$$

$$I_O = I_{C2} \approx \frac{1}{R_{e2}}\left[I_{C1} \cdot R_{e1} + (U_{BE1} - U_{BE2})\right] \approx \frac{1}{R_{e2}}\left(I_{C1} \cdot R_{e1} + U_T \ln\frac{I_{C1}}{I_O}\right)$$

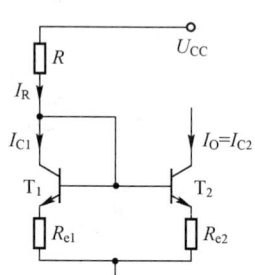

图 7.2-4 比例电流源

一般情况下有：$I_{C1} \cdot R_{e1} \gg U_T \ln\frac{I_{C1}}{I_O}$，且 $\beta \gg 1$，$I_{C1} \approx I_R$，得

$$I_O \approx I_{C1}\frac{R_{e1}}{R_{e2}} \approx I_R\frac{R_{e1}}{R_{e2}}$$

可见输出电流 I_O 与基准电流 I_R 成比例关系。

7.2.5 多路镜像电流源

在一个集成电路中，如果有多个三极管，就需要提供一定比例关系的多个偏置电流，例如后级的偏置电流就要比前级的偏置电流大一些。图 7.2-5 是一种可以提供多路成一定比例关系的电流源偏置电路，并可以根据所需静态电流，来选取发射极电阻的数值。该电路的分析方法与比例式镜像电流源类似，不再详细介绍。

此外，还有稳压管式电流源、分压式电流源，这里不再赘述。

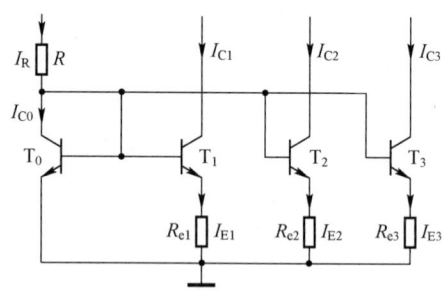

图 7.2-5 多路镜像电流源电路

思考与练习

7.2-1 电流源偏置电路主要分为几种？分别具有哪些特点？
7.2-2 试分析比例电流源的工作过程。

7.3 差分放大电路

课程思政融入点：通过比较分析差分放大电路的四种接法，引导学生在社会的发展和自

身的规划中,学会以辩证的视角看待事物的两面性,同时以实事求是的态度分析利弊,充分发挥主观能动性。

零点漂移是直接耦合放大电路中存在的一个特殊问题。所谓零点漂移是指放大电路在没有输入信号时,用灵敏的电压表测量输出端,也会有变化缓慢的输出电压产生,称为零点漂移现象,如图 7.3-1 所示。

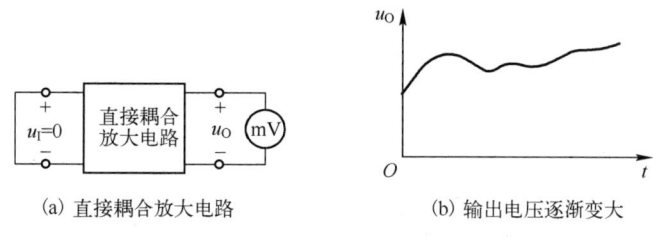

(a) 直接耦合放大电路　　　(b) 输出电压逐渐变大

图 7.3-1　零点漂移现象

零点漂移的信号会在各级放大的电路间传递,经过多级放大后,在输出端成为较大的信号,如果有用信号较弱,存在零点漂移现象的直接耦合放大电路中,漂移电压和有效信号电压会混杂在一起被逐级放大,当漂移电压大小可以和有效信号电压相比时,很难在输出端分辨出有效信号的电压;在漂移现象严重的情况下,往往会使有效信号"淹没",使放大电路不能正常工作。因此,必须找出产生零点漂移的原因和抑制零点漂移的方法。

由于直接耦合式放大电路的各级 Q 点是相互影响的,第一级的微弱变化,会使输出级产生很大的变化。当输入短路时,输出将随时间缓慢变化,这样就形成了零点漂移。因此,产生零点漂移的原因有很多,如电源电压不稳、元器件参数变化、环境温度变化等。其中最主要的因素是温度的变化,当温度变化时,三极管参数 U_{BE}、β、I_{CBO} 都将发生变化,最终导致放大电路静态工作点产生偏移。

抑制零点漂移的措施主要有以下几种:
(1) 选用高质量的三极管,严格挑选合格的半导体器件;
(2) 在电路中引入直流负反馈,稳定静态工作点;
(3) 采用温度补偿的方法,利用热敏元件来抵消三极管的变化,适用于对温漂要求不高的电路;
(4) 采用特性相同的管子,使它们的零点漂移相互抵消,构成差分放大电路。

在直接耦合放大电路中,抑制零点漂移最有效的方法是采用差分放大电路。差分放大电路在性能上有许多优点,是模拟集成电路的又一重要组成单元。本节主要介绍差分放大电路的基本形式及其四种接法。

7.3.1　差分放大电路基本形式

差分放大电路的常见形式有三种:基本形式、长尾式、恒流源式。

1. 基本形式差分放大电路

将两个电路结构、参数均相同的共射极放大电路组合在一起,就构成了差分放大电路的基本形式,如图 7.3-2 所示。

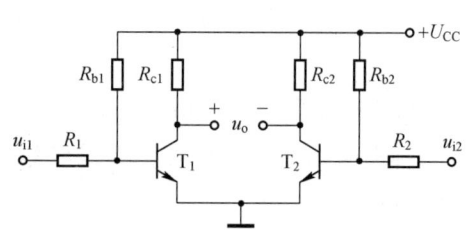

图 7.3-2　差分放大电路的基本形式

图 7.3-2 中，输入电压 u_{i1} 和 u_{i2} 分别加在两管的基极，输出电压等于两管的集电极电压之差。在理想情况下，T_1 和 T_2 的特性和左右两部分对应电阻的参数均完全相同，则当输入电压等于零时，$U_{CQ1} = U_{CQ2}$，故输出电压 $U_o = 0$。如果温度升高使 I_{CQ1} 增大，U_{CQ1} 减小，则 I_{CQ2} 将增大，U_{CQ2} 将减小，而且两管变化的幅度相等，结果 T_1 和 T_2 输出端的零点漂移将互相抵消。

差分放大电路有两个输入端，可以分别加上两个输入电压 u_{i1} 和 u_{i2}。如果两个输入电压大小相等，而且极性相反，这样的输入方式称为差模输入，如图 7.3-3 所示。差模输入电压用符号 u_{id} 表示。

如果两个输入信号不仅大小相等，而且极性也相同，这样的输入电方式称为共模输入，如图 7.3-4 所示。共模输入电压用符号 u_{ic} 表示。

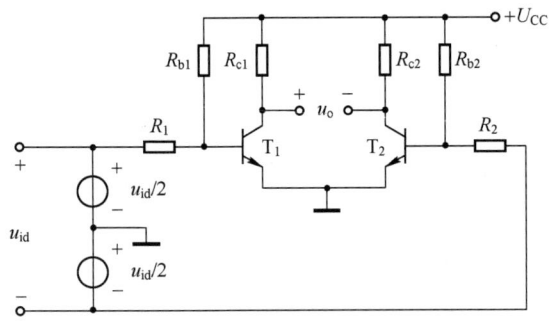
图 7.3-3 差模输入电路

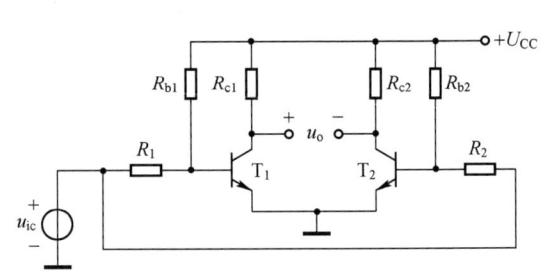
图 7.3-4 共模输入电路

实际上，在差分放大电路的两个输入端加上任意大小、任意极性的输入电压 u_{i1} 和 u_{i2}，都可以将它们看作某个差模输入电压与某个共模输入电压的组合，其中差模输入电压 u_{id} 和共模输入电压 u_{ic} 的值分别为

$$u_{id} = u_{i1} - u_{i2}$$
$$u_{ic} = \frac{1}{2}(u_{i1} + u_{i2})$$

因此，只要分析清楚差分放大电路对差模输入信号和共模输入信号的响应，利用叠加定理即可完整地描述差分放大电路对各种输入信号的响应。

通常情况下，认为差模输入电压反映了有效的信号，而共模输入电压反映了由于温度变化而产生的漂移信号，或者是随着有效信号一起进入放大电路的某种干扰信号。

在差分放大电路中，还有一些分析参数，包括差模电压放大倍数、共模电压放大倍数和共模抑制比。

差模电压放大倍数：放大电路对差模输入电压的放大倍数，用 A_{UD} 表示，即

$$A_{UD} = u_o / u_{id}$$

共模电压放大倍数：放大电路对共模输入电压的放大倍数，用 A_{UC} 表示，即

$$A_{UC} = u_{oc} / u_{ic}$$

通常希望差分放大电路的差模电压放大倍数越大越好，而共模电压放大倍数越小越好。

共模抑制比：差模电压放大倍数与共模电压放大倍数之比，一般用对数表示，单位为 dB，即

$$K_{CMR} = 20\lg \left| \frac{A_{UD}}{A_{UC}} \right|$$

共模抑制比能够描述差分放大电路对零点漂移的抑制能力。K_{CMR} 越大,说明抑制零点漂移的能力越强。

在图 7.3-4 中,如果差分放大电路左右两部分的参数完全对称,则加上共模输入信号时,T_1 和 T_2 的集电极电压完全相等,输出电压等于 0,则共模电压放大倍数 $A_{UC}=0$,共模抑制比 $K_{CMR}=\infty$。实际上,由于电路内部参数不可能绝对匹配,因此加上共模输入电压时,存在一定的输出电压,共模电压放大倍数 $A_{UC} \neq 0$。对于这种基本形式的差分放大电路来说,从每个三极管的集电极对地电压来看,其温度漂移与单管放大电路相同,丝毫没有改善。因此,在实际工作中一般不采用这种基本形式的差分放大电路。

2. 长尾式差分放大电路

基于图 7.3-2 所示的基本差分放大电路,在两个放大管的发射极接入一个发射极电阻 R_e,形成如图 7.3-5 所示电路。由于 R_e 接负电源 $-U_{EE}$,拖了一个长尾巴,所以此电路称为长尾式差分放大电路。

发射极电阻,即长尾电阻 R_e 的作用是引入一个共模负反馈,也就是说,R_e 对共模信号有负反馈作用,而对差模信号没有影响。假设在电路输入端加上正的共模信号,则两个管子的 i_{C1}、i_{C2} 同时增加,使流过 R_e 的电流 i_E 增加,于是发射极电位 u_E 升高,反馈到两个管子的基极回路中,使 u_{BE1}、u_{BE2} 降低,从而限制了 i_{C1}、i_{C2} 增加。

对于差模输入信号,由于两个管子的输入信号幅度相等而极性相反,所以 i_{C1} 增加多少,i_{C2} 就减少同样的数量,因而流过 R_e 的电流总量保持不变,则 $u_e=0$,所以对于差模信号没有反馈作用。此外,R_e 引入的共模负反馈使共模放大倍数 A_{UC} 减小,降低了每个管子的零点漂移。但对差模放大倍数 A_{UD} 没有影响,因此提高了电路的共模抑制比。

在长尾式差分放大电路中,R_e 越大,共模负反馈越强,则抑制零点漂移的效果越好。但是,随着 R_e 的增大,R_e 上的直流压降将越来越大。为此,在电路中引入一个负电源 $-U_{EE}$ 来补偿 R_e 上的直流压降,以免输出电压变化范围太小。

下面对图 7.3-5 所示电路进行静态和动态分析。

(1) 静态分析

当输入电压等于零时,由于电路结构对称,即 $\beta_1=\beta_2=\beta$,$r_{be1}=r_{be2}=r_{be}$,$R_{c1}=R_{c2}=R_c$,$R_1=R_2=R$,有 $I_{BQ1}=I_{BQ2}=I_{BQ}$,$I_{CQ1}=I_{CQ2}=I_{CQ}$,$U_{BEQ1}=U_{BEQ2}=U_{BEQ}$,$U_{CQ1}=U_{CQ2}=U_{CQ}$,由三极管基极回路可得

$$I_{BQ}R + U_{BEQ} + 2I_{EQ}R_e = U_{EE}$$

则

$$I_{BQ} = \frac{U_{EE} - U_{BEQ}}{R + 2(1+\beta)R_e}$$

$$I_{CQ} \approx \beta I_{BQ}, \quad U_{CQ} = U_{CC} - I_{CQ}R_c, \quad U_{BQ} = -I_{BQ}R$$

(2) 动态分析

电路接入 R_e 后,当输入差模信号时,由于电路参数的对称性,导致流过 R_e 的电流不变,u_E 相当于一个固定电位,在交流通路中可将 R_e 视为短路,因此长尾式差分放大电路的微变等效电路如图 7.3-6 所示。

图 7.3-6 中,R_L 为接在两个三极管集电极之间的负载电阻。当输入差模信号时,一管的集电极电位降低,另一管的集电极电位升高,可以认为 R_L 中点处的电位保持不变,也就是说,在 $R_L/2$ 处相当于交流接地。

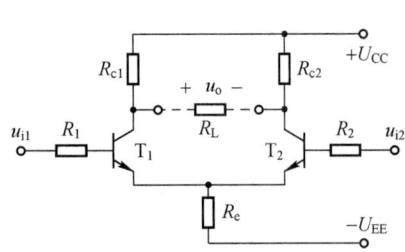
图 7.3-5 长尾式差分放大电路

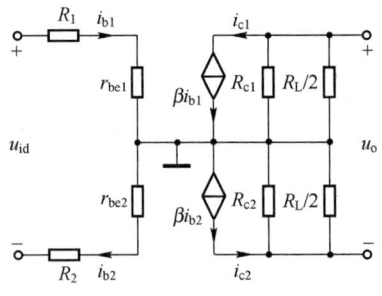
图 7.3-6 微变等效电路

根据微变等效电路可得

$$A_{\text{UD}} = \frac{u_o}{u_i} = -\frac{\beta\left(R_c // \frac{R_L}{2}\right)}{R + r_{be}}$$

差模输入电阻为

$$R_{id} = 2(R + r_{be})$$

差模输出电阻为

$$R_o = 2R_c$$

例 7.3-1 在长尾式差分放大电路中，为了在两侧参数不完全对称的情况下能使静态时 $U_o = 0$，常常接入调零电位器 R_W，如图 7.3-7 所示。已知 $U_{\text{CC}} = U_{\text{EE}} = 12\text{V}$，$R_{c1} = R_{c2} = R_c = 30\text{k}\Omega$，$R_e = 27\text{k}\Omega$，$R_1 = R_2 = R = 10\text{k}\Omega$，$R_L = 20\text{k}\Omega$，$R_W = 500\text{k}\Omega$，且设 R_W 的滑动端调在中点位置，三极管的 $\beta_1 = \beta_2 = \beta = 50$，$U_{\text{BEQ1}} = U_{\text{BEQ2}} = U_{\text{BEQ}} = 0.7\text{V}$，$r_{\text{bb'}1} = r_{\text{bb'}2} = r_{\text{bb'}} = 300\Omega$。

（1）估计放大电路的静态工作点；

（2）估算 A_{UD}、R_{id} 和 R_o。

解：（1）当输入信号为零时，由基极回路可得

$$I_{\text{BQ}} = \frac{U_{\text{EE}} - U_{\text{BEQ}}}{R + (1+\beta)(2R_e + 0.5R_W)} \approx 4\mu\text{A}$$

则

$$I_{\text{CQ}} \approx \beta I_{\text{BQ}} = 0.2\text{mA}, \quad U_{\text{CQ}} = U_{\text{CC}} - I_{\text{CQ}}R_c = 6\text{V}$$

$$U_{\text{EQ}} \approx -U_{\text{BEQ}} = -0.7\text{V}, \quad U_{\text{CEQ}} = U_{\text{BQ}} - U_{\text{EQ}} = 6.7\text{V}$$

（2）为了估算 A_{UD}，需先画出放大电路的微变等效电路，如图 7.3-8 所示。

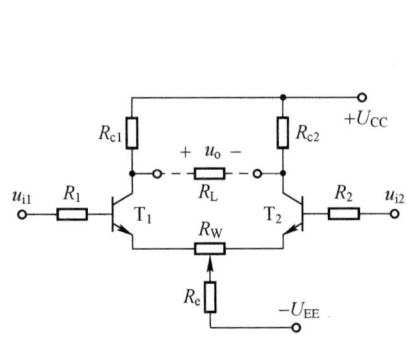
图 7.3-7 带调零电阻的长尾式差分放大电路

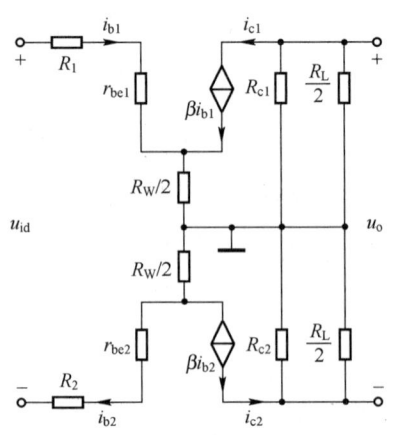
图 7.3-8 微变等效电路

由图可知

$$A_{UD} = \frac{u_o}{u_{id}} = -\frac{\beta R'_L}{R + r_{be} + (1+\beta)\frac{R_W}{2}}$$

式中，$R'_L = R_c // \frac{R_L}{2} = 7.5\text{k}\Omega$，$r_{be} = r_{bb'} + (1+\beta)\frac{26}{I_{EQ}} = 6.93\text{k}\Omega$。可得

$$A_{UD} = -\frac{50 \times 7.5}{10 + 6.93 + 51 \times 0.5 \times 0.5} = -12.6$$

$$R_{id} = 2\left[R + r_{be} + (1+\beta)\frac{R_W}{2}\right] \approx 59.4\text{k}\Omega$$

$$R_o = 2R_c = 60\text{k}\Omega$$

3. 恒流源式差分放大电路

在长尾式差分放大电路中，R_e 越大，则共模负反馈越强，抑制零点漂移的效果越好。但是，R_e 越大，同样的工作电流所需的负电源 U_{EE} 的值越大。如果既要抑制零点漂移的效果比较好，同时又不要求 U_{EE} 的值过大，可用一个电流源代替 R_e。可得恒流源式差分放大电路如图 7.3-9 所示。

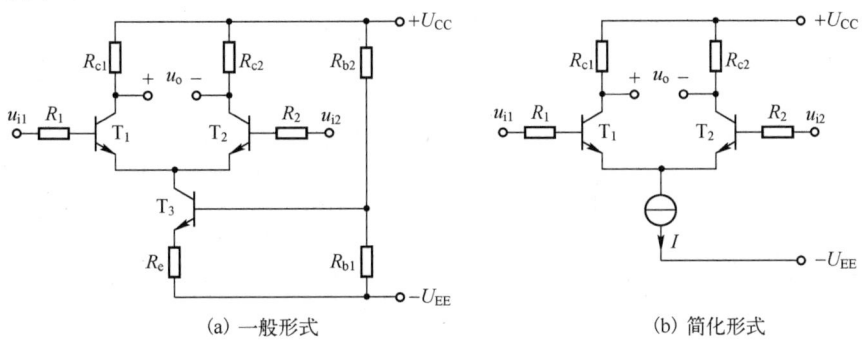

图 7.3-9 恒流源式差分放大电路

由图 7.3-9（a）可见，恒流三极管 T_3 的基极电位可由电阻 R_{b1}、R_{b2} 分压后得到，可认为基本不受温度变化的影响，当温度变化时 T_3 的发射极电位和发射极电流也基本保持稳定；而两个三极管的 i_{C1} 和 i_{C2} 之和近似等于 i_{C3}，可认为 i_{C1} 和 i_{C2} 不会因温度的变化而同时增大或减小。因此接入恒流三极管后，抑制了共模信号的变化。有时，为了简化起见，常常不把恒流源式差分放大电路的 T_3 的具体电路画出，而采用一个简化的电流源符号来表示，如图 7.3-9（b）所示。

同样，恒流源式差分放大电路也可以进行静态和动态分析。

（1）静态分析

当忽略 T_3 的基极电流时，R_{b1} 上的电压为

$$U_{BQ3} = \frac{R_{b1}}{R_{b1} + R_{b2}}(U_{CC} + U_{EE})$$

则 T_3 的静态电流为

$$I_{CQ3} \approx I_{EQ3} = \frac{U_{BQ3} - U_{BEQ3}}{R_e}$$

因此可得
$$I_{CQ1} = I_{CQ2} = \frac{1}{2}I_{CQ3}, \quad I_{BQ1} = I_{BQ2} = \frac{I_{CQ1}}{\beta_1}$$
$$U_{CQ1} = U_{CQ2} = U_{CC} - I_{CQ1}R_c, \quad U_{BQ1} = U_{BQ2} = -I_{BQ1}R_1$$

（2）动态分析

由于恒流三极管相当于一个阻值很大的长尾电阻，它的作用也相当于引入一个共模负反馈，对差模电压放大倍数没有影响，因此，恒流源式差分放大电路的微变等效电路与长尾式电路的相同。此外，二者的 A_{UD}、R_{id} 和 R_o 均相同，可自行分析。

7.3.2 差分放大电路的四种接法

差分放大电路有两个三极管，它们的基极和集电极可以分别成为放大电路的两个输入端和两个输出端。差分放大电路的输入、输出端可以有四种不同的接法，如图 7.3-10 所示。

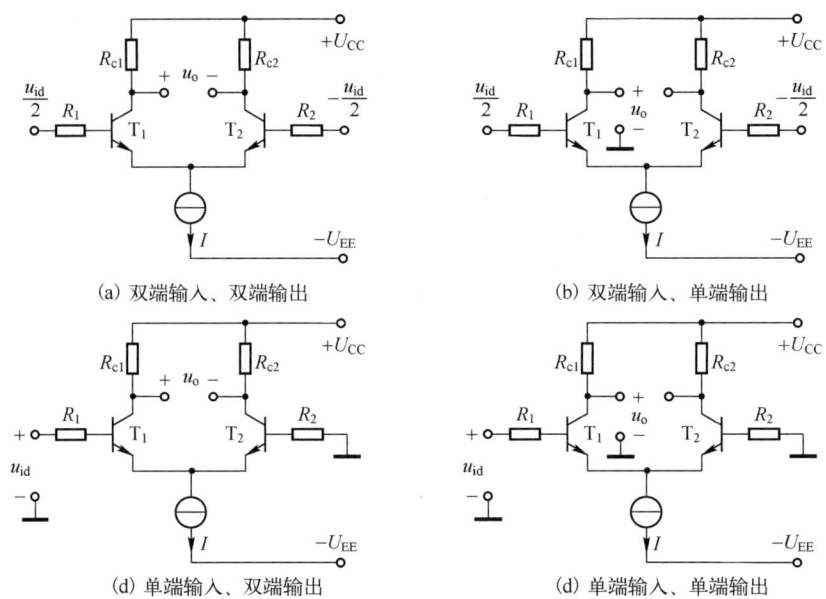

图 7.3-10 差分放大电路的四种接法

当输入、输出端的接法不同时，放大电路的某些性能指标和电路的特点也有差别，下面分别进行介绍。

（1）双端输入、双端输出

电路如图 7.3-10（a）所示，分析电路可得

$$A_{UD} = -\frac{\beta\left(R_c // \dfrac{R_L}{2}\right)}{R + r_{be}}, \quad R_{id} = 2(R + r_{be}), \quad R_o = 2R_c$$

由于差分放大电路中两个三极管的集电极电压的温度漂移互相抵消，因而抑制温度漂移的能力很强，理想情况下共模抑制比 K_{CMR} 为无穷大。

（2）双端输入、单端输出

电路如图 7.3-10（b）所示，由于只从一个三极管的集电极输出，而另一个三极管的集

电极电压变化没有输出，因而 u_o 约为双端输出时的一半，则

$$A_{\text{UD}} = -\frac{1}{2}\frac{\beta(R_c // R_L)}{R + r_{\text{be}}}, \quad R_{\text{id}} = 2(R + r_{\text{be}}), \quad R_o = R_c$$

这种接法常用于将差分信号转换为单端信号，以便与后面的放大级实现共地。

（3）单端输入、双端输出

在单端输入情况下，输入电压只加在某一个三极管的基极与公共端之间，另一管的基地接地，如图 7.3-10（c）所示。

对于在差分放大电路的两个输入端加上任意大小、任意极性的输入电压 u_{i1} 和 u_{i2}，可以视为某个差模输入电压与某个共模输入电压的组合，其中 $u_{id} = u_{i1} - u_{i2}$，$u_{ic} = \frac{1}{2}(u_{i1} + u_{i2})$。

对于 u_{i1} 为输入信号，u_{i2} 接地的情形，可知 $u_{id} = u_{i1}$，$u_{ic} = u_{i1}/2$，即 $u_{i1} = u_{ic} + u_{id}/2$，$u_{i2} = u_{ic} - u_{id}/2$。差分电路抑制共模信号，可认为 $u_{i1} = u_{id}/2$ 和 $u_{i2} = -u_{id}/2$，仍然相当于分别从两端输入一对共模信号。因此，单端输入、双端输出时

$$A_{\text{UD}} = -\frac{\beta\left(R_c // \dfrac{R_L}{2}\right)}{R + r_{\text{be}}}, \quad R_{\text{id}} \approx 2(R + r_{\text{be}}), \quad R_o = 2R_c$$

这种接法主要用于将单端信号转换为双端输出，以便作为下一级的差分输入信号。

（4）单端输入、单端输出

电路如图 7.3-10（d）所示。由于从单端输出，所以其差模电压放大倍数约为双端输出时的一半，即

$$A_{\text{UD}} = -\frac{1}{2}\frac{\beta(R_c // R_L)}{R + r_{\text{be}}}$$

$$R_{\text{id}} \approx 2(R + r_{\text{be}}), \quad R_o = R_c$$

这种接法的特点是在单端输入和单端输出的情况下，比一般的单管放大电路具有较强的抑制零点漂移的能力。另外，通过从不同的三极管集电极输出，可使输出电压与输入电压成为反相或同相关系。

通过对上述差分放大电路输入、输出端四种不同接法的分析，可得：不管信号是单端输入还是双端输入，只要是单端输出，它的差模电压放大倍数就是基本放大电路电压放大倍数的一半；若为双端输出，则与基本放大电路相同。

思考与练习

7.3-1 差分放大电路的常见形式有哪三种？有何不同？

7.3-2 差分放大电路有哪四种接法？有何区别？

7.3-3 图 7.3-11 所示电路中，参数理想对称，$\beta_1 = \beta_2 = \beta$，$r_{\text{be1}} = r_{\text{be2}} = r_{\text{be}}$。

（1）写出 R_W 的滑动端在中点时 A_{UD} 的表达式；

（2）写出 R_W 的滑动端在最右端时 A_{UD} 的表达式，比较两个结果有什么不同。

7.3-4 如图 7.3-12 所示电路，设 T_1、T_2 的 $\beta=200$，$U_{BE}=0.7\text{V}$，$r_{bb'}=200\Omega$，$I_O=1\text{mA}$，$R_{C1}=R_{C2}=R_C=10\text{k}\Omega$，$U_{CC}=U_{EE}=10\text{V}$。求：

（1）电路的静态工作点；

（2）双端输入、双端输出的 A_{UD}、R_{id}、R_o。

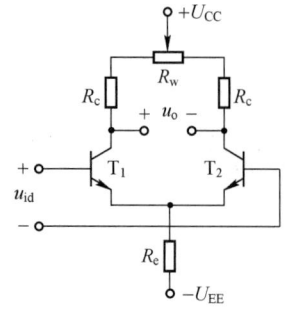
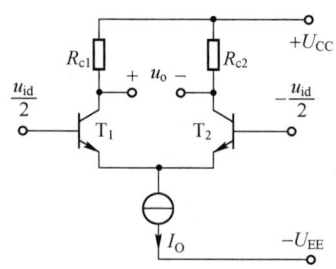

图 7.3-11　题 7.3-3 的电路　　　　　图 7.3-12　题 7.3-4 图

习题 7

7-1　选择合适答案填入括号内。

（1）集成运放电路采用直接耦合方式是因为（　　）。

　　　A．可获得很大的放大倍数；　　B．可使温度漂移小；　　C．集成工艺难于制造大容量电容

（2）通用型集成运放适用于放大（　　）。

　　　A．高频信号；　　B．低频信号；　　C．任何频率的信号

（3）集成运放制造工艺使得同类半导体管的（　　）。

　　　A．指标参数准确；　　B．参数不受温度影响；　　C．参数一致性好

（4）集成运放的输入级采用差分放大电路是因为可以（　　）。

　　　A．减小温度漂移；　　B．增大放大倍数；　　C．提高输入电阻

（5）为增大电压放大倍数，集成运放的中间级多采用（　　）。

　　　A．共发射极放大电路；　　B．共集电极放大电路；　　C．共基极放大电路

7-2　电路如题 7-2 图所示，电路参数理想对称，三极管的 β 均为 50，$r_{bb'}=100\Omega$，$U_{BEQ}=0.7V$，$U_{CC}=15V$，$U_{EE}=6V$，$R_C=10k\Omega$，$R_e=5.1k\Omega$，$R_W=100\Omega$。计算 R_W 滑动端在中点时 T_1 和 T_2 的静态工作点，动态参数 A_{UD} 和 R_i。

7-3　电路如题 7-3 图所示，T_1 和 T_2 的 β 均为 40，r_{be} 均为 $3k\Omega$，$R_C=10k\Omega$，$U_{CC}=15V$，$U_{EE}=6V$。若输入直流信号 $u_{i1}=20mV$，$u_{i2}=10mV$，求电路的共模输入电压 u_{ic}、差模输入电压 u_{id}、输出动态电压 Δu_o。

7-4　电路如题 7-4 图所示，晶体管的 $\beta=50$，$r_{bb'}=100\Omega$，$R_L=R_e=10k\Omega$，$R_c=20k\Omega$，$R_b=100\Omega$，$U_{CC}=15V$，$U_{EE}=6V$。

（1）计算静态时 T_1 和 T_2 的集电极电流和集电极电位。

（2）如果用电压表测得 $u_o=2V$，求 u_i；若 $u_i=10mV$，求 u_o。

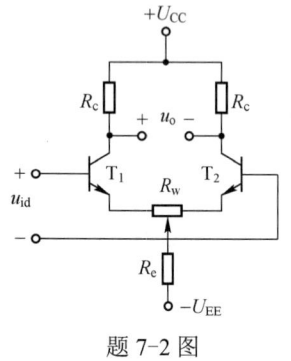
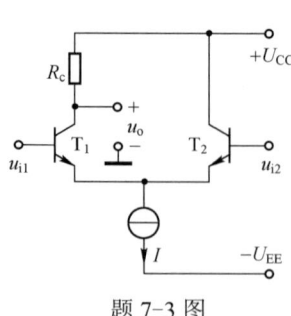
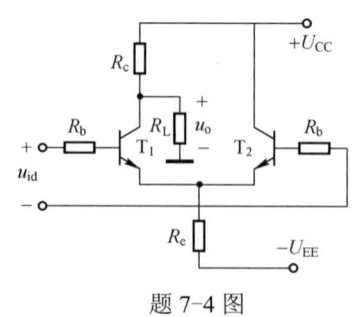

题 7-2 图　　　　　　　　　　题 7-3 图　　　　　　　　　　题 7-4 图

第 8 章　模拟信号运算电路

主要内容：
（1）理解理想运算放大器的构成、特点和应用条件。
（2）掌握理想运算放大器的"虚短""虚断"的概念。
（3）掌握比例运算电路、求和运算电路、积分和微分运算电路的工作原理和计算步骤。
（4）理解对数和指数运算电路的工作原理和计算步骤。
（5）掌握输出电压和输入电压运算关系式的求解方法。

8.1　理想运算放大器

课程思政融入点：理想运算放大器更多地给我们提供了一种理想状态的思考方式。我们可以将理想运算放大器看作是一种追求完美和无限的象征。在理想运算放大器的概念中，可以看到一种对理性、客观和公正的追求。

近年来，集成运算放大器发展迅猛，虽然更新换代的速度越来越快，但都具有输入电阻高、开环电压放大倍数高、输出电阻低等共同特点。为了分析方便，常把它看成一个理想运算放大器，即将实际运算放大器的一些技术性能指标理想化。这样在分析时用理想运算放大器代替实际运算放大器所引起的误差并不严重，但可以大大简化分析过程。

8.1.1　运算放大器的简化

运算放大器的符号、等效电路和电压传输特性曲线如图 8.1-1 所示。

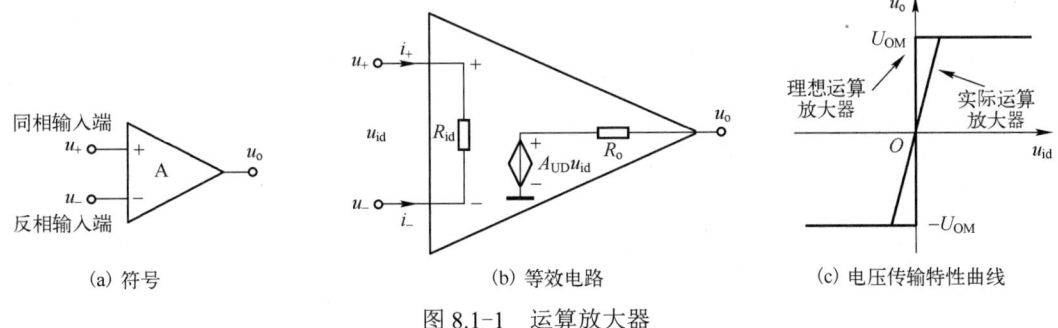

(a) 符号　　　　　　　　　(b) 等效电路　　　　　　　　(c) 电压传输特性曲线

图 8.1-1　运算放大器

在图 8.1-1 中，从输入端看，运算放大器具有差模输入电阻 R_{id}，即外部输入信号在输入端形成差值输入信号 $u_{id}=u_+-u_-$；从输出端看，输出回路中具有输出电阻 R_o 和受控电压源 $A_{UD}u_{id}$。在电压传输特性曲线中，工作区分为两个部分：线性区和非线性区。

（1）线性区：在该区域内，曲线的斜率为运算放大器的开环增益 A_{UD}，满足

$$u_o = A_{UD}u_{id} = A_{UD}(u_+ - u_-)$$

由于 A_{UD} 非常大，常常在 $10^5 \sim 10^6$ 数量级。而运算放大器的输出电压是有限的，一般

为 10～14V。因此运算放大器的差模输入电压不足 1mV，两个输入端近似等电位，相当于"短路"，则有 $u_+ \approx u_-$。

开环电压放大倍数越大，两个输入端的电位越接近相等。"虚短"是指在分析运算放大器处于线性状态时，可把两个输入端视为等电位，这一特性称为虚假短路，简称虚短。显然不能将两个输入端真正短路。

此外，运算放大器的输入电阻相当大，因此输入电流接近于零，则有 $i_+ \approx 0$，$i_- \approx 0$。

由于运算放大器的差模输入电阻很大，一般通用型运算放大器的输入电阻都在 1MΩ 以上。因此，流入运算放大器输入端的电流往往不足 1μA，远小于输入端外电路的电流。故通常可把运算放大器的两个输入端视为开路，且输入电阻越大，两个输入端越接近开路。"虚断"是指在分析运算放大器处于线性状态时，可以把两个输入端视为等效开路，这一特性称为虚假开路，简称虚断。显然不能将两输入端真正断路。

这两个特性大大简化了运算放大器构成的电路的分析设计。需要注意的是，此时运算放大器本身处于线性工作状态，即其输出量 u_o 与输入量 u_{id} 呈线性关系。

（2）非线性区：为了使运算放大器工作在非线性区，运算放大器一般均工作于开环状态，这时放大关系不存在，输出电压分别达到输出电压的极限值：U_{OM} 或 $-U_{OM}$，其数值接近正、负电源电压。即 $u_o = \begin{cases} U_{OM}, & u_+ > u_- \\ -U_{OM}, & u_+ < u_- \end{cases}$。

$u_+ \approx u_-$ 是两种输出状态转换的临界条件。此外，由于 $r_{id} \rightarrow \infty$，"虚断"仍然成立。由运算放大器构成的电路，有些工作在线性状态，有些工作在非线性状态。当输入信号 u_{id} 很小时，工作在线性放大区；当 u_{id} 较大时，运算放大器的输出级饱和，输出电压近似等于电源电压，这时运算放大器工作在非线性区。在运算放大器构成的信号运算电路中，通常在电路的分析和设计过程中把实际的运算放大器当作理想运算放大器，这样虽然会产生一定的误差，但是误差常常在可以容忍的范围内，并且还显著地简化了电路的分析设计过程。

一般来说，理想运算放大器具有以下主要参数：

（1）差模电压放大倍数 $A_{UD} = \infty$，实际上 $A_{UD} \geqslant 80\text{dB}$ 即可。

（2）差模输入电阻 $R_{id} = \infty$，实际上 R_{id} 比输入端外电路的电阻大 2～3 个数量级即可。

（3）输出电阻 $R_o = 0$，实际上 R_o 比输入端外电路的电阻小 2～3 个数量级即可。

（4）带宽足够宽。

（5）共模抑制比 K_{CMR} 足够大。

实际上在做一般原理性分析时，实际运算放大器都可以视为理想的。只要实际的运用条件不使运算放大器的某个技术指标明显下降即可。理想运算放大器具有"虚短"和"虚断"的特性，这两个特性对分析线性运用的运算放大器电路十分有用。

下面举例子说明虚短和虚断的运用。

例 8.1-1 直流毫安表电路如图 8.1-2 所示，当 $R_2 \gg R_3$ 时，求：

（1）证明 $U_S = \dfrac{R_1 R_3}{R_2} I_M$；

（2）$R_3 = 1\text{k}\Omega$，$R_1 = R_2 = 150\text{k}\Omega$，当 $U_S = 100\text{mV}$ 时，通过毫伏表的最大电流 $I_{M(max)}$。

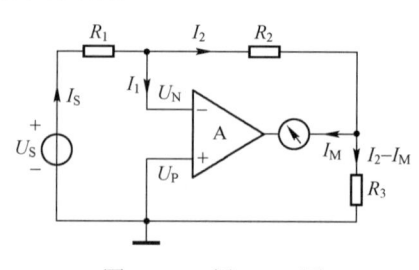

图 8.1-2 例 8.1-1 图

解：（1）利用虚断、虚短的概念，可得
$$U_P = U_N = 0, \quad I_1 = I_N = 0$$
所以
$$I_S = I_2 = U_S / R_1$$
又因为
$$U_P - U_N = 0 = I_2 R_2 + R_3(I_2 - I_M)$$
所以
$$I_M = \frac{R_2 + R_3}{R_3} I_2 = \left(\frac{R_2 + R_3}{R_3}\right) \frac{U_S}{R_1}$$
可得
$$U_S = \frac{R_1 R_3}{R_2 + R_3} I_M$$
当 $R_2 \gg R_3$ 时，$U_S = \dfrac{R_1 R_3}{R_2} I_M$。

（2）$I_{M(max)} = \dfrac{R_2}{R_1 R_3} U_S = \dfrac{150\text{k}\Omega}{150\text{k}\Omega \times 1\text{k}\Omega} \times 100\text{mV} = 100\mu\text{A}$

8.1.2 反馈的概念

在运算放大器简化分析的过程中，大都引入了各种形式的反馈，以改善放大电路某些方面的性能，达到实际工作中提出的技术指标要求。所谓放大电路中的反馈，通常是指将放大电路的输出量（输出电压或输出电流）的全部或一部分，通过一定的电路形式，反送到放大电路的输入回路中去。通常，如果要稳定放大电路中的某一个电量，则应该采取措施将此电量反馈回去。由于某些因素引起该电量发生变化时，这种变化将反映到放大电路的输入回路中，从而牵制原来的电量，使之基本保持稳定。因此，反馈是改善放大电路性能的重要手段。下面从不同的角度对反馈进行分类。

1. 正反馈和负反馈

根据反馈极性的不同，可以将反馈分为正反馈和负反馈。如果反馈放大电路中基本放大电路的净输入量增大，则该反馈为正反馈；如果反馈放大电路中基本放大电路的净输入量减小，则该反馈为负反馈。或者，如果反馈的结果使输出量的变化增大，则为正反馈；反之，为负反馈。

判断引入的反馈是正反馈还是负反馈，可以利用瞬时极性法，即先假定输入信号为某一个瞬时极性，然后逐级推出电路其他有关各点瞬时信号的相位变化，最后判断反馈到输入端信号的瞬时极性是增强还是削弱了原来的输入信号，如图 8.1-3 所示。

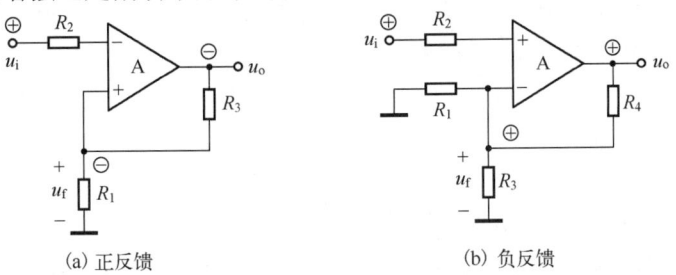

图 8.1-3　正反馈与负反馈

在图 8.1-3（a）中，输入电压加在集成运放的反相端且设瞬时极性为正（用符号"⊕"、"⊖"分别表示瞬时极性的正、负，即代表该点瞬时信号的变化为增大或减小），则输出电压

的瞬时极性也为负，而反馈电压由输出端通过电阻 R_1、R_3 分压后得到，反馈电压增强了输入电压的作用，使放大倍数提高。因此，图 8.1-3（a）所示电路为正反馈。

图 8.1-3（b）中，输入电压加在集成运放的同相端且设瞬时极性为正，则输出电压的瞬时极性也为正，而反馈电压由输出端通过电阻 R_3、R_4 分压后得到，反馈电压的瞬时极性为负，集成运放的差模输入电压等于输入电压与反馈电压之差，反馈电压引回到集成运放的反相输入端，此反馈信号起削弱外加输入信号的作用，使放大倍数降低。因此，图 8.1-3（b）所示电路为负反馈。

2. 直流反馈和交流反馈

根据反馈量本身的交、直流性质，可以将反馈分为直流反馈和交流反馈。如果反馈量只包含直流量，则称为直流反馈；若反馈量中只有交流量，则称为交流反馈。如果反馈量既有直流量又有交流量，则称为交直流反馈。

直流反馈的作用是稳定静态工作点，对于放大电路的动态参数没有影响；而交流负反馈对放大电路的动态参数会产生不同的影响，是改善电路技术指标的主要手段。

3. 电压反馈和电流反馈

根据反馈量是取自放大电路输出端的电压还是电流，可以将反馈分为电压反馈和电流反馈。如果反馈量取自输出电压，称为电压反馈；如果反馈量取自输出电流，则称为电流反馈。

为了判断放大电路中引入的反馈是电压反馈还是电流反馈，一般可假设将输出端交流短路，即令输出电压等于零，观察此时是否仍有反馈量。如果反馈量不存在，则为电压反馈；否则就是电流反馈。在放大电路中引入电压负反馈，将使输出电压保持稳定；而电流负反馈将使输出电流保持稳定。

4. 串联反馈和并联反馈

根据反馈量与输入量在放大电路输入回路中是以电压量求和还是以电流量求和，可以将反馈分为串联反馈和并联反馈。如果反馈量与输入量在输入回路中以电压形式求和，即反馈量与输入量串联，则称为串联反馈；如果两者以电流形式求和，即反馈量与输入量并联，则称为并联反馈。

对于负反馈来说，根据反馈信号在输出端采样方式以及在输入回路中求和形式的不同，共有以下四种组态。

（1）电压串联负反馈

在图 8.1-4 所示放大电路中，假设 A 为理想运算放大器，则 R_1 上的压降为零，电阻 R_f 引入一个反馈，反馈电压为输出电压 u_o 在 R_2 和 R_f 上的分压，于是 A 的差模输入电压为 $u_{id} = u_i - u_f$。因此，反馈电压起削弱外加输入电压的作用，使放大倍数降低，该组态是电压串联负反馈。

（2）电流串联负反馈

在图 8.1-5 所示放大电路中，$u_f = i_o R_f$，即反馈电压取自输出电流，为电流反馈；而放大电路的净输入电压为 $u_{id} = u_i - u_f$，说明反馈量与输入量以电压形式求和，是串联反馈；另外，由瞬时极性法判断该反馈为负反馈，因此该组态是电流串联负反馈。

（3）电压并联负反馈

在图 8.1-6 所示放大电路中，瞬时电流 i_i、i_{id} 和 i_f 的流向如图中箭头所示。

反馈电流 i_f 取自放大电路的输出电压 u_o，为电压反馈。而在输入回路中，净输入电流

$i_{id} = i_i - i_f$，即输入量与反馈量以电流的形式求和，为并联反馈。根据瞬时极性法，设输入电压的瞬时值升高，由于加在反相输入端，故输出电压的瞬时值将降低，于是流过 R_f 的反馈电流将增大，但这个反馈电流将削弱输入端电流的作用，使净输入电流减少。可见，此组态是电压并联负反馈。

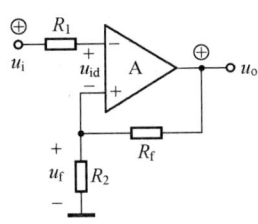
图 8.1-4 电压串联负反馈

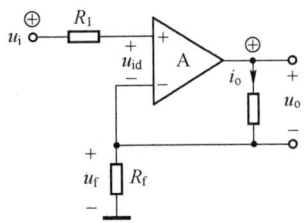
图 8.1-5 电流串联负反馈

（4）电流并联负反馈

在图 8.1-7 所示放大电路中，反馈量取自放大电路输出电流 i_o，故为电流反馈。在输入回路中，净输入电流 $i_{id} = i_i - i_f$，即外加输入量与反馈量以电流的形式求和，为并联反馈。

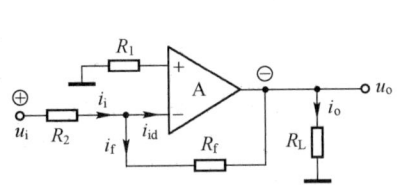
图 8.1-6 电压并联负反馈

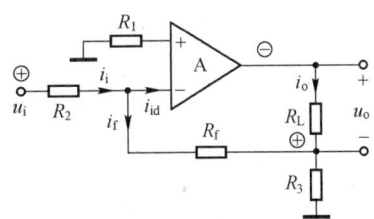
图 8.1-7 电流并联负反馈

根据瞬时极性法，设输入电压的瞬时值升高，则输出电压的瞬时值将降低，于是输出电流减少，R_3 的压降也降低，则流过 R_f 的反馈电流将增大，但是此反馈电流将削弱输入电流的作用，使净输入电流减少。因此，该组态是电流并联负反馈。

根据以上讨论可知，对于不同组态的负反馈放大电路来说，都有基本放大电路部分和反馈网络部分。为了保证理想运算放大器的线性运用，其必须在闭环（负反馈）下工作。

思考与练习

8.1-1 理想运算放大器"虚短""虚断"概念的主要内容是什么？

8.1-2 判断图 8.1-8 所示电路反馈的极性和组态。

8.1-3 电路如图 8.1-9 所示，试求输出电压 u_o 和输入电压 u_i 的运算关系式。

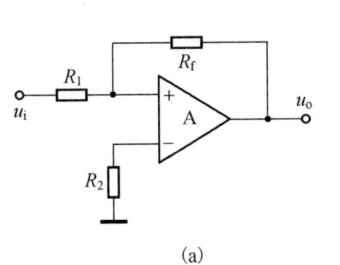
(a)

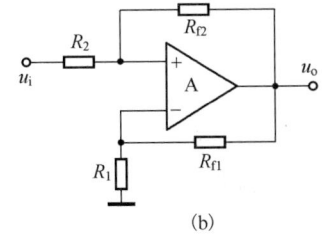
(b)

图 8.1-8 题 8.1-2 电路

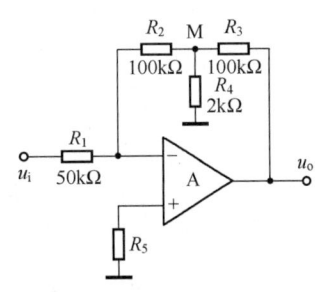
图 8.1-9 题 8.1-3 电路

8.2 比例运算电路

比例运算电路有三种基本形式：反相输入、同相输入以及差分输入。

8.2.1 反相比例运算电路

反相比例运算电路如图 8.2-1 所示。输入信号加在反相输入端，为使集成运放的两个输入端对地的直流电阻一致，在同相输入端应接入 R_p，且 $R_p=R_1 // R_f$。根据理想运放工作在线性区的"虚断"的概念，$i_+ = i_- \approx 0$，可知 R_p 上没有压降，则 $u_+=0$。

又由"虚短"的概念，可得 $u_+ = u_- \approx 0$，说明集成运放两个输入端的电位均为零，如同该两点接地一样，而事实上并不是真正接地，故称为"虚地"。"虚地"是反相比例运算电路的重要特征，它表明了运放的两个输入端基本没有共模信号电压，因此对集成运放的共模抑制比要求较低。

根据 $i_-=0$，由图 8.2-1 可得

$$i_1 = i_f, \quad \frac{u_i - u_-}{R_1} = \frac{u_- - u_o}{R_f}$$

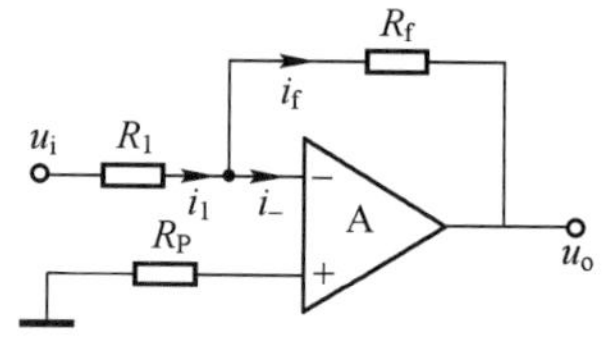

因为 $u_-=0$，所以输出电压与输入电压的关系为

$$u_o = -\frac{R_f}{R_1} u_i \quad (8.2-1)$$

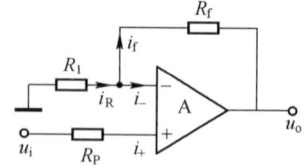

图 8.2-1 反相比例运算电路

式（8.2-1）表明电路的输出电压与输入电压成正比，负号表示输出信号与输入信号反相，故称为反相比例运算电路。由式（8.2-1）可得电路的电压放大倍数为

$$A_u = u_o / u_i = -R_f / R_1$$

上式表明反相比例运算电路的电压放大倍数仅由外接电阻 R_f 与 R_1 之比来决定，与集成运放参数无关。

8.2.2 同相比例运算电路

同相比例运算电路如图 8.2-2 所示。输入信号通过 R_p 接入集成运放的同相输入端，电路引入的是电压串联负反馈，故可认为输入电阻为无穷大，输出电阻为零。根据"虚短"和"虚断"的概念，可得

$$u_+ = u_- = u_i \quad (8.2-2)$$

式（8.2-2）表明集成运放有共模输入电压 u_i，这是同相比例运算电路的主要特征。所以，为了提高运算精度，在组成同相比例运算电路时，应选用共模抑制比高的集成运放。

因为净输入电流 $i_-=0$，所以 $i_R=i_f$，得

$$u_i = u_- = \frac{R_1}{R_1 + R_f} u_o \quad (8.2-3)$$

将式（8.2-3）代入式（8.2-2），整理后可得

$$u_o = \left(1 + \frac{R_f}{R_1}\right) u_+ = \left(1 + \frac{R_f}{R_1}\right) u_i$$

图 8.2-2 同相比例运算电路

上式表明输出电压与输入电压成正比,并且相位相同,故称为同相比例运算电路。同相比例运算电路的放大倍数总是大于或等于 1。

例 8.2-1 将图 8.2-2 电路中的 R_f 短路,R_1 开路,可构成电压跟随器电路,如图 8.2-3 所示。试求输出电压 u_o 与输入电压 u_i 之间的关系式。

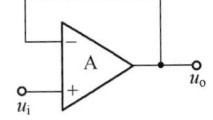

图 8.2-3 电压跟随器电路

解:由图 8.2-3 可知,$u_\mathrm{o}=u_-$,而 $u_-=u_+=u_\mathrm{i}$,因此 $u_\mathrm{o}=u_\mathrm{i}$。

因为理想运放的开环差模增益为无穷大,所以电压跟随器的跟随特性比射随器好。

8.2.3 差分比例运算电路

差分比例运算电路如图 8.2-4 所示。

当反相端输入信号 u_i1 单独作用时,令 $u_\mathrm{i2}=0$,此时电路为反相比例运算电路,输出电压为

$$u_\mathrm{o1}=-\frac{R_4}{R_1}u_\mathrm{i1}$$

当同相端输入信号 u_i2 单独作用时,令 $u_\mathrm{i1}=0$,此时电路为同相比例运算电路。由于 $u_+=u_-$,且由图 8.2-4 可得

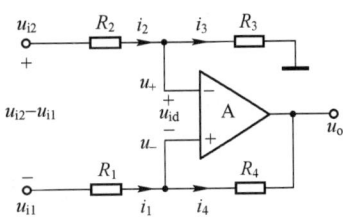

图 8.2-4 差分比例运算电路

$$u_+=\frac{R_3}{R_3+R_2}u_\mathrm{i2},\quad u_-=\frac{R_1}{R_1+R_4}u_\mathrm{o2}$$

则输出电压为

$$u_\mathrm{o2}=\left(1+\frac{R_4}{R_1}\right)u_-=\left(1+\frac{R_4}{R_1}\right)u_+=\left(1+\frac{R_4}{R_1}\right)\cdot\frac{R_3}{R_2+R_3}u_\mathrm{i2}$$

利用线性叠加定理,当 u_i1,u_i2 共同作用时,输出电压为

$$u_\mathrm{o}=u_\mathrm{o1}+u_\mathrm{o2}=-\frac{R_4}{R_1}u_\mathrm{i1}+\left(1+\frac{R_4}{R_1}\right)\cdot\frac{R_3}{R_2+R_3}u_\mathrm{i2}$$

为了保证集成运放的两个输入端对地的电阻平衡,当满足 $R_1=R_2$,$R_3=R_4$ 时,输出电压可简化为

$$u_\mathrm{o}=\frac{R_4}{R_1}(u_\mathrm{i2}-u_\mathrm{i1})$$

此式表明输出电压与两输入电压之差成正比,故图 8.2-4 所示电路称为差分比例运算电路。

当 $R_1=R_2=R_3=R_4$ 时,可得

$$u_\mathrm{o}=u_\mathrm{i2}-u_\mathrm{i1}$$

此时,电路实现了减法运算。

例 8.2-2 图 8.2-4 所示的减法运算电路结构简单。在实际应用中,通常采用两级电路实现减法运算,如图 8.2-5 所示。试求输出电压 u_o 与输入电压 u_i1、u_i2 之间的关系式。

解:电路第一级为同相比例运算电路,可得

$$u_\mathrm{o1}=\left(1+\frac{R_\mathrm{f1}}{R_1}\right)u_\mathrm{i1}$$

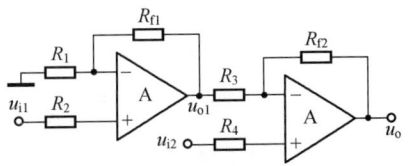

图 8.2-5 改进的减法运算电路

利用叠加定理,可得第二级电路的输出为

$$u_o = -\frac{R_{f2}}{R_3} \cdot u_{o1} + \left(1 + \frac{R_{f2}}{R_3}\right) u_{i2}$$

$$= -\frac{R_{f2}}{R_3} \cdot \left(1 + \frac{R_{f1}}{R_1}\right) u_{i1} + \left(1 + \frac{R_{f2}}{R_3}\right) u_{i2}$$

当 $R_1 = R_{f2}$，$R_3 = R_{f1}$ 时，可得

$$u_o = \left(1 + \frac{R_{f2}}{R_3}\right)(u_{i2} - u_{i1})$$

思考与练习

8.2-1 电路如图 8.2-6 所示，求 u_{o2} 与 u_{i1}、u_{i2} 之间的关系式。

8.2-2 电路如图 8.2-7 所示，求 u_o 与 u_{i1}、u_{i2} 之间的关系式。

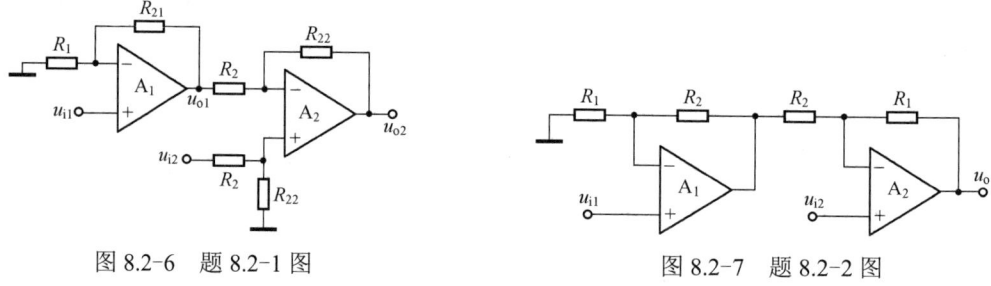

图 8.2-6　题 8.2-1 图　　　　　　　图 8.2-7　题 8.2-2 图

8.3　求和运算电路

课程思政融入点：在讲授各个参数设置的时候，向学生渗透小参数，大作用的理念，再平凡的一个参数，也会影响到整个电路的质量，作为工匠，我们应该将参数优化到极致，让它体现出应有的价值。

求和运算电路的输出量反映多个模拟输入量的相加结果，用运算放大器可组成求和运算电路，可采用反相输入方式和同相输入方式。

8.3.1　反相求和运算电路

使用反相比例放大器可构成反相求和运算电路，如图 8.3-1 所示。

因为运算放大器开环增益很大，且引入并联电压负反馈，n 点为"虚地"，$u_n \approx 0$，所以

$$i_1 = \frac{u_{i1} - u_n}{R_1} \approx \frac{u_{i1}}{R_1}, \quad i_2 = \frac{u_{i2} - u_n}{R_2} \approx \frac{u_{i2}}{R_2}, \quad i_3 = \frac{u_{i3} - u_n}{R_3} \approx \frac{u_{i3}}{R_3}$$

对理想运算放大器，$i_+ = i_- = 0$，即输入端不取电流，则

$$i_f = i_1 + i_2 + i_3$$

所以

$$u_o = -i_f R_f = -\frac{R_f}{R_1} u_{i1} - \frac{R_f}{R_2} u_{i2} - \frac{R_f}{R_3} u_{i3}$$

当各电阻值满足关系 $R_1 = R_2 = R_2 = R$ 时，可得

$$u_o = -\frac{R_f}{R}(u_{i1} + u_{i2} + u_{i3})$$

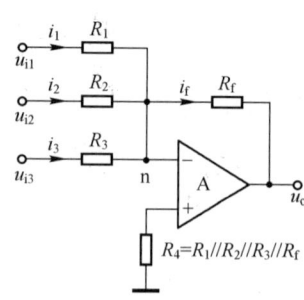

图 8.3-1　反相求和运算电路

8.3.2 同相求和运算电路

所谓同相求和运算电路，是指其输出电压与多个输入电压之和成正比，且输出电压与输入电压同相。电路如图 8.3-2 所示。

对理想运算放大器，其同相端与反相端可视为"虚短"，即
$$u_+ = u_-$$
其中 u_+ 等于各输入电压在同相端的叠加，u_- 等于 u_o 在反相端的反馈电压，可得

$$\begin{cases} u_+ = \dfrac{R_3 /\!/ R_2}{R_1 + R_2 /\!/ R_3} u_{i1} + \dfrac{R_1 /\!/ R_3}{R_2 + R_1 /\!/ R_3} u_{i2} \\ u_- = \dfrac{R}{R + R_f} u_o \end{cases}$$

于是可得
$$u_o = \left(1 + \frac{R_f}{R}\right) \cdot \left(\frac{R_2 /\!/ R_3}{R_1 + R_2 /\!/ R_3} u_{i1} + \frac{R_1 /\!/ R_3}{R_2 + R_1 /\!/ R_3} u_{i2}\right)$$

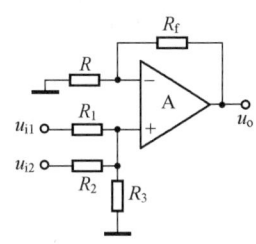

图 8.3-2 同相相加运算电路

上式表明图 8.3-2 可实现同相求和运算。但是，集成运算放大器同相输入端电压 u_+ 与各个信号源的输入端串联电阻有关，各个信号源互不独立。因此，当调节某一支路的电阻以实现相应的比例关系时，其他支路输入电压与输出电压之间的比值也将随之变化，这样会使电路参数值的估算和调试过程比较麻烦。

思考与练习

8.3-1 电路如图 8.3-3 所示，求 u_o 与 u_{i1}、u_{i2}、u_{i3} 之间的关系式。

8.3-2 电路如图 8.3-4 所示，求 u_o 与 u_{i1}、u_{i2}、u_{i3} 之间的关系式。

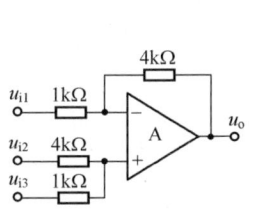

图 8.3-3 题 8.3-1 图

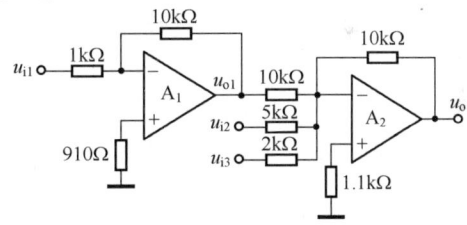

图 8.3-4 题 8.3-2 图

8.4 积分和微分运算电路

积分电路是使输出信号与输入信号的时间积分值成比例的电路。将积分运算电路中的反相端输入电阻和反馈电容互相交换位置后即为微分运算电路。下面分别进行介绍。

8.4.1 基本积分电路

积分电路能够完成积分运算，即输出电压与输入电压的积分成正比。积分电路是控制和测量系统中常用的单元电路，利用其充放电过程可以实现延时、定时以及各种波形的产生。最简单的积分电路由一个电阻 R 和一个电容 C 构成，如图 8.4-1 所示。

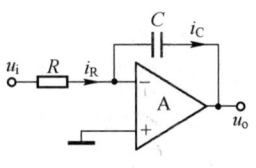

图 8.4-1 积分运算电路

由图 8.4-1 可知，根据"虚短"、"虚断"概念，电容 C 中电流 i_C 等于电阻 R 中电流 i_R，可得

$$i_C = i_R = \frac{u_i}{R}$$

因此
$$u_o = -\frac{1}{C}\int i_C dt = -\frac{1}{RC}\int u_i dt$$

上式表明输出电压与输入电压的积分成正比。习惯上，令 $\tau = RC$，τ 称为积分器的积分时间常数。

当输入电压分别为阶跃信号、方波信号、正弦波信号时，输出电压波形如图 8.4-2 所示。

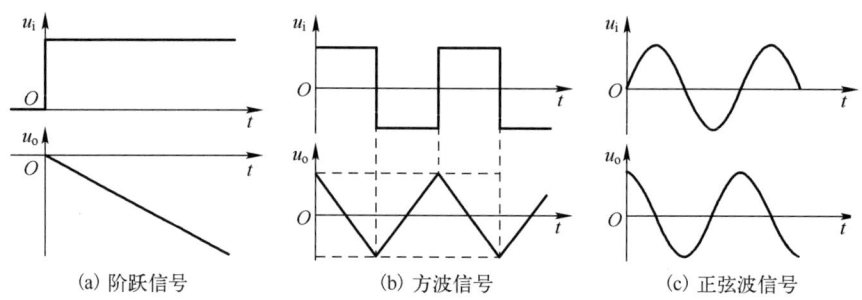

图 8.4-2　不同输入电压时的输出电压波形

由图 8.4-2 可见，当在积分运算电路中输入不同电压信号时，分别实现线性积分、波形变换、移相的功能。

例 8.4-1　电路如图 8.4-3 所示，求输出电压 u_o 与输入电压 u_{i1}、u_{i2}、u_{i3} 之间的关系式。

解： 由图 8.4-3 可知，由于 $i_C = i_1 + i_2 + i_3$，所以

$$u_o = -\frac{1}{C_F}\int\left(\frac{u_{i1}}{R_{f1}} + \frac{u_{i2}}{R_{f2}} + \frac{u_{i3}}{R_{f3}}\right)dt$$

当 $R_{f1} = R_{f2} = R_{f3} = R_f$ 时，上式可简化为

$$u_o = -\frac{1}{C_F R_f}\int(u_{i1} + u_{i2} + u_{i3})dt$$

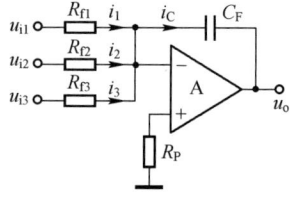

图 8.4-3　求和积分运算电路

8.4.2　基本微分电路

基本微分电路如图 8.4-4 所示。可得

$$i_C = C\frac{du_i}{dt} = i_o, \quad u_o = -i_C R = -RC\frac{du_i}{dt}$$

由上式可见输出电压与输入电压对时间的导数成正比，RC 称为时间常数。例如，$u_i = \sin\omega t$，则 $u_o = -RC\omega\cos\omega t$。特别值得注意的是，微分运算电路的输出电压对输入电压的变化非常敏感，所以它的抗干扰性能差。

当输入电压分别为阶跃信号、正弦波信号时，输出电压波形如图 8.4-5 所示。

由图 8.4-5 可见，当在积分运算电路中输入不同电压信号时，可实现波形变换的功能。

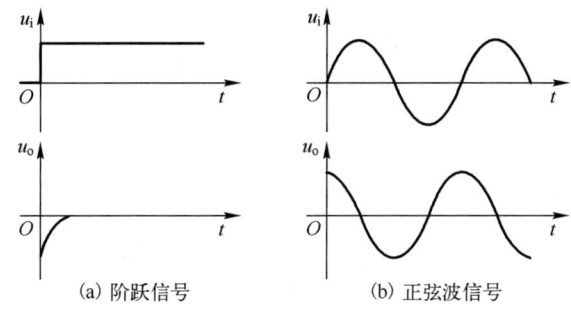

图 8.4-4 微分运算电路　　　　　　　　图 8.4-5 不同输入电压时的输出电压波形

(a) 阶跃信号　　(b) 正弦波信号

思考与练习

8.4-1 电路如图 8.4-6 所示，求 u_o 与 u_{i1}、u_{i2} 之间的关系式。

8.4-2 电路如图 8.4-7 所示，求 u_o 与 u_i 之间的关系式。

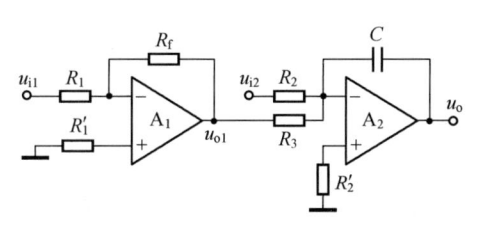 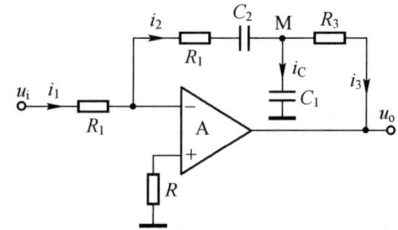

图 8.4-6 题 8.4-1 图　　　　　　　　图 8.4-7 题 8.4-2 图

8.5 对数和指数运算电路

在实际应用中，有时需要进行对数运算或指数运算。例如，在某些系统中，输入信号范围很宽，容易造成限幅状态，通过对数放大器，使输出信号与输入信号的对数成正比，从而将信号加以压缩；要实现两信号的相乘或相除，也需要使用对数和反对数运算电路。

8.5.1 对数运算电路

采用二极管的对数运算电路如图 8.5-1 所示。图中二极管为反馈元件，跨接于输出端与反相输入端之间。为使二极管导通，u_i 应大于 0。由二极管的伏安特性可知

$$i_D = I_S(e^{u_D/U_T} - 1)$$

当二极管两端电压大于 100 mV 时，$e^{u_D/U_T} \gg 1$，则二极管两端的正向电压与电流的关系为

$$i_1 = \frac{u_i}{R} = i_D \approx I_S e^{u_D/U_T}$$

而 $u_D = 0 - u_o$，可得

$$\frac{u_i}{R} = I_S e^{(0-u_o)/U_T}$$

所以

$$u_o = -U_T \ln \frac{u_i}{I_S R}$$

图 8.5-1 对数运算电路

由上式可见输出电压与输入电压成对数关系，且与 U_T、I_S 有关，因而运算精度受温度影响，仅在一定的电流范围才满足指数特性。为了扩大输入输出电压的动态范围，常采用三极管取代二极管构成对数运算电路，如图 8.5-2 所示。

在图 8.5-2 中，忽略晶体管基区体电阻压降，设共基极电路电流放大倍数 $\alpha \approx 1$，$U_{BE} > 4U_T$，则

$$i_C = ai_E \approx I_S e^{u_{BE}/U_T}, \quad u_{BE} \approx U_T \ln \frac{i_C}{I_S}$$

又因为 $\qquad i_C = i_R = u_i / R, \quad u_{BE} = -u_o$

因此 $\qquad u_o = -u_{BE} \approx -U_T \ln u_i$

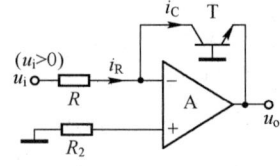

图 8.5-2　由三极管构成的对数运算电路

可见输出电压与输入电压成对数关系。采用三极管构成的对数运算电路，虽然运算精度也受温度的影响，但其输入电压的工作范围较大。

8.5.2　指数运算电路

将图 8.5-2 所示对数运算电路中的三极管和电阻 R 位置互换，即为指数运算电路，如图 8.5-3 所示。由图 8.5-3 可知

$$u_i = u_{BE}, \quad i_R = i_E \approx I_S e^{u_i/U_T}$$

则 $\qquad u_o = -i_R \cdot R = -I_S R \cdot e^{u_i/U_T}$

上式表明输出电压与输入电压之间满足指数运算关系，实现了指数运算。

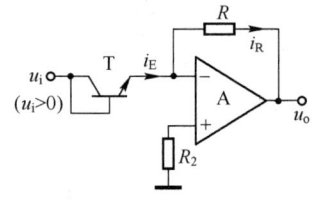

图 8.5-3　指数运算电路

综上所述，无论对数运算还是指数运算，其运算式中都包含 I_S 及 U_T，说明受温度影响较大，运算精度都不是很高。因此，在设计实际的对数/指数运算电路时，可以利用特性相同的两只三极管进行补偿，可部分消除温度对运算的影响。

思考与练习

8.5-1　如何实现对数运算电路与指数运算电路之间的转换？

8.5-2　如何克服对数运算电路、指数运算电路中温度的影响？

习题 8

8-1　求题 8-1 图所示电路的运算关系。

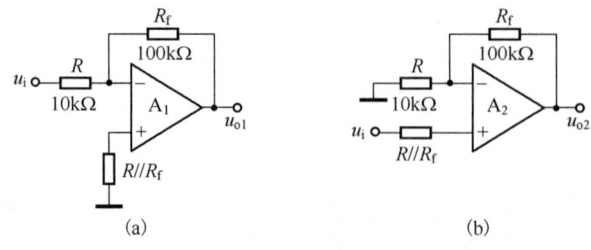

题 8-1 图

8-2　分别判断题 8-2 图所示电路反馈的极性和组态。设集成运放均为理想运算放大器。

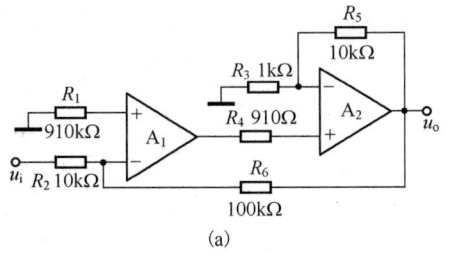
(a)

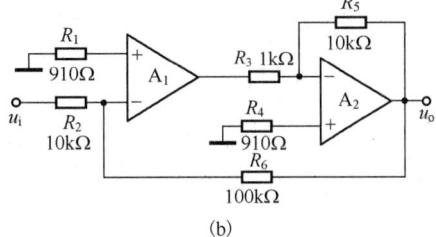
(b)

题 8-2 图

8-3 如题 8-3 图所示，已知 $R_2 \gg R_4$，求 $R_1 = R_2$ 时 u_o 与 u_i 的比例关系式。

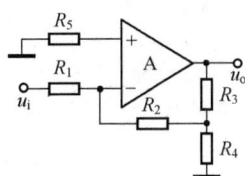

题 8-3 图

8-4 求题 8-4 图所示电路输出电压与输入电压的运算关系式。

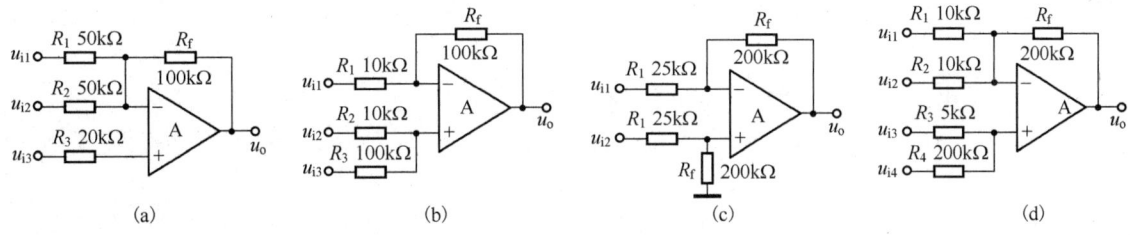

题 8-4 图

8-5 求题 8-5 图所示电路的运算关系式。

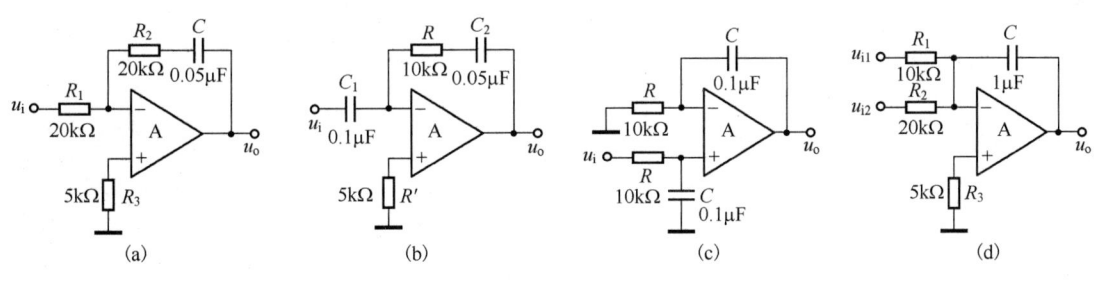

题 8-5 图

8-6 求题 8-6 图所示电路输出电压与输入电压的运算关系式。

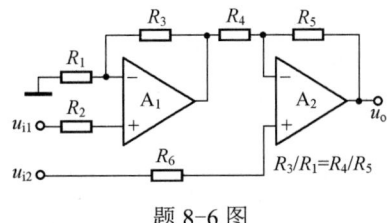

题 8-6 图

8-7 题 8-7 图（a）所示电路中，已知输入电压的波形如题 8-7 图（b）所示，当 $t=0$ 时，$u_o=0$。试画出 u_o 的波形。

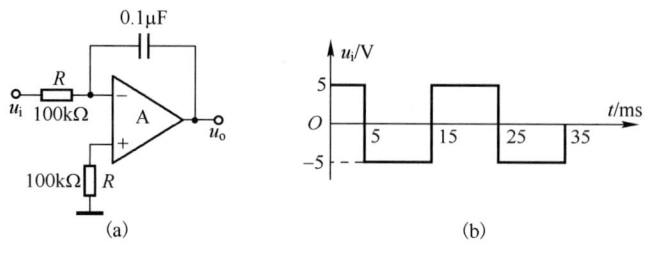

题 8-7 图

8-8 求题 8-8 图所示电路输出电压与输入电压之间的运算关系式。

8-9 求题 8-9 图所示电路输出电压与输入电压之间的运算关系式。

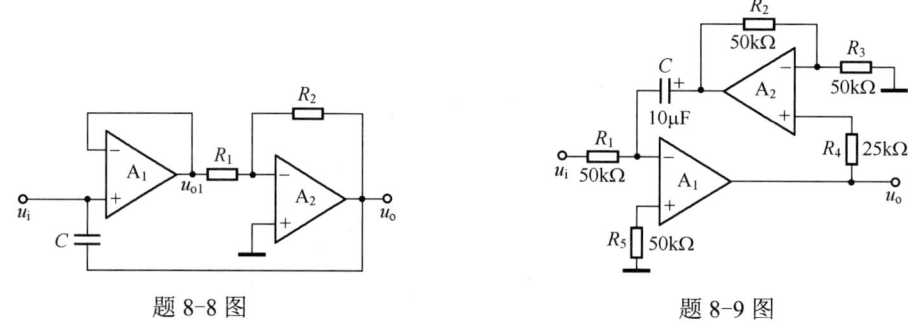

题 8-8 图 　　　　　　　　　题 8-9 图

8-10 智能无线麦克风是一种集成了无线麦克风、声卡与调音台功能的电子设备，通过数字技术实现智能化操作，支持与电脑、手机、智能电视等设备连接。结合所学知识，设计一套简单的麦克风的声音放大电路。

第3部分　数字电子技术基础

数字电子技术基础主要通过对数字电路的基本原理及其分析和设计方法的学习，使学习者获得数字电子技术方面的基本知识、基本理论和基本技能，为深入学习数字电子技术及其在专业中的应用打下基础。本部分的主要内容包括数字逻辑电路基础、逻辑门电路、组合逻辑电路、触发器、时序逻辑电路。

数字信号是指时间上和数值上均离散的信号，如开关位置、数字逻辑等，最典型的数字信号是矩形波。数字信号所表现的形式是一系列的高、低电平组成的脉冲波。而数字信号产生、发送和处理的电子电路为数字电路，如门电路、触发器、组合逻辑电路等。研究数字电路的电子技术就是数字电子技术。本部分内容以逻辑分析和设计为主线，讲解逻辑分析和设计的基础知识。内容安排采用先"逻辑"后"电路"的次序。首先介绍数制、码制和逻辑代数等基础知识，然后学习各种门电路、组合逻辑电路，最后重点学习各种触发器和时序逻辑电路。

本书中，有关数字电路的元器件，其端子名称、该端子的输入/输出信号，均用同一个文字符号表示，且不加区分统一用斜体。例如，对于 D 触发器，输入端为 D，其输入信号也用 D 表示。

数字电子技术基础内容之间的关系如图 1 所示。

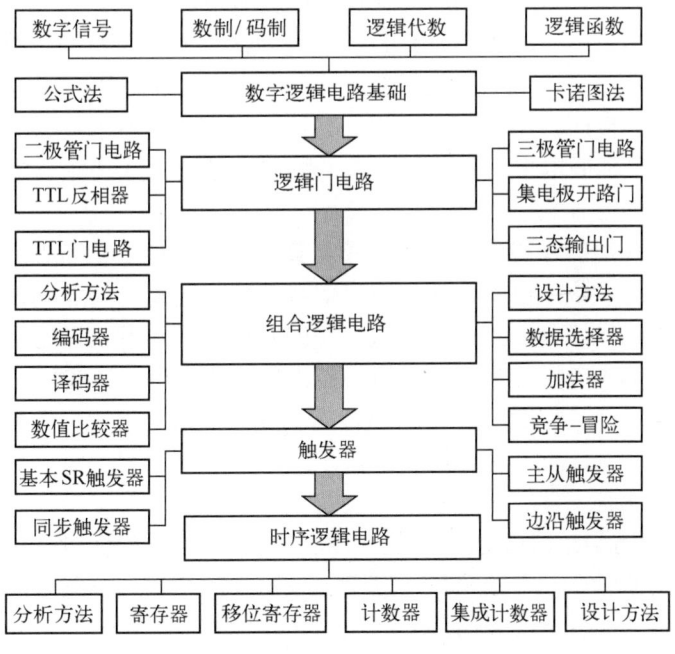

图 1　数字电子技术基础内容之间的关系

第 9 章 数字逻辑电路基础

主要内容：

（1）了解数字信号与数字电路，以及数制和码制。
（2）理解逻辑代数、逻辑函数及其表示方法。
（3）掌握逻辑函数的化简方法，包括公式法和卡诺图法。

9.1 数字信号与数字电路

信号有电、声、光、磁等多种形式，由于电信号的处理比较方便且技术成熟，因此，在信号处理中应用较多的是电信号。

9.1.1 数字信号

电子电路中的信号可分为两大类，即模拟信号和数字信号。如图 9.1-1 所示。

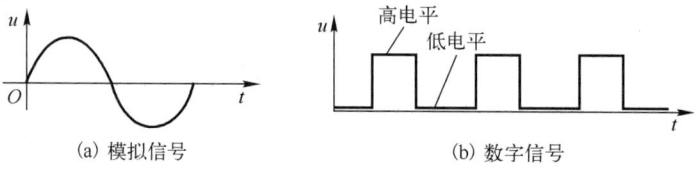

图 9.1-1 模拟信号与数字信号

模拟信号是在时间上、数值上均连续变化的电信号，如图 9.1-1（a）所示，如正弦信号等。数字信号是离散的电信号，如图 9.1-1（b）所示，如矩形信号等。数字信号的两种状态用高电平和低电平表示，高、低电平指一个电压范围，如 2.4～5V，0～0.8V。或用 0 和 1 表示。通常用 1 表示高电平，用 0 表示低电平，称为正逻辑，本书均采用正逻辑。也可以用 0 表示高电平，用 1 表示低电平，称为负逻辑。数字信号是由 0 和 1 以不同的组合形式构成的，每一种形式代表一定含义。

模拟电路是处理模拟信号的电子电路，如各类放大器、稳压电路等，主要研究的是如何不失真地放大模拟信号。数字电路是处理数字信号的电子电路，如译码器、计数器等。数字电路经历了电子管、半导体分立器件到集成电路的发展历程，发展迅速，目前广泛使用的是数字集成电路。数字集成电路是把数字电路的基本单元逻辑电路集成到一块半导体芯片上。

实际生产中的数字信号如图 9.1-2 所示，为工业流水线上记录工件个数的计数系统输出的信号。在流水线的一侧放置一个光源，在流水线的另一侧放置接收装置，当工件通过光源时，光源被遮挡；当没有工件通过时，接收装置接收到光源信号。接收装置把光源信号转换成电信号，输出信号为高电平时表示没有工件通过，输出信号为低电平时表示有工件通过。若能够准确记录输出信号低电平的个数，则可记录工件的个数。电路只要能够准确区分高、低电平即可，因此高、低电平并不是某一个电压值，而是指一个电压范围，如 2.4～5V 为高电平，0～0.8V 为低电平。

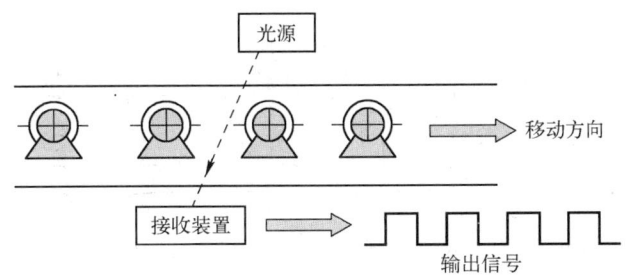

图 9.1-2　工业流水线计数系统及其输出信号

在自然界中大多数信号都是模拟信号，当这些信号需要用数字电路进行处理时，就要进行模拟信号到数字信号的转换。由于数字电路的输出也是数字信号，数字信号不能直接回到自然界中，所以其输出的数字信号需要转换成模拟信号，才能重新被利用。数字信号和模拟信号之间的转换可以通过数模转换器和模数转换器来实现。

9.1.2　数字电路

数字电路因其具有集成度高、功耗低、可靠性高、抗干扰能力强、便于长期存储、可编程和使用灵活等优点，得到了广泛的应用。数字电路的应用和发展极大地改变了人们生产、生活的各个方面，在电子计算机、电机、通信设备、自动控制、雷达、家用电器、电子小产品及汽车电子等领域得到了广泛的应用。根据不同的分类方式，数字电路可分为以下几类：

（1）按集成度分类。集成度是指在一张硅片上集成逻辑门或器件数量的多少，按集成度的大小可以分为小规模集成电路（SSI）、中规模集成电路（MSI）、大规模集成电路（LSI）和超大规模集成电路（VLSI）。SSI 集成度低，主要包括逻辑门和集成触发器等。

（2）按电路使用的器件分类。可分为双极型电路和单极型电路。双极型电路是由二极管、三极管等双极型器件构成的电路，包括 TTL 等多种。单极型电路是由半导体场效应管等单极型器件构成的电路，包括 CMOS、NMOS、PMOS 等类型。

（3）按逻辑功能分类。可分为组合逻辑电路和时序逻辑电路。组合逻辑电路是指输出只与输入有关的电路。时序逻辑电路是指输出不仅与输入有关而且与电路原状态有关的电路。

由于数字信号一般只有 0 和 1 两种状态，而数字电路又可以实现数字信号的存储、处理和传输，因此数字电路具有如下特点：

（1）数字电路中二极管和三极管工作在开关状态。数字电路与模拟电路一样，都是由二极管、三极管等器件构成的，数字电路中二极管、三极管一般工作在开关状态，开关的通与断采用二极管的导通和截止或三极管的饱和和截止来实现，而这些器件在模拟电路中主要工作在线性区。

（2）数字电路的基本单元电路只有 0 和 1 两个状态，单元电路简单。数字电路由几种基本单元电路组成，由于基本单元电路只要能可靠地区分高、低电平即可，对元件精度要求不高，允许有较大误差，因此数字电路的基本单元电路结构简单，便于集成，抗干扰能力强，可靠性高，成本低廉，使用方便。

（3）数字电路的分析和设计应用的主要工具是逻辑代数。数字电路研究的是输入和输出的逻辑关系，即因果关系，所以数字电路也称为逻辑电路。分析和设计数字电路以逻辑代数为工具，利用真值表、逻辑表达式和波形图等来表示电路的逻辑功能。

（4）数字电路可大规模集成，速度快，功耗低，可编程。随着半导体制造工艺技术的不断提高，数字器件的集成度越来越高，工作速度越来越快，功耗越来越低。可编程逻辑器件的应用，提高了使用的灵活性，并大大缩短了数字电路的研发周期。

思考与练习

9.1-1　数字电路与模拟电路有何区别？
9.1-2　数字电路的分类有哪些？
9.1-3　数字电路的特点有哪些？

9.2　数制和码制

课程思政融入点：引导学生了解十进制的历史，从米索不达亚人的记日历的 60 进制，到古巴比伦人设计的最古老的真正的 60 进制系统，以及国外 16 进制和 12 进制，再到伟大的中华民族创造的十进制系统，让学生感受到中国智慧在世界数学史上的重要意义。

数字信号通常都是用数码的形式给出的。不同的数码可以用来表示不同的事物，这时仅用一位数码往往不够，因而需要遵循一定的规则组成多位数码。

9.2.1　数制

数制是人类在长期的生活实践过程中，为了计数，为了用尽量少的数码表示比较大的数值，经常采用进位计数的方法来计数，简称计数制、进位制。日常生活中常用十进制（Decimal）数。而在数字电路中常使用二进制数、八进制数或十六进制数。

进位计数制是指将数码排列成数位，按由低位向高位进位来计数，表示数的大小的方法，如十进制数 551。进位计数制包含两个基本要素：基数与位权。

基数：是指一种计数制允许使用基本数码的个数。例如，十进制数由 0~9 共 10 个不同的数字符号组成，所以它的基数是 10。一般来说，在 N 位计数制中，包含 0，1，2，3，…，（N–1）个数码，进位规律是"逢 N 进一"，即每一位计满 N 就向高位进 1，简称 N 进制。

位权：在一个进位计数制表示的数中，处于不同位的数字代表不同的数值，某一位的数值是由这一位数字的值乘以处于该位的一个固定常数，不同位上的固定常数称为位权值，简称权值或权。不同位有不同的权值，如十进制数个位的权值是 10^0，十位的权值是 10^1，百位的权值是 10^2。位权的大小是以基数为底、数码所在位置的序号为指数的整数次幂。N 进制数第 i 位的权为 N^i。不同位有不同的权值，如十进制数个位的权值是 10^0，十位的权值是 10^1，百位的权值是 10^2，千位的权值是 10^3。

1. 十进制（Decimal）

基数是 10，任何数值由 0、1、2、3、4、5、6、7、8、9 十个数码按一定规则排列组成。每一个数码处于不同的位置时，它代表的数值是不同的。这是因为不同的数位有不同的位权。例如

$$1899 = 1 \times 10^3 + 8 \times 10^2 + 9 \times 10^1 + 9 \times 10^0$$

其中每位数的权分别为 10^3、10^2、10^1、10^0。由此可见位数越高，权值越大，相邻高位权值

是相邻低位权值的 10 倍。十进制数表示为多项式和的形式称为按权展开式。

任意一个十进制数 N 可表示为

$$(N)_{10} = a_{n-1} \times 10^{n-1} + a_{n-2} \times 10^{n-2} + \cdots + a_1 \times 10^1 + a_0 \times 10^0 + a_{-1} \times 10^{-1} + \cdots + a_{-m} \times 10^{-m} = \sum_{-m}^{n-1} a_i \times 10^i$$

$(N)_{10}$ 表示十进制数，a_i（系数）为 0~9 中任一数码，10^i 为第 i 位的位权，它指出 a_i 所代表的数值大小，n 为整数部分的位数，m 为小数部分的位数。

十进制虽然是人们最习惯的计数方法，但却很难用电路来实现。因为要使一个电路或一个电子器件具有能够严格区分的 10 个状态来与十进制数中 10 个不同的数字符号一一对应是比较困难的，因此在计数电路中一般不直接使用十进制。

对于任一进制 R 的数，可表示为

$$(N)_R = \sum_{i=-m}^{n-1} r_i \times R^i$$

式中，R 为基数，R^i 为第 i 位的权，r_i 为第 i 位对应的数码，n 和 m 为正整数，n 为整数部分的位数，m 为小数部分的位数。

2. 二进制（Binary）

二进制是目前数字设备、计算机广泛采用的数制，基数为 2，计数时"逢二进一"或"借一当二"。二进制数只有 0 和 1 两种数字符号，它同十进制数一样，自左到右由高位到低位排列。同十进制数一样，每个数字处于不同位代表不同的数值。第 i 位上的权值是 2 的 i 次幂。二进制数的一般表达式为

$$(N)_2 = a_{n-1} \times 2^{n-1} + a_{n-2} \times 2^{n-2} + \cdots + a_1 \times 2^1 + a_0 \times 2^0 + a_{-1} \times 2^{-1} + \cdots + a_{-m} \times 2^{-m} = \sum_{i=-m}^{n-1} a_i \times 2^i$$

式中，a_i 取 0 或 1。例如，二进制数 1110.10 所代表的十进制数是

$$(1110.10)_2 = 1 \times 2^3 + 1 \times 2^2 + 1 \times 2^1 + 0 \times 2^0 + 1 \times 2^{-1} + 0 \times 2^{-2} = (14.75)_{10}$$

式中，2^3、2^2、2^1、2^0、2^{-1}、2^{-2} 分别为相应位的权值，相邻高位权值是相邻低位权值的 2 倍。上式中分别使用下标 2 和 10 表示括号里的数是二进制数和十进制数。有时也用 B 和 D 代替 2 和 10 这两个下标。

与十进制相比，二进制具有如下优点：

（1）二进制数只有两个数字符号 0 和 1，因此很容易用电路元件的状态来表示。例如，三极管的截止与饱和、电平的高与低等，都可以将其中一个状态规定为 0，另一个状态规定为 1，以表示二进制数。这种表示简单方便，所用元件数目少，存储和传送也十分可靠。

（2）二进制的基本运算规则同十进制运算规则相似，但要简单得多。例如，两个 1 位十进制数相乘，要用"九九乘法表"才能表示，而两个 1 位二进制数相乘只有四种组合：

$$0 \times 0 = 0, \ 0 \times 1 = 1 \times 0 = 0, \ 1 \times 1 = 1$$

运算规则的简单，必然使运算电路和控制电路简化，进而设备也可以很简单。由于这些优点，目前在数字系统和计算机中几乎全部采用二进制。

当然，二进制也具有一些缺点：

（1）日常生活中二进制使用较少。因此，用数字系统运算时，通常先将人们熟悉的十进制原始数据转换成二进制数，运算结束后再转换成人们常用的十进制数。

（2）表示同样一个数，二进制数要比十进制数位数多。例如，两位的十进制数 87 变为二进制数为 1010111，需要 7 位。为了表示的方便，常常采用八进制和十六进制作为二进制的缩写。

3. 八进制（Octal）和十六进制（Hexadecimal）

由于二进制数比十进制数位数多，不便于书写和记忆，因此经常用十六进制数和八进制数来表示二进制数。

八进制数有 0、1、2、3、4、5、6、7 共 8 个数字符号，计数规律为"逢八进一"或"借一当八"。每一个数字处在不同位代表不同的数值。

例 9.2-1 将八进制数 124 转换成十进制数。

解： $(124)_8 = 1 \times 8^2 + 2 \times 8^1 + 4 \times 8^0 = (84)_{10}$

式中，8^2、8^1、8^0 分别表示相应位的权值。有时下标 8 也用 Q 代替。

八进制数可表示为

$$D = \sum k_i \times 8^i$$

式中，k_i 为基数 8 的 i 次幂的系数，它可以是 0~7 这 8 个数字中的任意一个。

同理，十六进制数有 0~9、A(10)、B(11)、C(12)、D(13)、E(14)、F(15)共 16 个数字符号，计数规律为"逢十六进一"或"借一当十六"。

例 9.2-2 将十六进制数 2AD 转换成十进制数。

解： $(2AD)_{16} = 2 \times 16^2 + 10 \times 16^1 + 13 \times 16^0 = (685)_{10}$

十六进制数可表示为

$$D = \sum k_i \times 16^i$$

式中，k_i 为基数 16 的 i 次幂的系数，它可以是 0~F 这 16 个数字中的任意一个。有时下标 16 也用 H 代替。

目前微型计算机中普遍采用 8 位、16 位、32 位和 64 位二进制数并行运算，而 8 位、16 位、32 位和 64 位二进制数可以用 2 位、4 位、8 位和 16 位十六进制数表示，因而用十六进制符号编写程序很方便。

表 9.2-1 是十进制数 0~15 与等值二进制数、八进制数和十六进制数的对照表。

例如 67D、101B、25Q 和 16H，分别为十进制、二进制、八进制和十六进制。不加标识时默认是十进制数。

表 9.2-1 不同进制数的对照表

十进制数	二进制数	八进制数	十六进制
0	0000	00	0
1	0001	01	1
2	0010	02	2
3	0011	03	3
4	0100	04	4
5	0101	05	5
6	0110	06	6
7	0111	07	7
8	1000	10	8
9	1001	11	9
10	1010	12	A
11	1011	13	B
12	1100	14	C
13	1101	15	D
14	1110	16	E
15	1111	17	F

9.2.2 数制之间的相互转换

1. 二进制数与十进制数之间的相互转换

（1）二进制数转换成十进制数

把二进制数按权值展开，将各项的数值按十进制数相加，就可得到等值十进制数。

例 9.2-3 $(1110.10)_B = 1 \times 2^3 + 1 \times 2^2 + 1 \times 2^1 + 0 \times 2^0 + 1 \times 2^{-1} + 0 \times 2^{-2} = 14.5$

$(4F.8)_H = 4 \times 16^1 + 15 \times 16^0 + 8 \times 16^{-1} = 79.5$

（2）十进制数转换成二进制数

首先，讨论整数的转换。任何十进制数的整数部分可用辗转除以 2 取余法转换成二进制数，其原理如下。若某一个十进制数 N 可转换为 3 位二进制数，即

$$(N)_{10} = (K_2K_1K_0)_2$$

把二进制数按权值展开，其多项式表示为

$$(K_2K_1K_0)_2 = (K_2 \times 2^2 + K_1 \times 2^1 + K_0 \times 2^0)_{10} = [2 \times (K_2 \times 2 + K_1) + K_0]_{10}$$

$$(N)_{10} \div 2 = K_2 \times 2 + K_1 \text{……余数为} K_0$$

商再除以 2 得　　$(K_2 \times 2 + K_1) \div 2 = K_2$ ……余数为 K_1

不断用前次的商除以 2，直到最后的商为 0，即

$$K_2 \div 2 = 0 \text{……余数为} K_2$$

可见，每次除以 2 所得的余数就是十进制数 N 对应的二进制数 $(K_2K_1K_0)_2$。

例 9.2-4　将十进制数 13 转换为二进制数。

解：将十进制数 13 辗转除以 2 取其余数，见图 9.2-1。

故 $(13)_{10} = (1101)_2$。

	余数		
2⌊13			
2⌊6	1	(K_0)	读 ↑
2⌊3	0	(K_1)	数 ↑
2⌊1	1	(K_2)	顺 ↑
1	1	(K_3)	序 ↑

图 9.2-1　例 9.2-4 的图

其次，讨论小数部分的转换。小数部分可用“乘 2 取整”的方法，求得相应的二进制数。

若 N 是一个十进制小数，对应的二进制小数多项式表示为

$$(N)_{10} = K_{-1} \times 2^{-1} + K_{-2} \times 2^{-2} + \cdots + K_{-m} \times 2^{-m}$$

将上式两边同时乘以 2，得

$$2 \times (N)_{10} = K_{-1} + K_{-2} \times 2^{-1} + \cdots + K_{-m} \times 2^{-(m-1)} = K_{-1} + N_1$$

可知上式的整数部分为 K_{-1}，将其小数部分 N_1 再乘以 2，得

$$2 \times N_1 = K_{-2} + K_{-3} \times 2^{-1} + \cdots + K_{-m} \times 2^{-(m-2)}$$

上式右边的整数部分为 K_{-2}。

重复上述乘法计算，即可依次求得 $K_{-1} \sim K_{-m}$。

例 9.2-5　将 $(0.625)_{10}$ 转换为二进制数。

解：

$$0.625 \times 2 = 1.250 \cdots\cdots \text{整数部分} = 1 = K_{-1}$$

$$0.250 \times 2 = 0.500 \cdots\cdots \text{整数部分} = 0 = K_{-2}$$

$$0.500 \times 2 = 1.000 \cdots\cdots \text{整数部分} = 1 = K_{-3}$$

故 $(0.625)_{10} = (0.101)_2$。

十进制数转换成任意进制数：整数部分采用“除基取余”法，小数部分采用“乘基取整”法，再把两部分的转换结果合在一起便得到最后的结果。

2．二进制数与八进制、十六进制数之间的相互转换

八进制数和十六进制数易于转换为二进制数，八进制数中任何一个数码均可用 3 位二进制数来表示，十六进制数中任何一个数码均可用 4 位二进制数来表示。例如

$$(12.6)_8 = (001\ 010.110)_2，\quad (\text{A2.D})_{16} = (1010\ 0010.1101)_2$$

同样，二进制数也易于改写成八进制数或十六进制数，只要将二进制数的整数部分从低位向高位每 3 位或 4 位分成一组，最高一组不足 3 位或 4 位时在高位用 0 补足；小数部分从高位向低位每 3 位或 4 位分成一组，最后一组不足 3 位或 4 位时在低位补 0，然后把 3 位或 4 位二进制数用相应的八进制数或十六进制数表示。

例 9.2-6　将二进制数 $(10101.11)_2$ 改写成八进制数和十六进制数。

$$(010\ 101\ .\ 110)_2 \qquad\qquad (10101.11)_2 = (0001\ 0101\ .\ 1100)_2$$

解： ↓   ↓   ↓   ↓   ↓   ↓

$$(\quad 2\quad\ 5\ .\ 6\ )_8 \qquad\qquad\qquad (1\quad\quad 5\ .\ C\ )_{16}$$

3．八进制数、十六进制数与十进制数之间的相互转换

在将八进制数或十六进制数转换成十进制数时，可将各位按权展开后相加求得。在将十进制数转换成八进制数或十六进制数时，可先转换为二进制数，然后再将得到的二进制数转换成为八进制数或十六进制数。

9.2.3 码制

数码除了表示数值大小，也用来表示不同的事物，从而成为某种事物的代码，如运动会上每个运动员的号码。在数字电路中，0 和 1 组成二进制数码，可以表示二进制数字，有数值大小的含义；也可以用来表示特定信息，成为某种信息的代码。

为不同信息编制不同的二进制代码这一过程，称为编码。为便于记忆和处理，编码时总要遵循一定的规则。这些规则通称码制。实际中常用到的二进制代码有二-十进制代码、格雷码、奇偶检验码、字符代码等，其编码规则各不相同。下面介绍几种常用的码制。

1．二-十进制代码（Binary Code Decimal，BCD 码）

BCD 码是用 4 位二进制数表示 1 位十进制数的编码方法，4 位二进制代码共有 16 个（0000～1111），选取其中 10 个代码与十进制数 0～9 相对应。因此，用 4 位二进制数表示 1 位十进制数时，可以有很多种编码方式。编码方式一般分为有权码和无权码两种，有权码是指二进制数中的每一位都对应固定的权值，把每一位代表的权值加起来，所得的结果就是所表示的十进制数。无权码是指二进制数中的每一位无固定的权值，它必须遵循另外的规则。

表 9.2-2 所示为几种常用的 BCD 码，它们的编码规则各不相同。

8421 码是最基本、最常用的 BCD 码，属于有权码。8421 码选用 0000～0101 这 10 种组合来代表十进制数的 0～9，各位二进制数的权分别为 2^3、2^2、2^1、2^0（即 8、4、2、1），故称为 8421 码。由于它保存了二进制位权的特点，所以将二进制数各自乘以其权值后相加，即得到所代表的十进制数。因而它与十进制数之间的转换是一种直接按位转换，即一组 4 位二进制数代表 1 位十进制数。

2421 码也是一种有权码，从高位到低位，每位的权分别为 2、4、2、1。

5421 码也是一种有权码，从高位到低位，每位的权分别为 5、4、2、1。

表 9.2-2 几种常用的 BCD 码

十进制数	8421 码	2421 码	5421 码	余 3 码
0	0000	0000	0000	0011
1	0001	0001	0001	0100
2	0010	0010	0010	0101
3	0011	0011	0011	0110
4	0100	0100	0100	0111
5	0101	1011	1000	1000
6	0110	1100	1001	1001
7	0111	1101	1010	1010
8	1000	1110	1011	1011
9	1001	1111	1100	1100
权	8421	2421	5421	

余 3 码是一种无权码，十进制数用余 3 码表示要比 8421 码在二进制数值上多 3，故称为余 3 码。如果将两个余 3 码相加，所得的和将比十进制数和所对应的二进制数多 6。因而，在用余 3 码做十进制加法运算时，若两数之和为 10，恰好等于二进制数的 16，于是便从高位自动产生进位信号。

2. 格雷码

格雷码也称为循环码，是一种无权码，其特点是任意两组相邻码之间只有一位不同。典型的格雷码如表 9.2-3 所示。表中 4 位自然二进制码的相邻两组码之间可能有 2 位、3 位，甚至 4 位不同。例如，0111 和 1000 中的 4 位都不同，也就是由 0111 变到 1000 时，4 位码都将发生变化。在实际数字系统中，这 4 位码不可能同时发生变化，总会有先后之分，从而可能导致系统产生错误响应。而这两组码对应的格雷码是 0100 和 1100，两者仅有 1 位发生变化。因此，采用格雷码会明显减小数字系统出错的概率。表 9.2-3 是自然二进制码与格雷码的对比。

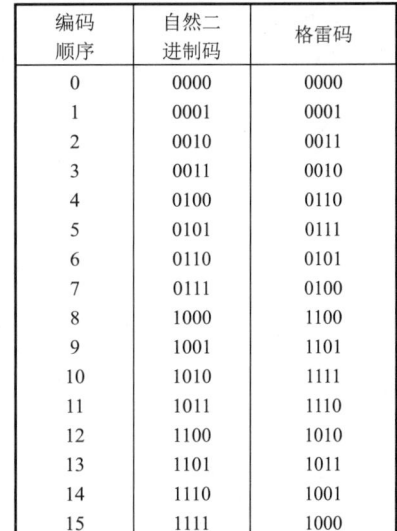

表 9.2-3　自然二进制码与格雷码的对比

编码顺序	自然二进制码	格雷码
0	0000	0000
1	0001	0001
2	0010	0011
3	0011	0010
4	0100	0110
5	0101	0111
6	0110	0101
7	0111	0100
8	1000	1100
9	1001	1101
10	1010	1111
11	1011	1110
12	1100	1010
13	1101	1011
14	1110	1001
15	1111	1000

3. 奇偶校验码

校验码是一种能检验出代码在传送过程中，某些码位可能出现的错误，如由原来的 1 变为 0 或由 0 变为 1。奇偶校验码是在代码的最后加上 1 位校验位 P 构成。若设为奇校验，则 P 的取值应使代码连同校验位 1 的个数为奇数，构成的校验码称奇校验码；若设为偶校验，则 P 的取值应使代码连同校验位 1 的个数为偶数，构成的校验码称偶校验码。表 9.2-4 所示为奇偶校验码的表达形式。

奇偶校验码可以校验代码中 1 位信息的出错，但不能确定发生错误的具体位置。

表 9.2-4　奇偶校验码的表达形式

信息码	$P_{奇}$	$P_{偶}$	信息码	$P_{奇}$	$P_{偶}$
0000	1	0	0101	1	0
0001	0	1	0110	1	0
0010	0	1	0111	0	1
0011	1	0	1000	0	1
0100	0	1	1001	1	0

4. 字符代码

在数字系统中，0 和 1 组成的代码还可以表示字母和符号，称为字符代码。由于涉及信息交换处理的格式问题，因此，字符代码的种类繁多。目前广泛使用的字符代码有两种：一种由 5 位二进制码组成，称为五单位码；一种由 7 位二进制数码组成，称为七单位码，又称为 ASCⅡ 码。

思考与练习

9.2-1 将下列二进制数转换成等效的十进制数、八进制数、十六进制数。

（1）$(0011011)_2$；　　　（2）$(11011.101)_2$；　　　（3）$(111011101)_2$

9.2-2 将十进制数转换成等效的二进制数（小数点后取 4 位）、八进制数及十六进制数。

（1）$(98)_{10}$；　　　（2）$(1600)_{10}$；　　　（3）$(32.45)_{10}$

9.2-3 用余 3 码表示下列各数。

（1）$(8)_{10}$；　　（2）$(7)_{10}$；　　（3）$(3)_{10}$；　　（4）$(45.7)_8$

9.3　逻 辑 代 数

课程思政融入点：以逻辑函数五种表示方法引出事物多样性的唯物主义观点，告诉学生做事要因地制宜、灵活变通，并通过逻辑函数化简培养学生踏实、认真、严谨的工作作风。

逻辑关系是指事件的发生条件与结果所遵循的因果关系。客观世界中存在着大量具有两种对立逻辑状态的逻辑关系，如事物的真与伪，好与坏，有和无；或者电路的通和断，灯泡的亮和灭等。逻辑代数是 1849 年英国数学家乔治·布尔（George Boole）首先提出，用来描述客观事物逻辑关系的数学方法，称为布尔代数。布尔代数被广泛用于开关电路和数字逻辑电路的分析与设计，所以也称为开关代数或逻辑代数，用于处理二值逻辑问题。

逻辑代数中用字母表示变量——逻辑变量，每个逻辑变量的取值只有两种可能——0 和 1。它们也是逻辑代数中仅有的两个常数。0 和 1 只表示两种不同的逻辑状态，不表示数量大小。逻辑代数和普通代数一样，也有数、变量、函数等概念。

如果把数字电路的输入信号看作"条件"，把输出信号看作"结果"，那么数字电路的输入与输出信号之间存在着一定的因果关系，即逻辑关系。因此，把实现一定逻辑功能的电路称为逻辑电路。

二值逻辑电路是指变量具有二值性，即只有两种可能的取值 1 和 0。这里 1 和 0 往往不表示数值的大小，而表示完全对立的两个方面。1 表示条件具备或事情发生；0 表示条件不具备或事情不发生；反之亦可。

9.3.1 逻辑代数中 3 种基本运算

逻辑代数中只有 3 种基本运算：与运算（AND）、或运算（OR）、非运算（NOT）。

1．与运算

如图 9.3-1 所示电路中，当两个开关均闭合时，指示灯才会亮。如果把开关闭合作为条件（导致事物结果的原因），把灯亮作为结果，那么图 9.3-1 表明当决定某一事件的所有条件都具备时，此事件才会发生，而且一定发生，称这种关系为与逻辑关系，或称为逻辑相乘。

若以 A、B 表示开关的状态，并以 1 表示开关闭合，0 表示开关断开；以 Y 表示指示灯的状态，并以 1 表示灯亮。则 Y 与 A、B 的逻辑关系可以用表 9.3-1 表示。

将输入、输出变量所有相互对应的逻辑值（状态）列在一个表格内，这种表称为真值表。在真值表中，输入变量按照二进制数序列顺序由上而下排列，输出变量是实际逻辑事件因果关系的逻辑值。真值表能够清楚地表示事物之间的因果关系。

实现与逻辑的电路称为与门，用图 9.3-2 所示的逻辑符号表示。图 9.3-2（a）给出了被 IEEE（电气与电子工程师协会）和 IEC（国际电工协会）认定的与门图形符号，此符号是目前国外教材和 EDA 软件中普遍采用的国际符号，本书采用这种符号。图 9.3-2（b）为国标符号。

表 9.3-1　与运算真值表

A	B	Y
0	0	0
0	1	0
1	0	0
1	1	1

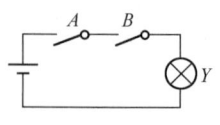

图 9.3-1　与逻辑实例

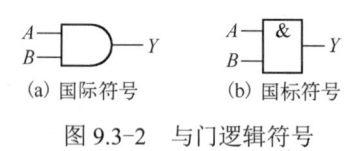

(a) 国际符号　　(b) 国标符号

图 9.3-2　与门逻辑符号

在函数式中，用"·"表示与运算，A 和 B 进行与运算时可以写成 $Y = A \cdot B$，"·"常常可以省略，写成 $Y = AB$，读作 Y 等于 A 与 B，或 A 逻辑乘 B。

2．或运算

图 9.3-3 所示电路中，只要有任何一个开关闭合，指示灯就会亮。如果把开关闭合作为条件，把灯亮作为结果，那么图 9.3-3 表明只要决定某一事件的所有条件中有一个满足，此事件就会发生，称这种关系为或逻辑关系，或称为逻辑相加。

若以 A、B 表示开关的状态，并以 1 表示开关闭合，0 表示开关断开；以 Y 表示指示灯的状态，并以 1 表示灯亮。则 Y 与 A、B 的逻辑关系可以用表 9.3-2 表示。

实现或逻辑的电路称为或门，用图 9.3-4 所示的逻辑符号表示。或门符号也有国际符号和国标符号之分。

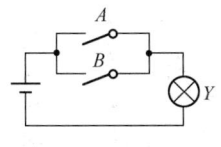

图 9.3-3　或逻辑实例

表 9.3-2　或运算真值表

A	B	Y
0	0	0
0	1	1
1	0	1
1	1	1

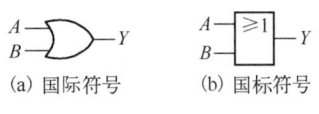

(a) 国际符号　　(b) 国标符号

图 9.3-4　或门逻辑符号

在函数式中，用"+"表示或运算，A 和 B 进行或运算时可以写成 $Y = A + B$，读作 Y 等于 A 或 B，或 A 逻辑加 B。

3. 非运算

图 9.3-5 所示电路中，开关断开时指示灯亮，开关闭合时指示灯不亮。如果把开关闭合作为条件，把灯亮作为结果，那么图 9.3-5 表明当决定某一事件的条件都具备时，此事件一定不会发生，称这种关系为非逻辑关系，或称为逻辑求反。

若以 A 表示开关的状态，并以 1 表示开关闭合，0 表示开关断开；以 Y 表示指示灯的状态，并以 1 表示灯亮。则 Y 与 A 的逻辑关系可以用表 9.3-3 表示。

实现非逻辑的电路称为非门，也称反相器，用图 9.3-6 所示的逻辑符号表示。非门符号也有国际符号和国标符号之分。

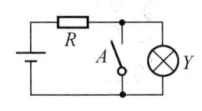

图 9.3-5　非逻辑实例

表 9.3-3　非运算真值表

A	Y
0	1
1	0

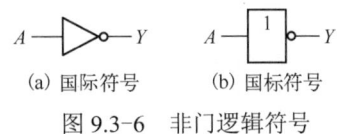

(a) 国际符号　　(b) 国标符号

图 9.3-6　非门逻辑符号

在函数式中，以变量右上角的"′"表示非运算，Y 与 A 的关系可表示为 $Y = A'$，读作 Y 等于 A 非，或 A 反。

9.3.2　复合逻辑运算

人们在研究实际问题时发现，事物各个因素之间的逻辑关系往往要比单一的与、或、非运算复杂得多，都可以用与、或、非的组合来实现。最常见的复合逻辑运算有与非、或非、与或非、异或、同或等。

1. 与非运算

在与非逻辑中，先将 A、B 进行与运算，然后将结果求反，最后得到的即为 A、B 的与非运算结果。因此，可以把与非运算看成与运算和非运算的组合。逻辑符号上的小圆圈表示非运算，如表 9.3-4 所示。

表 9.3-4　与非逻辑

逻辑表达式	真值表			逻辑符号	
	A	B	Y	国际符号	国标符号
$Y = (AB)'$	0	0	1		
	0	1	1		
	1	0	1		
	1	1	0		

2. 或非运算

在或非逻辑中，先将 A、B 进行或运算，然后将结果求反，最后得到的即为 A、B 的或非运算结果。因此，可以把或非运算看成或运算和非运算的组合。逻辑符号上的小圆圈表示非运算，如表 9.3-5 所示。

表 9.3-5 或非逻辑

逻辑表达式	真值表			逻辑符号	
	A	B	Y	国际符号	国标符号
$Y = (A+B)'$	0	0	1		
	0	1	0		
	1	0	0		
	1	1	0		

3. 与或非运算

在与或非逻辑中，A、B 之间及 C、D 之间都是与的关系，只要 A、B 或 C、D 中任何一组同时为 1，则输出 Y 就是 0；只有当每一组的输入都不全是 1 时，输出 Y 才是 1，如表 9.3-6 所示。

表 9.3-6 与或非逻辑

逻辑表达式	真值表					逻辑符号	
	A	B	C	D	Y	国际符号	国标符号
$Y = (AB+CD)'$	0	0	0	0	1		
	0	0	0	1	1		
	0	0	1	0	1		
	0	0	1	1	0		
	0	1	0	0	1		
	0	1	0	1	1		
	0	1	1	0	1		
	0	1	1	1	0		
	1	0	0	0	1		
	1	0	0	1	1		
	1	0	1	0	1		
	1	0	1	1	0		
	1	1	0	0	0		
	1	1	0	1	0		
	1	1	1	0	0		
	1	1	1	1	0		

4. 异或运算

在异或逻辑中，当 A、B 取值不同时，输出 Y 为 1；当 A、B 取值相同时，输出 Y 为 0，如表 9.3-7 所示。

表 9.3-7 异或逻辑

逻辑表达式	真值表			逻辑符号	
	A	B	Y	国际符号	国标符号
$Y = A \oplus B$ $= A'B + AB'$	0	0	0		
	0	1	1		
	1	0	1		
	1	1	0		

5. 同或运算

同或与异或相反，即当 A、B 取值相同时，输出 Y 为 1；当 A、B 取值不同时，输出 Y 为 0，如表 9.3-8 所示。

表 9.3-8 同或逻辑

逻辑表达式	真值表			逻辑符号	
	A	B	Y	国际符号	国标符号
$Y = A \odot B$ $= AB + A'B'$	0	0	1		
	0	1	0		
	1	0	0		
	1	1	1		

可见，异或和同或互为反运算，即

$$A \oplus B = (A \odot B)', \quad A \odot B = (A \oplus B)'$$

9.3.3 逻辑代数的基本公式

为了方便理解和记忆，逻辑代数的基本公式可简单分为 3 类。

（1）变量和常量的关系式

逻辑变量的取值只有 0 和 1，根据与、或、非 3 种基本运算的定义，可推得以下关系式。

0-1 律： $A \cdot 0 = 0$，$A + 1 = 1$；$A \cdot 1 = A$，$A + 0 = A$

重叠律： $A \cdot A = A$，$A + A = A$

互补律： $A \cdot A' = 0$，$A + A' = 1$

（2）与普通代数相似的基本公式

交换律： $A \cdot B = B \cdot A$，$A + B = B + A$

结合律： $(A \cdot B) \cdot C = A \cdot (B \cdot C)$，$(A + B) + C = A + (B + C)$

分配律： $A \cdot (B + C) = AB + AC$，$A + BC = (A + B)(A + C)$

以上基本公式可以用真值表证明，也可以用公式证明。

例 9.3-1 证明分配律 $A + BC = (A + B)(A + C)$。

证：
$$(A + B)(A + C) = A \cdot A + A \cdot B + A \cdot C + B \cdot C$$
$$= A + AB + AC + BC$$
$$= A(1 + B + C) + BC$$
$$= A + BC$$

因此有 $A + BC = (A + B)(A + C)$。

（3）其他基本公式

德·摩根（De Morgan）定理： $(A \cdot B)' = A' + B'$，$(A + B)' = A' \cdot B'$

还原律： $(A')' = A$

以上公式可以用真值表证明。

德·摩根定理提供了一种变换逻辑表达式的方法，即可以将与运算变成或运算，将或运算变成与运算。在逻辑函数的化简和变换中常常用到这一对公式。它的正确性可以通过真值表 9.3-9 来证明。

表 9.3-9 德·摩根定理证明

$A\ B$	$(AB)'$	$A' + B'$	$(A + B)'$	$A'B'$
0 0	1	1	1	1
0 1	1	1	0	0
1 0	1	1	0	0
1 1	0	0	0	0

表 9.3-10 是逻辑代数基本公式汇总。

表 9.3-10　逻辑代数基本公式汇总

序　号	公　式	序　号	公　式
1	$A \cdot 0 = 0$	10	$A + 1 = 1$
2	$A \cdot 1 = A$	11	$A + 0 = A$
3	$A \cdot A = A$	12	$A + A = A$
4	$A \cdot A' = 0$	13	$A + A' = 1$
5	$A \cdot B = B \cdot A$	14	$A + B = B + A$
6	$(A \cdot B) \cdot C = A \cdot (B \cdot C)$	15	$(A + B) + C = A + (B + C)$
7	$A \cdot (B + C) = AB + AC$	16	$A + BC = (A + B)(A + C)$
8	$(A \cdot B)' = A' + B'$	17	$(A + B)' = A' \cdot B'$
9	$(A')' = A$		

9.3.4　逻辑代数的常用公式

下面介绍若干常用公式，这些公式是利用基本公式推导出来的，直接运用这些导出公式可以为化简逻辑函数带来很大方便。

（1） $AB + AB' = A$

证： $AB + AB' = A(B + B') = A$

该公式说明，两个相邻项可以合并成一项，消去互补变量。

（2） $A + AB = A$

证： $A + AB = A(1 + B) = A \cdot 1 = A$

该公式说明，在一个与或表达式中，如果某一乘积项的部分因子恰好等于另一个乘积项的全部，则该乘积项是多余的。

（3） $A + A'B = A + B$

证： $A + A'B = (A + A')(A + B) = 1 \cdot (A + B) = A + B$

该公式说明，在一个与或表达式中，如果某一乘积项取反后是另一个乘积项的因子，则此因子是多余的。

（4） $AB + A'C + BC = AB + A'C$

证： $AB + A'C + BC = AB + A'C + (A + A')BC$

$\qquad = AB + A'C + ABC + A'BC$

$\qquad = AB + A'C$

推论： $AB + A'C + BCD = AB + A'C$

该公式说明，在一个与或表达式中，如果两个乘积项中的部分因子互补，而这两个乘积项中的其余因子都是第三个乘积项中的因子，则第三个乘积项是多余的。该公式及推论又称为冗余项定理。

（5）其他常用公式

① $A(AB)' = AB'$

证： $A(AB)' = A(A' + B') = AA' + AB' = AB'$

② $A'(AB)' = A'$

证：$A'(AB)' = (A+AB)' = A'$

③ $(AB+A'C)' = AB' + A'C'$

证：$(AB+A'C)' = (AB)' \cdot (A'C)'$
$= (A'+B') \cdot (A+C')$
$= AA' + A'C' + AB' + B'C'$
$= A'C' + AB' + B'C'$
$= A'C' + AB'$

表 9.3-11 是逻辑代数常用公式汇总。

表 9.3-11 逻辑代数常用公式汇总

序号	公式
1	$AB + AB' = A$
2	$A + AB = A$
3	$A + A'B = A + B$
4	$AB + A'C + BC = AB + A'C$
5	$AB + A'C + BCD = AB + A'C$
6	$(AB + A'C)' = AB' + A'C'$

9.3.5 逻辑代数的基本定理

1. 代入定理

任何一个逻辑等式，如果将所有出现的某一个逻辑变量都用一个逻辑函数取代，则新表达式的相等关系依然成立，这个规律称为代入定理。

因为一个逻辑变量仅有 0 和 1 两种可能的状态，所以无论取 0 还是取 1 代入等式，等式一定成立。而任何一个逻辑函数的取值也仅有 0 和 1 两种，所以用它来取代变量，等式仍然成立。因此，代入定理是无须证明的公理。运用代入定理可以扩大基本公式的运用范围。

例 9.3-2 已知 $(A+B)' = A'B'$，若用 $B+C$ 代替等式中的 B，则可以得到适用于多变量的德·摩根定理，即

$$(A+B+C)' = A'(B+C)' = A'B'C'$$

2. 反演定理

对于任意一个逻辑式 Y，若将其中所有的 "$\cdot$" 换成 "$+$"，将 "$+$" 换成 "$\cdot$"，将 0 换成 1，将 1 换成 0，将原变量换成反变量，将反变量换成原变量，则得到的结果就是 Y'，这个规律称为反演定理。

例 9.3-3 $Y = A(B+C) + (CD)'$ 则其反函数为

$$Y' = (A' + B'C')(C' + D')' = (A' + B'C')CD = A'CD$$

采用代入定理，设 $CD = E$，则

$$Y' = (A' + B'C')E = (A' + B'C')CD = A'CD$$

反演定理可以看作德·摩根定理的推广，利用反演定理可以一次写出函数的反函数或去掉多个变量上的非号，使用起来非常方便，但要特别注意以下两个方面。

（1）遵守 "先括号，然后乘，最后加" 的优先次序，变换时可加括号来保证此优先次序。

（2）不是单个变量上的非号应保留不变，或采用代入定理处理。

3. 对偶定理

对于任意一个逻辑式 Y，若将其中所有的 "$\cdot$" 换成 "$+$"，将 "$+$" 换成 "$\cdot$"，将 0 换成 1，将 1 换成 0，而变量保持不变，则得到的结果就是 Y 的逻辑对偶式，记为 Y^D。

例 9.3-4 若 $Y = A'B + A(C+0)$，则 $Y^D = (A'+B)(A+C \cdot 1)$；若 $Y = C$，则 $Y^D = C$。

任何逻辑函数式都存在对偶式。若原等式成立，则对偶式也一定成立，即 $Y = Z$，则 $Y^D = Z^D$。证明两个逻辑式相等，可以通过证明它们的对偶式相等来完成。

例 9.3-5 求证 $A + BC = (A+B)(A+C)$。

证：写出两边的对偶式，得到 $A(B+C)$ 和 $AB+AC$。

显然对偶式相等，从而证明了 $A+BC=(A+B)(A+C)$。

观察前面逻辑代数的基本公式可以发现，它们都是成对出现的，而且都是互为对偶的对偶式。根据对偶关系，需要记忆和证明的公式就可以减少一半。

思考与练习

9.3-1 直接写出下面函数的对偶函数和反函数。

（1）$Y=((AB'+C)D+E)C$ （2）$Y=AB+(A'+C)(C+D'E)$

9.3-2 证明下面的恒等式相等。

（1）$(AB+C)B=ABC'+A'BC+ABC$ （2）$AB'+B+A'B=A+B$

9.3-3 用基本定律和定理证明：$A+BC+D=(A'B'D'+A'C'D')'$

9.4 逻辑函数及其表示方法

任何一个具体的因果关系都可以用一个逻辑函数来描述。对于一个二值逻辑问题，常常可以设定此问题产生的条件为输入逻辑变量，设定此问题产生的结果为输出逻辑变量。当对输入逻辑变量和输出逻辑变量赋值后，就可以建立相应的逻辑函数。

逻辑变量的取值只有 0 和 1 两个值。这里的 0 和 1 已不再表示数值大小，只代表客观事物的两种对立逻辑状态。

如果一个逻辑变量 F 由逻辑变量 A、B、C、D、X、Y、…唯一确定，则称 F 是关于逻辑变量 A、B、C、D、X、Y、…的逻辑函数，用表达式表示为

$$F=f(A,B,C,D,X,Y,\cdots)$$

上式描述了逻辑变量间的关系，称为逻辑表达式。表示输入变量 A、B、C、D、X、Y、…经过某种逻辑运算，输出函数 F。当输入逻辑变量的取值确定后，输出逻辑变量的取值也随之确定，把输入和输出逻辑变量间的这种对应关系称为逻辑函数（Logic Function）。

由于变量和输出的取值只有 0 和 1 两种状态，所以讨论的都是二值逻辑函数。在实际的数字系统中，任何逻辑问题都可以用逻辑函数来描述。

9.4.1 逻辑函数的表示方法

在分析和处理实际的逻辑问题时，根据逻辑函数的不同特点，可以采用不同的方法表示逻辑函数。无论采用何种表示方法，都应将其逻辑功能完全准确地表达出来。逻辑函数常用的表示方法有真值表、逻辑函数式、逻辑图、波形图和卡诺图等，这里介绍前 4 种表示方法。这些方法以不同形式表示了同一个逻辑函数，因此各种表示方法之间可以互相转换。

1. 真值表

真值表是用表格的形式描述逻辑函数的方法。由于一个逻辑变量只有 0 和 1 两种可能的取值，则 n 个逻辑变量一共就有 2^n 种可能的取值组合。在表格的左侧一栏列出全部逻辑变量的可能取值组合，然后将每组变量取值的函数值对应地填入表格的右侧栏内，得到的表格称为真值表。也就是说，真值表是一种由逻辑变量的所有取值与其对应逻辑函数值所构成的表格。举例说明如下。

例 9.4-1　三人投票电路，要求投票结果和多数人意见相同。当两个人或三个人都同意时，结果有效。三个人分别用 A、B、C 表示，结果用 Y 表示。

解：设以 1 表示投票人同意，0 表示投票人否决；以 1 表示结果有效，以 0 表示结果无效。

此电路有 A、B、C 三个变量，共 8 种变量取值组合，分别求出其函数值，得到真值表如表 9.4-1 所示。

表 9.4-1　三人投票电路的真值表

输入			输出
A	B	C	Y
0	0	0	0
0	0	1	0
0	1	0	0
0	1	1	1
1	0	0	0
1	0	1	1
1	1	0	1
1	1	1	1

为了避免遗漏，真值表中取值组合一般按照其对应的二进制数从小到大的顺序书写。真值表在逻辑函数表示方法中较为常用，它的优点是描述逻辑问题方便，逻辑关系清晰直观，容易由实际的逻辑问题抽象得到。缺点是当变量比较多时，取值组合数目增加，表会迅速变大。

2．逻辑函数式

用逻辑变量和与、或、非等逻辑运算符构成的表示逻辑函数和变量之间的关系式称为逻辑表达式。在三人投票电路的例子中，分析逻辑关系，至少两个人同意，结合与逻辑关系，可表示为 AB、AC、BC、ABC。因为任何一种情况结果都有效，可用或关系表示，写成 $AB+AC+BC+ABC$。因为 $AB+ABC=AB(1+C)=AB$，得到逻辑函数式

$$Y = AB + AC + BC$$

逻辑函数式便于运算、化简，便于画逻辑图，但不容易从逻辑问题中直接得到。

3．逻辑电路图

将逻辑函数式中各个变量之间的与、或、非等逻辑关系用相应逻辑门的电路符号表示出来，就可以画出表示该逻辑函数的逻辑图。例 9.4-1 的逻辑图如图 9.4-1 所示。

4．波形图

如果将逻辑函数输入变量的每一种可能出现的取值与对应的输出值按时间顺序依次排列，就可得到表示该逻辑函数的波形图，这种波形图也称为时序图。波形图便于利用计算机分析和处理。

如果用波形图来描述三人投票电路，只需将表 9.4-1 给出的输入变量与对应的输出变量的取值按时间顺序排列起来，画成时间波形，用于描述时序逻辑，如图 9.4-2 所示。其中，1 和 0 分别表示高、低电平。

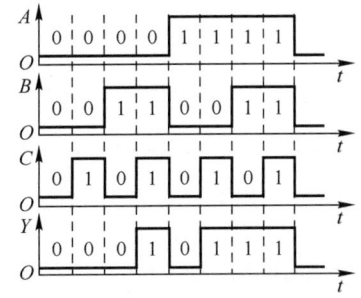

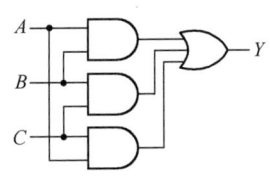

图 9.4-1　三人投票电路图　　　　图 9.4-2　三人投票电路的波形图

9.4.2 各种表示方法间的相互转换

上面以不同表示方法描述了同一个逻辑函数,它们各有特点又相互联系,并且可相互转换。

1. 真值表与逻辑函数式之间的相互转换

① 由真值表转换为逻辑函数式:在真值表中依次找出函数值等于 1 的变量组合,变量值为 1 的写成原变量,变量值为 0 的写成反变量,把组合中各个变量相乘。这样,对应于函数值为 1 的每一个变量组合就可以写成一个乘积项,然后把这些乘积项相加,就可得到相应的函数表达式。

例 9.4-2 由表 9.4-1 写出三人投票的逻辑函数式。

解: $$Y = A'BC + AB'C + ABC' + ABC$$

② 由逻辑函数式也可以转换成真值表。方法是画出真值表,将变量及变量的所有取值组合按照二进制数递增的次序列入表格左边,然后按照表达式,依次对变量的各种取值组合进行运算,求出相应的函数值,填入表格右边对应的位置,即得到真值表。

例 9.4-3 列出函数 $Y = AB + BC' + A'C$ 的真值表。

解: 将 A、B、C 三个变量的各种取值逐一代入函数式中计算,将结果列表,即可得到该函数的真值表,如表 9.4-2 所示。

2. 逻辑函数式和逻辑图之间的相互转化

将函数式中的逻辑运算符号与逻辑图中的图形符号按照优先顺序转换,就可实现逻辑函数式和逻辑图之间的转换。

例 9.4-4 画出逻辑函数式 $Y = A'B'C' + AB + AC + BC$ 的逻辑图。

解: 将式中所有的与、或、非符号用图形符号替代,并依据运算优先顺序将这些图形符号连接起来,就得到了如图 9.4-3 所示的电路图。

表 9.4-2 由函数式转换的真值表

A	B	C	Y
0	0	0	0
0	0	1	1
0	1	0	1
0	1	1	1
1	0	0	0
1	0	1	0
1	1	0	1
1	1	1	1

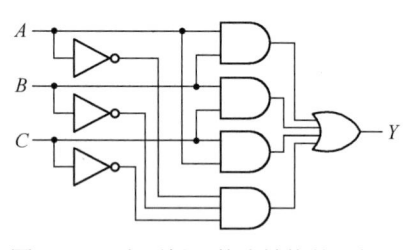

图 9.4-3 由逻辑函数式转换的逻辑图

3. 真值表与逻辑图之间的相互转换

首先根据真值表写出逻辑函数式,再根据逻辑函数式画出逻辑图。

思考与练习

9.4-1 下列逻辑函数中,当变量 A、B、C 为哪些取值组合时,函数 Y 的值为 1。

(1) $Y = AB + BC + A'C$ (2) $Y = A'B' + B'C' + A'C$

9.4-2 列出函数的真值表。

（1） $Y = A'B + B'C + AC'$ （2） $Y = AB + BC + AC$

9.4-3 在举重比赛中，有甲、乙、丙三名裁判，其中甲为主裁判，乙、丙为副裁判，当主裁判和一名以上（包括一名）副裁判认为运动员上举合格后，才可发出合格信号。列出该函数的真值表。

9.4-4 已知逻辑函数的真值表如表 9.4-3 所示，写出对应的函数表达式。

9.4-5 逻辑图如图 9.4-4 所示，写出对应的逻辑函数式。

表 9.4-3 题 9.4-4 的真值表

A	B	C	Y
0	0	0	0
0	0	1	1
0	1	0	1
0	1	1	0
1	0	0	1
1	0	1	1
1	1	0	0
1	1	1	1

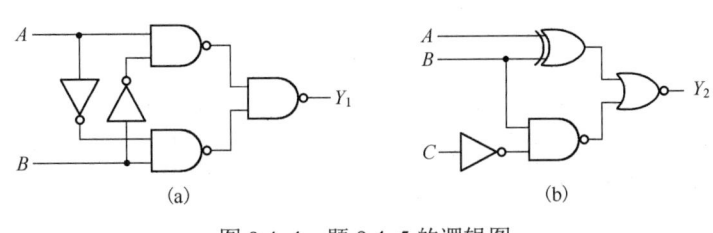

图 9.4-4 题 9.4-5 的逻辑图

9.5 逻辑函数的化简

逻辑函数式和逻辑图是一一对应的。

逻辑函数的化简对降低成本有直接影响，逻辑函数式越简单，所用到的元件数目越少，制造成本就越低，而且整个电路的功耗也相应减小。电路简单，电路的工作速度和可靠性也会提高，故障检测更加容易。因而，逻辑函数的化简具有重要意义。在数字电路的设计中，简单的逻辑表达式对应简单的电路结构。

同一个逻辑函数，可以有多种不同的逻辑表达式，如与或式、或与式、与非与非式及与或非表达式等。

例 9.5-1 将 $Y = AB + AC$ 写成不同形式。

解： $Y = AB + AC$ 与或式（用与门、或门实现电路）

$= ((AB + AC)')' = ((AB)'(AC)')'$ 与非与非式（用与非门实现电路）

$= A(B + C)$ 或与式（用或门、与门实现电路）

$= ((A(B + C))')' = (A' + (B + C)')'$ 或非或非式（用或非门实现电路）

$= (A' + B'C')'$ 与或非式（用与或非门实现电路）

这就意味着可以采用不同的逻辑门来实现同一个函数，要根据具体条件采用某种逻辑门。

通常根据实际问题列出真值表，由真值表转化成的逻辑函数式往往为与或式，而且与或式通过公式变换很容易推导出其他形式的函数式。与或式使用最多，因此本书只讨论与或式的最简形式。

判断最简与或式的标准如下。

（1）与或式中包含乘积项（与项）个数最少。

（2）在满足标准（1）的前提下，每个乘积项所含的因子（变量）数最少。

"乘积项个数最少"意味着用电路实现时使用与门个数最少；"因子数最少"意味着使用门的输入端最少。对于与或式最简形式的定义对其他形式的逻辑函数式也同样适用，即函数式中相加的乘积项最少且每项中相乘的变量最少时，函数式为最简形式。

化简逻辑函数的目的就是要消去多余的乘积项和每个乘积项中多余的变量,以得到逻辑函数的最简形式。常用的化简方法有公式化简法和卡诺图化简法。

9.5.1 公式化简法

利用逻辑代数的基本公式和常用公式,将给定的逻辑函数式进行适当的恒等变换,消去多余的乘积项和每个乘积项中多余的变量,使其成为最简单的函数式,这种化简没有固定的步骤。若无特殊要求,逻辑函数均化简为最简与或式。下面介绍几种常用的化简方法。

1. 并项法

利用公式 $AB + AB' = A$,将两项合并成一项,并消去互补因子。

例 9.5-2 用并项法化简下列逻辑函数。

① $Y = AB'C'D' + ABC'D' = AC'D'$

② $Y = AB'C' + ABC' + AB'C + ABC = AC'(B' + B) + AC(B' + B) = AC' + AC = A$

2. 吸收法

利用公式 $A + AB = A$,$A + A'B = A + B$,$AB + A'C + BC = AB + A'C$ 及其推论吸收(消去)多余的因子或乘积项。

例 9.5-3 用吸收法化简下列逻辑函数。

① $Y = AB + A'C + B'C = AB + (A' + B')C = AB + (AB)'C = AB + C$

② $Y = A' + ABC'D + C = A' + BC'D + C = A' + BD + C$

③ $Y = AB' + AC + ADE + C'D = AB' + AC + C'D$

3. 配项消项法

利用重叠律 $A + A = A$、互补律 $A + A' = 1$ 和吸收律 $AB + A'C + BC = AB + A'C$,先配项或利用冗余项定理添加多余项,然后再逐步消项化简。

例 9.5-4 用配项法化简下列逻辑函数。

① $Y = AC + A'D + B'D + BC'$
$\quad = AC + BC' + (A' + B')D$
$\quad = AC + BC' + AB + (AB)'D$ (添加冗余项 AB)
$\quad = AC + BC' + AB + D$
$\quad = AC + BC' + D$

② $Y = A'BC' + A'BC + ABC$
$\quad = (A'BC' + A'BC) + (A'BC + ABC)$
$\quad = A'B + BC$

③ $Y = A'B' + B'C' + BC + AB$
$\quad = A'B'(C + C') + B'C' + (A + A')BC + AB$
$\quad = A'B'C + A'B'C' + B'C' + ABC + A'BC + AB$
$\quad = A'B'C + B'C' + AB + A'BC$
$\quad = A'C + B'C' + AB$

在化简复杂的逻辑函数时，往往需要灵活、交替地综合应用上述方法，才能得到最后的化简结果。

例 9.5-5 化简下列逻辑函数。

① $Y = A + AB + AC' + BD + ACEG + B'EG + DEGH$
$= A(1 + B + C' + CEG) + BD + B'EG + DEGH$
$= A + BD + B'EG$

② $Y = (A + B)(A + A'B')C + (A'(B + C'))' + A'B + ABC$
$= (A + BA'B')C + A + (B + C')' + A'B + ABC$
$= AC + A + A'B + ABC + B'C$
$= A + A'B + B'C = A + B + C$

9.5.2 卡诺图化简法

为了使最小项的相邻关系比较直观，美国工程师卡诺设计了一种方格图，图中的每一个方格代表函数的一个最小项，并且将逻辑相邻项安排在位置相邻的方格中，将这种方格图称为卡诺图，也称为 K 图。卡诺图是逻辑函数的一种图形表示方式。使用卡诺图，按照步骤和规则进行化简，即能得到最简结果。

1. 逻辑函数的最小项及最小项表达式

（1）最小项的定义

在 n 变量的逻辑函数中，若每个乘积项都以这 n 个变量为因子，且这 n 个变量都是以原变量或反变量形式在各乘积项中仅出现一次（不能出现两次或超过两次），则称这些乘积项为 n 变量逻辑函数的最小项。

一个 2 变量的逻辑函数 $Y(A,B)$ 有 4（即 2^2）个最小项，分别为 $A'B'$、$A'B$、AB'、AB。3 变量逻辑函数 $Y(A,B,C)$ 有 8（即 2^3）个最小项，分别为 $A'B'C'$、$A'B'C$、$A'BC'$、$A'BC$、$AB'C'$、$AB'C$、ABC'、ABC。同理，4 变量逻辑函数有 2^4 个最小项。以此类推，n 变量逻辑函数应有 2^n 个最小项。

输入变量的每一组取值都使一个对应的最小项的值为 1。例如，在 3 变量逻辑函数 $Y(A,B,C)$ 中，当 $A=1$、$B=0$、$C=1$ 时，$AB'C$ 的值为 1。若把 $AB'C$ 的取值 101 看成一个二进制数，那么它表示的十进制数就是 5。为了使用方便，将 $AB'C$ 这个最小项记为 m_5。按照这一约定，就得到了 3 变量逻辑函数最小项的编号表，如表 9.5-1 所示。

可以知道，3 变量最小项有 8 个，即 $m_0 \sim m_7$。根据同样的道理把 4 变量逻辑函数的 16 个最小项记为 $m_0 \sim m_{15}$。

（2）最小项的性质

从最小项的定义出发可以证明它具有以下重要性质。

① 在输入变量的任何取值下，有且只有一个最小项的值为 1，如 3 变量逻辑函数最小项的真值表见表 9.5-2。从表中也可看出，对于输入变量的各种逻辑取值，最小项值为 1 的概率最小，最小项由此得名。

表 9.5-1 3 变量逻辑函数最小项编号表

最小项	使最小项为1的变量取值 A B C	对应的十进制数	编号
$A'B'C'$	0 0 0	0	m_0
$A'B'C$	0 0 1	1	m_1
$A'BC'$	0 1 0	2	m_2
$A'BC$	0 1 1	3	m_3
$AB'C'$	1 0 0	4	m_4
$AB'C$	1 0 1	5	m_5
ABC'	1 1 0	6	m_6
ABC	1 1 1	7	m_7

表 9.5-2 3 变量逻辑函数最小项的真值表

A B C	m_0 $A'B'C'$	m_1 $A'B'C$	m_2 $A'BC'$	m_3 $A'BC$	m_4 $AB'C'$	m_5 $AB'C$	m_6 ABC'	m_7 ABC
0 0 0	1	0	0	0	0	0	0	0
0 0 1	0	1	0	0	0	0	0	0
0 1 0	0	0	1	0	0	0	0	0
0 1 1	0	0	0	1	0	0	0	0
1 0 0	0	0	0	0	1	0	0	0
1 0 1	0	0	0	0	0	1	0	0
1 1 0	0	0	0	0	0	0	1	0
1 1 1	0	0	0	0	0	0	0	1

② 任何两个不同的最小项之积恒为 0。

③ 对于变量的任何一组取值，全体最小项之和为 1。

④ 具有逻辑相邻性的两个最小项之和可以合并成一项，并消去一对因子。

若两个最小项只有一个因子不同，则称这两个最小项具有逻辑相邻性，简称相邻性。例如，两个最小项 $A'BC$、ABC，只有第一个因子不同，所以它们具有相邻性。这两个最小项相加时能够合并成一项，将一对不同的因子消去。

$$A'BC + ABC = (A' + A)BC = BC$$

⑤ 对于 n 变量的逻辑函数，每个最小项均有 n 个相邻项。

（3）逻辑函数的最小项之和形式

利用逻辑代数的公式可以将一个逻辑函数化为与或形式，应用基本公式 $A + A' = 1$ 将每个与项中缺少的因子补全，这样就可以将逻辑函数由与或形式化为最小项之和的标准形式，称为最小项表达式。这种标准形式在逻辑函数的化简及计算机辅助分析和设计中得到了广泛应用。任何一个逻辑函数都只有唯一的最小项表达式。

例 9.5-6 将逻辑函数 $Y = AB' + B'C$ 化为最小项表达式。

解：这是一个 3 变量的逻辑函数，最小项表达式中的每个乘积项应由 3 变量作为因子构成。

$$Y = AB'(C + C') + (A + A')B'C$$
$$= AB'C + AB'C' + AB'C + A'B'C \quad \text{（将相同最小项合并）}$$
$$= AB'C + AB'C' + A'B'C$$

对照表 9.5-1，上式中的各项可用最小项的编号分别表示为 m_5、m_4、m_1。

因此，上式也可以写为

$$Y(A,B,C) = m_1 + m_4 + m_5$$

或

$$Y(A,B,C) = \sum m(1,4,5) \text{，} Y(A,B,C) = \sum (1,4,5)$$

任何一个逻辑函数都只有唯一的最小项表达式。

例 9.5-7 $Y = AB = AB(C + C') = ABC + ABC'$，式中少 1 个变量，化成 2 个最小项之和。

例 9.5-8 $Y = A = A(B + B')(C + C') = AB'C' + ABC + ABC' + AB'C$，式中少 2 个变量，化成 4 个最小项之和。

同理，少 n 个变量，化成 2^n 个最小项之和。

2．用卡诺图表示逻辑函数

（1）表示最小项的卡诺图

将 n 变量函数的每一个最小项分别用一个小方格表示，并使具有逻辑相邻性的最小项在几何位置上也相邻排列，所得到的图形就是 n 变量的卡诺图。图 9.5-1 所示为 3 变量的卡诺图。

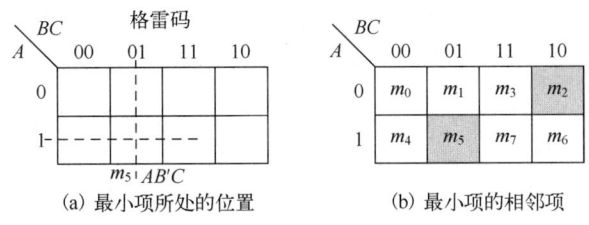

图 9.5-1　3 变量的卡诺图

图 9.5-1（a）中，图形两侧标注的 0 和 1 表示使对应小方格内的最小项为 1 的变量取值。同时，这些 0 和 1 组成的二进制数所对应的十进制数大小，也就是对应的最小项的编号。虚线交叉所在的方格对应的二进制数为 101，对应的最小项为 m_5。

为保证几何位置相邻的最小项在逻辑上也具有相邻性，这些数码不能按自然二进制数从小到大排列，必须按循环码（格雷码）的形式排列。在图 9.5-1（b）中，几何位置相邻有两种情况：

① 相接，即紧挨着的小方格相邻。如 m_5 与 m_1、m_4、m_7 逻辑相邻，m_5 与 m_1、m_4、m_7 小方格相接。

② 相对，即一行或一列的两端。如 m_2 与 m_0 逻辑相邻，m_2 与 m_0 位于一行的两端。

因此，从几何位置上应当把卡诺图看成上下、左右闭合的图形。

图 9.5-2 给出了 2~5 变量的卡诺图，每一个小方格代表一个最小项。可以看到，随着变量增多，卡诺图迅速复杂化。

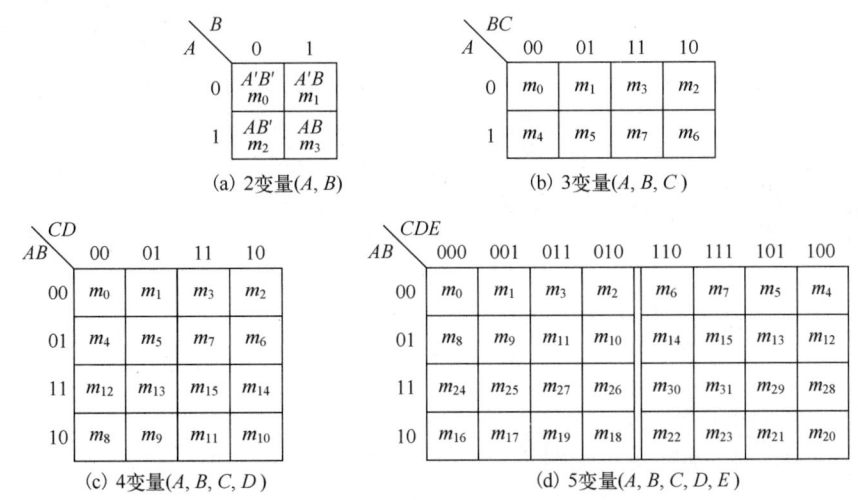

图 9.5-2　2~5 变量的卡诺图

卡诺图中的小方格数等于最小项总数，对于 2、3、4、5 变量的逻辑函数，小方格数分别为 4、8、16、32。在 5 变量的卡诺图中，除了相邻、相对的最小项具有逻辑相邻性，图 9.5-2（d）中双竖线为对称轴，左右对称的两个最小项也具有逻辑相邻性，这时不易直观判断最小项的相邻性。在变量数大于等于 5 以后，仅用几何图形在两维空间的相邻表示逻辑相邻性已经不够了，因而 5 变量以上的逻辑函数不宜用卡诺图表示。

（2）卡诺图表示逻辑函数

任何一个逻辑函数都可以表示为最小项之和的标准形式，那么自然可以用卡诺图来表示任意一个逻辑函数。

具体方法：对于在最小项之和形式中出现的最小项，在卡诺图中对应的小方块填 1；不出现的最小项，在对应的小方块填 0。可分两种情况进行绘图。

① 已知逻辑函数的真值表。真值表与卡诺图有一一对应关系，可直接将函数值为 1 的那些最小项填入卡诺图中。例如，三人投票电路，已知它的真值表中 m_3、m_5、m_6、m_7 这 4 个最小项的值为 1，其余最小项的值为 0，填入卡诺图中，得到图 9.5-3（a）。由于函数值只有 0 和 1 两种取值，所以 0 可以省略，如图 9.5-3（b）所示。

② 已知逻辑函数的函数式。当已知最小项之和的表达形式时，与第一种情况相同，如 $Y = m_3 + m_5 + m_6 + m_7$。当已知函数式的一般形式时，先将其化为一般与或式，再化成最小项之和的表达形式，如

$$Y = (A' + B'C')' + BC$$
$$= A(B'C')' + BC$$
$$= AB + AC + BC$$
$$= AB(C + C') + A(B + B')C + (A + A')BC$$
$$= ABC + ABC' + AB'C + A'BC$$

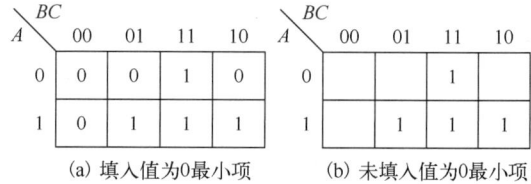

(a) 填入值为0最小项　　(b) 未填入值为0最小项

图 9.5-3　三人投票电路的卡诺图

也可得到图 9.5-3。

当已知函数式的一般与或式时，如 $Y = AB + AC + BC$，可直接将每个与项填入卡诺图。

与项 AB 填入 A、B 都等于 1 的方格，即 m_6 和 m_7 的最小项。

与项 AC 填入 A、C 都等于 1 的方格，即 m_5 和 m_7 的最小项。

与项 BC 填入 B、C 都等于 1 的方格，即 m_3 和 m_7 的最小项。

例 9.5-9　将函数 $Y = A'B'CD + AB + AC'D'$ 用卡诺图表示。

解：在卡诺图上每个变量取值为 0 和 1 的方格数各占总方格数的一半，如图 9.5-4 所示。

与项 AB 填入 A、B 都等于 1 的方格，即最小项 m_{12}、m_{13}、m_{14}、m_{15}。

与项 $AC'D'$ 填入 A 等于 1，C 与 D 都等于 0 的方格，即最小项 m_{12}、m_8。

与项 $A'B'CD$ 填入最小项为 m_3 的方格，得到图 9.5-5。

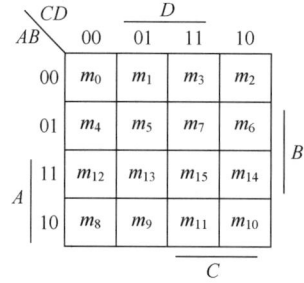

图 9.5-4　卡诺图中变量值为 1 的示意图

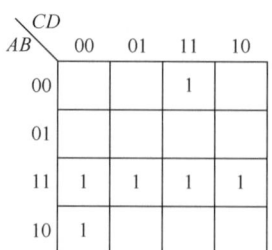

图 9.5-5　例 9.5-9 的卡诺图

3．用卡诺图化简逻辑函数——图形法化简

（1）合并最小项规律

卡诺图化简法依据的基本原理是，具有相邻性的最小项可以合并，并消去不同的因子。因为在卡诺图上几何位置相邻的最小项具有逻辑相邻性，所以从卡诺图上能直观地找出那些具有相邻性的最小项，然后将其合并化简。从例9.5-9可以得出：

少1个变量的与项，在卡诺图上占2个相邻的小方格。

少2个变量的与项，在卡诺图上占4个相邻的小方格，并且这4个相邻的小方格构成矩形。

推论：少 k 个变量的与项，在卡诺图上占 2^k 个相邻的小方格，并且这 2^k 个相邻的小方格构成矩形。

将这个推论反过来用于化简，可得到合并最小项的规律：在卡诺图中合并组成矩形的 2^k 个小方格，得到的与项减少 k 个变量。

这里，将把 2^k 个小方格合在一起形成的矩形称为合并圈。因此，最小项的合并有以下特点。

① 任何一个合并圈所含的方格数为 2^k 个。

② 必须按照相邻规则来画合并圈，几何位置相邻包括三种情况：一是相接，即紧挨着的方格相邻；二是相对，即一行或一列的两头、两边、四角相邻；三是相重，即以对称轴为中心对折起来重合的位置相邻，如图9.5-6所示。

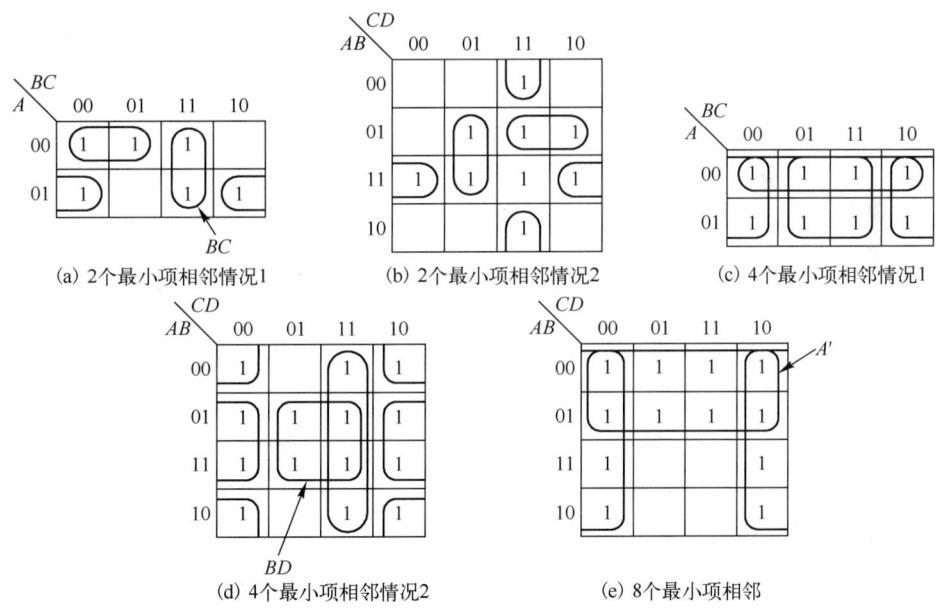

图 9.5-6　最小项相邻的几种情况

③ 2^k 个方格合并，消去 k 个变量，合并圈越大，消去的变量数目越多。

（2）卡诺图化简法

在卡诺图上以最少的合并圈数和最大的合并圈覆盖所有填写1的方格，就可以求得逻辑函数的最简与或式。

化简的一般步骤为:

① 将逻辑函数化成与或式,然后画出其卡诺图。

② 先从只有一种圈法的最小项开始画起,合并圈的数目应最少(对应与项的数目最少),合并圈应尽量大(对应与项中变量数最少)。

③ 将每个合并圈写成相应的与项相加,就可得到最简与或式。

画合并圈时要注意,为了使合并圈尽可能大,任何一个方格可以多次圈用。但如果在某个合并圈中所有的方格均被其余的合并圈圈过,则该圈属于多余圈。

几何相邻和逻辑相邻一致。不同的合并圈,有不同的化简结果。

化简原则可以总结为:

① 在包含所有最小项的前提下,"圈"越少越好。

② 在每个"圈"中包含的最小项的个数为 2^n 个的前提下,"圈"越大越好。

③ 每个"圈"至少要包含一个只被自己包含的最小项。

例 9.5-10 用卡诺图化简法将下式化简为最简与或式。

$$Y = (A+B)CD' + ((A+B)(A'+B'+C+D))'$$

解:首先将函数式化成与或形式,并用卡诺图表示,如图 9.5-7 所示。

$$Y = (A+B)CD' + ((A+B)(A'+B'+C+D))'$$
$$= ACD' + BCD' + (A+B)' + (A'+B'+C+D)'$$

接下来,找出相邻的最小项,画出合并圈。在图 9.5-7 中填 1 的小方格可以由 3 个合并圈覆盖。

最后,求出每个合并圈的与项,相加得到结果为

$$Y = A'B' + CD' + ABD'$$

例 9.5-11 用卡诺图化简法将下式化简为最简与或式。

$$Y = AD' + BC'D + ABC + A'C'D' + A'B'D'$$

解:首先用卡诺图表示以上函数式,如图 9.5-8 所示。

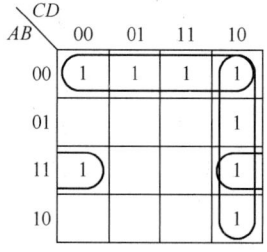

图 9.5-7 例 9.5-10 的卡诺图合并圈画法

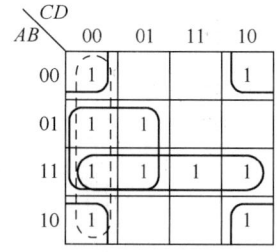

图 9.5-8 例 9.5-11 的卡诺图合并圈画法

接下来,找出相邻的最小项,画出合并圈。注意位于四角的 4 个最小项也具有逻辑相邻性。在图 9.5-8 中填 1 的小方格可以由 3 个合并圈(实线)覆盖。因为所有的 1 已经被实线合并圈所包含,所以虚线所画的合并圈为多余圈。

最后,求出每个合并圈的与项,相加得到结果为

$$Y = AB + BC' + B'D'$$

例 9.5-12 用卡诺图化简法将下式化简为最简与或式。

$$Y = AB' + A'B + BC' + B'C$$

解：首先用卡诺图表示以上函数式，如图 9.5-9 所示。

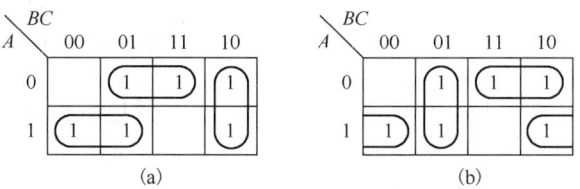

图 9.5-9　例 9.5-12 卡诺图的两种圈法

其次画出合并圈，从图 9.5-9 可以看出，有两种可取的画圈方案。如果按照图 9.5-9（a）的方案合并最小项，得到

$$Y = AB' + AC' + BC'$$

而按照图 9.5-9（b）的方案合并最小项可以得到

$$Y = A'B + AC' + B'C$$

两个化简结果都符合最简与或式的标准。

这个例子说明，一个逻辑函数的最简式可能不是唯一的。

以上几个例子都是通过合并卡诺图中的 1 来化简函数的，此外还可以通过合并卡诺图中的 0 求得 Y'。任何一个逻辑函数都可以表示为最小项之和的形式且和为 1。将最小项之和分为两部分，在卡诺图中填入 1 的那些最小项之和记做 Y，根据 $Y + Y' = 1$，则在卡诺图中填入 0 的那些最小项之和就为 Y'。求得 Y' 后，再对 Y' 求反可得到 Y。

如果要求化简结果为与或非形式，可通过合并 0 的方法得到与或形式的 Y'，取反后 Y 恰好为与或非形式。此外，如果卡诺图中 0 的数目远小于 1 的数目，也常采用合并 0 的方法。

例 9.5-13　利用卡诺图化简函数 $Y = \sum m(0,1,2,3,4,6,8,9,10,11,12,14)$。

解：画出函数的卡诺图，得到图 9.5-10，合并图中的 0。
按照图中的合并方案，求得

$$Y' = BD$$

取反后得

$$Y = B' + D'$$

若合并图中的 1，则需要两个合并圈，得到 $Y = B' + D'$。

值得注意的是，任何一个方格可以多次圈用，但如果在某个合并圈中所有的方格均被其余的合并圈圈过，则该圈属于多余圈。

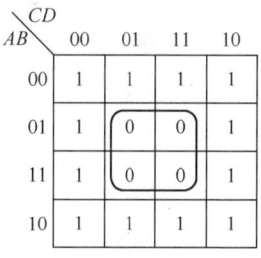

图 9.5-10　例 9.5-13 的卡诺图

4．具有无关项的逻辑函数及其化简

对于输入变量的每一组取值，都有确定的函数值（0 或 1）与其对应，而且变量之间相互独立，各自可以任意取值。因此，n 个变量共有 2^n 种有效的取值组合。但是，在某些实际的数字系统中，一个 n 变量的逻辑函数，并非与 2^n 个变量组合都有关。

无关项是约束项和任意项的总称。

① 约束项：取值组合不可能出现的最小项。在这些取值下对应的函数值是无关紧要的，它可以是 1，也可以是 0。这些因为限制而不能出现的变量组合所对应的最小项称为约束项。

② 任意项：是最小项，若使其值为 1 时，函数值可为 0，也可为 1，并不影响电路的功

能，则称该项为任意项。任意项比较少见，在此不多做介绍。

约束项和任意项通常在真值表和卡诺图中用符号"×"来表示。在用卡诺图化简时，×可以看成1，也可以看成0。

例 9.5-14 四舍五入函数，用 A、B、C、D 组成 8421 码表示十进制数，当该数大于 4 时输出为 1。

解：4 位二进制数共有 16 种变量组合，1 位十进制数只选其中的 0000～1001 共 10 种变量组合，其余 6 个变量组合 1010～1111 不使用，这 6 种变量组合构成的最小项就是约束项。表 9.5-3 为四舍五入函数的真值表。

有无关项的逻辑函数在逻辑表达式中是用加约束条件的方法来描述的。在四舍五入函数式中约束条件可表示为 $m_{10}+m_{11}+m_{12}+m_{13}+m_{14}+m_{15}=0$。也可以表示为 $\sum d(10\sim 15)=0$，式中 $\sum d$ 后括号内为无关项的序号。也可以表示为 $AB+AC=0$，此为约束项之和最简式的形式。

因此，四舍五入函数可表示为

$$Y = \sum m(5\sim 9) + \sum d(10\sim 15)$$

其卡诺图如图 9.5-11 所示。

在化简具有约束项的逻辑函数时，尽可能用卡诺图化简。根据约束项的随意性（即它的值可取 0 也可取 1，并不影响函数原有的实际逻辑功能）画合并圈时，圈进去的×看成 1，没有圈进去的×看成 0，将函数式化为最简式，得到结果为

$$Y = A + BC + BD$$

值得注意的是，有约束项时，一定要用卡诺图化简，不要用公式法，除非变量太多，无法用卡诺图化简。

例 9.5-15 用卡诺图化简逻辑函数

$$Y(A,B,C,D) = m_1 + m_7 + m_8$$

约束条件为

$$m_3 + m_5 + m_9 + m_{10} + m_{12} + m_{14} + m_{15} = 0$$

解：首先将逻辑函数用卡诺图表示，其中最小项用 1 表示，约束项用×表示，如图 9.5-12 所示。

然后，画出必要且尽可能大的合并圈包围所有的 1。

最后，求出合并圈的与项，相加得到结果为 $Y = A'D + AD'$。

表 9.5-3 四舍五入函数的真值表

A	B	C	D	Y
0	0	0	0	0
0	0	0	1	0
0	0	1	0	0
0	0	1	1	0
0	1	0	0	0
0	1	0	1	1
0	1	1	0	1
0	1	1	1	1
1	0	0	0	1
1	0	0	1	1
1	0	1	0	×
1	0	1	1	×
1	1	0	0	×
1	1	0	1	×
1	1	1	0	×
1	1	1	1	×

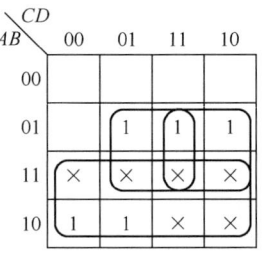

图 9.5-11 四舍五入函数的卡诺图

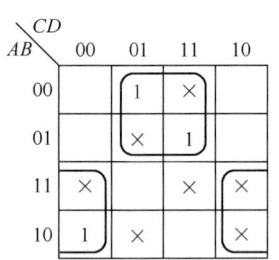

图 9.5-12 例 9.5-15 的卡诺图

思考与练习

9.5-1 利用公式法将下列函数化为最简与或式。

（1）$Y = AB'C + A' + B + C'$ 　　（2）$Y = (A'BC)' + (AB')'$

（3）$Y = AB'CD + ABD + AC'D$ 　　（4）$Y = AB'(A'CD + (AD + B'C')')(A' + B)$

（5）$Y = AC(C'D + A'B) + BC((B' + AD)' + CE)'$ 　　（6）$Y = AB'C' + A'B' + A'D + C + BD$

9.5-2 利用卡诺图法将下列函数化为最简与或式。
（1）$Y=ABC+ABD+C'D'+AB'C+A'CD'+AC'D$
（2）$Y=\sum m(0,1,2,5,8,9,10,12,14)$
（3）$Y=\sum m(1,4,7)$
（4）$Y=\sum m(3,5,6,7,10)+d(0,1,2,4,8)$
（5）$Y=\sum m(2,3,7,8,11,14)+d(0,5,10,15)$
（6）$Y=(A+C+D)'+A'B'CD'+AB'C'D$，约束条件为：
$AB'CD'+AB'CD+ABC'D'+ABC'D+ABCD'+ABCD=0$

习题 9

9-1 完成下面的数值转换。
（1）求出下列各式的值。
$(56.2)_{16}=(\quad)_{10}$　　　　$(125)_8=(\quad)_{16}$　　　　$(4AB6)_{16}=(\quad)_4$
（2）将二进制数转换成等效的十进制数、八进制数、十六进制数。
$(1011101)_2$　　　　$(10011.110)_2$　　　　$(101110111)_2$

9-2 直接写出下列函数的对偶函数和反函数。
（1）$Y = A + (B + C' + (D + E)')'$
（2）$Y = (A + B + C)A'B'C'$

9-3 证明下列恒等式。
（1）$BC + AD = (A+B)(B+D)(A+C)(C+D)$
（2）$(A+C')(B+D)(B+D') = AB + BC'$

9-4 用基本定律和定理证明下列等式。
（1）$A + A'(B + C)' = A + B'C'$
（2）$A'B' + A'B + AB' + AB = 1$

9-5 下列逻辑函数中，当变量 A、B、C 为哪些取值组合时，函数 Y 的值为1？
（1）$Y = AB' + A'B'C' + A'B + ABC$
（2）$Y = AB + BC'(A + B)$

9-6 列出函数的真值表。
（1）$Y = ABC + AB'C$
（2）$Y = AB + BC' + A'C$

9-7 一个对4逻辑变量进行判断的逻辑电路。当4变量中有奇数个1出现时，输出为1；其他情况，输出为0。列出该电路的真值表，写出函数式。

9-8 已知逻辑函数真值表如题9-8表所示，写出对应的函数表达式。

9-9 写出如题9-9图所示的各逻辑图对应的逻辑函数式。

题 9-8 表

A	B	C	D	Y
0	0	0	0	0
0	0	0	1	1
0	0	1	0	1
0	0	1	1	0
0	1	0	0	0
0	1	0	1	1
0	1	1	0	0
0	1	1	1	1
1	0	0	0	1
1	0	0	1	0
1	0	1	0	0
1	0	1	1	1
1	1	0	0	0
1	1	0	1	1
1	1	1	0	1
1	1	1	1	0

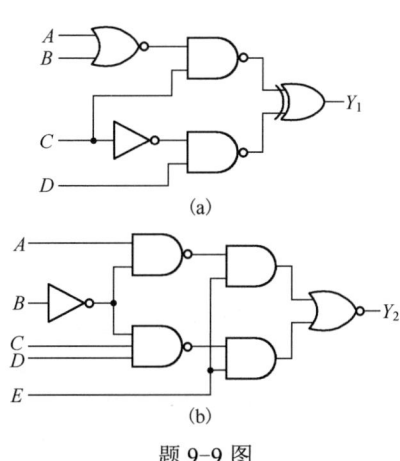

题 9-9 图

9-10 利用公式法将下列函数化为最简与或式。

(1) $Y = A'(B'C + B(CD' + D)) + ABC'D$

(2) $Y = AB(C+D) + (A' + B')(C' + D') + (C \oplus D)'D'$

(3) $Y = (A'B' + BD)C' + BD(A'C')' + D'(A' + B')'$ (4) $Y = (A \oplus B)C + ABC + A'B'C + B'D$

(5) $Y = A + A'BCD + A(BC)' + BC + B'C$ (6) $Y = A + B + C + A'B'C'$

9-11 利用卡诺图法将下列函数化为最简与或式。

(1) $Y = A'(B'C + B(CD' + D)) + ABC'D$ (2) $Y = ABCD' + ABD + BCD' + ABC + BD + BC'$

(3) $Y = \sum m(0, 13, 14, 15) + \sum d(1, 2, 3, 9, 10, 11)$ (4) $Y = \sum m(0,1,4,6,9,13) + \sum d(2,3,5,7,10,11,15)$

(5) $Y = CD'(A \oplus B) + A'BC' + A'C'D$,约束条件为 $AB + CD = 0$

(6) $Y = \sum(m_2, m_3, m_7, m_8, m_{11}, m_{14})$,约束条件为 $m_0 + m_5 + m_{10} + m_{15} = 0$

第 10 章 逻辑门电路

主要内容：
（1）理解半导体二极管门电路的工作原理。
（2）理解半导体三极管门电路的工作原理。
（3）理解 TTL 集成门电路的工作原理，掌握 TTL 反相器、三态门的工作状态。

10.1 半导体二极管门电路

课程思政融入点：通过介绍晶体管的发展历史，理解科学基础研究对于技术应用的重大意义，引导学生正确看待事物发展的新方向，鼓励学生积极投入新技术的发展研究中去，同时通过视频了解国内外集成电路的发展史与现状，激发学生报效祖国的爱国情怀。

门电路是实现基本逻辑运算和复合运算的单元电路。

10.1.1 二极管的开关特性

1. 二极管的开关作用

在模拟电子技术部分，本书介绍了二极管的相关特性。二极管具有单向导电性，即外加正向电压时导通，外加反向电压时截止，相当于开关的闭合和断开。虽然由于二极管特性的非线性，它并不是理想的开关，但是在多数情况下将这个特性做合理的近似可把二极管近似成等效开关，用于工程中一般均能满足实际要求，并可以简化电路分析和设计过程。

如图 10.1-1 所示为二极管电路。通过在二极管两端施加不同的外加电压，可以改变其开关状态，且外加电源电压较低而外加电阻较大时，采用如图 10.1-2 所示近似方法是合理的。

此时，二极管开关电路满足以下情况。

（1）二极管两端电压小于 U_{ON} 以后，二极管截止，等效电阻很大，电流近似为零。即当外加反向电压或外加正向电压小于开启电压 U_{ON} 时，二极管处于截止状态，如图 10.1-3（a）所示；二极管相当于开关断开，10.1-3（b）所示。

（2）二极管两端电压大于 U_{ON} 以后，二极管导通，电流增加时二极管两端的电压等于 U_{ON} 基本不变。即当外加正向电压大于开启电压 U_{ON} 时，二极管处于导通状态，如图 10.1-4（a）所示；二极管相当于开关闭合，如图 10.1-4（b）所示。

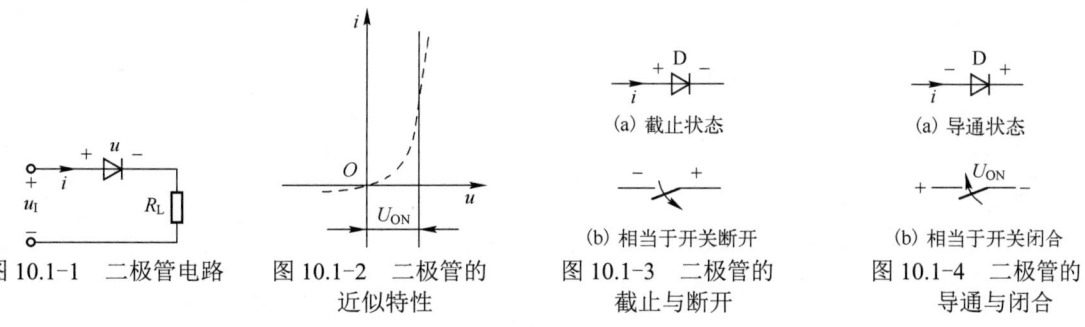

图 10.1-1 二极管电路　　图 10.1-2 二极管的近似特性　　图 10.1-3 二极管的截止与断开　　图 10.1-4 二极管的导通与闭合

2. 二极管的动态开关特性

当在图 10.1-1 的二极管电路中加入快速变化的脉冲信号时，二极管随着信号变化在"开"与"关"两种状态之间转换，这个转换的过程就是二极管的动态开关特性。

在图 10.1-1 的电路中输入如图 10.1-5（a）所示的脉冲信号，在不同的时间段，二极管呈现不同的状态，即：

（1）在信号平稳的 $0 \sim t_0$ 和 $t_0 \sim t_1$ 时间段，流经二极管的电流 i 基本符合单向导电特性。反向电压作用下二极管截止，电流为反向电流 I_S（I_S 是一个很小的电流，一般情况下可以忽略不计）；正向电压作用时，二极管导通，本身只有很小的正向导通压降 U_{ON}（硅二极管约 0.7V，锗二极管约 0.2V），正向电流为

$$I_F = \frac{U_F - U_{ON}}{R_L}$$

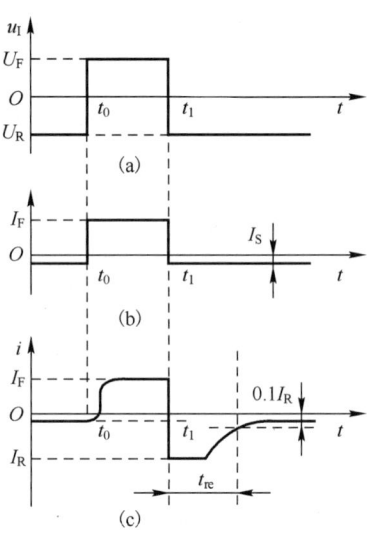

图 10.1-5 二极管开关的动态特性

（2）在输入电压突然跳变的 t_0 和 t_1 时刻，二极管要在截止和导通状态之间转换，t_0 和 t_1 瞬间的电流都滞后于电压的变化。

（3）特别在 t_1 时刻，输入电压虽然已经变成反向，按照理想情况二极管的状态应该立即转为截止，电流是很小的反向电流 I_S，波形如图 10.1-5（b）所示。

（4）实际二极管不能瞬间截止，电流由正向的 I_F 随电压变化到很大的反向电流 I_R，只有经过反向恢复时间 t_{re} 后二极管才能恢复到截止状态，t_{re} 是指反向电流从峰值衰减到峰值的十分之一所经过的时间，是 t_1 时刻二极管由导通转为截止所需要的时间。虽然 t_0 时刻二极管截止转为导通也需要时间，但它远比 t_{re} 小，可以忽略。电流实际波形如图 10.1-5（c）所示。

反向恢复时间 t_{re} 是开关二极管特有的参数，主要用来衡量开关速度的快慢。t_{re} 定量地描述了反向电流的持续时间，它和外加正向电压的大小、反向电压的大小及外电路的阻值有关，也和二极管本身的内部特性有关。t_{re} 越小，开关速度越快，允许的信号频率越高。工程中应考虑对开关二极管允许的信号频率的限制，因为在信号频率过高的情况下，二极管将失去开关作用。

10.1.2 二极管门电路

二极管门电路是最简单的门电路，主要有二极管与门、二极管或门。

1. 二极管与门

两输入端的二极管与门电路和逻辑符号如图 10.1-6 所示，其中 A、B 为输入变量，Y 为输出变量。设输入电压为 3V 或 0V，电源电压 U_{CC}=5V，二极管的正向导通压降 U_{ON}= 0.7V。

此电路的工作情况为：

（1）当 A、B 均为低电平 0V 时，D_1、D_2 均导通，此时 Y=0.7V；当 A、B 中有一个输入为 0V，另一个输入为 3V 时，则连接 0V 输入的二极管导通，钳位作用使输出 Y=0.7V，此

时连接 3V 输入的二极管因反向偏置而截止；当 A、B 均为高电平 3V 时，D_1、D_2 均导通，此时 Y=3.7V。

（2）如果规定 2V 以上为高电平，用逻辑 1 表示，而 0.8V 以下为低电平，用逻辑 0 表示，则电路输入、输出电压的关系可改写成逻辑真值表，显然 Y 和 A、B 是与逻辑关系，如表 10.1-1 所示。

表 10.1-1 与门电压与逻辑的关系

输入、输出电压的关系			逻辑真值表		
A/V	B/V	Y/V	A	B	Y
0	0	0.7	0	0	0
0	3	0.7	0	1	0
3	0	0.7	1	0	0
3	3	3.7	1	1	1

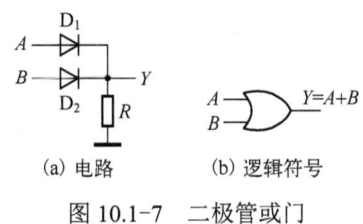

图 10.1-6 二极管与门

2. 二极管或门

两输入端的二极管或门电路和逻辑符号如图 10.1-7 所示。运用类似上面的分析方法，容易得到如表 10.1-2 所示的或门电路输出与输入之间的电压关系。如果规定高于 2V 为高电平，用逻辑 1 表示，而低于 0.8V 为低电平，用逻辑 0 表示，则电路输入、输出电压的关系可改写成逻辑真值表，显然 Y 和 A、B 是或逻辑关系。

表 10.1-2 或门电压与逻辑的关系

输入、输出电压关系			逻辑真值表		
A/V	B/V	Y/V	A	B	Y
0	0	0	0	0	0
0	3	2.3	0	1	1
3	0	2.3	1	0	1
3	3	2.3	1	1	1

图 10.1-7 二极管或门

二极管与门和或门电路结构简单，存在以下缺点：

（1）二极管的正向压降将引起信号电平的偏离，特别是在多级门电路串接使用时尤为明显，容易使低电平超出规定的电平范围，从而导致逻辑错误。

（2）二极管门的带负载能力很差。当输出端对地接负载电阻时，负载电阻的改变会显著地影响输出高电平。

因此，二极管一般不单独构成门电路来使用，而是作为门电路的输入级；或仅用作集成电路内部的逻辑单元，而不用它直接驱动负载电路。

思考与练习

10.1-1 二极管开关作用的前提条件是什么？

10.1-2 列出具有三个输入端的二极管与门电路的电压与逻辑的关系。

10.1-3 列出具有三个输入端的二极管或门电路的电压与逻辑的关系。

10.2 半导体三极管门电路

根据模拟电子技术部分所学的三极管的知识可知，在不同的电压情况下，三极管呈现不同的状态。本节重点介绍三极管的开关特性。

10.2.1 三极管的开关特性

1. 三极管的开关作用

在不同的输入电压下，开关三极管将工作在不同的区域，如图 10.2-1 所示。

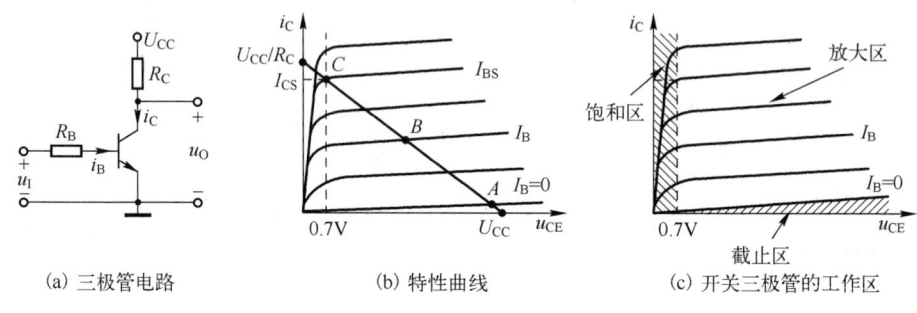

(a) 三极管电路　　(b) 特性曲线　　(c) 开关三极管的工作区

图 10.2-1　开关三极管

（1）当输入电压 $u_I = 0$ 时，$u_{BE} = 0$，这时 $i_B = 0$，三极管处于截止状态，工作点在图 10.2-1（b）所示的特性曲线中的 A 点以下。显然，$i_B = 0$ 时，$i_C \approx 0$，C、E 两极间只有极微小的电流 I_{CEO} 流过，因此三极管的集电极和发射极之间相当于断开的开关。

（2）当 $u_I > U_{ON}$ 时，有 $i_B > 0$，同时有相应的集电极电流 i_C 流过 R_C 和三极管的输出回路，三极管开始进入放大区。基极电流为

$$i_B = \frac{u_I - u_{BE}}{R_B}$$

随着 u_I 增加，i_B 继续上升，i_C 跟随上升，工作点沿负载线由 A 点经 B 点向 C 点方向上升移动。未达到 C 点之前，因 $u_{CE} > 0.7V$，集电结反偏（$u_{BC} < 0$），三极管工作在放大区，此时 $i_C = \beta i_B$，于是有

$$u_{CE} = U_{CC} - i_C R_C = U_{CC} - \beta i_B R_C$$

随着 i_B 增加，R_C 上的压降增加，u_{CE} 相应地减小。可见，在放大区 C、E 两极间的压降比较大，不能等效成理想开关作用。

（3）当工作点到达 C 点时，$u_{CE} = 0.7V$，集电结为零偏置，三极管工作在临界饱和状态，图 10.2-1 中 C 点对应的集电极电流 I_{CS} 称为临界饱和集电极电流，对应的 I_{BS} 称为临界饱和基极电流，于是有

$$I_{CS} = \frac{U_{CC} - 0.7}{R_C}, \quad I_{BS} = \frac{I_{CS}}{\beta} = \frac{U_{CC} - 0.7}{\beta R_C}$$

超过工作点 C 以后，i_B 的增加使 $u_{CE} < 0.7V$，集电结变为正向偏置（$u_{BC} > 0$），$i_B > I_{BS}$。由图 10.2-1（b）可见，i_B 的增加不能使 $i_C = \beta i_B$，因为 $i_C \approx U_{CC}/R_C$ 已经是实际电路的集电极电流的极限值。显然，工作点 C 以后三极管进入饱和区。i_B/I_{BS} 的值称为饱和深度，饱和深度越大，u_{CE} 越小。深饱和时，C、E 两极间电压值 u_{CES} 近似在 0.1V 与 0.3V 之间。因此，三极管工作在饱和区时，C、E 两极间相当于闭合的开关。三极管可做"开""关"使用的工

作区是输出特性的饱和区和截止区，如图 10.2-1（c）所示。

三极管的三种工作状态及特点如表 10.2-1 所示。

表 10.2-1 三极管的工作状态及特点

工作状态	截止	放大	饱和
电流判断条件	$i_B = 0$	$0 < i_B \leqslant I_{BS}$	$i_B > I_{BS}$
偏置情况	$u_{BE} < 0.5V$	发射结正偏 $u_{BE} > 0.5V$ 集电结反偏 $u_{BC} < 0$	发射结正偏 $u_{BE} \approx 0.7V$ 集电结正偏 $u_{BC} \geqslant 0$
集电极电流	$i_C = 0$	$i_C = \beta i_B$	$i_C \approx I_{CS} = \dfrac{U_{CC} - 0.7V}{R_C} \approx \dfrac{U_{CC}}{R_C}$ $I_{BS} \leqslant I_{CS}/\beta$
管压降	$u_{CE} \approx U_{CC}$	$u_{CE} = U_{CC} - i_C R_C$	$u_{CE} \approx u_{CES} = 0.1 \sim 0.3V$
等效电路	(图)	(图)	(图)
开关作用	C、E 两极间相当于开关断开		C、E 两极间相当于开关闭合

2. 三极管的动态开关特性

在动态情况下，三极管在快速变化的脉冲信号作用下，其状态在截止与饱和导通之间转换，与之对应的三极管内部存在电荷建立和消散过程，由动态特性描述。双极型三极管电路如图 10.2-2 所示。

当三极管电路输入端加入如图 10.2-3（a）所示的输入脉冲电压时，和二极管动态情形相似，输出的集电极电流 i_C 和输出电压 u_O 均与理想情况不同。实际的特性如图 10.2-3（b）和（c）所示，上升沿和下降沿均有延迟且滞后明显。

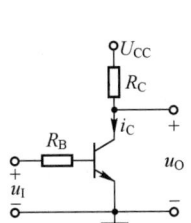

图 10.2-2 双极型三极管电路

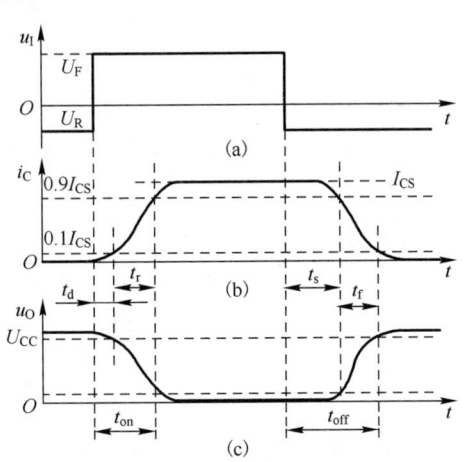

图 10.2-3 双极型三极管的动态开关特性

开关时间由下列参数描述。

（1）开启时间 t_{on}：$t_{on} = t_d + t_r$。其中 t_d 为延迟时间，是从输入信号 u_I 正跳变时刻开始，

到集电极电流 i_C 上升到 $0.1I_{CS}$ 所需的时间。t_r 为上升时间，是集电极电流从 $0.1I_{CS}$ 上升到 $0.9I_{CS}$ 所需的时间。t_{on} 是三极管发射结由宽变窄及基区建立电荷所需时间。

（2）关闭时间 t_{off}：$t_{off}=t_s+t_f$。其中 t_s 为存储时间，是从输入信号 u_I 负跳变时刻开始，到集电极电流 i_C 下降到 $0.9I_{CS}$ 所需的时间，即三极管由饱和导通转换为放大导通所花费的时间。t_f 为下降时间，是集电极电流从 $0.9I_{CS}$ 下降到 $0.1I_{CS}$ 所需的时间。t_{off} 是清除三极管内存储电荷的时间。

三极管的开启时间和关闭时间总称为三极管的开关时间，一般为几纳秒到几十纳秒，并且有 $t_{off}>t_{on}$，$t_s>t_f$，因此 t_s 的大小是决定三极管开关时间的主要参数。因此，为提高开关速度通常要减轻三极管的饱和深度。

10.2.2 三极管反相器

观察图 10.2-3 的三极管电路，当三极管工作在开关状态，即输入为高电平时，输出为低电平；而输入为低电平时，输出为高电平。因此，输出电平与输入电平之间是反相关系，它实际上是一个反相器（非门）。也就是说，当输入信号为高电平时，应保证三极管工作在深饱和状态，以使输出低电平接近于零。因此，电路参数的配合必须合适，保证三极管的基极电流大于临界饱和基极电流，即 $i_B>I_{BS}$。下面通过一个例子来说明三极管反相器。

例 10.2-1 在如图 10.2-4 所示的反相器电路中，若 $U_{CC}=5V$，则三极管导通，$U_{BE}=0.7V$，饱和压降 $u_{CES}=0.3V$，$\beta=30$，输入的高、低电平分别为 $U_{IH}=5V$ 和 $U_{IL}=0V$。

（1）计算输入高、低电平时对应的输出电平，并说明电路参数的设计是否合理。

（2）说明电路中哪些参数影响三极管是否饱和？

解：（1）当 $u_I=U_{IL}=0V$ 时，三极管显然工作在截止状态，$i_B=0$，$i_C=0$，则 $u_O=U_{CC}$，电路实现了输入为低电平时，输出为高电平。

当 $u_I=U_{IH}=5V$ 时，三极管导通，有

$$i_B=\frac{U_{IH}-U_{BE}}{R_B}=\frac{5-0.7}{R_B}=\frac{5-0.7}{10\times 10^3}=0.43\text{mA}$$

$$I_{BS}\approx\frac{U_{CC}}{\beta R_C}=\frac{5}{\beta R_C}=\frac{5}{30\times 1\times 10^3}\approx 0.167\text{mA}$$

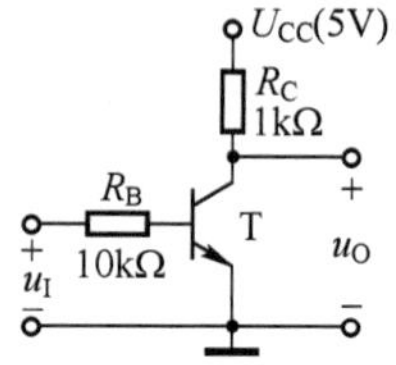

图 10.2-4 例 10.2-1 的图

显然满足 $i_B>I_{BS}$，三极管工作在饱和状态，有 $u_O=u_{CES}=0.3V$。

电路实现了输入为高电平时，输出为低电平。因此，图 10.2-4 电路参数的设计是合理的，实现了反相器功能。

（2）由表 10.2-1 可知，三极管饱和状态的电流判断条件是 $i_B>I_{BS}$，于是有

$$\frac{U_{IH}-U_{BE}}{R_B}>\frac{U_{CC}}{\beta R_C}$$

明显看出，在输入电压 U_{IH} 和电源电压 U_{CC} 一定的情况下，R_B 越小，R_C 越大，β 越大，三极管越容易饱和。在设计实际电路时，如果需要三极管工作在饱和状态，可通过选择这些参数实现。

思考与练习

10.2-1 三极管的开关特性指的是什么？

10.2-2　什么是三极管的开通时间和关断时间？

10.2-3　写出三极管的饱和条件，并说明对于如图 10.2-5 所示的电路，下列方法中，哪些能使未达到饱和的三极管饱和？

(1) $R_b\downarrow$；　　(2) $R_C\downarrow$；　　(3) $\beta\uparrow$；　　(4) $U_{CC}\uparrow$。

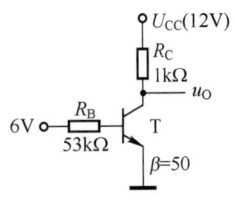

图 10.2-5　题 10.2-3 的图

10.3　TTL 反相器

课程思政融入点：国内芯片传出喜讯。让学生们有民族自信，中华民族所具有的顽强拼搏的精神实质，在面对别的国家恶意垄断和技术"卡脖子"时，要从根本上解决问题就要拥有独立知识产权的核心技术。

所谓集成电路，通常是指把电路中的半导体器件、电阻、电容及导线制作在一块半导体基片上并封装在一起；而数字集成电路是用来处理数字信号的集成电路。与分立元件门电路相比，集成门电路的特点是体积小、重量轻、功耗低、价格便宜、可靠性高。而集成逻辑门是最基本的数字集成电路。

根据半导体芯片上集成的门数多少或元器件的多少，来区分集成电路的集成规模或集成度。数字集成电路通常按下面的标准划分集成规模等级。

小规模集成电路（Small Scale Integration，SSI）：一个芯片上有 1~12 个门，10~100 个元件。

中规模集成电路（Medium Scale Integration，MSI）：一个芯片上有 13~99 个门，10^2~10^3 个元件。

大规模集成电路（Large Scale Integration，LSI）：一个芯片上有 100 个门以上，10^3 个以上元件。

超大规模集成电路（Very Large Scale Integration，VLSI）：一个芯片上有上万个门，数十万个元件。

三极管-三极管逻辑（Transistor-Transistor Logic，TTL）集成门电路自 20 世纪 60 年代问世以来，历经了不断改进和发展的过程。为了满足提高工作速度和降低功耗的要求，形成了多种 TTL 集成门产品，至今这些产品仍占据巨大的市场份额。

TTL 最初的基本系列分为 54 和 74 两大系列。54 系列用于军品，电源电压 U_{CC} 为 4.5~5.5V，环境温度为 -55~+125℃；74 系列用于民品，U_{CC} 为 4.75~5.25V，工作环境温度为 0~70℃。继 74 系列之后又相继生产了 74H、74L、74S、74LS、74AS、74ALS、74F 等改进系列，每个系列又分若干子系列。TTL 集成门电路属于小规模集成电路。

10.3.1　TTL 反相器电路结构及原理

反相器是 TTL 集成门电路中最基本的一种电路结构。这种类型电路的输入端和输出端均为三极管结构，所以称为三极管-三极管逻辑电路，简称 TTL 电路。图 10.3-1（a）给出了 74 系列 TTL 反相器的典型

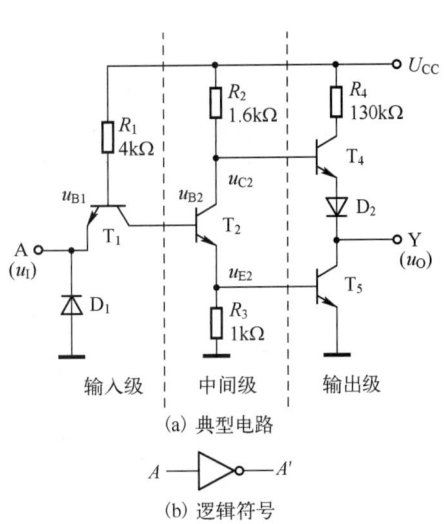

图 10.3-1　TTL 反相器

电路。

图 10.3-1（a）所示电路由三部分组成：T_1、R_1 和 D_1 组成的输入级；T_2、R_2 和 R_3 组成的倒相级（中间级）；T_4、T_5、D_2 和 R_4 组成的输出级。由于 T_2 的集电极输出电压信号和发射极输出电压信号变化方向相反，所以将这一级称为倒相级。输出级的工作特点是在稳定状态下 T_4 和 T_5 总是一个导通而另一个截止，这可以有效地降低输出级的静态功耗并提高负载驱动能力。通常将这种形式的电路称为推拉式（Push-Pull）电路或图腾柱（Totem-Pole）输出电路。为确保 T_5 饱和导通时 T_4 可靠地截止，在 T_4 的发射极下面串联了二极管 D_2，起到电平偏移的作用。D_1 是输入端钳位二极管，它既可以抑制输入端可能出现的负极性干扰脉冲，又可以防止输入电压为负时 T_1 的发射极电流过大，起到保护作用。

下面讨论不同输入信号时的输出信号变化情况。

设电源电压 U_{CC}=5V，输入信号的高、低电平分别为 U_{IH}=3.6V、U_{IL}=0.2V，PN 结导通压降为 0.7V。

（1）输入为低电平，U_{IL}=0.2V

当输入端 A 接低电平 0.2V 时，T_1 的发射结导通，基极电位被钳位到 $u_{B1}=0.9V$。此时，要使 T_1 的集电结和 T_2 的发射结这两个串联的 PN 结导通，需要 $u_{B1}=0.7\times 2=1.4V$；要使 T_5 的发射结也同时导通，需要 $u_{B1}=0.7\times 3=2.1V$。显然，这两个条件都不具备，所以 T_2、T_5 都截止。由于 T_2 截止，流过 R_2 的电流仅为 T_4 的基极电流，这个电流较小，在 R_2 上产生的压降也较小，可以忽略，所以 $u_{B4} \approx U_{CC}=5V$，使 T_4 和 D_2 导通，则有

$$u_O \approx U_{CC} - U_{BE4} - U_D = 5 - 0.7 - 0.7 = 3.6V$$

将上述分析的各点电位情况标示在图 10.3-2 中，它可实现：当输入为低电平时，输出为高电平。

（2）输入为高电平，U_{IH}=3.6V

当输入端 A 接高电平 3.6V 时，T_1 的发射结不可能导通。若导通，则有 u_{B1}=3.6+0.7=4.3V，4.3V 的电压足以使 T_1 的集电结和 T_2、T_5 的发射结这 3 个串联的 PN 结导通。而这 3 个 PN 结同时导通，由于钳位作用，$u_{B1}=0.7\times 3=2.1V$，从而使 T_1 的发射结因反偏而截止。所以，此时 T_2、T_5 导通且饱和导通。

由于 T_5 饱和导通，$u_O = U_{CES5} \approx 0.2V$。这时 $u_{E2}=u_{B5}=0.7V$，而 $U_{CES2} \approx 0.3V$，故有 $u_{C2}=u_{E2}+U_{CES2}=1V$。1V 的电压作用于 T_4 的基极，使 T_4 和二极管 D_2 都截止。

将上述分析的各点电位标注在图 10.3-3 中，它可实现：当输入为高电平时，输出为低电平。该电路完成了输入与输出的"逻辑非"功能，是一个 TTL 反相器。

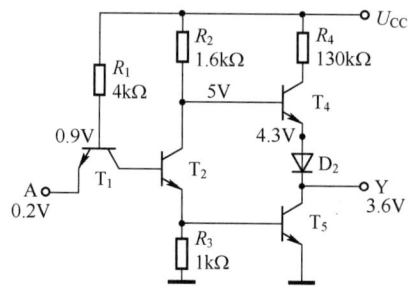

图 10.3-2 输入为低电平时反相器工作状态

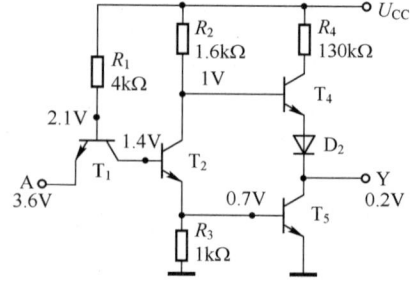

图 10.3-3 输入接高电平时反相器工作状态

10.3.2 TTL 反相器的电压传输特性和抗干扰能力

电压传输特性曲线是指输出电平与输入电平的关系曲线,即 $u_O = f(u_I)$,其测试电路如图 10.3-4 所示。

当输入电压从 0V 逐步增加到+5V 时,测得反相器的电压传输特性曲线如图 10.3-5 所示。

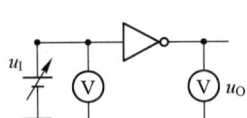

图 10.3-4 TTL 反相器测试电路

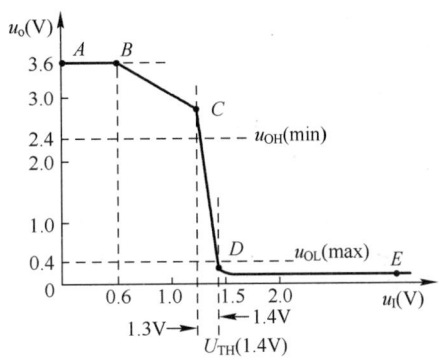

图 10.3-5 TTL 反相器的电压传输特性曲线

电压传输特性曲线可以分成 4 部分。

(1) AB 段,称为截止区,电压范围为:$0 < u_I < 0.6V$。

在这段输入电压范围内,T_1 处于深饱和(设深饱和压降 $U_{CES1} = 0.1V$),T_2、T_5 截止,T_4、D_2 导通,输出电压 $u_O = 3.6V$ 基本保持恒定。这时 T_2 的基极电压为 $u_{B2} = u_I + U_{CES1}$,随着 u_I 的增加,u_{B2} 也在增加,当 $u_{B2} = 0.7V$ 时,电压 $u_I = u_{B2} - U_{CES2} = 0.7 - 0.1 = 0.6V$,$T_2$ 开始导通,导通以后由于有了 i_{C2},使 R_2 上的压降增大,u_O 开始下降。所以,B 点横坐标为 $u_I(B) = 0.6V$,B 点就是 T_2 开始导通的临界点。

(2) BC 段,称为线性区,电压范围为:$0.6V \leq u_I < 1.3V$。

$u_I \geq 0.6V$,即过了 B 点以后,T_2 导通。在这段区间内,T_1 仍处于饱和状态,T_2 处于放大状态。因为 $u_{B2} < 1.4V$,$u_{B3} < 0.7V$,故 T_5 仍截止,T_4、D_2 仍导通。随着 u_I 的增加,u_{B2} 也增加,i_{C2} 线性增加,u_{C2} 线性下降,u_O 随之线性下降,因此这段曲线称为线性区。

当输入电压增加到 1.3V 时,$u_{B2} = 1.4V$,$u_{E2} = 0.7V$,T_5 开始导通。因此,C 点横坐标为 $u_I(C) = 1.3V$,C 点就是 T_5 开始导通的临界点。

(3) CD 段,称为转折区,电压范围为:$1.3V \leq u_I \leq 1.4V$。

u_I 继续升高,U_{B2}、U_{E2} 也升高,T_5 基极电流迅速增大,并且随 U_I 的增加 T_5 由导通变为饱和,输出电压急剧下降。CD 段就是电路由输出高电平转换为低电平的阶段,因此称为转折区。D 点横坐标为 $u_I(D) \approx 1.4V$。

由于 T_2、T_4、T_5 在 CD 段都处于放大状态,u_I 的微小增加都会使 T_2 的电流迅速增加,从而使 T_5 的电流迅速增加,使 T_5 迅速进入饱和区,所以曲线很陡峭。阈值电压 $U_{TH} = 1.4V$。

(4) DE 段,称为饱和区,$u_I > 1.4V$。

T_5 进入饱和区以后,u_I 再增加,u_O 则无明显变化,但电路内部过程尚未完全结束。随

着 u_1 继续升高，T_1 转为倒置工作状态，T_1 的基极电流完全注入 T_2 的基极，使 T_2 进入饱和状态，u_{C2} 下降为 1V，T_4、D_2 截止，电路进入输出低电平的稳定状态。

10.3.3　TTL 反相器的静态输入特性、输出特性和负载能力

1. 反相器的输入特性

输入特性描述输入电流 i_I 跟随输入电压 u_I 变化的关系，如图 10.3-6（a）所示。为了分析方便，把如图 10.3-1 所示的 TTL 反相器内部电路简化成如图 10.3-6（b）所示的电路形式。

因为反相器静态时工作在"逻辑非"状态，因此重点分析输入信号为高电平或低电平两种情况下的输入电流与电平的关系。

（1）输入低电平的电流 I_{IL}：指当门电路输入端接低电平时流经输入端的电流。

当 U_{CC}=5V，u_I=U_{IL}=0.2V 时，输入低电平电流为

$$I_{IL} = -\frac{U_{CC} - u_{BE1} - U_{IL}}{R_1} \approx -1\text{mA}$$

u_I=0 时的输入电流称为输入短路电流 I_{IS}。显然，I_{IS} 的数值比 I_{IL} 的数值要略大一些。在做近似分析计算时，可以看成 $I_{IS} \approx I_{IL} = -1\text{mA}$。

（2）输入高电平的电流 I_{IH}：指当门电路输入端接高电平时流经输入端的电流。

当 u_I=U_{IH}=3.6V 时，如图 10.3-6（b）所示，T_1 处于 $u_{BE}<0$、$u_{BC}>0$ 的状态，即 T_1 的发射结反偏，集电结正偏，工作在倒置状态。倒置状态下三极管的电流放大系数 β_i 极小（在 0.01 以下），可以近似认为 β_i=0，则这时的输入电流只是 BE 结的反向电流，所以高电平输入电流 I_{IH} 很小。74 系列门电路每个输入端的 I_{IH}<40μA。

当 $u_I \approx 0.5$V 时，TTL 反相器的保护二极管 D_1 导通，电流虽然急剧增加，但输入端电压被钳位在-0.5V 左右。由图 10.3-6（a）所示电路可以测得输入电流随输入电压变化的关系曲线，即输入特性曲线，如图 10.3-7 所示。

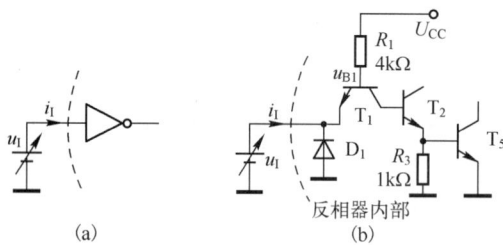

图 10.3-6　TTL 反相器的输入特性测试电路

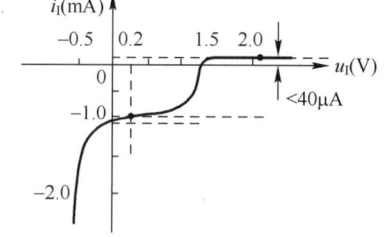

图 10.3-7　TTL 反相器的输入特性曲线

分析输入电压介于高、低电平之间情况比较复杂，但这种情况通常发生在输入信号瞬态转换的暂态中，这里不做详细分析。

2. 反相器的输入端负载特性

门电路在实际应用中，有时需要在输入端与地之间或输入端与信号的低电平之间接入电阻 R_P，如图 10.3-8（a）所示。因为有输入电流流过 R_P，这样就必然会在 R_P 上产生压降，从而形成输入端电压 u_I。反相器输入端负载特性描述的是当输入端接入的电阻 R_P 的阻值改变时，引

起 R_P 两端的压降 u_I 的变化情况。输入端负载和反相器内部电路的连接如图 10.3-8（b）所示，输入端负载特性曲线如图 10.3-8（c）所示。

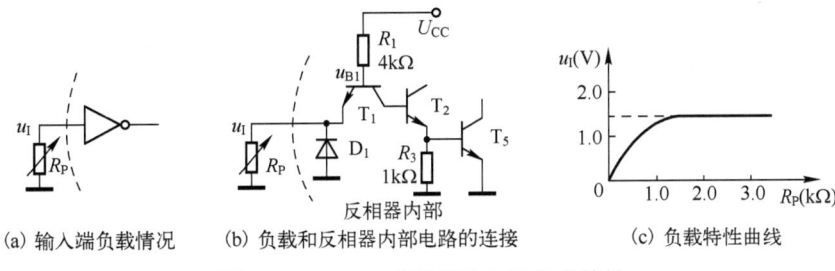

图 10.3-8　TTL 反相器输入端负载特性

下面讨论输入端接入的电阻 R_P 的阻值的两种情况。

（1）关门电阻：$R_{off}=0.7\text{k}\Omega$

由图 10.3-8（b）可见，在 $R_P \ll R_1$ 的条件下，R_P 产生的压降 u_I 比较低，这时只有 T_1 正向导通（T_2 和 T_5 截止），有

$$u_I = \frac{R_P}{R_P + R_1}(U_{CC} - U_{BE1})$$

表明 u_I 几乎与 R_P 成正比，由上式不难算出

$$R_P = 0.7\text{k}\Omega \qquad u_I < U_{IL(max)} = 0.8\text{V}$$

因此 $R_P<0.7\text{k}\Omega$，相当于 u_I 输入为低电平，T_5 工作在截止区，则 u_O 输出高电平，称 $R_{off}=0.7\text{k}\Omega$ 为关门电阻。

（2）开门电阻：$R_{on}=2.0\text{k}\Omega$

由图 10.3-8（b）可见，R_P 增大到 $2.0\text{k}\Omega$ 时，使 u_I 上升到 1.4V，此时 T_2 和 T_5 的发射结同时导通，将 u_{B1} 钳位在 2.1V 左右，所以即使 R_P 再增大，u_I 也不会再升高了，特性曲线是趋于 $u_I=1.4\text{V}$ 的一条水平线。

因为 $R_P>2.0\text{k}\Omega$，将 u_{B1} 钳位在 2.1V，T_2 和 T_5 同时导通，T_5 工作在饱和区，相当于 u_I 输入高电平，u_O 输出低电平，因此称 $R_{on}=2.0\text{k}\Omega$ 为开门电阻。

3．反相器的输出特性

TTL 反相器在实际工作时，输出端总要接其他电路，这些接入的电路称为反相器的输出负载。输出特性是指输出电压 u_O 随输出电流 I_L（即负载电流）变化的关系曲线。下面根据反相器两种不同的输出电平情况分别讨论。

（1）输出为高电平时的输出特性

当反相器输出高电平 U_{OH} 时，外部电路如图 10.3-9（a）所示，反相器内部电路中的 T_4 和 D_2 导通，T_5 截止（图中未画出），输出端的等效电路可以画成如图 10.3-9（b）所示的形式。

由图可见，这时 T_4 工作在发射极输出状态（放大区），电路的输出电阻很小。在负载电流较小的范围内，负载电流 i_{OH} 的变化对 U_{OH} 的影响很小。随着 i_{OH} 的增加，R_4 上的压降也随之增大，最终将使 T_4 的 BC 结变为正向偏置，T_4 进入饱和状态。这时 T_4 将失去发射极跟

随功能，因而 U_{OH} 随 i_{OH} 的增加几乎线性地下降。图 10.3-9（c）给出了 74 系列门电路在输出为高电平时的输出特性曲线。从曲线上可见，在 $I_L<5mA$ 的范围内 U_{OH} 变化很小。当 $I_L>5mA$ 以后，随着 i_{OH} 的增加 U_{OH} 下降较快。

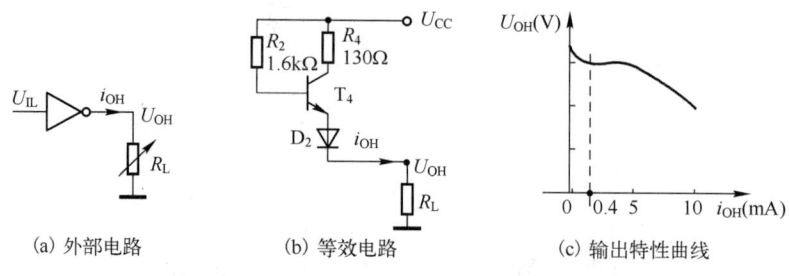

(a) 外部电路　　(b) 等效电路　　(c) 输出特性曲线

图 10.3-9　TTL 反相器输出为高电平时的输出特性

（2）输出为低电平时的输出特性

当反相器输出低电平 U_{OL} 时，外部电路如图 10.3-10（a）所示，反相器内部电路中的 T_4 和 D_2 截止（图中未画出），T_5 饱和导通，输出端的等效电路可以画成如图 10.3-10（b）所示的形式。

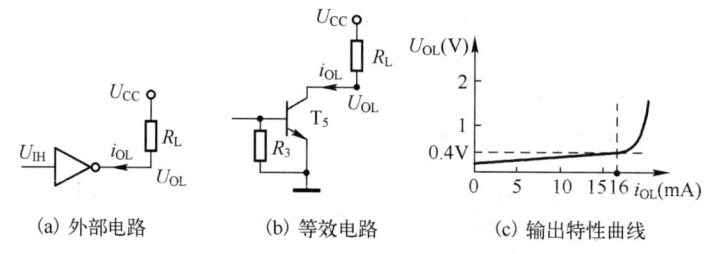

(a) 外部电路　　(b) 等效电路　　(c) 输出特性曲线

图 10.3-10　TTL 反相器输出为低电平时的输出特性

由图可见，由于 T_5 饱和导通时 CE 间的饱和导通内阻很小（通常在 10Ω 以内），饱和导通压降很低（通常约为 0.1V），所以负载电流 i_{OL} 增加时输出的低电平 U_{OL} 仅稍有升高，图 10.3-10（c）为输出特性曲线，可以看出 U_{OL} 与 i_{OL} 的关系在较大的范围里基本呈线性。

10.3.4　TTL 反相器的动态特性

在 TTL 电路中，由于二极管和三极管存在一定的开关时间，而且还有二极管、三极管及电阻、连接线等的寄生电容存在，所以把理想的矩形电压信号加到 TTL 反相器的输入端时，输出电压的波形不仅要比输入信号滞后，而且波形的上升沿和下降沿也将变坏，如图 10.3-11 所示。

截止延迟时间 t_{PHL}：从输入波形上升沿中点到输出波形下降沿中点的时间间隔，是描述输出电压由高电平跳变为低电平时的传输延迟时间。

导通延迟时间 t_{PLH}：从输入波形下降沿中点到输出波形上升沿中点的时间间隔，是描述输出电压由低电平跳变为高电平时的传输延迟时间。反相器的传输延迟时间 t_{pd} 是 t_{PHL} 和 t_{PLH} 的平均值，即

$$t_{pd} = \frac{t_{PHL} + t_{PLH}}{2}$$

在 74 系列 TTL 门电路中，由于输出级的 T_5 导通时工作在深度饱和状态，于是 T_5 因深饱和而有存储时间 t_s，使它从导通转换为截止时（对应于输出由低电平跳变为高电平）的开关时间较长，使其略大于 t_{PHL}。这些参数可以从产品手册上查出。例如，TI 公司生产的反相器 SN7404 的典型参数为 t_{PHL}=8ns，t_{PLH}=12ns。t_{pd} 是反映门电路开关速度的参数，一般约为几纳秒到十几纳秒。

思考与练习

10.3-1 TTL 反相器的电压传输特性的内容是什么？

10.3-2 TTL 反相器输入端负载特性的具体内容是什么？

10.3-3 TTL 反相器中的开门电阻和关门电阻的应用条件是什么？

10.3-4 为什么说 TTL 反相器的输入端在以下 4 种接法下都属于逻辑 0？

（1）输入端接地； （2）输入端接低于 0.8V 的电源；
（3）输入端接同类门的输出低电压 0.2V； （4）输入端接 200Ω 的电阻到地。

10.3-5 为什么说 TTL 反相器的输入端在以下 4 种接法下都属于逻辑 1？

（1）输入端悬空； （2）输入端接高于 2V 的电源；
（3）输入端接同类门的输出高电压 3.6V； （4）输入端接 10kΩ 的电阻到地。

10.3-6 写出图 10.3-12 中 TTL 反相器的输出状态（高电平、低电平）。

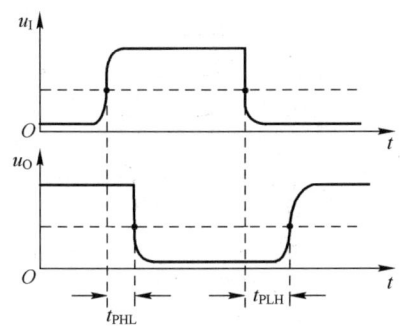

图 10.3-11 TTL 反相器的动态电压波形

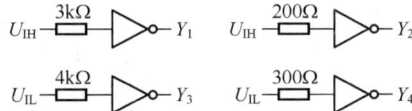

图 10.3-12 题 10.3-6 图

10.4 TTL 基本门电路

在 TTL 门电路产品中，除了反相器，还有与门、或门、与非门、或非门、与或非门和异或门等常见类型。尽管它们的逻辑功能各异，但输入端、输出端的电路结构形式与反相器基本相同，因此前面所讲的反相器的输入特性和输出特性对这些门电路也基本适用。下面简单介绍 TTL 与非门、或非门、与或非门。

10.4.1 与非门

图 10.4-1 是 TTL 与非门的典型电路与逻辑符号。它与图 10.3-1 所示的反相器电路的区别在于将输入级改成了多发射极三极管。

（1）多发射极三极管的与门作用

多发射极三极管的基区和集电区是共同的，而在 P 型的基区上制作了两个（或多个）高掺杂的 N 型区，形成多个相互独立的发射极。因此，可以将多发射极三极管看成多个发射极独立而基极和集电极分别并联在一起的三极管。多发射极三极管的符号及其等效电路如图 10.4-2 所示。

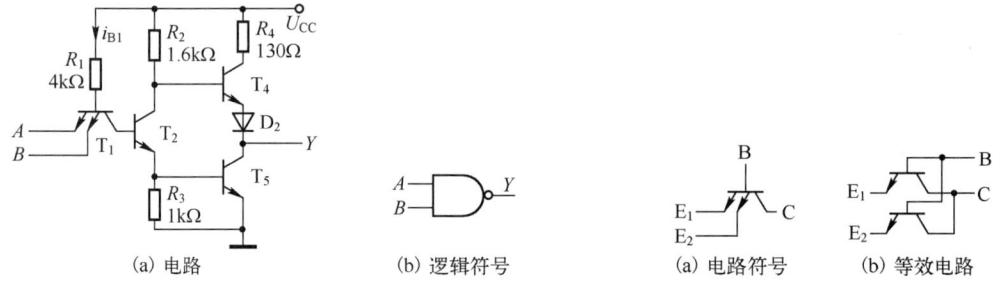

图 10.4-1　TTL 与非门的典型电路与逻辑符号　　图 10.4-2　多发射极三极管的电路符号及其等效电路

把图 10.4-2 所示的多发射极三极管看成 TTL 与非门电路中的 T_1，当 E_1、E_2 中有一个接低电平 0.2V 时，则 T_1 的基极（B 点）电位钳位在 0.9V（假定 u_{BE}=0.7V）。只有当 E_1、E_2 同时为高电平 3.6V 时，T_1 的基极（B 点）电位才钳位在 2.1V。如果规定高于 2.1V 为高电平，用逻辑"1"表示，而低于 0.9V 为低电平，用逻辑"0"表示，则发射极 E_1、E_2 和基极 B 构成与逻辑关系，如表 10.4-1 所示。

可见，多发射极三极管 T_1 可实现与逻辑关系。由 TTL 与非门电路和表 10.4-1 不难得到，只有当 T_1 的基极 B 的电压是 2.1V 时，图 10.4-1 的电路输出 Y 才为低电平 0.2V，其他情况电路均输出高电平 3.6V。显然图 10.4-1 所示电路实现了与非逻辑：$Y = (AB)'$。

（2）与非门的输入电流的计算

如图 10.4-3 所示，通常把两个输入端并联使用。图 10.4-3 是根据图 10.4-1 所示 TTL 与非门电路分析得到的。

表 10.4-1　多发射极三极管的与逻辑关系

U_{E1}(V)	U_{E2}(V)	U_B(V)
0.2(0)	0.2(0)	0.9(0)
0.2(0)	3.6(1)	0.9(0)
3.6(1)	0.2(0)	0.9(0)
3.6(1)	3.6(1)	2.1(1)

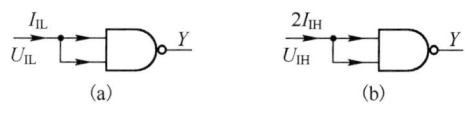

图 10.4-3　与非门输入电流的计算

如图 10.4-3（a）所示，输入低电平 U_{IL} 时，流经总输入端的电流与反相器相同，仍然有 $I_{IL} \approx -1$mA，但每个输入端的电流为 $I_{IL}/2$（n 个输入端为 I_{IL}/n）；如图 10.4-3（b）所示，输入高电平 U_{IH} 时，流经总输入端的电流为 $2I_{IH}$（n 个输入端为 nI_{IH}），而每个输入端的电流与反相器相同，仍然是 I_{IH}。

与门输入电流的计算和与非门相同。

10.4.2　或非门

T_2 和 T_2' 两个三极管并联实现或门作用。或非门电路如图 10.4-4（a）所示。

图中 T_1'、T_2' 和 R_1' 所组成的电路与 T_1、T_2 和 R_1 所组成的电路完全相同。当 A 为高电平时，T_2 和 T_5 同时导通，T_4 截止，输出 Y 为低电平。当 B 为高电平时，T_2' 和 T_5 同时导通，T_4 截止，Y 也为低电平。只有 A、B 都为低电平时，T_2 和 T_2' 同时截止，T_5 截止而 T_4 导通，从而使输出 Y 为高电平。因此，Y 和 A、B 间为或非关系，即 $Y=(A+B)'$。可见，或非门中的或逻辑关系是通过将 T_2 和 T_2' 两个三极管输出端并联来实现的。

或非门输入电流的计算。图 10.4-5 是根据图 10.4-4 所示的 TTL 或非门电路分析得到的。由于或非门的输入端和输出端电路结构与反相器相同，所以输入特性和输出特性也和反相器一样。在将两个或输入端并联时，无论是高电平输入电流还是低电平输入电流，都按照输入端的个数计算输入电流。

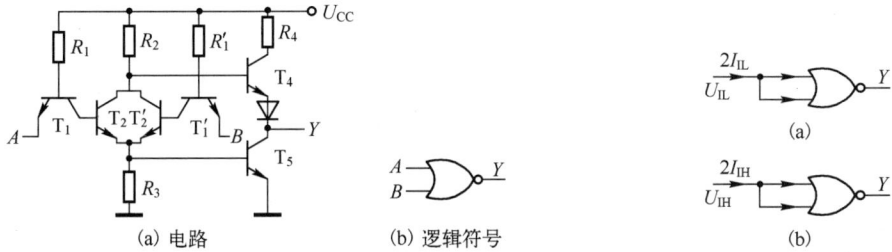

图 10.4-4　TTL 或非门电路与逻辑符号　　图 10.4-5　或非门输入电流的计算

或门输入电流的计算和或非门相同。

10.4.3　与或非门

若将图 10.4-4 所示的或非门电路中的每个输入管改用多发射极三极管，就得到了如图 10.4-6 所示的与或非门电路。

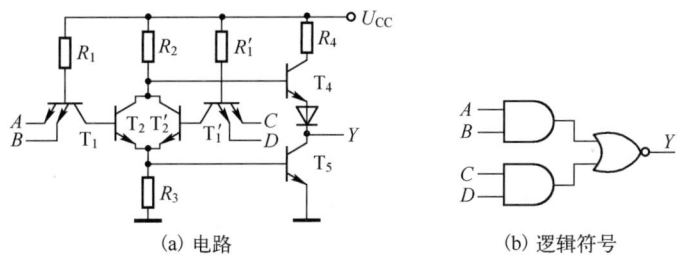

图 10.4-6　TTL 与或非门电路与逻辑符号

由图 10.4-6 可见，当 A、B 同时为高电平时，T_2、T_5 导通而 T_4 截止，输出 Y 为低电平。同理，当 C、D 同时为高电平时，T_2'、T_5 导通而 T_4 截止，也使 Y 为低电平。只有 A、B 和 C、D 每一组输入都不同时为高电平时，T_2 和 T_2' 同时截止，使 T_5 截止而 T_4 导通，输出 Y 为高电平。因此，Y 和 A、B 及 C、D 间是与或非的关系，即 $Y=(AB+CD)'$。

思考与练习

10.4-1　写出图 10.4-7 中 TTL 与门、或门的输出状态（高电平、低电平）。

10.4-2　写出图 10.4-8 中 TTL 与非门、或非门、与或非门的输出状态（高电平、低电平）。

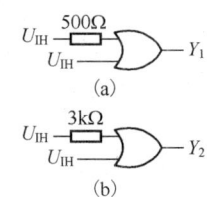

图 10.4-7 题 10.4-1 图

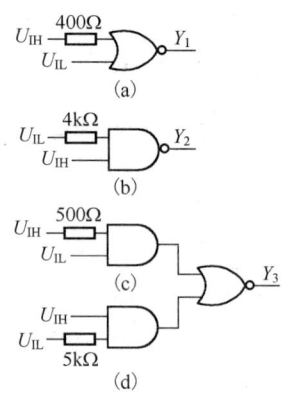

图 10.4-8 题 10.4-2 图

10.5 集电极开路门

在实际应用中，常需要把几个逻辑门的输出端并联使用，实现逻辑与，称为"线与"。但普通 TTL 门电路为推拉式输出结构，不允许将输出端直接并联在一起，因为这种门电路无论输出高电平还是低电平，其输出电阻都很小，只有几欧姆或几十欧姆。若把两个 TTL 门的输出端连在一起，当其中一个输出高电平，另一个输出低电平时，它们中的导通管就会在 U_{CC} 和地之间形成一个低阻串联通路，通过这两个门的输出级产生很大的电流，损坏电路，如图 10.5-1 所示。

将 G_1 和 G_2 两个 TTL 与非门的输出直接连接起来，当 G_1 输出为高，G_2 输出为低时，从 G_1 的电源 U_{CC} 通过 G_1 的 T_4、D_2 到 G_2 的 T_5，形成一个低阻通路，产生很大的电流，输出既不是高电平也不是低电平，逻辑功能将被破坏，还会烧毁器件。因此，对于多个普通 TTL 门，不允许把它们的输出端并联在一起。于是产生了集电极开路门。下面介绍 OC 门电路的结构及工作原理，以及外接负载电阻 R_L 的计算。

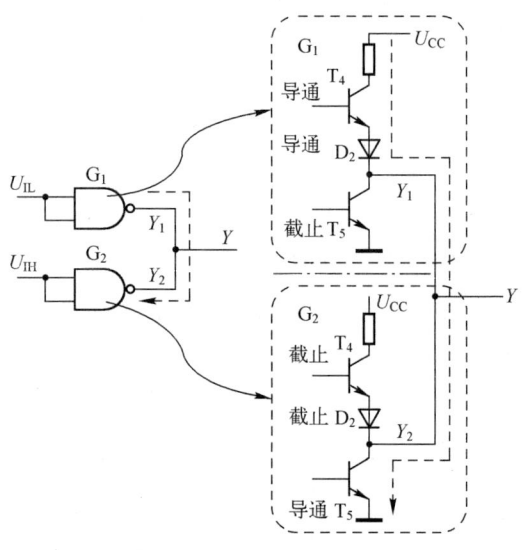

图 10.5-1 普通 TTL 门输出端"线与"连接产生破坏大电流情况

10.5.1 OC 门电路的结构及工作原理

集电极开路（Open Collector）门，简称 OC 门。它与一般 TTL 门相比就是去掉了 T_4、R_4 和 D_2，即把 T_5 的集电极开路。TTL 集电极开路与非门电路和逻辑符号如图 10.5-2 所示。

由于 T_5 的集电极开路，OC 门使用时必须在输出端 Y 外

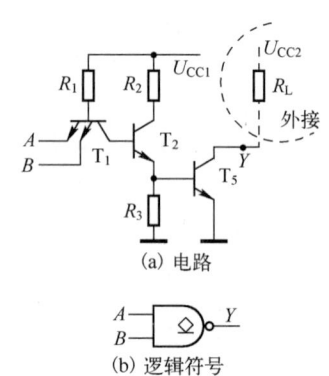

图 10.5-2 TTL 集电极开路与非门的电路及逻辑符号

接一个负载电阻 R_L 和电源，否则无法正常工作。外接电源 U_{CC2} 的电压值可以与 OC 门内部电源 U_{CC1} 不同，R_L 在使用时需根据实际连接情况由公式计算。当输入 A、B 有一个为低电平时，T_2 和 T_5 均截止，R_L 中没有电流，输出 Y 为高电平；只有当 A 和 B 都为高电平时，T_2 和 T_5 饱和导通，输出 Y 才为低电平。图 10.5-2 中，OC 门实现与非逻辑功能：$Y=(AB)'$。

10.5.2　OC 门外接负载电阻的计算

当 n 个 OC 门的输出端并联时，后面接 m 个普通的 TTL 与非门作为负载，如图 10.5-3 所示。

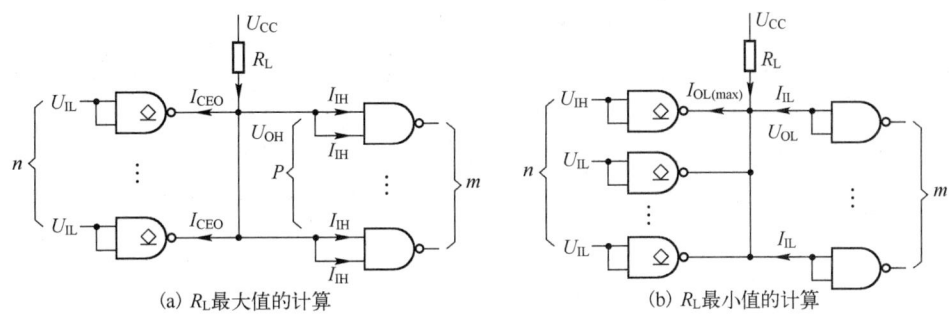

(a) R_L 最大值的计算　　　　(b) R_L 最小值的计算

图 10.5-3　OC 门外接负载电阻 R_L 的计算

只要 R_L 选择适当，就可以保证 OC 门并联输出端输出高电平时不低于规定的 $U_{OH(min)}$，输出低电平时不高于规定的 $U_{OL(max)}$，而且也不会在电源和地之间形成低阻通路，产生过大的电流。

当所有的 OC 门都截止时，输出 u_O 应为高电平，如图 10.5-3（a）所示。这时 R_L 的值不能太大，如果太大，则其上的压降就会太大，输出高电平就会太低。因此，当 R_L 的值为最大值时要保证输出电压为 $U_{OH(min)}$。由

$$U_{CC} - U_{OH(min)} = (nI_{CEO} + PI_{IH})R_{L(max)}$$

整理得到

$$R_{L(max)} = \frac{U_{CC} - U_{OH(min)}}{nI_{CEO} + PI_{IH}}$$

式中，$U_{OH(min)}$ 是 OC 门输出高电平的下限值；I_{IH} 是负载门的输入高电平电流；I_{CEO} 是每个 OC 门中的 T_5 截止时的微弱电流；P 是负载门输入端的个数；n 是驱动门的个数。

当 OC 门中至少有一个导通时，输出 u_O 应为低电平。考虑最坏情况，即只有一个 OC 门导通，如图 10.5-3（b）所示。这时 R_L 的值不能太小，如果太小，则流入导通的那个 OC 门的负载电流超过 $I_{OL(max)}$，会使这个 OC 门的 T_5 脱离饱和，使输出低电平上升。因此，当 R_L 的值为最小值时要保证输出电压为 $U_{OL(max)}$。由

$$U_{CC} - U_{OL(max)} = (I_{OL(max)} - mI_{IL})R_{L(min)}$$

整理得到

$$R_{L(min)} = \frac{U_{CC} - U_{OL(max)}}{I_{OL(max)} - mI_{IL}}$$

式中，$U_{OL(max)}$ 是 OC 门输出低电平的上限值；$I_{OL(max)}$ 是 OC 门输出低电平时允许流入导通门的 T_5 的极限电流；I_{IL} 是负载门的输入低电平电流；m 是负载门的个数，当负载为或非门和或门时，公式中的 m 还与输入端的个数有关。

综合以上两种情况，R_L 的值可由下式确定：
$$R_{L(\min)} < R_L < R_{L(\max)}$$

10.5.3 OC 门典型应用

在电路应用中，OC 门可以实现以下三种功能。

（1）实现"线与"

两个 OC 门实现"线与"的电路如图 10.5-4（a）所示。

图中显然只有当两个 OC 门都输出高电平时，Y 才为高电平。此时的逻辑关系为
$$Y = Y_1 \cdot Y_2 = (AB)' \cdot (CD)'$$
即在输出端上实现了与运算。显然，OC 门输出端"线与"连接不会产生如图 10.5-1 所示的普通 TTL 门"线与"连接时的破坏性大电流。

（2）实现电平转换

在数字系统的接口（与外部设备相连接的地方）需要电平转换时，常用 OC 门来完成，如图 10.5-5 所示。

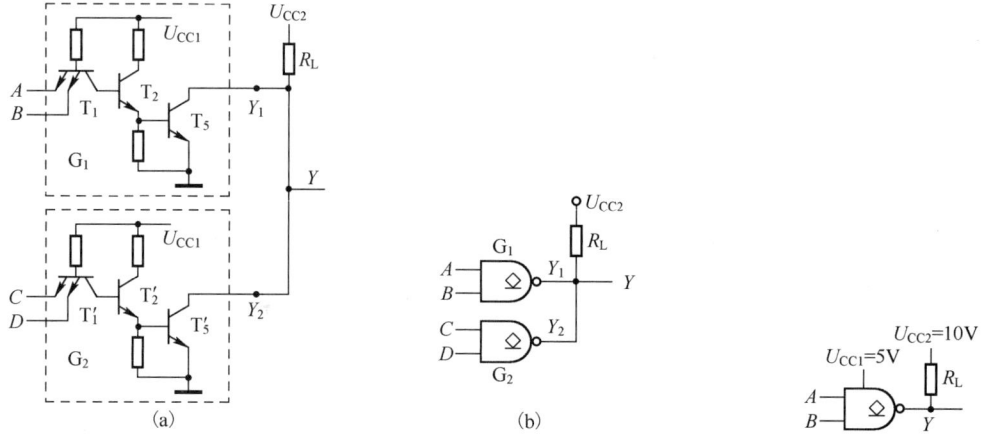

图 10.5-4 OC 门"线与"电路及逻辑图　　图 10.5-5 OC 门实现电平转换

因为 $U_{CC2} \neq U_{CC1}$，当 U_{CC2} 为 10V 时，在 OC 门输入普通的 TTL 电平（低于 5V），而输出高电平可以变为与 U_{CC2} 相同的电压值 10V。

（3）用作驱动器

OC 门可用来驱动发光二极管、指示灯、继电器和脉冲变压器等。

图 10.5-6（a）是用来驱动发光二极管（LED）的；当 OC 门输出 U_{OL} 时，LED 导通发光；当 OC 门输出 U_{OH} 时，LED 截止熄灭。

图 10.5-6（b）是用来驱动干簧继电器的，二极管 D 保护 OC 门的输出管不被击穿。

工作过程如下：OC 门输出 U_{OL} 时，有较大的电流经继电器线圈流入 OC 门，干簧管被吸合，D 相当于开路，不影响电路工作。当 OC 门输出 U_{OH} 时，OC 门的输出管截止，流过线圈的电流突

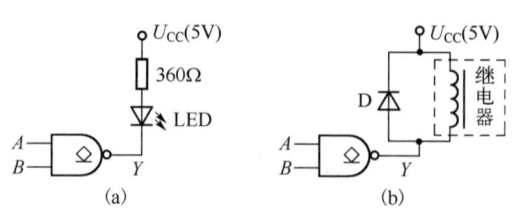

图 10.5-6 OC 门用作驱动电路

然减小为 I_{CEO}，干簧管断开。此时若没有接 D，则线圈中的感应电动势与 U_{CC} 同向串联后，加到 OC 门的输出管 T_5 的集电极和发射极之间，会使其集电结击穿。接入 D 后，与 U_{CC} 极性相同的感应电动势使 D 导通，感应电动势大大减小，OC 门的输出管就不会被击穿。

思考与练习

10.5-1　OC 门外接负载电阻 R_L 的取值范围是什么？

10.5-2　OC 门的典型应用有哪些？

10.6　三态输出门

三态输出门又称 TS 门（Tri-State logic），是指电路输出除了高电平、低电平两个状态，还有第三个状态，即高阻态 Z。

10.6.1　三态输出门的电路结构及工作原理

三态与非门电路如图 10.6-1 所示，其中 EN 为使能信号，A、B 为数据输入，Y 为输出。

当 EN=0 时，P 点为高电平，使 T_1 连接 P 点的发射极为"1"，三态门相当于一个正常的两输入与非门，输出 $Y=(AB)'$，称为正常工作状态。显然在正常工作状态时，门电路根据输入信号的不同一定会有"高电平输出"和"低电平输出"两种状态。

当 EN=1 时，P 点电压为 0.2V，一方面使 D 导通，u_{B4}=0.9V，T_4 及相连的二极管均截止；另一方面使 u_{B1}=0.9V，T_2、T_5 截止。这时从输出 Y 看进去，对地和电源都相当于开路，呈现高阻。所以，称这种状态为"高阻态"。三态门的工作状态如表 10.6-1 所示。

因此，三态门有 3 个输出状态，即高电平、低电平和高阻态，从而得名"三态门"。

当 EN=0 时，三态门处于正常工作状态，称三态门为"低电平有效的三态门"，逻辑符号如图 10.6-2（a）所示。

如果把图 10.6-1 中的反相器去掉，将变成 EN=1 时，三态门为正常工作状态，EN=0 时为高阻态，这种三态门称为"高电平有效的三态门"，逻辑符号如图 10.6-2（b）所示。

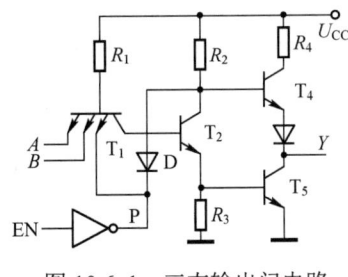

图 10.6-1　三态输出门电路

表 10.6-1　三态门的工作状态

使能	输入		输出	状态
EN	A	B	Y	
0	0	0	1	高电平
0	0	1	1	
0	1	0	1	
0	1	1	0	低电平
1	×	×	Z	高阻态

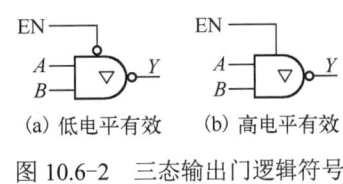

（a）低电平有效　（b）高电平有效

图 10.6-2　三态输出门逻辑符号

TTL 三态门电路系列产品中，除与非门外，常用的还有反相器、与门、或门等。

10.6.2　三态门的典型应用

三态门主要实现总线结构和数据的双向传输。具体如下。

（1）实现总线结构。总线结构可以减少各单元之间的连线数目，并能用同一条导线分时传递若干个门电路的输出信号，如图 10.6-3 所示。图中 $G_1 \sim G_n$ 均为三态输出反相器，只要工作过程中控制各个反相器的 EN 端轮流为 1，而且任何时候仅有一个等于 1，就可以轮流地把各个反相器的输出信号送到公共的传输线——总线上且互不干扰。这种连接方式为总线结构。

（2）实现数据的双向传输，如图 10.6-4 所示。图中，当 EN=1 时，G_1 工作而 G_2 为高阻态，数据 D_0 经过 G_1 反相后送到总线上。当 EN=0 时，G_2 工作而 G_1 为高阻态，来自总线的数据 D_1 经过 G_2 反相后送入电路内部。

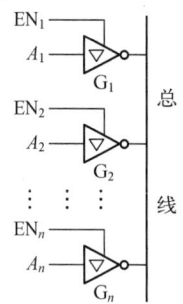

图 10.6-3　三态反相器实现总线结构　　图 10.6-4　三态反相器实现数据双向传输

思考与练习

10.6-1　写出图 10.6-5 中三态门的输出状态（高电平、低电平、高阻态）。

10.6-2　写出图 10.6-6 中三态门的输出状态（高电平、低电平、高阻态）。

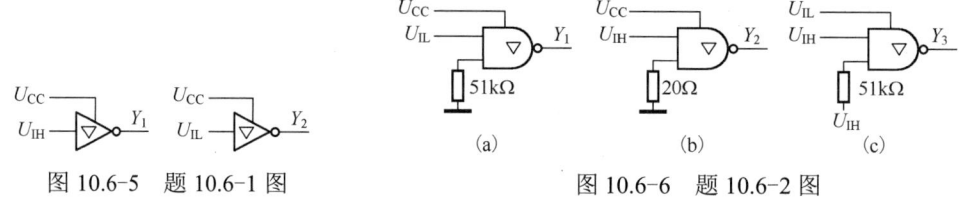

图 10.6-5　题 10.6-1 图　　　　　　图 10.6-6　题 10.6-2 图

习题 10

10-1　电路如题 10-1 图所示，T 为硅管，$\beta=20$，试求：

（1）u_I 小于何值时，三极管 T 截止？（2）u_I 大于何值时，三极管 T 饱和？

10-2　电路如题 10-2 图所示。

（1）已知 $U_{CC}=6V$，$U_{CES}=0.3V$，$I_{CS}=10mA$，求 R_C 的值。

（2）已知 $\beta=50$，$U_{BE}=0.7V$，输入高电平 $U_{IH}=2V$，当电路处于临界饱和时，R_B 的值应是多少？

题 10-1 图　　　　　　题 10-2 图

10-3 写出题 10-3 图中各门电路的输出状态（高电平、低电平或高阻态）。已知这些门电路都是 74 系列的 TTL 电路。

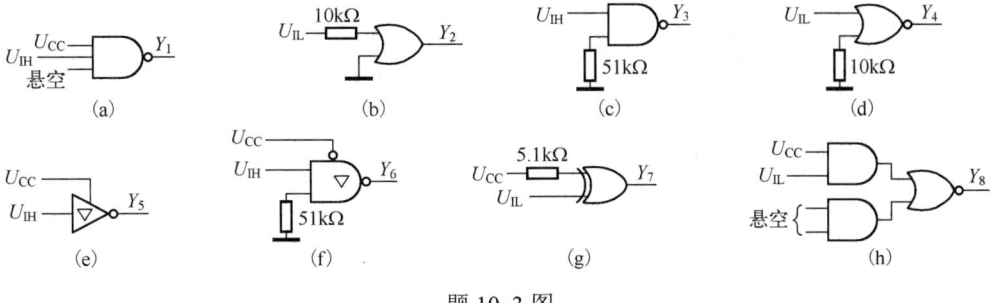

题 10-3 图

10-4 说明题 10-4 图中各门电路的输出是高电平还是低电平？已知它们都是 74HC 系列的 CMOS 电路。

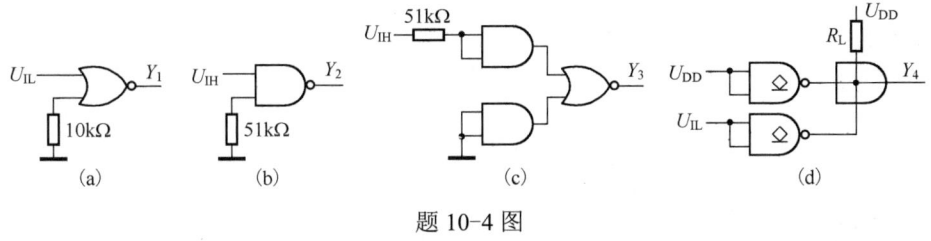

题 10-4 图

10-5 用 OC 门实现逻辑函数 $Y = (AB)' \cdot (BC)' \cdot D'$，画出逻辑电路图。

10-6 分析题 10-6 图所示电路，求输入 S_1、S_0 各种取值下的输出 Y。

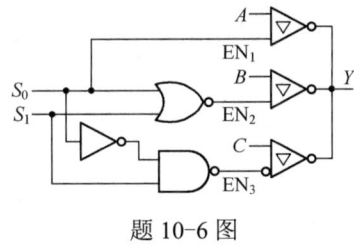

题 10-6 图

10-7 题 10-7 图所示 TTL 门电路中，要实现逻辑表达式所规定的逻辑功能时，其连接有无错误？如有错误请改正。

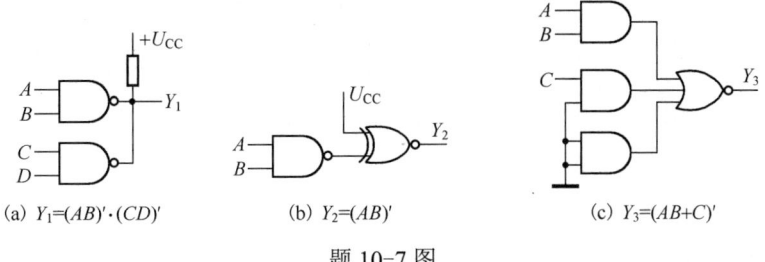

(a) $Y_1=(AB)' \cdot (CD)'$　　(b) $Y_2=(AB)'$　　(c) $Y_3=(AB+C)'$

题 10-7 图

第 11 章 组合逻辑电路

主要内容：

（1）掌握组合逻辑电路的分析。
（2）掌握组合逻辑电路的设计。
（3）理解并掌握常用组合逻辑电路的工作原理，包括编码器、译码器、数据选择器、加法器、数值比较器。

11.1 概 述

在数字电路中，将各种逻辑功能的门电路按照一定的方式、方法组装起来，就可以构造出不同功能的逻辑器件。按逻辑功能的不同，数字电路可分为组合逻辑电路和时序逻辑电路两大类。

组合逻辑电路在某一时刻的输出只与该时刻的输入有关，与电路原来所处的状态无关。也就是说这种电路没有记忆功能，不包含记忆元件，只能根据当时的输入信号给出输出结果，且信号单向传输，无输出至输入的反馈。如图 11.1-1 所示，该电路有三个输入和一个输出，无记忆元件，无输出至输入的反馈，任一时刻 Y 的输出只与 A、B、C 三个输入有关。根据组合逻辑电路的定义可知，图 11.1-2 所示的电路不是组合逻辑电路。

时序逻辑电路正好与组合逻辑电路相反，该部分内容将在第 12 章时序逻辑电路中讲解。

按照组合逻辑电路的定义，可知该电路由基本逻辑功能门（与、或、非门等）以一定的方式、方法组装而成，也可由常用组合逻辑电路构成。

组合逻辑电路可以用如图 11.1-3 所示的方框图进行描述。

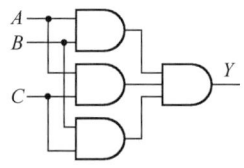
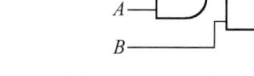
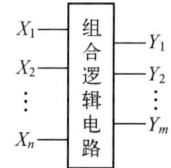

图 11.1-1 组合逻辑电路　　图 11.1-2 非组合逻辑电路　　图 11.1-3 组合逻辑电路方框图

电路有 $X_1, X_2, \cdots, X_n$ 共 n 个输入，$Y_1, Y_2, \cdots, Y_m$ 共 m 个输出。由于电路没有输出到输入的反馈，因此这 m 个输出都只是这 n 个输入的逻辑函数，表示为

$$\begin{cases} Y_1 = f_1(X_1, X_2, \cdots, X_n) \\ Y_2 = f_2(X_1, X_2, \cdots, X_n) \\ \vdots \\ Y_m = f_m(X_1, X_2, \cdots, X_n) \end{cases}$$

除了用逻辑函数的描述方法，以前学过的卡诺图、真值表、逻辑图、时序图等均可以对组合逻辑函数进行描述。

思考与练习

11.1-1　组合逻辑电路的定义是什么？

11.1-2　画出一种由与门、非门、或门构成的组合逻辑电路。

11.2　组合逻辑电路的分析与设计

课程思政融入点：以构成单元"门电路"为切入点，引出个人与集体的辩证关系，并通过播放举重比赛相关视频及举重裁判表决电路设计，告诉学生在以后的工作和学习中应具备团结协作、顽强拼搏、永不言弃、追求卓越的精神。

组合逻辑电路逻辑功能多，种类繁杂。对于已知逻辑图的电路需要了解电路的逻辑功能以便合理应用；对于新设计的电路需要确定在输入信号取不同值时电路的逻辑功能是否满足要求，进而改进电路；有时还需要对现有电路的结构进行变换。例如，图 11.1-1 所示的组合电路是用与门实现的，把它变换成用或非门或其他逻辑门实现时，需要对组合逻辑电路进行分析。

11.2.1　组合逻辑电路的分析

组合逻辑电路的分析就是根据已知电路确定其逻辑功能。

对电路进行分析的目的：有时要得到电路的逻辑功能，有时检验电路是否实现了预定的逻辑功能，有时检验电路的合理性等。实现的途径有：逻辑图分析，由已知的逻辑图写出逻辑表达式；实验分析，由已知电路进行真值表测试；软件分析，利用软件进行仿真分析，最终由软件给出仿真波形图等。

1. 组合逻辑电路分析方法

构成组合逻辑电路的器件不同，分析方法略有差异，本节主要介绍 SSI 组合逻辑电路分析方法和 MSI 组合逻辑电路分析方法。

对于 SSI 组合逻辑电路而言，主要通过以下步骤进行分析。

（1）由逻辑电路图逐级写出逻辑函数式，最终写出各输出的逻辑函数式。

（2）对逻辑函数式进行化简和相应变换。

（3）根据逻辑函数式列出真值表。

（4）确定逻辑电路的功能及评述。

在确定电路的逻辑功能时，有些常见组合逻辑电路的逻辑功能可以用语言进行描述，如二进制数的运算、二进制数的比较、编码与译码、数字信号的选择、代码的变换、奇偶校验等。而有些电路的逻辑功能是不能用语言进行描述的，只能直接用真值表来描述。

2. 组合逻辑电路分析实例

下面通过具体例子来说明 SSI 组合逻辑电路的分析方法。

例 11.2-1　分析图 11.2-1 所示的组合逻辑电路。

解：第 1 步，逐级写出逻辑函数式，最终写出输出逻辑函数式。

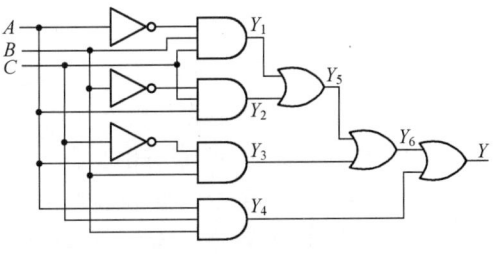

图 11.2-1　例 11.2-1 逻辑电路

根据图 11.2-1 所示的逻辑图,该电路有 A、B、C 三个输入,一个输出 Y。由于只有一个输出,所以这一步骤比较简单,只写出 Y 的逻辑函数式即可。由图可知

$$Y_1 = A'BC, \quad Y_2 = AB'C, \quad Y_3 = ABC', \quad Y_4 = ABC$$

$$Y_5 = Y_1 + Y_2 = A'BC + AB'C, \quad Y_6 = Y_3 + Y_5 = A'BC + AB'C + ABC'$$

则

$$Y = Y_4 + Y_6 = ABC + A'BC + AB'C + ABC'$$

第 2 步,函数式化简和相应变换。

对上面所得的逻辑函数式进行化简,可以用公式法也可以用卡诺图法。经化简后得到逻辑函数式为 $Y = AB + AC + BC$。

说明:图 11.2-1 所示的逻辑电路不是最简电路,比最简电路多用了一些器件,但有时这是一种消除竞争-冒险的方法,关于竞争-冒险在后面的内容中会加以叙述。

如果这一电路要用其他逻辑功能门电路实现,还可以对最简式变换形式,如变成与非与非式 $Y = ((AB)'(AC)'(BC)')'$,可以用 4 个与非门实现。

第 3 步,列出真值表。

根据逻辑函数式列出真值表,见表 11.2-1。逻辑功能比较简单时也可不列真值表。

第 4 步,确定逻辑功能及评述。

由真值表或逻辑函数式可知,当输入为两个或两个以上的 1 时,输出为 1,因此这是一个三人表决电路。输入为 1 时表示赞成,输出为 1 时表示事件被通过。

例 11.2-2 分析图 11.2-2 所示电路。

解: 由逻辑图得到逻辑函数式为

$$Y = ((A \oplus B) \oplus (C \oplus D))'$$

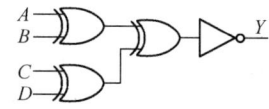

图 11.2-2 例 11.2-2 逻辑电路

根据逻辑函数式列出真值表,见表 11.2-2。

表 11.2-1 例 11.2-1 真值表

A B C	Y
0 0 0	0
0 0 1	0
0 1 0	0
0 1 1	1
1 0 0	0
1 0 1	1
1 1 0	1
1 1 1	1

表 11.2-2 例 11.2-2 真值表

A B C D	$A \oplus B$	$C \oplus D$	Y	A B C D	$A \oplus B$	$C \oplus D$	Y
0 0 0 0	0	0	1	1 0 0 0	1	0	0
0 0 0 1	0	1	0	1 0 0 1	1	1	1
0 0 1 0	0	1	0	1 0 1 0	1	1	1
0 0 1 1	0	0	1	1 0 1 1	1	0	0
0 1 0 0	1	0	0	1 1 0 0	0	0	1
0 1 0 1	1	1	1	1 1 0 1	0	1	0
0 1 1 0	1	1	1	1 1 1 0	0	1	0
0 1 1 1	1	0	0	1 1 1 1	0	0	1

由真值表可知,当 A、B、C、D 这 4 个输入变量中有偶数个为 1 时,输出 Y 为 1,否则输出 Y 为 0,这是 4 变量奇偶判别电路。

SSI 组合逻辑电路的分析方法对人们理解和掌握常用组合逻辑电路的逻辑功能,以及对一些简单逻辑电路的逻辑功能进行分析,是一种非常有效的方法。

随着数字电子技术的发展,目前用得更多的是由 MSI、LSI 和 VLSI 等器件构成的电路。MSI 逻辑功能固定,输出逻辑函数式固定。MSI 组合逻辑电路的分析在已知 MSI 输出逻辑函数式基础上进行,主要有以下四个步骤。

(1) 确定逻辑电路的输入、输出。
(2) 把电路按一定方式划分成多个单元模块，确定单元模块的输入、输出。
(3) 用逻辑图表示模块之间的关系。
(4) 按 SSI 电路分析方法分析每个逻辑块的逻辑功能，最终得到整个电路的逻辑功能。

对于 LSI 和 VLSI 构成的电路，由于这些器件的集成度很高，通常利用软件的仿真功能进行分析。对于已形成电路的逻辑电路，还可以用实验的方法进行分析，按真值表给电路不同的输入，记录输出，通过实验的方法得到真值表，确定电路的功能。

11.2.2 组合逻辑电路的设计

组合逻辑电路设计的目的是根据实际问题的要求，设计具有相应逻辑功能的最优组合逻辑电路。

数字电路发展迅速，各类器件各有特点，因此所用器件不同，设计方法也不尽相同。根据所用器件的不同，组合逻辑电路的设计可分为以下 3 种。

（1）SSI 组合逻辑电路设计。它是用小规模集成电路（各种逻辑功能门）实现的经典设计方法，是理解并掌握其他设计方法的基础，本节主要讨论 SSI 组合逻辑电路设计方法。

（2）MSI 组合逻辑电路设计方法。待学习了常用组合逻辑电路后再讨论该方法。

（3）LSI/VLSI 组合逻辑电路设计方法。由于这些器件的集成度很高，大部分是可编程逻辑器件，设计时通常利用软件、计算机来完成，因此这部分内容本书不介绍。

组合逻辑电路设计的最终目的是得到逻辑图，再按逻辑图构成电路。要求设计的电路是最优的逻辑设计，所谓"最优"的逻辑设计，往往不能用一个或几个简单指标来描述。对于 SSI 组合逻辑电路设计，最优逻辑设计要求所用的器件数量最少、种类最少并且器件之间的连线最少。

1. SSI 组合逻辑电路设计步骤

SSI 组合逻辑电路设计步骤如下。

（1）列出真值表。

设计的最终目的是要得到逻辑图，逻辑图要借助于逻辑函数式得到，而设计要实现的逻辑功能通常是用语言叙述的。除了一些简单的逻辑问题，不能从逻辑问题直接得到逻辑函数式，要借助于真值表。因此，首先要列出真值表，其步骤如下。

① 确定输入、输出变量，并用字母表示。分析逻辑问题的因果关系，通常把产生事件的原因作为输入变量，把事件的结果作为输出变量。确定产生事件的原因有哪些方面，分别用字母表示。在这些因素的作用下，会产生哪些结果，同样分别用字母表示。

② 状态赋值。在数字电路中，每一个输入变量和输出变量只有 0、1 两种取值。状态赋值是约定输入、输出变量在 0、1 两种取值时分别代表的状态，这是一种人为约定。状态赋值不同，实现同一问题的逻辑电路也不同。

③ 根据因果关系列真值表。通过状态赋值，输入变量的每一种取值方式都对应电路的一种实际状态。根据具体事件的因果关系，确定在每一种输入变量取值下，输出变量的相应取值，列出真值表。

（2）写出逻辑函数式。

在写出逻辑函数式时，按表中函数值为 1 来写时，写出的是原函数的逻辑函数式；用表中的 0 来写时，写出的是反函数的逻辑函数式。为使写出的逻辑函数式简单，函数值中 1 少时，写原函数的逻辑函数式；0 少时写反函数的逻辑函数式，构成电路时可用两边同时取反的方法变成原函数的逻辑函数式。

① 当要求用 SSI 实现时，首先要进行化简，得到最简式后，还要根据所用器件化成相应的形式。

② 当要求用 MSI 实现时，要根据所用的器件类型，变成器件要求的相应形式。

（3）根据逻辑函数式画逻辑图。

（4）将逻辑图转化为电路装置。把逻辑电路变为具体的电路装置，还需要一系列的工艺设计工作，包括设计印制板、机箱、电源、显示电路等，最后还必须完成装配、调试。

在设计过程中还需注意组合电路对信号传输时间的要求，即对组合电路级数的要求。在实际问题中常常遇到多输出电路，即对应一种输入组合，有一组函数输出。多输出函数电路是一个整体，设计时要求对总体电路进行简化，而不是对局部进行简化，即应考虑同一个门电路能为多少个函数所公用，从而使总体电路所用门数减少，电路最简单。设计过程中还应考虑所用逻辑门输入端个数的限制等。

2．组合逻辑电路设计实例

下面以具体的例子来说明设计过程，具体问题不同设计过程也会有一些差异。

例 11.2-3 用与非门设计一个三人控制的保险箱电路，其中一人是主管，要求每次必须主管和另外两人中的一人输入密码正确，才能给出开锁信号，否则不能开锁。

解：用 A、B、C 分别表示管理保险箱的三个人，作为输入变量，其中 A 代表主管。开锁信号用 Y 表示，作为输出变量。A、B、C 和 Y 每一个变量都有 0、1 两种取值，约定 A、B、C 三个变量在取值为 1 时表示输入密码正确，取值为 0 时表示密码不正确。Y 在取值为 1 时，表示开锁；在取值为 0 时，表示不能开锁。这种约定是人为的，当然也可以反过来约定。这两种约定的区别在于有效信号不同，前者是 1 有效，后者是 0 有效。根据题目要求得到真值表，见表 11.2-3。

把真值表直接转化为卡诺图，见图 11.2-3，得到最简式为 $Y = AB + AC$。

由于要求用与非门实现，所以逻辑函数式要相应地变形为与非与非式：$Y = ((AB)'(AC)')'$。按与非与非式画逻辑图，见图 11.2-4。

表 11.2-3　例 11.2-3 真值表

A B C	Y	A B C	Y
0 0 0	0	1 0 0	0
0 0 1	0	1 0 1	1
0 1 0	0	1 1 0	1
0 1 1	0	1 1 1	1

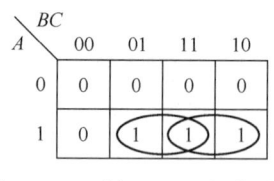

图 11.2-3　例 11.2-3 卡诺图　　图 11.2-4　例 11.2-3 逻辑图

例 11.2-4 某工厂有一个水箱，一台小泵 P_S 和一台大泵 P_L 向其供水，水箱内设置了 A、B、C 三个检测元件，如图 11.2-5 所示。现要求设计一个根据 A、B、C 三个检测元件给出的液位控制两泵工作状态的电路。要求在液位低于 A 时，两泵同时供水；液位在 A、B 之间时，大泵单独供水；液位在 B、C 之间时，小泵单独供水；液位超过 C 时，两泵均停止工作。已知当液位高于检测元件时，检测元件给出高电平。

解：两泵的工作状态是由 A、B、C 三个检测元件给出的信号决定的，因此 A、B、C 三个检测元件给出的信号是输入变量。根据已知条件，输入变量为 1 表示液位高于检测点，0 表示液位低于检测点。电路的输出要控制两个泵的工作状态，因此该电路要有两路输出信号分别控制大泵和小泵，用 P_S 和 P_L 表示，约定 1 表示水泵工作，0 表示水泵停止工作。经上述分析，该电路是 3 输入 2 输出的电路，可得真值表见表 11.2-4。

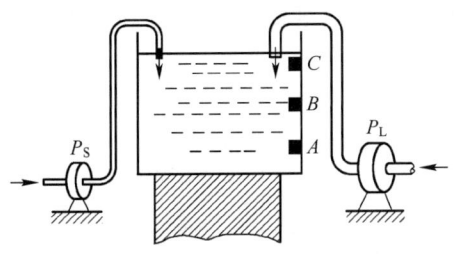

图 11.2-5　例 11.2-4 图

表 11.2-4　例 11.2-4 真值表

A	B	C	P_S	P_L
0	0	0	1	1
0	0	1	×	×
0	1	0	×	×
0	1	1	×	×
1	0	0	0	1
1	0	1	×	×
1	1	0	1	0
1	1	1	0	0

在变量的各种取值中，有些取值如 001 根据题意表示液位低于 A、低于 B、高于 C，而在实际中这种情况是不存在的，是约束项。

把真值表直接转化为卡诺图，如图 11.2-6 所示。

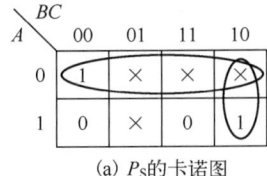　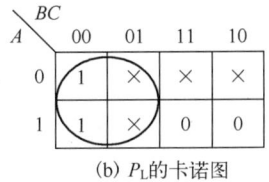

(a) P_S 的卡诺图　　　　　　　　　　(b) P_L 的卡诺图

图 11.2-6　例 11.2-4 卡诺图

最简逻辑函数式为
$$P_S = A' + BC', \quad P_L = B' \tag{11.2-1}$$

如果对所使用的器件没有特别要求可直接按式（11.2-1）构成电路，见图 11.2-7。

如果要求用与非门实现，则式（11.2-1）可变为
$$P_S = (A(BC')')', \quad P_L = B' \tag{11.2-2}$$

由上式构成的逻辑图见图 11.2-8。

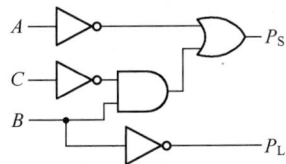　　　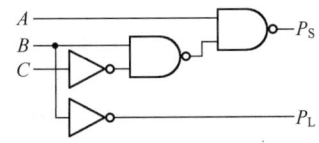

图 11.2-7　用与门和或门实现逻辑图　　　图 11.2-8　用与非门实现逻辑图

如果在逻辑函数式中既有原变量又有反变量，有的信号源能够同时提供原变量和反变量，有的信号源只提供原变量而不提供反变量，只能由电路本身提供所需的反变量，那么最简便的方法是对每个输入的原变量增加一个非门，产生所需要的反变量。但是，这样处理往往是不经济的，而且增加了组合电路的级数，使信号的传输时间受影响，通常需要采取适当

的设计方法来节省器件，满足信号传输的时间要求。

上述例子都是由独立的与门、非门、与非门等基本元件构成的组合逻辑电路。近年来，随着半导体技术的发展，很多常用的组合逻辑电路都可以集成到一个芯片上构成中规模集成电路了。这些集成器件标准化程度高、体积小、通用性强，可以提高设计的可靠性，使电路设计更加灵活，广泛用于各种复杂的数字电路和大型数字系统中。而常用的中规模组合逻辑器件品种较多，主要有编码器、译码器、数据选择器、数值比较器、加法器等。这些器件根据型号可以查找到详细的芯片资料，使用者可以通过资料了解芯片的引脚名称、功能等，从而设计自己的数字产品。因此，本书后续章节分别对其工作原理和使用方法进行详细介绍。

思考与练习

11.2-1 组合逻辑电路的分析和设计步骤分别是什么？

11.2-2 分析图11.2-9所示电路的逻辑功能。

11.2-3 有一火灾报警系统，有3种不同类型的火灾探测器，为防止误报警，当两种或两种以上探测器发出火灾探测信号时，电路才产生报警信号。用1表示有火灾，用0表示没有火灾。设计实现该逻辑功能的数字电路。

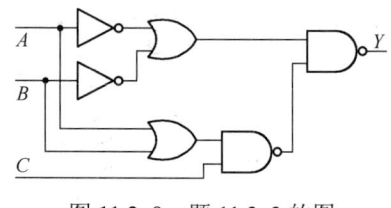

图 11.2-9 题 11.2-2 的图

11.3 编 码 器

在日常生活中常常会用到代码，代码是用一组数字表示一定的事物，数字不再代表数量的大小，只表示一定的含义，这时这组数字就变成了代码。例如，125 房间，125 没有了数量大小的含义，只代表某一个房间，它就成了代码。日常生活中通常使用十进制代码。由于数字电路只有开、关两种状态，在数字电路中使用二进制代码，用 n 位二进制数代表某种特定含义，以便系统识别。

用代码表示某一事物的过程就是编码。例如，用 00、01、10 和 11 分别表示人类的 O、A、B 和 AB 四种血型的过程就是编码。在编码过程中通常要遵守一定的规则。例如，在对一栋大楼的房间进行编码时，为了方便通常用房间代码的第一位或前两位表示房间所在的楼层，在楼道左侧的房间末位为单数，右侧的房间末位为双数等。

在编码过程中所遵循的规则通常称为码制。按照不同的码制就有不同的二进制代码，如 BCD 码、格雷码（循环码）等。实现编码操作的数字电路称为编码器（Encoder），常用的 MSI 编码器采用的是 8421BCD 码。编码器按其功能的不同，可分为普通编码器和优先编码器。编码器的逻辑电路示意图见图 11.3-1。

图 11.3-1 编码器逻辑电路示意图

图中，m 路输入信号，编成 n 位二进制码，将 $I_0, I_1, \cdots, I_{m-1}$ 这 m 路输入信号全部送入数字电路中进行逻辑运算是繁杂且不经济的，因此在数字电路中为区分这 m 路信号将其编成 n 位二进制码，用 $Y_0, Y_1, \cdots, Y_{n-1}$ 表示，要求 $0 < m \leqslant 2^n$。例如，8 个病房的呼叫系统中，每个病房给出的呼叫信号是相同的，为了区分是哪一个病房进行了呼叫，把不同病房的呼叫信号编成不同的二进制码，以便进行区分和下一步的逻辑运算。由于 $0 < 8 \leqslant 2^3$，所以编成 3

位二进制码。若 $m=2^n$，把这种编码器称为二进制编码器。若 $0<m\leqslant 2^n$，且 $m=10$，则将其称为二-十进制编码器。

输入信号被限制为某一时刻，$I_0,I_1,\cdots,I_{m-1}$ 这 m 路输入信号中只允许有一路信号有效，这种只能处理受到限制的输入信号的编码器叫做普通编码器。

实际上如上面的病房呼叫系统，某一时刻有可能有多个病房同时呼叫，即多路同时给出有效信号，能够处理这样信号的编码器叫优先编码器。

优先编码器同普通编码器一样在某一时刻只能对某一路信号进行编码，在多路信号同时有效时对哪一路信号进行编码呢？在优先编码器设计时对输入信号的优先级别进行了排队，当某一时刻多路信号同时有效时，只对其中优先级别最高的那一路信号进行编码。优先编码器有二进制优先编码器，也有二-十进制优先编码器。

11.3.1 普通编码器

普通编码器要求输入信号在某一时刻只能有一路输入信号有效，否则将产生错误输出，也就是说普通编码器的输入信号是受限制的，不允许多路信号同时有效。以 2 位二进制普通编码器的设计为例来进行说明。

例 11.3-1 设计 2 位二进制普通编码器。

解：第 1 步，列出真值表。2 位二进制编码器，$n=2$，$m=2^n=4$，有 I_1、I_2、I_3、I_4 共 4 路输入，Y_1、Y_0 2 位输出，因此也称为 4 线-2 线编码器。根据编码器的逻辑功能可得真值表，见表 11.3-1。

输入信号 1 有效，表 11.3-1 中的 4 种输入取值表示某一路信号为有效信号时其他输入信号为无效信号，最后一行表示其他取值不允许出现，作为约束项，因此普通编码器是含有约束项的逻辑函数。

第 2 步，列出逻辑函数式。利用卡诺图进行化简，见图 11.3-2。某一时刻变量取值仅有一个为 1，这种逻辑函数通常称为变量互相排斥的逻辑函数，这种逻辑函数的化简有共同的特点。

根据卡诺图化简得最简式为 $\qquad Y_1=I_2+I_3，\quad Y_0=I_1+I_3$

由此可知，互相排斥变量的逻辑函数，只要将输出函数值为 1 所对应的输入有效信号的变量相加，即可得到最简式。

第 3 步，画出逻辑图。根据逻辑函数式得到编码器逻辑图见图 11.3-3，它是由或门组成的电路。当 I_1、I_2、I_3 均为无效信号时，电路输出的是 I_0 为有效信号的编码。

表 11.3-1 例 11.3-2 的真值表

输入				输出	
I_0	I_1	I_2	I_3	Y_1	Y_0
1	0	0	0	0	0
0	1	0	0	0	1
0	0	1	0	1	0
0	0	0	1	1	1
其他				×	×

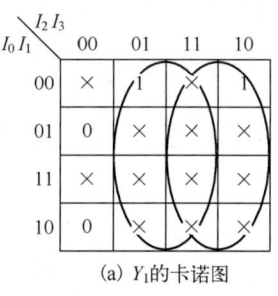

(a) Y_1 的卡诺图

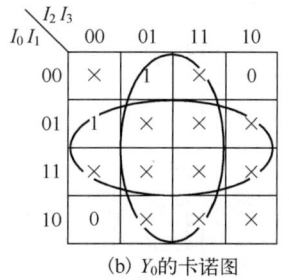

(b) Y_0 的卡诺图

图 11.3-2 例 11.3-1 的卡诺图

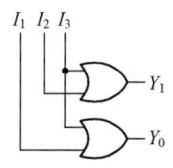

图 11.3-3 例 11.3-1 的逻辑图

11.3.2 优先编码器

优先编码器允许输入信号多路同时有效，对输入信号的优先级别预先进行排队，某一时刻只对优先级别最高的信号进行编码，也就是说优先级别低的输入信号只有在优先级别高的信号都为无效信号时，才能够被编码。常见的 MSI 优先编码器有集成 8 线-3 线优先编码器 74HC148 和集成 10 线-4 线优先编码器 74HC147 等。

1．74HC148

（1）电路构成

74HC148 逻辑图见图 11.3-4，虚线框内的电路是优先编码器的主体部分，用于完成优先编码器的逻辑功能。在设计集成电路时为扩展逻辑功能和提高使用的灵活性，74HC148 增加了使能（片选）输入端 EI′、选通输出端 EO′ 和扩展输出端 GS′ 及 G_1、G_2、G_3 构成的控制电路。

（2）逻辑函数式

由逻辑图写出逻辑函数式为

$$\begin{cases} A_2' = ((I_4 + I_5 + I_6 + I_7) \cdot \text{EI})' \\ A_1' = ((I_2 I_4' I_5' + I_3 I_4' I_5' + I_6 + I_7) \cdot \text{EI})' \\ A_0' = ((I_1 I_2' I_4' I_6' + I_3 I_4' I_6' + I_5 I_6' + I_7) \cdot \text{EI})' \\ \text{EO}' = (I_0' I_1' I_2' I_3' I_4' I_5' I_6' I_7' \cdot \text{EI})' \\ \text{GS}' = \text{EO} + \text{EI}' = (\text{EO}' \cdot \text{EI})' \end{cases} \quad (11.3\text{-}1)$$

（3）功能表

由于集成电路附加了控制电路，增加了输入端和输出端，真值表转化为功能表。74HC148 的功能表见表 11.3-2。

表 11.3-2　74HC148 的功能表

输入									输出				工作状态
EI′	I_0'	I_1'	I_2'	I_3'	I_4'	I_5'	I_6'	I_7'	A_2'	A_1'	A_0'	EO′	GS′	
1	×	×	×	×	×	×	×	×	1	1	1	1	1	禁止编码
0	1	1	1	1	1	1	1	1	1	1	1	0	1	可编码，无有效信号
0	×	×	×	×	×	×	×	0	0	0	0	1	0	编码
0	×	×	×	×	×	×	0	1	0	0	1	1	0	
0	×	×	×	×	×	0	1	1	0	1	0	1	0	
0	×	×	×	×	0	1	1	1	0	1	1	1	0	
0	×	×	×	0	1	1	1	1	1	0	0	1	0	
0	×	×	0	1	1	1	1	1	1	0	1	1	0	
0	×	0	1	1	1	1	1	1	1	1	0	1	0	
0	0	1	1	1	1	1	1	1	1	1	1	1	0	

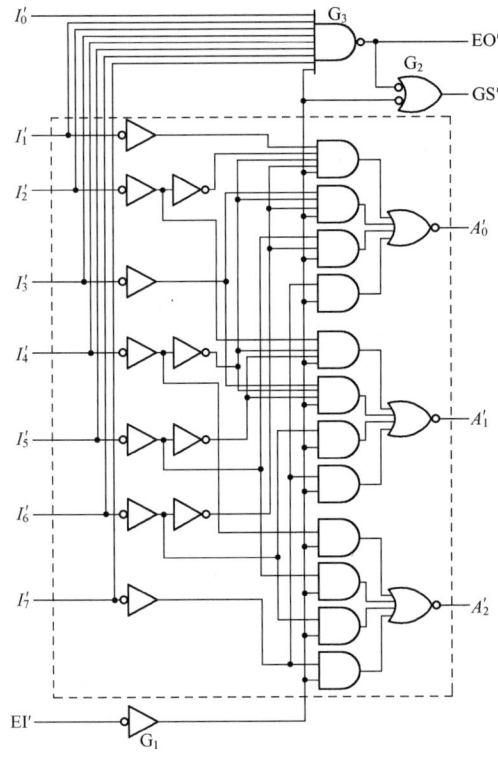

图 11.3-4　74HC148 逻辑图

从功能表可以看出 $I'_0 \sim I'_7$ 优先级别逐渐增加，I'_7 优先级别最高，I'_0 优先级别最低。输入信号 I'_0、I'_1、I'_2、I'_3、I'_4、I'_5、I'_6、I'_7 和 EI′ 中的非号表示输入信号为 0 有效，在图中将非门的小圈画在输入端强调输入低电平有效，G_2 门输入端的小圈表示对输入信号取非。输出信号 A'_2、A'_1、A'_0 中的非号表示反码输出，反码输出是指优先级别最高的输入信号为有效信号时，所编出的码最小；若将输出的反码逐位取非则可变为原码输出。功能表中"×"表示输入变量的取值可以为 0，也可以为 1。

74HC148 输入信号低电平有效，反码输出，功能表表明 74HC148 有 3 种工作状态。

① 禁止编码状态。由式（11.3-1）可知只有在 EI′ = 0 的情况下才会有编码输出，当 EI′ = 1 时 3 位编码输出均为 1，同时 EO′ 和 GS′ 均输出 1，编码器处于禁止编码状态，也就是功能表中第一行所表征的情况。在这种情况下，无论 $I'_0 \sim I'_7$ 是否有有效信号输入，编码器输出均为 1，EO′ GS′ 给出 11 表征此时编码器处于禁止编码状态，以便和编码器全部输入 1 状态相区别。

② 可编码，无有效信号状态。EI′ = 0，片选信号为有效信号，可以输出编码，但输入信号均为无效信号，这时编码器输出均为 1，如表 11.3-2 中第二行所示。为使这种状态与禁止编码状态加以区分，EO′ GS′ 给出 01 输出。

③ 编码状态。片选信号为有效信号，输入信号任一输入端为有效信号，编码器处于编码状态，EO′ GS′ 给出 10，以表征编码器的工作状态。当电路处于编码状态时，电路也可给出 111 输出，这时与前两种情况的区别在于表征工作状态的附加输出不同。

（4）逻辑框图和引脚图

通常用逻辑框图表示中规模集成电路，74HC148 的逻辑框图见图 11.3-5（a）。在方框内部标器件名称及输入、输出端，在方框外部标输入、输出信号的名称。如果输入、输出信号是低电平有效，在相应的输入端、输出端上加小圈表示低电平有效，否则为高电平有效。图 11.3-5（b）是 74HC148 引脚图，是实际芯片的引脚分布图。

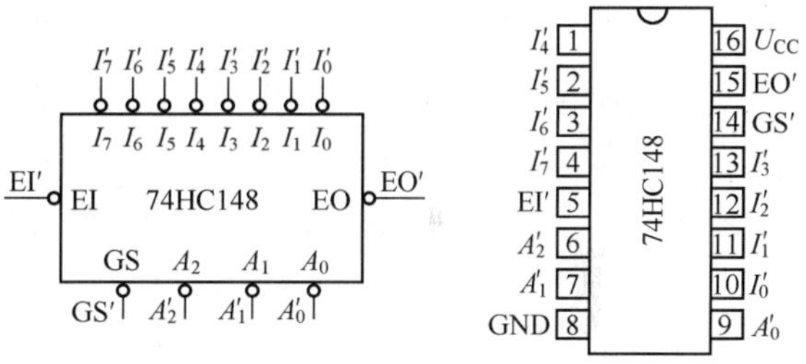

图 11.3-5 74HC148 逻辑框图和引脚图

（5）逻辑功能扩展

一片 8 线-3 线编码器最多只能对 8 个输入信号进行编码，当输入信号超过 8 个时，需要用多片 8 线-3 线编码器构成多路编码器，这涉及编码器逻辑功能的扩展。下面以 74HC148 构成 16 线-4 线优先编码器为例说明逻辑功能的扩展方法。

例 11.3-2 用 74HC148 构成 16 线-4 线优先编码器。

解：输入信号增加为 74HC148 的 2 倍，因此需要两片 74HC148，$L'_0 \sim L'_{15}$ 16 路输入的优先级别从左至右逐渐升高，L'_{15} 优先级别最高，输入信号低电平有效，$D_3 D_2 D_1 D_0$ 4 位反码输出，扩展方法见图 11.3-6。

逻辑功能扩展总的原则是两片轮流工作。74HC148(1) 的片选端接有效信号，即 74HC148(1) 总是处于工作状态。74HC148(1) 的选通输出端 EO′ 与 74HC148(2) 的片选端 EI′ 相连，这就保证了 74HC148(1) 的输入端优先级别高于 74HC148(2)，因为 74HC148(2) 的片选端只有在 74HC148(1) 处于无有效信号的情况下，才能获得有效信号。因此 $L'_0 \sim L'_{15}$ 16 路信号分为两组，优先级别高的一组 $L'_{15} \sim L'_8$ 应按优先级别的高低分别接 74HC148(1) 的输入端，$L'_7 \sim L'_0$ 分别按优先级别接 74HC148(2) 的输入端。两片在输入不同信号时的工作状态见表 11.3-3。

通过表 11.3-3 分析两片轮流编码，由于 74HC148 处于禁止编码和可编码无有效信号时输出端均为 1，所以在构成 16 线-4 线编码器时输出端用与门将两片输出同名端连接在一起，产生输出 4 位码的低三位。这样连接可使处于编码工作状态的编码器输出不受禁止编码工作状态编码器输出的影响。由于反码输出，把 74HC148(1) 的 GS' 端作为最高位，最高位的输出情况见表 11.3-3。若以原码输出，则输出端用与非门连接即可。用同样的方法还可以进一步进行扩展，如 4 片 74HC148 构成 32 线-5 线优先编码器等。

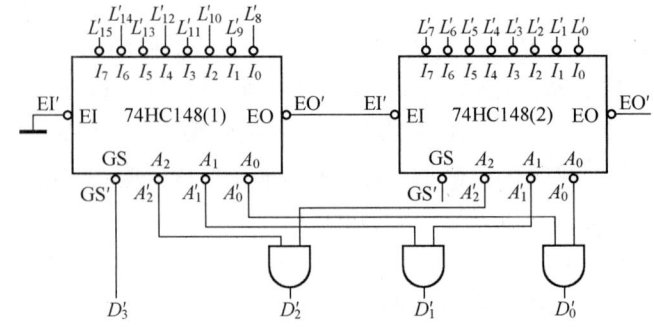

图 11.3-6　74HC148 逻辑功能的扩展

表 11.3-3　两片 74HC148 工作状态表

输入	74HC148(1) 工作状态	74HC148(2) 工作状态	输出
$L'_{15} \sim L'_8$ 有效信号	编码状态 $EO'=1$，$GS'=0$	禁止编码状态 $A'_2 A'_1 A'_0 = 111$	$D'_3 = 0$
$L'_{15} \sim L'_8$ 无有效信号 $L'_7 \sim L'_0$ 有效信号	可编码，无有效信号 $EO'=0$，$GS'=1$ $A'_2 A'_1 A'_0 = 111$	编码状态	$D'_3 = 1$
$L'_{15} \sim L'_8$ 无有效信号 $L'_7 \sim L'_0$ 无有效信号	可编码，无有效信号 $EO'=0$，$GS'=1$ $A'_2 A'_1 A'_0 = 111$	可编码，无有效信号 $EO'=0$，$GS'=1$ $A'_2 A'_1 A'_0 = 111$	$D'_3 D'_2 D'_1 D'_0 = 1111$

2. 74HC147

常用的优先编码器中，除了上面讲的二进制编码器以外，还有一类是二-十进制优先编码器。它的逻辑功能是将 10 路信号编成 4 位 BCD 码，也称为 10 线-4 线优先编码器。74HC147 是将 10 路信号编成 4 位 8421BCD 码。

（1）电路构成

集成二-十进制优先编码器 74HC147 的逻辑图见图 11.3-7，$I'_0 \sim I'_9$ 10 路信号从左至右优先级别逐渐升高，I'_9 级别最高，输入信号低电平有效。

（2）逻辑函数式

根据逻辑图得到逻辑函数式为

$$\begin{cases} A'_3 = (I_8 + I_9)' \\ A'_2 = (I_7 I'_8 I'_9 + I_6 I'_8 I'_9 + I_5 I'_8 I'_9 + I_4 I'_8 I'_9)' \\ A'_1 = (I_7 I'_8 I'_9 + I_6 I'_8 I'_9 + I_3 I'_4 I'_5 I'_8 I'_9 + I_2 I'_4 I'_5 I'_8 I'_9)' \\ A'_0 = (I_9 + I_7 I'_8 I'_9 + I_5 I'_6 I'_8 I'_9 + I_3 I'_4 I'_6 I'_8 I'_9 + I_1 I'_2 I'_4 I'_6 I'_8 I'_9)' \end{cases} \quad (11.3-2)$$

（3）功能表

从式（11.3-2）可知，输出逻辑函数式与优先级别最低的 I'_0 无关，因此 74HC147 功能表和逻辑图中没有 I'_0，在 $I'_1 \sim I'_9$ 均为无效信号时，编码器输出 1111，相当于优先级别最低的 I'_0 输入有效信号。74HC147 反码输出，输出范围是 0110～1111，其原码为 0000～1001，正好是 0～9 这 10 个数字的 8421BCD 码。74HC147 的功能表见表 11.3-4。

（4）逻辑框图和引脚图

74HC147 逻辑框图和引脚图见图 11.3-8，图中 NC（No Connection）表示未接，即

该引脚没有使用。

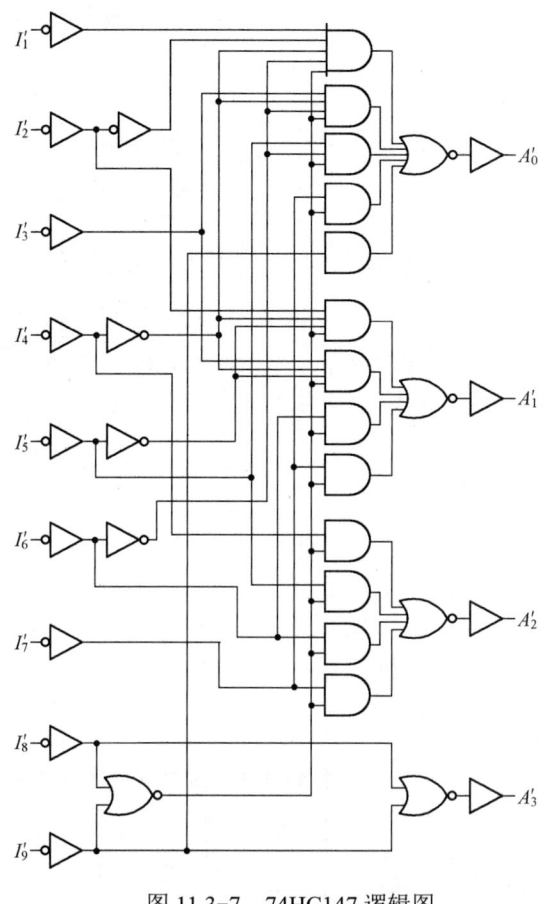

图 11.3-7　74HC147 逻辑图

表 11.3-4　74HC147 功能表

输入									输出			
I'_1	I'_2	I'_3	I'_4	I'_5	I'_6	I'_7	I'_8	I'_9	A'_3	A'_2	A'_1	A'_0
1	1	1	1	1	1	1	1	1	1	1	1	1
×	×	×	×	×	×	×	×	0	0	1	1	0
×	×	×	×	×	×	×	0	1	0	1	1	1
×	×	×	×	×	×	0	1	1	1	0	0	0
×	×	×	×	×	0	1	1	1	1	0	0	1
×	×	×	×	0	1	1	1	1	1	0	1	0
×	×	×	0	1	1	1	1	1	1	0	1	1
×	×	0	1	1	1	1	1	1	1	1	0	0
×	0	1	1	1	1	1	1	1	1	1	0	1
0	1	1	1	1	1	1	1	1	1	1	1	0

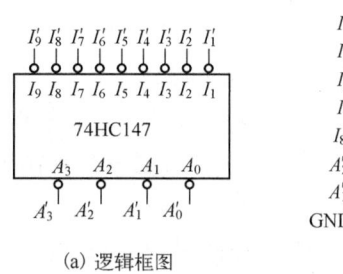

(a) 逻辑框图

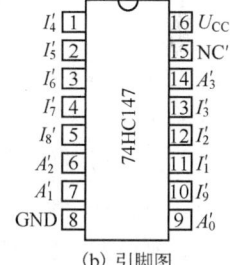

(b) 引脚图

图 11.3-8　74HC147 逻辑框图和引脚图

在使用集成芯片时，芯片的具体型号因厂家不同而有所不同，每一种芯片都有相应的资料（Datasheet）可查，要学会使用芯片的功能表，从中读出芯片各引脚的功能、有效电平等信息，而对芯片内部的结构不必深究，也就是说要学会使用芯片。

思考与练习

11.3-1　编码器的逻辑功能是什么？

11.3-2　普通编码器与优先编码器的区别是什么？

11.3-3　若区分 30 个不同的信号，应编成几位码？若用 74HC148 构成这样的编码器应采用几片 74HC148？

11.4　译　码　器

课程思政融入点：以集成电路芯片为切入点，介绍我国集成电路产业现状，并结合美国对我国中兴和华为的芯片封锁案例，让同学们深刻领会自力更生、奋发图强的使命担当。

译码是编码的逆过程，是将给定的二进制代码翻译成编码时所代表的原意，即将输入的每一组二进制代码，译成与之相对应输出的高、低电平信号。完成译码逻辑功能的电路称为译码器（Decoder）。译码器有着广泛的应用，如数字仪表的各种显示译码器、计算机中的地址译码器、指令译码器及通信设备中的数据分配器，以及各种代码变换器等。译码器框图见图 11.4-1。

译码器有 $A_0 \sim A_{n-1}$ n 个输入，$Y_0 \sim Y_{m-1}$ m 个输出，n 与 m 之间满足 $0 < m \leqslant 2^n$，也称为 n 线-m 线译码器。常用译码器有二进制译码器、二-十进制译码器和显示译码器等。

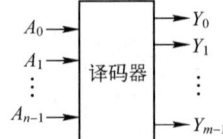

图 11.4-1 译码器框图

11.4.1 二进制译码器

n 位二进制码一共有 2^n 种组合状态，把 2^n 种状态一一对应翻译出来的译码器称为二进制译码器。二进制译码器输入与输出个数之间的关系为 $m = 2^n$。译码器的每一路输出的有效电平都仅与一个二进制代码相对应。译码器的输出可以低电平有效也可以高电平有效。

1．2 位二进制译码器

以 2 位二进制译码器（2 线-4 线译码器）设计为例说明其工作原理。

例 11.4-1 设计 2 位二进制译码器，要求原码输入，输出高电平有效。

解：（1）列真值表。2 线-4 线译码器是 4 线-2 线编码器的逆过程，有 $A_1 A_0$ 两个输入，$Y_0 Y_1 Y_2 Y_3$ 四个输出，原码输入，表示输入码所对应的十进制数与输出的序号一致，如 $A_1 A_0 = 00$，输出应为 Y_0，输出高电平有效，真值表见表 11.4-1。

（2）写逻辑函数式。由真值表得到输出逻辑函数式为

$Y_0 = A_1' A_0' = m_0$，$Y_1 = A_1' A_0 = m_1$，$Y_2 = A_1 A_0' = m_2$，$Y_3 = A_1 A_0 = m_3$

由上式可知，2 线-4 线译码器每一路输出对应输入变量的一个最小项，因此可将输出逻辑函数式扩展到 n 位二进制译码器。输出 1 有效 n 位二进制译码器逻辑函数式为

$$Y_i = m_i (i = 0, 1, \cdots, 2^n - 1)$$

表 11.4-1 例 11.4-1 的真值表

输入		输出			
A_1	A_0	Y_3	Y_2	Y_1	Y_0
0	0	0	0	0	1
0	1	0	0	1	0
1	0	0	1	0	0
1	1	1	0	0	0

输出高电平有效译码器的每一路输出对应输入变量一个最小项。当输出低电平有效时，把真值表输出部分 0 变为 1，1 变为 0，即可得到输出低电平有效译码器的逻辑表达式：$Y_i' = m_i' (i = 0, 1, \cdots, 2^n - 1)$，即输出低电平有效译码器的每一路输出对应输入变量一个最小项的非。

（3）画逻辑图。构成译码器电路的形式很多，在大规模集成电路内部常用二极管与门阵列构成译码器，如图 11.4-2 所示为二极管与门阵列构成的 2 线-4 线译码器。

二极管与门阵列构成的译码器由于有电平偏移等严重缺点，因此，只能用于大规模集成电路内部，如在掩模只读存储器（ROM）中构成地址译码器阵列，产生地址码的最小项，再由或门阵列实现和运算。常用的中规模集成译码器通常由 TTL 或 CMOS 集成电路构成。

2．集成双 2 线-4 线译码器 74HC139

74HC139 中集成了两个完全独立的 2 线-4 线译码器，图 11.4-3 给出了其中一个 2 线-4 线译码器逻辑图。

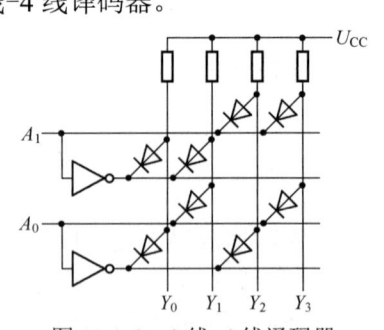

图 11.4-2 2 线-4 线译码器逻辑图

74HC139 输出低电平有效,每个输出端增加两个非门起缓冲作用,在构成集成电路时为提高使用的灵活性增加了使能输入端 E',使能信号 0 有效,逻辑表达式为 $Y_i'=(E\cdot m_i)'$。74HC139 的功能表见表 11.4-2。

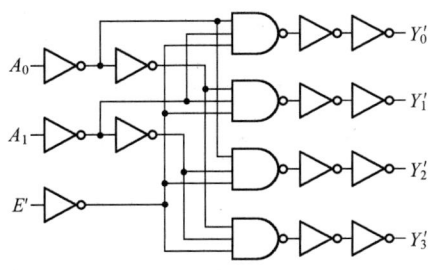

图 11.4-3　74HC139 中一个译码器逻辑图

表 11.4-2　74HC139 功能表

输入			输出				工作状态
E'	A_1	A_0	Y_3'	Y_2'	Y_1'	Y_0'	
1	×	×	1	1	1	1	禁止译码
0	0	0	1	1	1	0	译码
0	0	1	1	1	0	1	
0	1	0	1	0	1	1	
0	1	1	0	1	1	1	

74HC139 在使能信号的控制下有两种工作状态:当 $E'=1$ 时,译码器处于禁止译码状态,译码器输出全部为 1;当 $E'=0$ 时,译码器处于译码状态,将输入信号译到相应的输出上。74HC139 的逻辑框图和引脚图见图 11.4-4。

3. 集成 3 线-8 线译码器 74HC138

中规模集成译码器中,集成 3 线-8 线译码器用得比较多,下面简单介绍集成 3 线-8 线译码器 74HC138,其逻辑图见图 11.4-5。

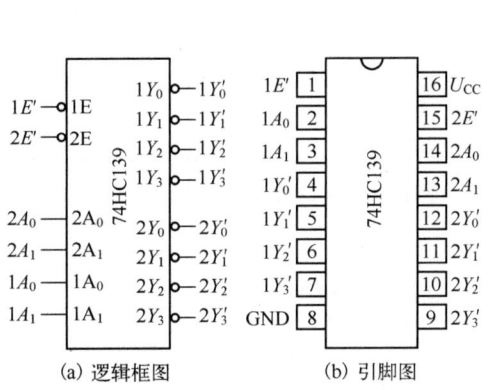

图 11.4-4　74HC139 逻辑框图和引脚图

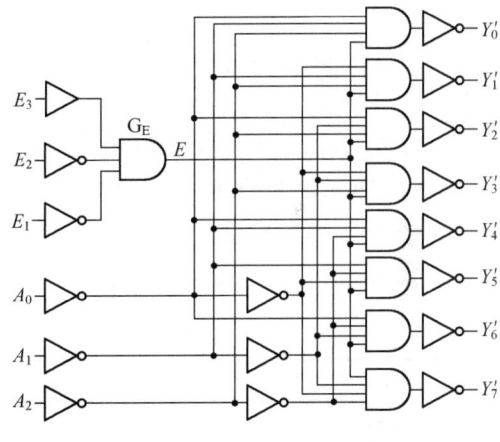

图 11.4-5　74HC138 逻辑图

74HC138 有 E_1'、E_2'、E_3 3 个使能信号,E_1' 和 E_2' 低电平有效,E_3 高电平有效,芯片内总的使能信号是由 G_E 门给出的,$E=E_3E_2E_1=E_3(E_2'+E_1')'$,这种结构增强了芯片的使用灵活性。

输出逻辑函数式为 $Y_i'=(E\cdot m_i)'$,输出低电平有效,其功能表见表 11.4-3。

74HC138 逻辑框图和引脚图见图 11.4-6。

4. 译码器逻辑功能扩展

逻辑功能扩展的方法主要有三种:

(1)将现有译码器 n 位码输入端的同名端并接,构成扩展后译码器输入码的低位。

（2）扩展后输入码的高位接译码器的使能端，控制芯片轮流工作。

表 11.4-3　74HC138 功能表

输入					输出								工作状态
E_3	$E_2' + E_1'$	A_2	A_1	A_0	Y_7'	Y_6'	Y_5'	Y_4'	Y_3'	Y_2'	Y_1'	Y_0'	
0	×	×	×	×	1	1	1	1	1	1	1	1	$E=0$,禁止译码
×	1	×	×	×	1	1	1	1	1	1	1	1	
1	0	0	0	0	1	1	1	1	1	1	1	0	译码
1	0	0	0	1	1	1	1	1	1	1	0	1	
1	0	0	1	0	1	1	1	1	1	0	1	1	
1	0	0	1	1	1	1	1	1	0	1	1	1	
1	0	1	0	0	1	1	1	0	1	1	1	1	
1	0	1	0	1	1	1	0	1	1	1	1	1	
1	0	1	1	0	1	0	1	1	1	1	1	1	
1	0	1	1	1	0	1	1	1	1	1	1	1	

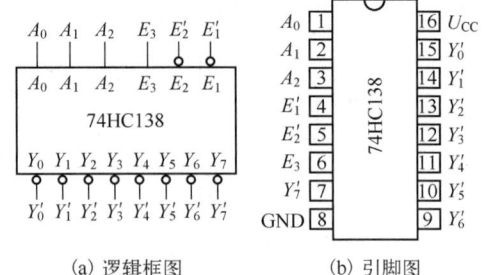

图 11.4-6　74HC138 逻辑框图和引脚图

（3）输出并列。

以两片 74HC138 构成 4 线-16 线译码器为例说明扩展方法。

例 11.4-2　用 74HC138 构成 4 线-16 线译码器。

解：由 3 线-8 线译码器扩展为 4 线-16 线译码器，由 3 位码输入扩展为 4 位码输入，输出由 8 路扩展为 16 路，需要两片 74HC138，逻辑图见图 11.4-7。

图 11.4-7 中两片 74HC138 3 位码输入同名端并接，分别为 L_2、L_1、L_0，而高位 L_3 分别接两片的使能端。为了控制两片 74HC138 轮流工作，L_3 接 74HC138(1)的 0 有效使能端，同时接 74HC138(2)的 1 有效使能端。$L_3=0$，74HC138(1)译码，译到 $Z_0' \sim Z_7'$ 中的一路；$L_3=1$，74HC138(2)译码，译到 $Z_8' \sim Z_{15}'$ 中的一路。两片 74HC138 的工作状态见表 11.4-4。

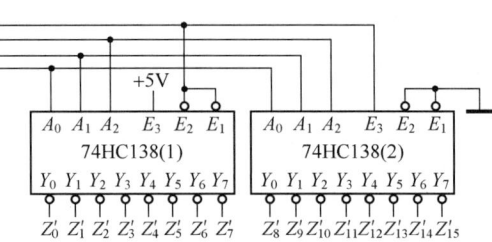

图 11.4-7　两片 74HC138 构成
4 线-16 线译码器逻辑图

表 11.4-4　两片 74HC138 的工作状态表

输入	74HC138(1)工作状态	74HC138(2)工作状态	输出
$L_3=0$ $L_3L_2L_1L_0$：0000～0111	译码	禁止译码 输出均为 1	译到 $Z_0' \sim Z_7'$ 中的一路
$L_3=1$ $L_3L_2L_1L_0$：1000～1111	禁止译码 输出均为 1	译码	译到 $Z_8' \sim Z_{15}'$ 中的一路

用同样的方法，可以进一步进行逻辑功能的扩展。

11.4.2　二-十进制译码器

二-十进制译码器是二-十进制编码器的逆过程，将输入的 BCD 码翻译成十路信号的高、低电平，也称为 4 线-10 线译码器。不同的 BCD 码对应着不同的二-十进制译码器，常用的集成 8421BCD 码译码器 74HC42 的逻辑图如图 11.4-8（a）所示。

由图 11.4-8 可得输出逻辑函数式：$Y_i' = m_i'$ ($i=0,1,\cdots,9$)。根据逻辑函数式，74HC42 输

出 0 有效，功能表见表 11.4-5。

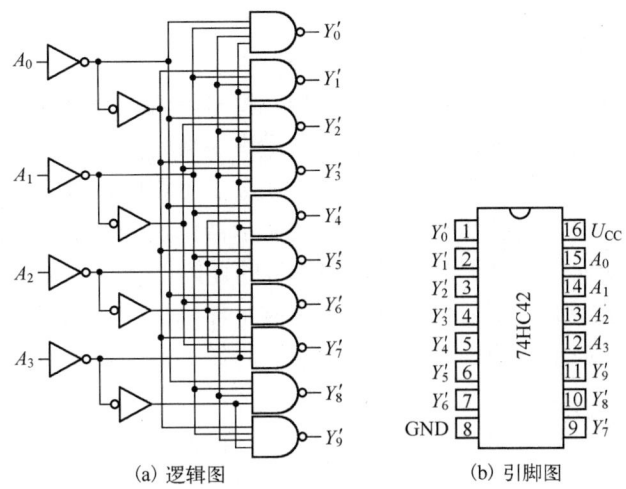

(a) 逻辑图　　(b) 引脚图

图 11.4-8　74HC42 的逻辑图和引脚图

正常情况下，输入为 0000～1001 这 10 个 8421BCD 码，而 1010～1111 在 8421BCD 码中是不允许出现的，这 6 个代码称为伪码。应当注意，BCD 码不同，相应的 6 个伪码也不相同。从功能表中可以看出，当伪码出现时 74HC42 拒绝译码，即当伪码出现时，所有输出都为无效信号。这是因为电路在设计时，没有将伪码作为约束项，当伪码出现时电路拒绝译码。若把伪码作为约束项，电路可以达到最简，但电路不能拒绝伪码，也就是说因某种因素，伪码出现时，有可能被译到某一路上，引起逻辑运算错误。例如，在写 Y_9' 的逻辑表达式时，如把伪码作为约束项，其卡诺图见图 11.4-9，逻辑函数式为 $Y_9' = (A_3 A_0)'$。当伪码 1011、1101 或 1111 出现时都会使 $Y_9' = 0$。

表 11.4-5　74HC42 功能表

输入				输出										备注
A_3	A_2	A_1	A_0	Y_0'	Y_1'	Y_2'	Y_3'	Y_4'	Y_5'	Y_6'	Y_7'	Y_8'	Y_9'	
0	0	0	0	0	1	1	1	1	1	1	1	1	1	译码
0	0	0	1	1	0	1	1	1	1	1	1	1	1	
0	0	1	0	1	1	0	1	1	1	1	1	1	1	
0	0	1	1	1	1	1	0	1	1	1	1	1	1	
0	1	0	0	1	1	1	1	0	1	1	1	1	1	
0	1	0	1	1	1	1	1	1	0	1	1	1	1	
0	1	1	0	1	1	1	1	1	1	0	1	1	1	
0	1	1	1	1	1	1	1	1	1	1	0	1	1	
1	0	0	0	1	1	1	1	1	1	1	1	0	1	
1	0	0	1	1	1	1	1	1	1	1	1	1	0	
1	0	1	0	1	1	1	1	1	1	1	1	1	1	拒绝伪码
1	0	1	1	1	1	1	1	1	1	1	1	1	1	
1	1	0	0	1	1	1	1	1	1	1	1	1	1	
1	1	0	1	1	1	1	1	1	1	1	1	1	1	
1	1	1	0	1	1	1	1	1	1	1	1	1	1	
1	1	1	1	1	1	1	1	1	1	1	1	1	1	

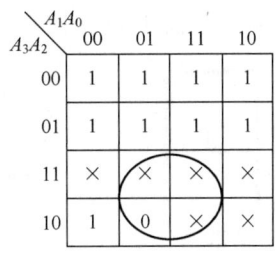

图 11.4-9　把伪码作为约束项的 Y_9' 的卡诺图

除了 74HC42，还有 74HC43 余 3 码二-十进制译码器等，在使用时可查阅相关资料。

11.4.3 显示译码器

在各种数字系统中，常常需要将数字、字母、符号等直观地显示出来，供人们直接读取结果或监视数字系统的工作状况，数字显示电路是许多数字设备不可缺少的组成部分。能够显示数字、字母或符号的器件称为数字显示器。在数字电路中，数字量都是以一定的二进制代码形式出现的，而这些二进制代码不能直接被显示器识别，数字量要经过译码器才能驱动显示器。把数字量翻译成数字显示器所能识别信号的译码器称为显示译码器。

显示译码器随显示器的类型而异，要想了解显示译码器，首先要了解显示器的原理，了解什么样的信号能够被显示器识别。下面分别对数码显示器和显示译码器的电路结构和工作原理加以简单介绍。

1. 数码显示器

数码显示器按组成方式不同可分为分段式显示器、点阵式显示器、字形重叠显示器等，其中分段式显示器使用比较广泛。点阵式显示器通常用于大屏幕显示器，用电子计算机控制。字形重叠显示器是将 0～9 这 10 个字形做成互相绝缘的电极重叠放置，哪一个电极加电压，则显示哪一个字形。分段显示器由 7 个字段构成字形，又称为七段字符显示器，或称为七段数码管。显示器还可以按发光物质不同分为半导体发光二极管数码管（LED）、辉光数码管、荧光数码管、液晶显示器（LCD）、等离子显示板等。在这里介绍使用广泛的由发光二极管构成的七段数码管。

七段数码管由 7 个发光二极管排成如图 11.4-10 所示的形状，分别是 a、b、c、d、e、f、g 段，有时还加上表示小数点的 DP 段（在这里暂不考虑小数点）。

当七段都点亮时，显示器显示十进制数 8；如果 e、f 段不亮，其余的都亮，则显示十进制数 3。七段数码管用这种方式显示 0～9 这 10 个数字。

七段数码管电路的连接方式有两种。

第一种是共阴极接法，即 7 个发光二极管的阴极接在一起，接低电平，如图 11.4-11（a）所示，阳极可以如图中 a 段所示，经限流电阻 R 分别接驱动信号 U_a，U_a 高电平时点亮。

第二种是共阳极接法，发光二极管的阳极接在一起，接高电平，每个发光二极管的阴极分别经限流电阻 R 接驱动信号 U_a，U_a 低电平时点亮，见图 11.4-11（b）。

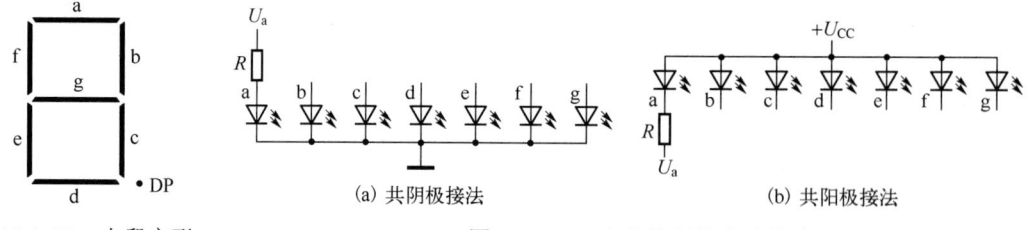

图 11.4-10　七段字形　　　　图 11.4-11　七段数码管电路接法

这两种接法的数码管可以由 TTL 或 CMOS 集成电路直接驱动。常用的共阴极显示器有 BS201、BS202、LCS011-11 等，常用的共阳极显示器有 BS204、BS206、LA5011-11 等。

2. BCD-七段显示译码器

（1）基本原理

通过对七段数码管的分析，显示器显示 0~9 这 10 个数字中的某一个数字都需要同时给出驱动七段数码管的 7 路信号。在数字电路中 0~9 这 10 个数字是以 4 位 BCD 码给出的，显然 4 路信号不能直接驱动显示器，这中间需要一个能把 4 位 BCD 码转换为 7 路信号的器件，这个器件就是 BCD-七段显示译码器。显示译码器有 4 个输入，7 个输出，也称为 4 线-7 线译码器，8421BCD-七段显示译码器真值表见表 11.4-6。

从真值表可知，显示译码器有 6 个伪码，当伪码出现时，显示特殊符号，以区别于其他有效字符。当 1111 出现时输出全部为 0，根据真值表该电路可驱动共阴极数码管。

（2）集成 8421BCD-七段显示译码器 7448

7448 在构成集成电路时增加了试灯输入 LT′、灭零输入 RBI′，以及一个既可以做输入端又可以做输出端的特殊端口灭零输入/灭零输出 BI′/RBO′，其简化功能表见表 11.4-7。

表 11.4-7 中 BI′/RBO′ 没标注的表示该端口做输出。由功能表可见 7448 有如下 4 种工作状态。

表 11.4-6 8421BCD-七段显示译码器真值表

输入				输出							字形
A_3	A_2	A_1	A_0	Y_a	Y_b	Y_c	Y_d	Y_e	Y_f	Y_g	
0	0	0	0	1	1	1	1	1	1	0	0
0	0	0	1	0	1	1	0	0	0	0	1
0	0	1	0	1	1	0	1	1	0	1	2
0	0	1	1	1	1	1	1	0	0	1	3
0	1	0	0	0	1	1	0	0	1	1	4
0	1	0	1	1	0	1	1	0	1	1	5
0	1	1	0	0	0	1	1	1	1	1	6
0	1	1	1	1	1	1	0	0	0	0	7
1	0	0	0	1	1	1	1	1	1	1	8
1	0	0	1	1	1	1	0	0	1	1	9
1	0	1	0	0	0	0	1	1	0	1	c
1	0	1	1	0	0	1	1	0	0	1	⊃
1	1	0	0	0	1	0	0	0	1	1	U
1	1	0	1	1	0	0	1	0	1	1	ᓂ
1	1	1	0	0	0	0	1	1	1	1	t
1	1	1	1	0	0	0	0	0	0	0	全灭

表 11.4-7 7448 简化功能表

输入		特殊端	输出							工作状态
LT′	RBI′	$A_3 A_2 A_1 A_0$	BI′/RBO′	Y_a	Y_b	Y_c	Y_d	Y_e	Y_f	Y_g	
0	×	× × × ×	1	1	1	1	1	1	1	1	试灯
×	×	× × × ×	0(输入)	0	0	0	0	0	0	0	灭灯
1	0	0 0 0 0	0	0	0	0	0	0	0	0	灭零
1	1	0 0 0 0	1	1	1	1	1	1	1	0	输出"□"
1	×	0 0 0 1	1	0	1	1	0	0	0	0	按表11.4-6译码
⋮	⋮	⋮	⋮	⋮							
1	×	1 1 1 1	1	0	0	0	0	0	0	0	

试灯：LT′=0，译码器 7 路输出均为 1，可驱动共阴极数码管七段均点亮，测试发光二极管是否能够正常工作，当测试完成后，译码器处于其他工作状态应使该端口接高电平。

灭灯：双向端口 BI′/RBO′ 做输入时，BI′=0，这时 7 路输出全部为 0。无论是否有 BCD 码输入，无论 BCD 码是何代码，数码管都熄灭。这一功能可以使某些不用的数码管熄灭。

灭零：多位数码管显示时，按习惯某些位不希望显示 0。对于整数部分，最高位运算结果为 0，不希望显示；对于小数部分，最低位如果运算结果为 0，则不希望显示。在 LT′=1 的前提下，对于某位不希望显示的 0，可以让该位译码器的 RBI′=0；当该位要显示 0 时，输出全部为 0，该位数码管熄灭，同时在双向端（BI′/RBO′ 端）输出 RBO′=0，以表征本级的工作状态，为进一步级联做准备。若要显示其他不是 0 的数，则正常显示。

译码：LT′=1，在 BI′/RBO′ 做输出的前提下，一种情况显示 0 要求 RBI′=1，另一种情况译码显示其他数码，则对 RBI′ 的取值没有要求，可为任意值，对显示的数码没有影响。

7448 的逻辑框图和引脚图见图 11.4-12。

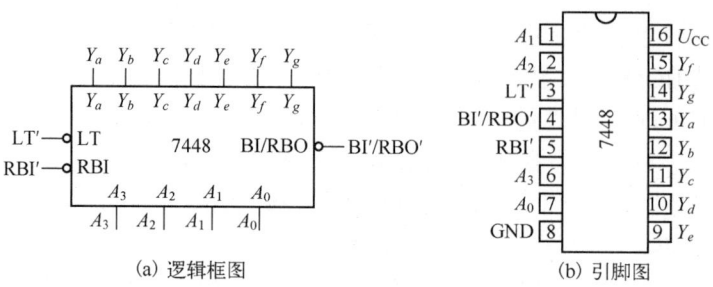

图 11.4-12　7448 的逻辑框图和引脚图

（3）译码器驱动数码管

译码器可以直接驱动半导体数码管，输出高电平有效的译码器可以直接驱动共阴极半导体数码管，输出低电平有效的译码器可以直接驱动共阳极半导体数码管。当 $U_{CC}=5V$ 时，译码器的高电平输出通常只能提供 2mA 左右的电流，当发光二极管正常发光所需要的电流超过这个数值时，为提高输出电流，在译码器输出端接电阻 R，R 的阻值一般为 1kΩ 左右。7448 驱动半导体数码管 BS201A（驱动电流大于 2mA）的电路如图 11.4-13 所示。

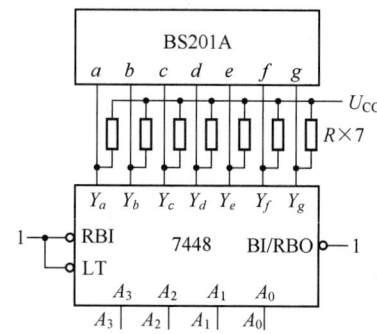

图 11.4-13　7448 驱动半导体数码管 BS201A 电路

（4）多位数码显示灭零控制

当有多位数码显示时，根据正常观看和书写的习惯，有些 0 是不希望显示的，整数最高位的 0 不应显示，小数部分最低位的 0 不应显示。例如，5 位数码管显示电路，整数 3 位，小数 2 位，如图 11.4-14 所示。图 11.4-14 中同时给出了按图示输入灭零控制的显示结果。

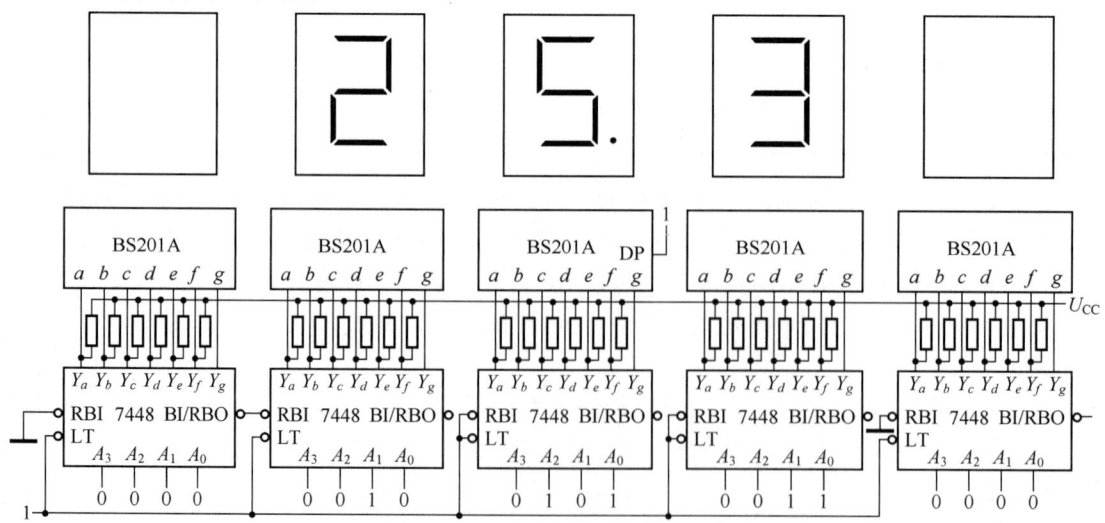

图 11.4-14　5 位灭零控制数码管显示电路及显示结果

整数部分最高位 RBI′ = 0，只要显示 0 即熄灭，它的 RBO′ 输出端接低位片的 RBI′ 输入端，在保证本位熄灭的同时让低位片在显示 0 时也可以熄灭，整数部分灭零信号是从高位向低位传递的。对于小数点位，当它显示 0 时不应熄灭，RBI′ 接 1。对于小数部分这种灭零信号的传递方式应该从最低位开始，最低位 RBI′ 接 0，显示 0 即熄灭；熄灭信号由低位向高位传递，直到小数点后第一位，当它显示 0 时不应熄灭，则这位的 RBI′ 应接 1。

思考与练习

11.4-1 用 74HC139 设计 3 线-8 线译码器。

11.4-2 由 7448 和 74HC148 构成的电路如图 11.4-15 所示，问：

(1) 当 $I'_0 = I'_4 = I'_7 = 0$ 时，7448 的输入为何值？数码管显示何字符？

(2) 当只有 $I'_0 = 0$ 时，7448 的输入为何值？数码管显示何字符？

(3) 当 $I'_0 \sim I'_7$ 均为 1 时，7448 的输入为何值？数码管显示何字符？

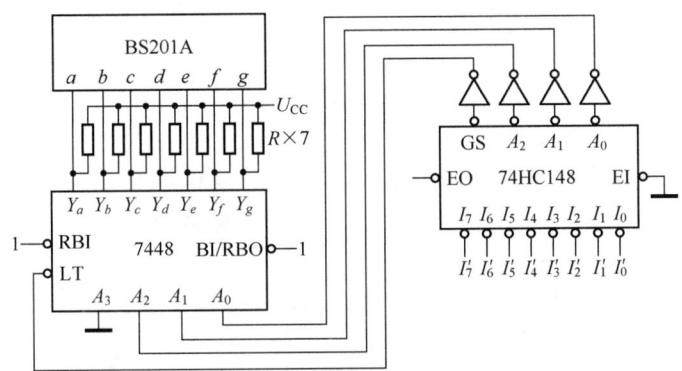

图 11.4-15 题 11.4-2 的电路图

11.5 数据选择器

数据选择器又称多路开关（Multiplexer，简称 MUX），其逻辑功能是从多路数据中选择一路作为输出，多路数据中选择哪一路做输出由输入的地址信号决定。数据选择器的功能类似于一个单刀多掷开关，如图 11.5-1 所示。

数据选择器有 $I_0, I_1, \cdots, I_{m-1}$ 共 m 路输入信号，有 $S_0, S_1, \cdots, S_{n-1}$ 共 n 位地址输入，有一路输出。通常中规模集成数据选择器 $m = 2^n$，每一路输入信号对应一个地址码。常用的数据选择器有 4 选 1 数据选择器和 8 选 1 数据选择器等。

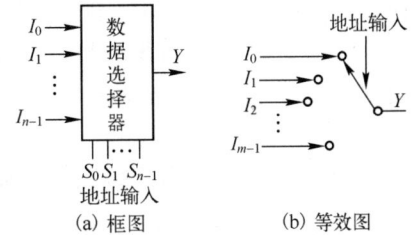

图 11.5-1 数据选择器框图及等效图

11.5.1 集成双 4 选 1 数据选择器

以集成双 4 选 1 数据选择器 74HC153 为例，说明数据选择器的工作原理，其逻辑图和引脚图见图 11.5-2。

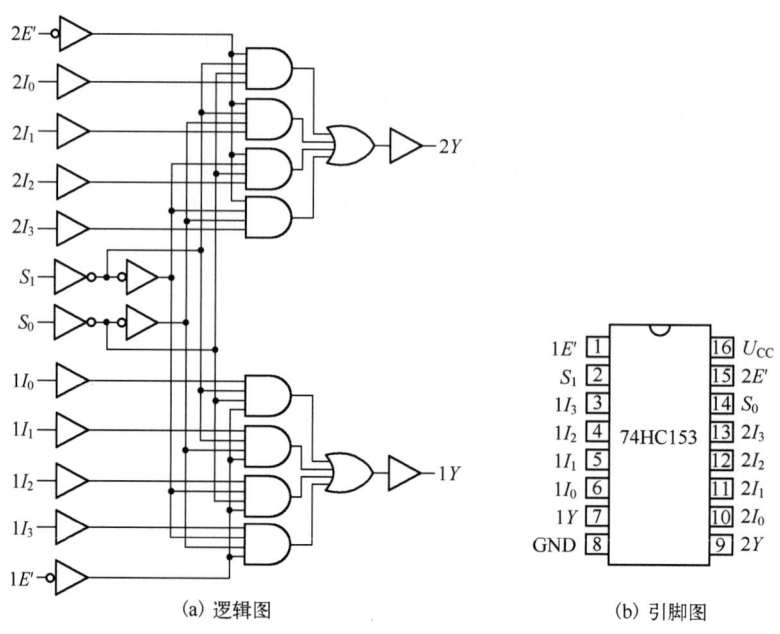

(a) 逻辑图　　　　　　　(b) 引脚图

图 11.5-2　74HC153 逻辑图和引脚图

74HC153 集成了两个 4 选 1 数据选择器,每个数据选择器有独立的使能信号,见图 11.5-2 中 $1E'$ 和 $2E'$,其中 1 和 2 是为了区分两个数据选择器。两个数据选择器共用地址输入 S_1、S_0。

分析 74HC153 中的一个数据选择器,从 $I_0, I_1, \cdots, I_3$ 这 4 个输入中选择 1 路数据作为输出,输出逻辑函数式为

$$Y = \left(I_0(S_1'S_0') + I_1(S_1'S_0) + I_2(S_1S_0') + I_4(S_1S_0)\right) \cdot E$$

在使能信号为有效信号情况下,数据选择器输出逻辑函数式可以推广到 n 位地址码数据选择器,其逻辑函数式为

$$Y = I_0 m_0 + I_1 m_1 + I_2 m_2 + \cdots + I_{2^n-1} m_{2^n-1} = \sum_{i=0}^{2^n-1} I_i m_i$$

根据逻辑函数式,74HC153 的功能表见表 11.5-1。

表 11.5-1　74HC153 功能表

输入			输出	工作状态
E'	S_1	S_0	Y	
1	×	×	0	禁止工作
0	0	0	I_0	工作
0	0	1	I_1	
0	1	0	I_2	
0	1	1	I_3	

在表 11.5-1 中,没有给出数据输入端的取值。数据选择器在使能信号的控制下有两种工作状态,使能信号为无效信号时($E'=1$),数据选择器禁止工作,输出低电平;使能信号为有效信号时($E'=0$),数据选择器处于工作状态。

11.5.2　数据选择器逻辑功能扩展

下面通过例题说明数据选择器逻辑功能扩展方法。

例 11.5-1　用 74HC153 构成 8 选 1 数据选择器。

解:逻辑功能扩展总的原则是,使数据选择器轮流工作,即任何时刻只允许一个数据选择器工作。8 选 1 数据选择器数据输入端由原来的 4 个增加到 8 个,需要两片 4 选 1 数据选择器,即双 4 选 1 数据选择器 74HC153 一片。地址信号由原来的 2 位($S_1 S_0$)扩展到 3 位

（$S_2 S_1 S_0$），现有芯片地址信号同名端并接，作为低位地址码，74HC153 两个 4 选 1 共用地址信号不用在芯片外连接。高位地址码接两片的使能信号，由于每片只有一个使能信号，高位地址码不能直接接两片的使能端，需要借助于译码器将其译成两路互补信号再分别接到两片的使能端，见图 11.5-3，图中 S_2 信号经 1 线-2 线译码器分别接两片的使能端。

每片 4 选 1 数据选择器有一路输出，两个路输出要变成一路输出，由于在数据选择器禁止工作时，输出为 0，两个输出端用或门连接变成一路输出。$S_2=0$ 时 1 号片工作，从 I_0,I_1,I_2,I_3 中选择一路数据输出；$S_2=1$ 时 2 号片工作，从 I_4,I_5,I_6,I_7 中选择一路输出，因此 1 号片 4 个数据输入端分别接低 4 位输入。两片数据选择器工作状态见表 11.5-2。

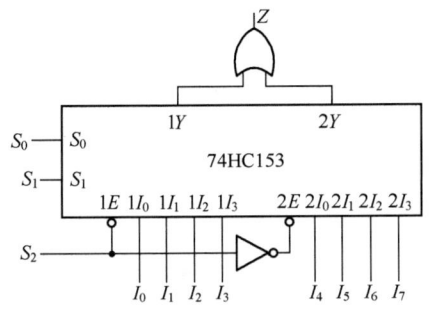

表 11.5-2 两片数据选择器工作状态

地址码	1 号片工作状态	2 号片工作状态	输出
$S_2=0$ $S_2S_1S_0$：000～011	工作	禁止工作输出为 0	从 I_0,I_1,I_2,I_3 中选择一路输出
$S_2=0$ $S_2S_1S_0$：100～111	禁止工作输出为 0	工作	从 I_4,I_5,I_6,I_7 中选择一路输出

图 11.5-3 74HC153 构成 8 选 1 数据选择器

通过例 11.5-1 可得数据选择器逻辑功能扩展方法为：
（1）根据输入端个数决定使用 4 选 1 数据选择器的个数 M。
（2）根据 M 值决定需用译码器的种类——X 线-M 线译码器（$M=2^X$）。
（3）决定输出端使用哪种门——使能端无效时输出低电平，选用或门；使能端无效时输出高电平，选用与门。

例 11.5-2 用 74HC153 构成一个 16 选 1 数据选择器。

解：16 选 1 数据选择器有 16 个输入端，4 选 1 数据选择器有 4 个输入端，需要四片 4 选 1 数据选择器，即两片 74HC153。$M=4$，$X=2$，应用 2 线-4 线译码器。74HC153 使能端无效时输出为 0，输出端选用或门，逻辑图见图 11.5-4。2 线-4 线译码器用 74HC139 的半片。

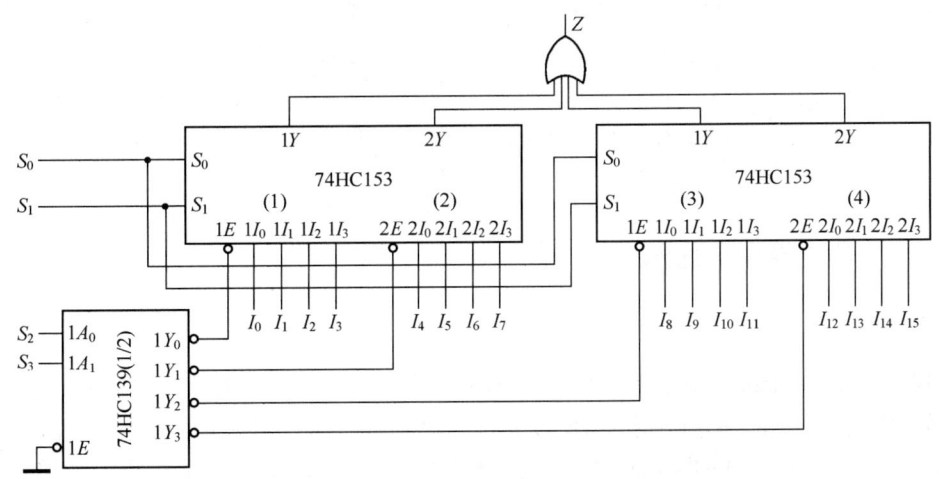

图 11.5-4 4 选 1 数据选择器构成 16 选 1 数据选择器

根据这种扩展方法,各片的工作状态见表 11.5-3。

表 11.5-3 各片数据选择器工作状态

地址码	工作状态				输出
	(1)片	(2)片	(3)片	(4)片	
$S_3S_2 = 00$ $S_3S_2S_1S_0$:0000~0011	工作	禁止	禁止	禁止	从 I_0,I_1,I_2,I_3 中选择一路输出
$S_3S_2 = 01$ $S_3S_2S_1S_0$:0100~0111	禁止	工作	禁止	禁止	从 I_4,I_5,I_6,I_7 中选择一路输出
$S_3S_2 = 10$ $S_3S_2S_1S_0$:1000~1011	禁止	禁止	工作	禁止	从 I_8,I_9,I_{10},I_{11} 中选择一路输出
$S_3S_2 = 11$ $S_3S_2S_1S_0$:1100~1111	禁止	禁止	禁止	工作	从 $I_{12},I_{13},I_{14},I_{15}$ 中选择一路输出

思考与练习

11.5-1 写出图 11.5-5 所示电路的输出逻辑表达式。

11.5-2 写出图 11.5-6 所示电路的输出逻辑表达式,并分析其逻辑功能,然后用与非门实现该逻辑功能。

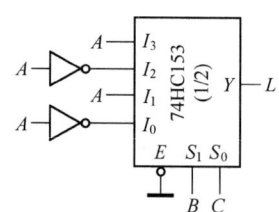

图 11.5-5 题 11.5-1 的电路图

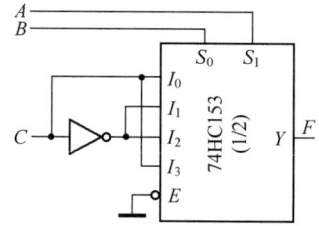

图 11.5-6 题 11.5-2 的电路图

11.6 加 法 器

算术运算是数字系统的基本功能之一,更是数字计算机中不可缺少的组成单元。构成算术运算电路的基本单元是加法器(Adder),因为两个二进制数之间的算术运算,无论是加、减、乘、除,都可化为若干步加法运算来进行,加法运算是整个运算电路的核心。能够完成二进制加法运算的逻辑电路是加法器。加法器最基本的单元是只考虑两个 1 位二进制数相加的半加器和全加器,在此基础上可构成多位加法器。

11.6.1 半加器和全加器

1. 半加器

半加器(Half Adder)是不考虑低位对本位是否有进位,只完成两个 1 位二进制数相加运算的逻辑电路。用 A、B 分别表示两个 1 位二进制数,按二进制加法的运算规则,两个 1 位二进制数相加会出现 1+1=0 的情况,因此半加器要有两位输出,本位相加的和输出用 S(Sum)表示,向高位的进位输出用 CO(Carry Out)表示,半加器真值表见表 11.6-1。

输出逻辑表达式为 $S = A \oplus B$,$CO = AB$

半加器可由一个异或门和一个与门实现,其逻辑图和逻辑符号见图 11.6-1。

表 11.6-1 半加器真值表

输入		输出	
A	B	S	CO
0	0	0	0
0	1	1	0
1	0	1	0
1	1	0	1

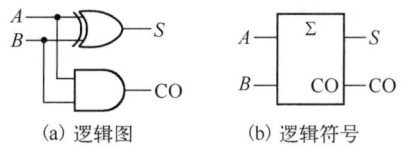

图 11.6-1 半加器逻辑图和逻辑符号

2. 全加器

在进行多位二进制数相加运算时,除了考虑本位的两个数相加外,还要考虑低位对本位的进位,某一位的和是这 3 个数相加的结果。完成两个 1 位二进制数及低位进位这 3 个二进制数相加运算的逻辑电路称为全加器(Full Adder)。

全加器是三个输入,两个输出的逻辑函数,用 CI 表示低位的进位输入,真值表见表 11.6-2。

用卡诺图进行化简,见图 11.6-2。

表 11.6-2 全加器真值表

输入			输出		输入			输出	
A	B	CI	S	CO	A	B	CI	S	CO
0	0	0	0	0	1	0	0	1	0
0	0	1	1	0	1	0	1	0	1
0	1	0	1	0	1	1	0	0	1
0	1	1	0	1	1	1	1	1	1

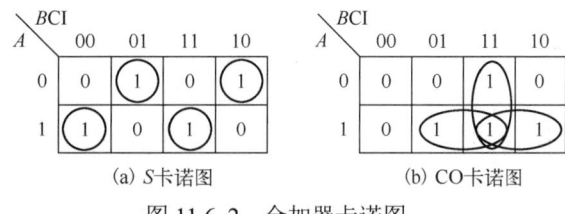

图 11.6-2 全加器卡诺图

全加器逻辑函数的形式很多,在卡诺图中用圈 1 的方法得到的逻辑函数式为

$$\begin{cases} S = A'B'CI + A'BCI' + AB'CI' + ABCI \\ CO = AB + ACI + BCI \end{cases} \quad (11.6\text{-}1)$$

式(11.6-1)可以变化为

$$\begin{cases} S = A \oplus B \oplus CI \\ CO = AB + (A+B)CI \end{cases} \quad (11.6\text{-}2)$$

在卡诺图中用圈 0 的方法得到的另外一种形式的逻辑函数式见式(11.6-3),双全加器 74LS183 就是采用这种形式构成的。

$$\begin{cases} S = \left(A'B'CI' + A'BCI + AB'CI + ABCI'\right)' \\ CO = \left(A'B' + A'CI' + B'CI'\right)' \end{cases} \quad (11.6\text{-}3)$$

由式(11.6-2)构成的全加器逻辑图和全加器逻辑符号见图 11.6-3。

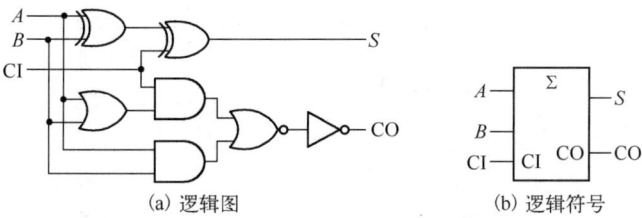

图 11.6-3 全加器逻辑图和逻辑符号

11.6.2 多位加法器

1. 串行进位加法器

进行多位加法运算时，每一位运算都要考虑低位的进位，因此每一位相加运算用一个全加器完成，这些全加器间最简单的进位方法是由低位向高位逐位串行传递，这种加法器称为串行进位加法器（Serial Carry Adder），其逻辑图见图 11.6-4。

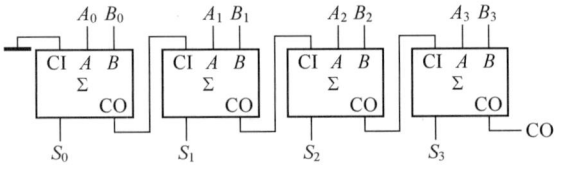

图 11.6-4　4 位串行进位加法器逻辑图

图 11.6-4 中 4 位串行进位加法器，左边为最低位，由于其低位没有进位，其进位输入接低电平，低位进位输出接高位进位输入，进位信号从左至右逐级传递，右边为最高位。因为两个 4 位二进制数相加有时会有 5 位输出，所以最高位全加器的进位输出作为 4 位加法器的进位输出，即作为第 5 位输出（最高位）。

这种串行进位方式，高位输出必须等到低位进位，其输出才能建立，最高位全加器要经过 4 个全加器的传输延迟时间才能得到稳定、可靠的输出结果。串行进位加法器的特点是电路结构简单，但运算速度慢。

在串行进位加法器中，因 $CI_i = CO_{i-1}$，第 i 位的进位信号可以表示为

$$CO_i = A_i B_i + (A_i + B_i) CO_{i-1}$$

第 i 位的和为

$$S_i = A_i \oplus B_i \oplus CI_i = A_i \oplus B_i \oplus CO_{i-1} \tag{11.6-4}$$

2. 超前进位加法器

（1）原理

为提高加法器的运算速度，产生了超前进位加法器（Look-ahead Carry Adder），也称为快速进位加法器（Fast Carry Adder）。超前进位加法器各位进位输出直接由输入的 n 位二进制数产生，而不是由低位全加器的进位输出间接给出，即每一位的进位输出都变成两个 n 位二进制输入的函数，不需要等待低位的进位信号。其原理如下。

$$\begin{cases} CI_i = CO_{i-1}, \ CI_0 = 0 \\ CO_0 = A_0 B_0 + (A_0 + B_0) CI_0 \\ CO_1 = A_1 B_1 + (A_1 + B_1) CI_1 \end{cases} \tag{11.6-5}$$

把 $CI_1 = CO_0$ 代入 CO_1 中，则 CO_1 可以表示成 A_0, B_0, A_1, B_1 的函数，即

$$CO_1 = A_1 B_1 + (A_1 + B_1)(A_0 B_0 + (A_0 + B_0) CI_0) \tag{11.6-6}$$

用同样的方法可以得到

$$CO_2 = A_2 B_2 + (A_2 + B_2)(A_1 B_1 + (A_1 + B_1)(A_0 B_0 + (A_0 + B_0) CI_0)) \tag{11.6-7}$$

任意一位的进位输出都可以写成两个 n 位二进制输入的函数，即

$$CO_i = A_i B_i + (A_i + B_i) CO_{i-1} = f_{CO_i}(A_0, \cdots, A_i; \ B_0, \cdots, B_i)$$

由于 $CI_i = CO_{i-1}$ 及式（11.6-4），S_i 也可以写成输入的函数，因此 S_i 和 CO_i 都可根据输入直接得到，不必等待低位输出。

（2）74LS283

74LS283 就是用上述方法构成的集成 4 位超前进位加法器。由于 $A_i \oplus B_i = (A_i B_i)'(A_i + B_i)$，

因此和输出 $S_i = (A_iB_i)'(A_i + B_i) \oplus CO_{i-1}$ 的逻辑图见图 11.6-5。

74LS283 中 $G_1 \sim G_4$ 分别输出 $A_i \oplus B_i$，$G_5 \sim G_8$ 按式（11.6-5）~式（11.6-7）构成，产生进位输出 CO_i，S_i 按式（11.6-4）构成。74LS283 逻辑框图和引脚图见图 11.6-6。

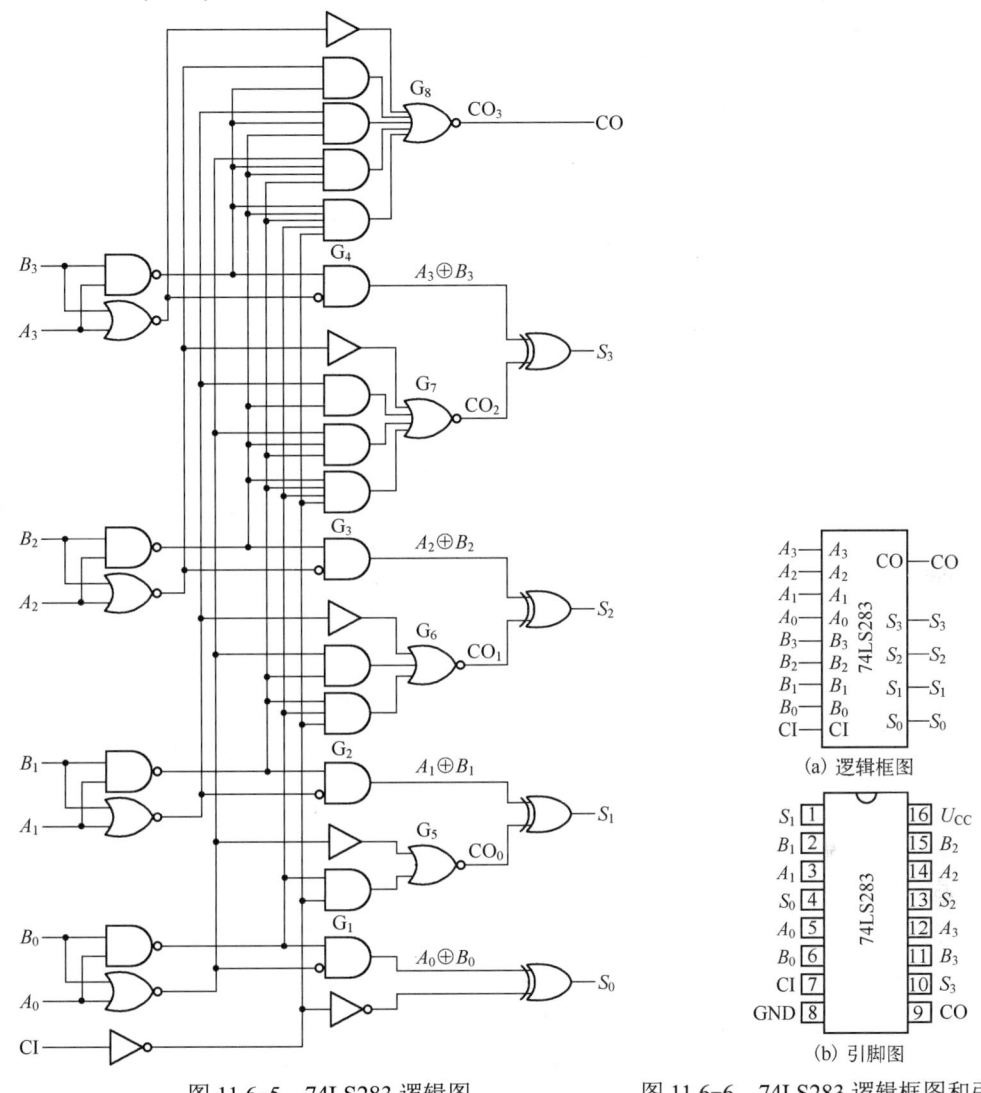

图 11.6-5 74LS283 逻辑图　　　图 11.6-6 74LS283 逻辑框图和引脚图

根据以上分析，超前进位加法器无论多少位都只经过 3 个逻辑级即可产生输出，减小了延迟时间，提高了速度。但应当注意，运算时间的缩短是以增加电路的复杂程度为代价的。当加法器的位数增加时，电路的复杂程度也随之急剧上升。对于多位字长的超前进位加法器，既要保持同时进位的快速性能，又要减少电路的复杂性，通常的做法是根据元器件的特性，将超前进位加法器分为若干个小组，对小组内的进位逻辑和组间的进位逻辑做不同的选择，形成多种进位链结构，这里不做详细介绍。

思考与练习

11.6-1 半加器与全加器的区别是什么？

11.6-2 利用两个半加器实现一个全加器。

11.7 数值比较器

完成两个二进制数比较逻辑功能的电路称为数值比较器（Comparator）。构成数值比较器的最基本单元是一位数值比较器，在此基础上可构成多位数值比较器。

11.7.1 一位数值比较器

一位数值比较器是实现两个 1 位二进制数比较逻辑功能的电路。A、B 分别表示两个 1 位二进制数，在比较两个数的大小时会出现大于、小于、等于三种情况，因此输出有三个，分别用 $Y_{A>B}$、$Y_{A<B}$、$Y_{A=B}$ 来表示，其真值表见表 11.7-1。由真值表直接得到输出逻辑函数式为

$$Y_{A>B} = AB', \quad Y_{A<B} = A'B, \quad Y_{A=B} = A'B' + AB = A \odot B \tag{11.7-1}$$

可以由上式直接构成电路，从实用化角度考虑，集成电路通常采用与非门构成，式（11.7-1）变形为

$$Y_{A>B} = A(AB)', \quad Y_{A<B} = B(AB)', \quad Y_{A=B} = (A(AB)' + B(AB)')' \tag{11.7-2}$$

由上式构成的一位数值比较器见图 11.7-1。

表 11.7-1　一位数值比较器真值表

输入		输出		
A	B	$Y_{A>B}$	$Y_{A<B}$	$Y_{A=B}$
0	0	0	0	1
0	1	0	1	0
1	0	1	0	0
1	1	0	0	1

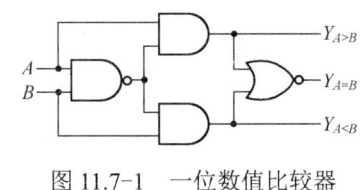

图 11.7-1　一位数值比较器

11.7.2 多位数值比较器

在实际应用中经常遇到多位二进制数进行比较的情况，两个 n 位二进制数 $A(A_{n-1}A_{n-2}\cdots A_0)$ 和 $B(B_{n-1}B_{n-2}\cdots B_0)$ 比较大小时，首先从最高位开始比较，若 $A_{n-1} > B_{n-1}$，则无须进行其他位的比较，直接可以得到 $A>B$；若 $A_{n-1} < B_{n-1}$，则 $A<B$；只有在 $A_{n-1} = B_{n-1}$ 时，才需要比较次高位的大小，该位相等时再比较下一位的大小。只有在所有位都相等时，才能得到 $A=B$ 的结果。

在构成集成电路时，为了进行多位二进制数的比较，引入三个扩展输入端 $I_{A>B}$、$I_{A<B}$ 和 $I_{A=B}$，负责将低位片的比较结果送入本片加以运算。若本片负责高位的比较，当本片比较的结果相等时，需要低位片比较的结果，从而给出最终的比较结果，低位片比较的结果通过这三个扩展输入端引入本片。多位数值比较器与多位加法器类似，进行多位数值比较时，每一位二进制数的比较用一个一位数值比较器完成，根据每一位比较的结果和扩展输入的情况给出总的比较结果。常用四位数值比较器 74HC85 的功能表见表 11.7-2。

表 11.7-2　74HC85 的功能表

输入									输出			比较结果
A_3	B_3	A_2	B_2	A_1	B_1	A_0	B_0	$I_{A>B}$ $I_{A<B}$ $I_{A=B}$	$Y_{A>B}$	$Y_{A<B}$	$Y_{A=B}$	
$A_3 > B_3$		×	×	×	×	×	×	× × ×	1	0	0	$A>B$
$A_3 = B_3$		$A_2 > B_2$		×	×	×	×	× × ×	1	0	0	

续表

输入											输出			比较结果
A_3	B_3	A_2	B_2	A_1	B_1	A_0	B_0	$I_{A>B}$	$I_{A<B}$	$I_{A=B}$	$Y_{A>B}$	$Y_{A<B}$	$Y_{A=B}$	
$A_3=B_3$		$A_2=B_2$		$A_1>B_1$		×		×	×	×	1	0	0	$A>B$
$A_3=B_3$		$A_2=B_2$		$A_1=B_1$		$A_0>B_0$		×	×	×	1	0	0	
$A_3=B_3$		$A_2=B_2$		$A_1=B_1$		$A_0=B_0$		1	0	0	1	0	0	
$A_3=B_3$		$A_2=B_2$		$A_1=B_1$		$A_0=B_0$		0	0	1	0	0	1	$A=B$
$A_3=B_3$		$A_2=B_2$		$A_1=B_1$		$A_0=B_0$		0	1	0	0	1	0	
$A_3=B_3$		$A_2=B_2$		$A_1=B_1$		$A_0<B_0$		×	×	×	0	1	0	
$A_3=B_3$		$A_2=B_2$		$A_1<B_1$		×		×	×	×	0	1	0	$A<B$
$A_3=B_3$		$A_2<B_2$		×		×		×	×	×	0	1	0	
$A_3<B_3$		×		×		×		×	×	×	0	1	0	

由真值表可写出逻辑函数式为

$$Y_{A>B} = Y_{A_3>B_3} + Y_{A_3=B_3}Y_{A_2>B_2} + Y_{A_3=B_3}Y_{A_2=B_2}Y_{A_1>B_1} + \\ Y_{A_3=B_3}Y_{A_2=B_2}Y_{A_1=B_1}Y_{A_0>B_0} + Y_{A_3=B_3}Y_{A_2=B_2}Y_{A_1=B_1}Y_{A_0=B_0}I_{A>B}$$ （11.7-3）

$$Y_{A<B} = Y_{A_3<B_3} + Y_{A_3=B_3}Y_{A_2<B_2} + Y_{A_3=B_3}Y_{A_2=B_2}Y_{A_1<B_1} + \\ Y_{A_3=B_3}Y_{A_2=B_2}Y_{A_1=B_1}Y_{A_0<B_0} + Y_{A_3=B_3}Y_{A_2=B_2}Y_{A_1=B_1}Y_{A_0=B_0}I_{A<B}$$ （11.7-4）

$$Y_{A=B} = Y_{A_3=B_3}Y_{A_2=B_2}Y_{A_1=B_1}Y_{A_0=B_0}I_{A=B}$$ （11.7-5）

图 11.7-2 是 74HC85 的逻辑图，图中每一个虚线框内都是一个一位数值比较器，每个数值比较器的输出按式（11.7-3）～式（11.7-5）连接，构成该片的 3 个输出。

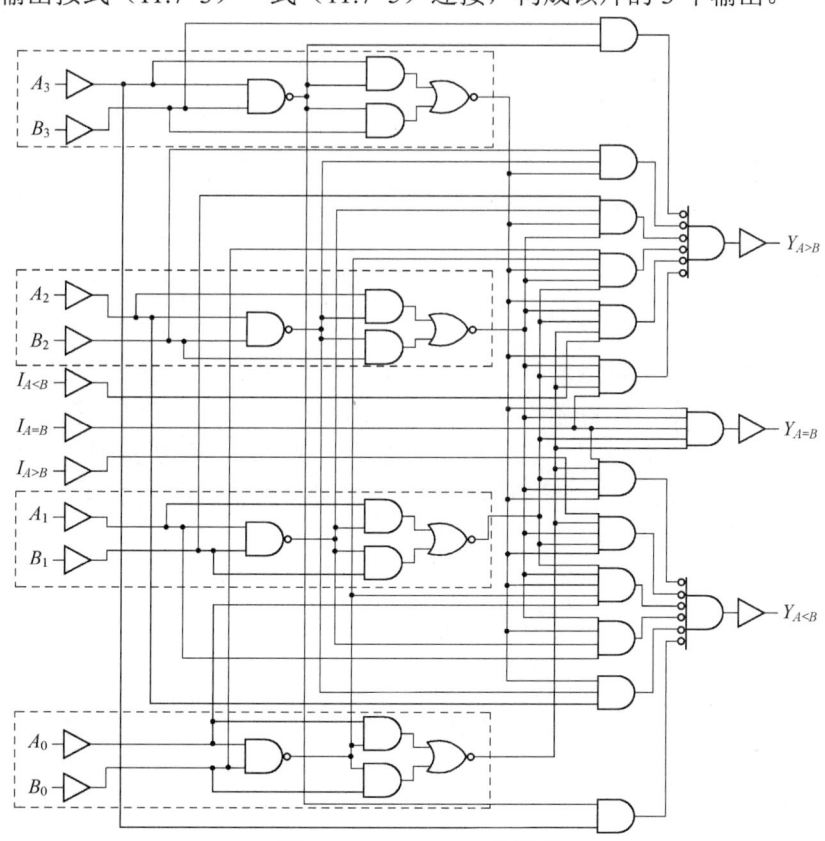

图 11.7-2　74HC85 逻辑图

如果本片只完成 4 位二进制数的比较，根据式（11.7-3）～式（11.7-5），以扩展输入不影响四位比较结果的输出为原则，令扩展输入端 $I_{A>B} = I_{A<B} = 0$，$I_{A=B} = 1$ 即可。有些集成芯片 $Y_{A>B}$ 或 $Y_{A<B}$ 是采用其他形式构成的。例如，CC14585 其 $Y_{A<B}$ 形式与式（11.7-4）相同，$Y_{A>B} = (Y_{A<B} + Y_{A=B})'$ 不是 $A<B$ 或 $A=B$，则是 $A>B$。由于电路结构形式不同，所以其扩展输入端的使用方法也不相同。

74HC85 逻辑框图和引脚图见图 11.7-3。

74HC85 也可以实现逻辑功能的扩展。以两片 74HC85 构成八位数值比较器来说明数值比较器逻辑功能的扩展，扩展方式见图 11.7-4。

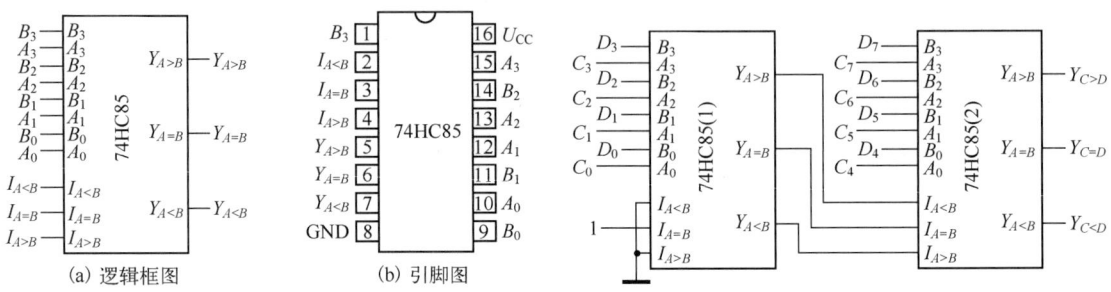

图 11.7-3　74HC85 逻辑框图和引脚图　　图 11.7-4　两片 74HC85 接成八位数值比较器

图中，两个 8 位二进制数分成两组，高位接 74HC85(2)，低位接 74HC85(1)。低位片的三个输出分别接高位片的扩展输入端，低位片只负责比较低四位，其扩展输入端按只负责比较四位接法连接，即 $I_{A>B} = I_{A<B} = 0$，$I_{A=B} = 1$。

思考与练习

11.7-1　设计二位数值比较器，实现两个 2 位二进制数比较逻辑功能的电路。

11.7-2　设计两个 12 位二进制数比较电路，给出大于、小于和等于输出的表达式。

11.8　组合逻辑电路的竞争-冒险

前面几节介绍的组合逻辑电路分析与设计都是假设逻辑电路处于理想状态，即忽略了脉冲信号传输过程中的延迟，也忽略了脉冲信号的波形变化。如果考虑到实际电路中信号的瞬时状态，电路的输出会出现一些与稳态电路逻辑关系不符的尖峰脉冲，这种现象称为组合逻辑电路的竞争-冒险。这些逻辑错误的尖峰脉冲会对负载产生不良影响，使负载产生错误的反应。

11.8.1　竞争-冒险的概念及产生原因

在组合逻辑电路中，输入量通过两条或两条以上途径到达输出端，由于延迟时间的差异，脉冲到达时间会有所不同，这种现象称为竞争。竞争的结果是输出端可能出现不符合稳态逻辑关系的输出，一般都是短暂的脉冲，这种现象称为冒险。在组合逻辑电路中，竞争是必然存在的，但不一定会出现冒险。图 11.8-1 是一个简单的例子，用来说明竞争-冒险的产生原因。

图 11.8-1（a）是与门，在稳态下 $A=1$、$B=0$，或 $A=0$、$B=1$，输出都应该是 $Y=0$。但当 A 和 B 同时向相反方向跳变时会出现什么情况呢？图 11.8-1 中 A 由 1 变 0 的时刻与 B 由 0 变 1 的时刻有一点差异，B 上升到 $U_{H(max)}$ 时，A 尚未下降到 $U_{L(max)}$，因此在 t_1 到 t_2 这个短暂的时间内，$A=1$ 且 $B=1$。在这段短暂时间内出现 $Y=1$，这和与门的稳态逻辑关系是相反的，这个短暂的 1 脉冲称为 1 冒险，是输入信号 A 和 B 竞争的结果。应该指出的是，A 与 B 的竞争有时不会产生冒险。例如，A 信号由 1 跳变到 0 的时刻早于 B，如图 11.8-1 中的虚线所示，则输出端不会产生尖峰 1 脉冲。

这个尖峰脉冲可以看成稳态逻辑电路中的噪声，由系统本身产生的噪声会影响到下一级电路。如果下一级电路是组合逻辑电路或惯性大的仪表，则这个噪声不会造成严重的影响。如果负载是时序逻辑电路（触发器等），则会产生误动作。图 11.8-1（b）是或门，A 和 B 的竞争导致了输出 $Y=0$ 的尖峰脉冲，称为 0 冒险。

图 11.8-2 是复杂一些的例子，在输入信号 A 由 1 跳变到 0，同时 B 从 0 跳变 1 时，2 线-4 线译码器的 4 个输出中只有 Y_3 和 Y_0 输入信号同时向相反方向变化，有可能出现尖峰脉冲。

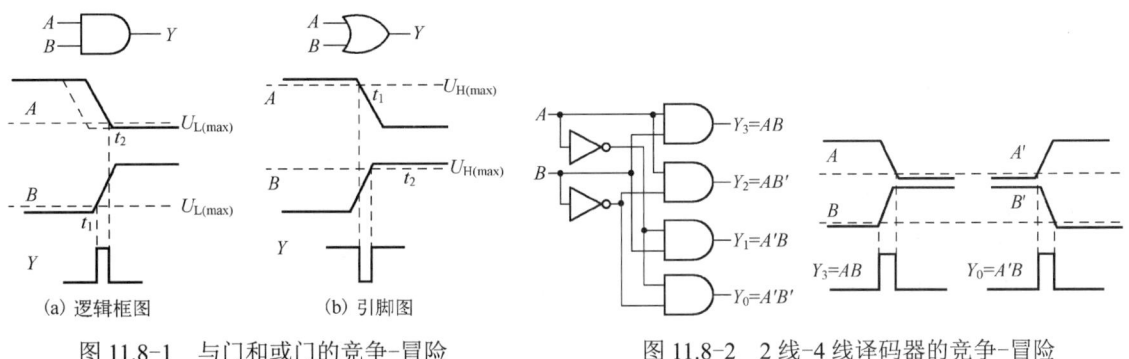

图 11.8-1 与门和或门的竞争-冒险　　　　图 11.8-2 2 线-4 线译码器的竞争-冒险

11.8.2 消除竞争-冒险的方法

在设计组合逻辑电路时，输入信号在不同路径的传输延迟时间，以及脉冲波形的细微变化都难以准确知道，对于复杂的多输入的组合逻辑电路在理论上很难判断电路是否存在竞争与冒险，一般需要用实验来检验。

竞争-冒险的结果是输出端出现一些"毛刺"脉冲，这些毛刺脉冲有时会严重影响下一级电路的功能，无法实现设计的功能，因此需要设法消除竞争-冒险所产生的毛刺脉冲。消除竞争-冒险的常用方法有以下几种。

（1）接入滤波电容

由前面的分析知道竞争-冒险所产生的毛刺脉冲的脉冲宽度都很窄，一般在几十纳秒，因此可以在组合电路输出端加入与负载并联的电容 C，如图 11.8-3（a）所示。这个电容可以起到滤波的作用，使输出信号中毛刺脉冲的幅度降到门电路的阈值电平以下。由于毛刺脉冲很窄，所以电容值只需要几十到几百皮法。图 11.8-3（b）是加电容滤波后的脉冲波形变化，毛刺脉冲的幅度已经很小，但这种方法会使正常脉冲的上升时间和下降时间增加。电容取值及对脉冲波形的影响都需要实验确定。

（2）修改逻辑电路的设计

对于一些特殊的组合逻辑电路，可以采用增加冗余项的方法来消除某个输入变量引起的竞争-冒险。判断是否有竞争-冒险的一种简单方法是当 A 信号发生突变时，若输出函数在一定条件下可以简化成 $Y = A + A'$ 或 $Y = A \cdot A'$，则可判定存在竞争-冒险。如图 11.8-4 所示电路的逻辑函数式是 $Y = AB + A'C$。当 $B=C=1$ 只有 A 状态改变时，$Y = A + A'$；当 A 跳变时存在竞争-冒险，为了消除这种竞争-冒险，在逻辑函数式中加上冗余项 BC，即 $Y = AB + A'C + BC$，与原来的逻辑函数式是等价的。增加这项后，当 $B=C=1$ 时，$Y=1$，A 的状态变化不会再产生竞争-冒险。实际电路的连接如图 11.8-4 中虚线所示，增加了门 G_1。

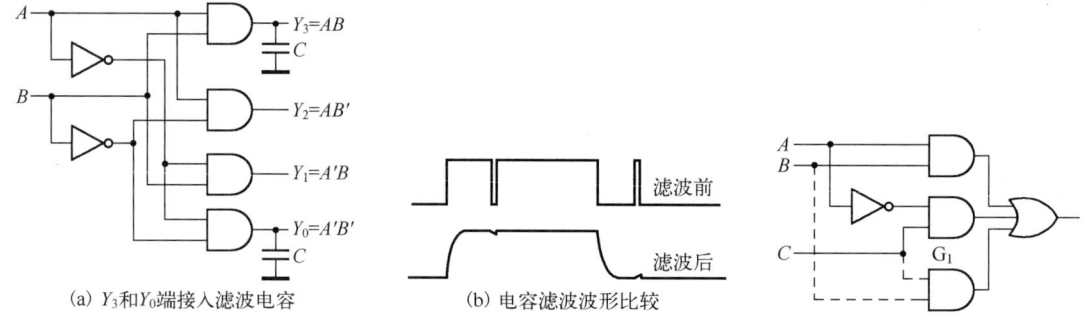

(a) Y_3和Y_0端接入滤波电容

(b) 电容滤波波形比较

图 11.8-3 接入滤波电容消除竞争-冒险

图 11.8-4 冗余项消除竞争—冒险

由此可见，得到的最简逻辑函数式并不一定是最好的逻辑电路设计，冗余项有时会有很好的用处。但是这个例子是特殊的，而且增加的冗余项只能消除 A 状态改变导致的竞争-冒险，B 和 C 的状态改变仍然有可能引起竞争-冒险。实际上，大量的组合逻辑电路是不能用这个方法来消除竞争-冒险的，这种方法有很大的局限性。

（3）引入选通脉冲

在输出引入选通端，在选通端加入选通脉冲是消除竞争-冒险的有效办法。如图 11.8-5 所示电路，在与非门输入端引入选通脉冲 P，选通脉冲的开始时间稍晚于各输入信号状态变化的时刻，因此状态变化导致的冒险毛刺脉冲都被选通脉冲的低电平封锁，输出在选通脉冲

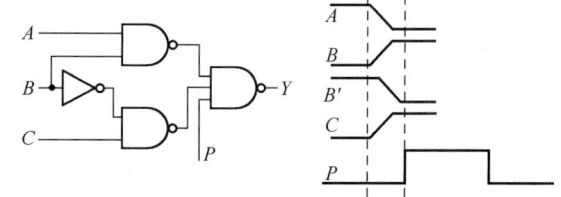

图 11.8-5 选通脉冲消除竞争-冒险

高电平时，电路已经达到稳态，故输出消除了竞争-冒险。目前，许多 MSI 器件都备有选通控制端，为引入选通脉冲消除竞争-冒险提供了方便。

综上所述，由以上 3 种方法可见，引入冗余项的方法适用范围有限，但效果良好，能应用这种方法的尽量选择冗余项；接入滤波电容的方法多用于实验调试；加选通脉冲是行之有效的办法，但要注意选通脉冲的作用时间和脉冲宽度的选择。

思考与练习

11.8-1 什么是竞争-冒险？当某一个门的两个输入同时向相反方向变化时，是否一定会产生竞争-冒险？

11.8-2 消除竞争-冒险的方法有哪些？各有何优点、缺点？

习题 11

11-1　选择题

（1）若在编码器中有 50 个编码对象，则输出二进制代码位数至少需要（　　）位。

　　A. 5　　　　　　　B. 6　　　　　　　C. 10　　　　　　　D. 50

（2）一个 16 选 1 数据选择器，其选择控制（地址）输入端有（　　）个，数据输入端有（　　）个，输出端有（　　）个。

　　A. 1　　　　　　　B. 2　　　　　　　C. 4　　　　　　　D. 16

（3）一个 8 选 1 数据选择器，当选择控制端的值分别为 101 时，输出端输出（　　）的值。

　　A. 1　　　　　　　B. 0　　　　　　　C. D_4　　　　　　　D. D_5

（4）一个译码器若有 100 个译码输出端，则译码输入端至少有（　　）个。

　　A. 5　　　　　　　B. 6　　　　　　　C. 7　　　　　　　D. 8

（5）能实现并-串转换的是（　　）。

　　A. 数值比较器　　　B. 译码器　　　　C. 数据选择器　　　D. 编码器

（6）能实现 1 位二进制带进位加法运算的是（　　）。

　　A. 半加器　　　　　B. 全加器　　　　C. 加法器　　　　　D. 运算器

（7）设计一个八位数值比较器，需要（　　）位数据输入及（　　）位输出信号。

　　A. 8，3　　　　　　B. 16，3　　　　　C. 8，8　　　　　　D. 16，16

（8）4 位输入的二进制译码器，其输出应有（　　）位。

　　A. 16　　　　　　　B. 8　　　　　　　C. 4　　　　　　　D. 1

11-2　写出题 11-2 图所示电路的逻辑函数式，列出真值表，说明电路能实现什么功能。

11-3　题 11-3 图所示电路中，S_1、S_0 为控制输入，A、B 为输入，写出在控制端取不同值时输出 Y 的逻辑表达式。

11-4　用 74HC148 设计原码输出二-十进制优先编码器。

11-5　设计两个 2 位二进制数乘法电路，要求：（1）用与非门设计；（2）用译码器设计。

11-6　中等职业学校规定，机电专业的学生至少取得钳工、车工、电工中级技能证书的任意两种，才允许毕业。根据上述要求：（1）列出真值表；（2）写逻辑函数式；（3）用与非门画出完成上述功能的逻辑电路。

11-7　题 11-7 图所示电路中，A、B、C 为变量，写出电路的真值表和输出 Z 的逻辑表达式，并化简为最简与或式，用与非门来实现该逻辑功能，画出逻辑电路图。

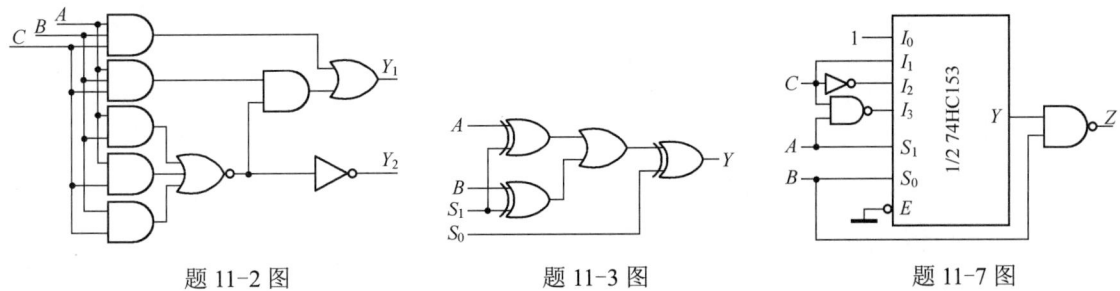

题 11-2 图　　　　　　　题 11-3 图　　　　　　　题 11-7 图

11-8　假定 $X=AB$ 代表一个 2 位二进制数，试设计满足 $Y=X^2$ 的逻辑电路。

11-9 举重比赛有 A、B、C 三个裁判和一个总裁判 D，当 D 同意时，运动员可得两票，而 A、B、C 有一个人同意通过时，可得一票，总票数为 5，获得 3 票或以上为举重成功。设计裁判表决电路。

11-10 人的血型有 A、B、AB、O 四种。输血时输血者的血型与受血者血型必须符合题 11-10 图中用箭头指示的授受关系。判断输血者与受血者的血型是否符合上述规定。（提示：用两个逻辑变量的 4 种取值表示输血者的血型，例如 00 代表 A、01 代表 B、10 代表 AB、11 代表 O）

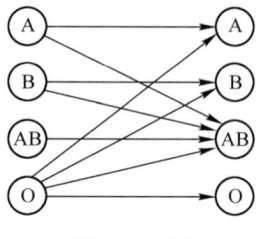

题 11-10 图

11-11 某医院有编号为 1、2、3、4、5 的 5 个病房，每个病房有一个呼叫按钮，当患者按下按钮时给出低电平呼叫信号，在护士站对应每个病房装有 5 个指示灯，高电平点亮。当患者按下按钮后，要求护士站相应病房指示灯同时点亮，由于这几个病房所住患者危重情况不同，当 1 号病房呼叫时，不管其他病房是否有呼叫，只有 1 号病房指示灯亮，这 5 个病房的优先级别从 1～5 逐渐降低，用 74HC148 和门电路设计满足上述要求的逻辑电路（不能将呼叫信号直接送入护士站）。

11-12 设计一个"四舍五入"电路，即当输入的 4 位 8421 BCD 码不大于 5 时，输出为 0，否则输出为 1。限用与非门实现。

第 12 章 触 发 器

主要内容：

（1）理解并掌握基本 SR 触发器、同步触发器、主从触发器、边沿触发器的动作特点和逻辑功能，并会画输出波形。

（2）理解并掌握各种触发器的逻辑功能及描述方法。

（3）了解集成触发器的逻辑功能及描述方法。

12.1 概 述

触发器（Flip-Flop，FF）是数字电路系统中的基本逻辑单元之一，但不同于门电路，触发器具有对信号的记忆存储功能，单个触发器能够存储 1 位二进制信号（0 或 1）。利用多个触发器，可以将多位信号或算术、逻辑运算结果保存起来。正是因为触发器的这一重要功能，使它成为时序逻辑电路的重要组成部分。

要实现记忆信号的功能，触发器应具备以下两个工作特点：

（1）具有两个稳定状态，分别命名为 0 状态和 1 状态。

（2）在外界触发信号的控制下，触发器根据不同的输入（激励）信号可改变为 0 状态或 1 状态。

触发器工作的简化模型如图 12.1-1 所示。

触发器的分类方法有很多，最常见的是按触发方式和逻辑功能分类。

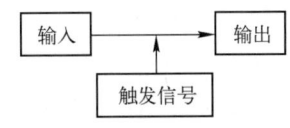

图 12.1-1 触发器工作的简化模型

按触发方式可以分为直接触发、电平触发、脉冲触发和边沿触发 4 种。触发方式由触发器的电路结构决定，且不同触发方式的触发器在状态改变过程中具有不同的动作特点，掌握这些动作特点十分必要。

按逻辑功能主要分为 SR 触发器、JK 触发器、T 触发器和 D 触发器等，可以依据触发器输入信号的不同来判断其逻辑功能。

触发方式和逻辑功能是触发器的两个重要属性。在利用触发器进行电路设计时，需要根据设计要求选择触发器的这两个属性。

下面分别学习基本 SR 触发器、同步触发器、主从触发器、边沿触发器的动作特点和逻辑功能。

思考与练习

12.1-1 触发器的工作特点是什么？

12.1-2 触发器的分类方法有哪两种？

12.2 基本 SR 触发器

课程思政融入点： 触发器与锁存器，一个"有记忆"，一个"无记忆"，举例引导学生排解存在心里的不良情绪，养成豁达心境。

基本 SR 触发器也称为 SR 锁存器（Set-Reset Latch），它是最简单的触发器形式，是后续各种复杂触发器的基本组成部分。它没有触发控制信号（时钟脉冲），直接由输入信号来控制完成 0、1 两个状态之间的转换。因此，可将基本 SR 触发器的触发方式称为（输入信号）直接触发。

12.2.1 由与非门构成的基本 SR 触发器

1. 电路结构

图 12.2-1（a）给出了由两个与非门构成的基本 SR 触发器，其中 Q、Q' 为状态输出端，S'_D 和 R'_D 为信号输入端。与非门的特点是只要有一个输入信号为低电平，其输出信号就可确定为高电平。因此，由与非门构成的基本 SR 触发器，低电平为有效输入信号。

为强调说明低电平有效，图 12.2-1（a）中的信号输入端分别用 S'_D 和 R'_D 表示。另外，在图 12.2-1（b）的符号中，输入端加注了小圆圈。加注非号及小圆圈是常用的提示低电平有效的方法，在后续内容中会经常出现。

相较第 11 章中的组合逻辑电路，触发器在结构上的重要特征是采用了输出反馈形式：G_1 门的 Q 端的输出反馈作为 G_2 门的一个输入信号；而 G_2 门的 Q' 端的输出则反馈作为 G_1 门的一个输入信号。这样即使 S'_D 或 R'_D 端的有效输入信号消失而变为高电平，两个与非门仍然可以从 Q、Q' 端获得输入信号，从而使触发器的状态保持下去。

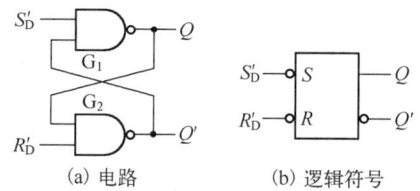

图 12.2-1 用与非门组成的基本 SR 触发器

2. 工作原理

触发器的特点之一是具有 0 和 1 两个稳定状态。这里定义输出 $Q=1$、$Q'=0$ 时为触发器的 1 状态；而 $Q=0$、$Q'=1$ 时为触发器的 0 状态。此状态定义也同样适用于后续各种触发器。

下面分析 4 种不同输入信号情况下，基本 SR 触发器的状态。

（1）输入 $S'_D=0$、$R'_D=1$ 时，G_1 门输出可以确定为 $Q=1$，此输出反馈至 G_2 门，与 R'_D 信号共同作用决定 G_2 门输出 $Q'=0$。由此触发器处于 1 状态，并保持稳定。

即使 S'_D 端的有效输入信号（低电平）消失，即 S'_D 变为 1 时，触发器的 1 状态仍然会得以保持。原因在于 Q' 端的 0 一直反馈至 G_1 门的输入端，从而决定 Q 始终输出 1。

（2）输入 $S'_D=1$、$R'_D=0$ 时，G_2 门输出可以确定为 $Q'=1$，此输出反馈至 G_1 门，与 S'_D 信号共同作用决定 G_1 门输出 $Q=0$，由此触发器处于 0 状态，并保持稳定。当 R'_D 变为 0 时，触发器的 0 状态仍会保持，原理同（1）中的分析。

（3）输入 $S'_D = R'_D =1$ 时，触发器将保持原来的状态不变，原状态（0 或 1）则由上述情况（1）或（2）决定。

（4）输入 $S'_D = R'_D =0$ 时，两与非门都输出低电平，即 $Q=Q'=1$。此时触发器的状态未定义，既不是 0 状态，也不是 1 状态。并且，当 S'_D 和 R'_D 端的低电平同时消失时，触发器的状态变为 0 或变为 1 则无法确定。因此，除非特殊情况，正常工作时一般不应同时在 S'_D 和 R'_D 端输入低电平，即要遵循 $S_D \cdot R_D = 0$ 的输入信号约束条件（也可理解为 $S'_D + R'_D =1$）。

3. 特性表及逻辑功能

将上述 4 种输入、输出逻辑关系列成真值表的形式，就得到由与非门构成的基本 SR

触发器的特性表（也称功能表），如表 12.2-1 所示。其中 Q^* 为输出变量，它表示输入信号发生变化后触发器新的状态，称为"次态"；而表中的 Q 则表示触发器原来的状态，称为"初态"或"原状态"。

表 12.2-1 基本 SR 触发器的特性表

组号	S'_D	R'_D	Q	Q^*	功能
①	1	1	0	0	保持
	1	1	1	1	
②	0	1	0	1	置1
	0	1	1	1	
③	1	0	0	0	置0
	1	0	1	0	
④	0	0	0	1*	未定义
	0	0	1	1*	

表 12.2-1 中，1* 表示状态未定义，具体为 $Q=Q'=1$。此外，有些情况下，Q^* 仅由输入信号 S'_D 和 R'_D 就可决定（见表中第②、③组情况）。但有些情况下要由 S'_D、R'_D 和初态 Q 共同决定（见第①组），因此表中将初态 Q 也作为一个输入变量列出。

对与非门构成的触发器，低电平是有效输入信号。在满足约束条件 $S'_D + R'_D = 1$ 的情况下，当 S'_D 端输入 0 时，触发器的次态将被置成 1 状态（见表 12.2-1 中第②组，$Q^*=1$），因此 S'_D 端被称为置 1 端或置位端；而当 R'_D 端输入 0 时，触发器的次态将被置成 0 状态（见表 12.2-1 中第③组，$Q^*=0$），因此 R'_D 端被称为置 0 端、清零端或复位端。当 S'_D 和 R'_D 端都输入无效的高电平时，触发器的次态则由初态 Q 决定（见表 12.2-1 中第①组，$Q^*=Q$）。该表也表明基本 SR 触发器具有 3 种逻辑功能：保持、置 1 和置 0。

若将该表视为真值表，并利用卡诺图化简，则可得到关于 Q^* 的逻辑函数式

$$\begin{cases} Q^* = S_D + R'_D Q \\ S_D \cdot R_D = 0 \text{ （约束条件）} \end{cases} \quad (12.2\text{-}1)$$

该式称为基本 SR 触发器的特性方程。

例 12.2-1 对于图 12.2-2（a）所示的基本 SR 触发器，已知输入信号 S'_D 和 R'_D 的电压波形如图 12.2-2（b）所示，画出输出端 Q 和 Q' 对应的电压波形。

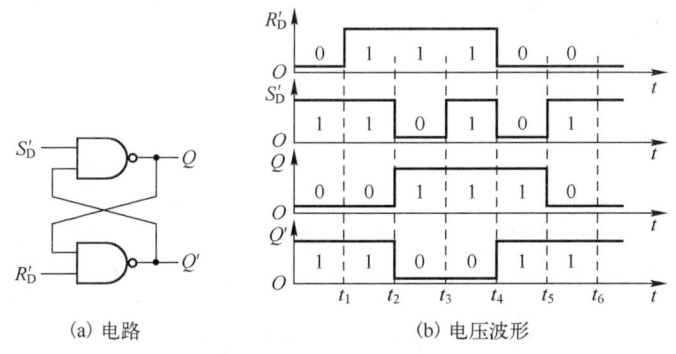

(a) 电路   (b) 电压波形

图 12.2-2 例 12.2-1 的电路和电压波形

解：本题考查的是由与非门构成的基本 SR 触发器的特性。首先分析电压波形中各时间段内 S'_D 和 R'_D 的高、低电平状态（已用数字 0、1 标出），然后查阅表 12.2-1 中对应的触发器次态 Q^*，就可以确定 Q 和 Q' 端的状态。

注意，在 $t_4 \sim t_5$ 时间段内 $R'_D = S'_D = 0$，查到表 12.2-1 中第④组的情况，次态为未定义的 1*，具体表示为 $Q=Q'=1$。

实际上，在掌握了各输入信号端的功能及其有效电平之后，可直接根据输入波形画出输出波形。例如，在 $t_2 \sim t_3$ 时间段内 $R'_D=1$、$S'_D=0$，说明此时置 1 端有效，那么触发器次态必被置为 1 状态，具体表示为 $Q=1$、$Q'=0$。

12.2.2 由或非门构成的基本 SR 触发器

用或非门也可以构成基本 SR 触发器，其电路和逻辑符号如图 12.2-3 所示。对或非门而言，高电平是有效输入信号。

表 12.2-2 给出了其特性表，列出了 4 种不同输入信号情况下触发器所表现出的特性。具体分析可参照前面内容进行。特性表第④组情况表明：当 R_D、S_D 端同时输入 1 时，触发器的 Q、Q' 端同时输出 0，此状态没有定义，并且当 R_D 和 S_D 端同时回到 0 时，无法判断触发器的状态是 1 还是 0。因此，正常工作时，触发器应遵循 $S_D \cdot R_D = 0$ 的约束条件，即不能同时输入 1。

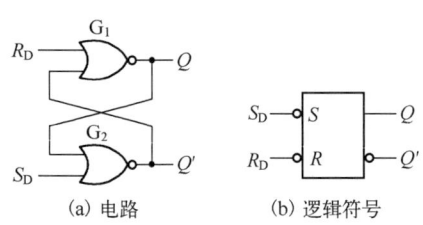

图 12.2-3 用或非门组成的基本 SR 触发器

表 12.2-2 基本 SR 触发器的特性表

组号	R_D	S_D	Q	Q^*	功能
①	0	0	0	0	保持
①	0	0	1	1	保持
②	0	1	0	1	置 1
②	0	1	1	1	置 1
③	1	0	0	0	置 0
③	1	0	1	0	置 0
④	1	1	0	0*	未定义
④	1	1	1	0*	未定义

表 12.2-2 中，0^* 表示状态未定义，具体为 $Q = Q' = 0$。此外，在满足约束条件下，当复位端 R_D 有效时（输入 1），触发器的次态必被置成 0 状态（见表 12.2-2 中第③组，$Q^* = 0$）；而当置位端 S_D 有效时，触发器必被置成 1 状态（见表 12.2-2 中第②组，$Q^* = 1$）；而当 R_D 和 S_D 端都输入无效的 0 时，触发器的次态则由初态 Q 决定（见表 12.2-2 中第①组，$Q^* = Q$）。

例 12.2-2 对于图 12.2-4（a）所示的基本 SR 触发器，已知输入信号 R_D 和 S_D 的电压波形如图 12.2-4（b）所示，画出输出端 Q 和 Q' 对应的电压波形。

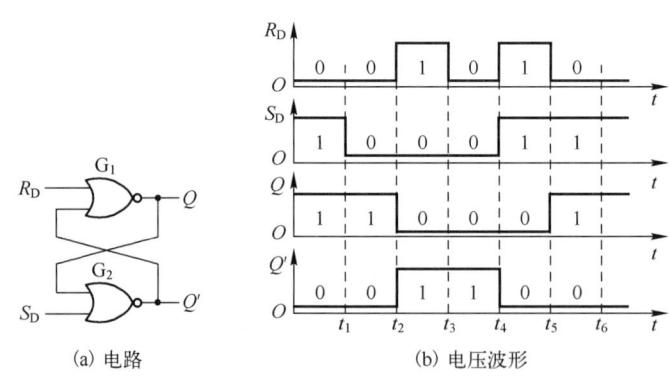

图 12.2-4 例 12.2-2 的电路和电压波形

解：本题考查的是由或非门构成的基本 SR 触发器的特性。首先分析电压波形中各时间段内 R_D、S_D 端的高、低电平状态（已用 0、1 标出），然后查阅表 12.2-2 中对应的触发器次态 Q^*，就可以确定 Q 和 Q' 端的状态。

注意，在 $t_4 \sim t_5$ 时间段内 $R_D = S_D = 1$，查到表 12.2-2 中第④组的情况，次态为未定义的 0^*，具体表示为 $Q = Q' = 0$。

无论是由与非门（见图 12.2-3）还是由或非门（见图 12.2-1）构成的基本 SR 触发器，

都没有触发信号控制，输入信号是直接加到输出门上的，任何时间输入信号发生的变化都会马上对输出信号产生影响。因此，也将 R_D、R'_D 端称为直接复位端，将 S_D、S'_D 端称为直接置位端，相关电路也称为直接复位、直接置位 SR 触发器。

思考与练习

12.2-1　基本 SR 触发器的动作特点和逻辑功能是什么？

12.2-2　图 12.2-5 所示为由或非门构成的基本 SR 触发器及输入信号的波形，请画出 Q 和 Q' 端的波形。

12.2-3　图 12.2.6 所示为由与非门构成的基本 SR 触发器及输入信号的波形，请画出 Q 和 Q' 端的波形。

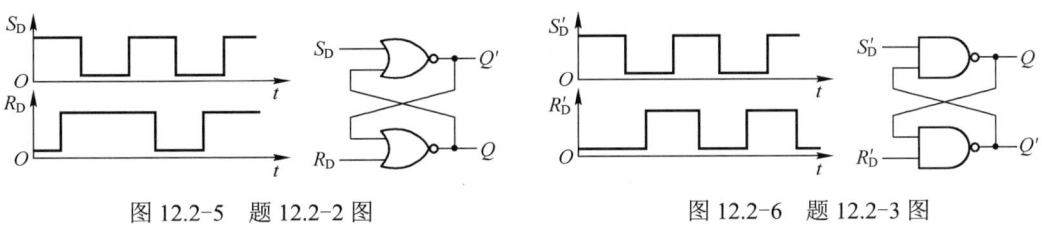

图 12.2-5　题 12.2-2 图　　　　　　　图 12.2-6　题 12.2-3 图

12.3　同步触发器

同步触发器相较基本 SR 触发器增加了起同步作用的触发信号，习惯上把这个同步触发信号称为时钟脉冲，简称时钟（用 CLK 表示）。在数字电路中，当希望多个触发器在同一时刻动作时，就必须通过 CLK 来对它们进行同步触发控制。

利用时钟脉冲进行同步控制的时间点和时间段各有两种：上升沿或下降沿、高电平或低电平。下面要介绍的同步触发器是在 CLK 高电平时间段内触发的触发器，因此从触发方式的角度将其归为电平触发类。

12.3.1　同步 SR 触发器

1．电路结构

同步 SR 触发器可在基本 SR 触发器基础上构成，如图 12.3-1（a）所示。该电路包括两部分，由与非门 G_1、G_2 构成的基本 SR 触发器，以及由与非门 G_3、G_4 构成的输入控制电路。其中 S、R 为信号输入端，CLK 为时钟脉冲输入端。

图 12.3-1（b）所示的逻辑符号中，方框中的 C1 表示 CLK 的编号，因为有些触发器输入的时钟脉冲不只一个。而 1S、1R 分别表示受 C1 这个 CLK 控制的两个输入信号。

2．工作原理及逻辑功能

对同步触发器的分析要从 CLK 入手，需考虑 CLK 为高、低电平两种情况。另外，在得到 G_3、G_4 的输出信号后，即可根据表 12.2-1 所列的基本 SR 触发器的功能来判断整个同步 SR 触发器的状态。

（1）当 CLK=0 时，不论 S、R 输入什么信号，G_3、G_4 被封锁从而始终输出高电平，即

$S'_D = R'_D = 1$，触发器保持原状态不变。

（2）当 CLK=1 时，G_3、G_4 的输出取决于 S、R 的输入情况，此时同步 SR 触发器的状态由输入信号决定。需分 4 种情况讨论，其功能表如表 12.3-1 所示。

表 12.3-1 同步 SR 触发器的功能表

CLK	S	R	Q	Q*	功能
0	×	×	0	0	保持
0	×	×	1	1	
1	0	0	0	0	保持
1	0	0	1	1	
1	1	0	0	1	置1
1	1	0	1	1	
1	0	1	0	0	置0
1	0	1	1	0	
1	1	1	0	1*	未定义
1	1	1	1	1*	

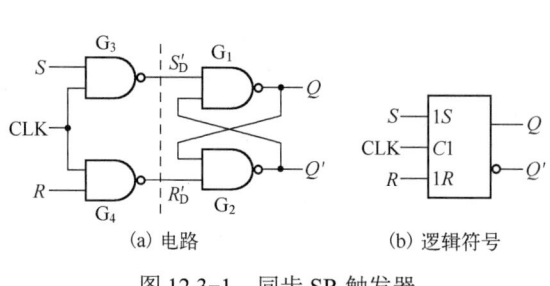

图 12.3-1 同步 SR 触发器

表 12.3-1 中，1*表示状态未定义，具体为 $Q=Q'=1$。还可以从表中得知，置位端 S 和复位端 R 是高电平有效的。需特别注意的是当 S=R=1 时，$Q=Q'$都输出高电平，这时触发器的状态没有定义。因此，正常工作时，同步 SR 触发器也要满足 $S \cdot R=0$ 的约束条件，即至少有一个输入信号为 0。除引入时钟脉冲外，同步 SR 触发器与基本 SR 触发器的功能相同。

考虑表 12.3-1 中 CLK=1 的各种情况，得到触发器次态 Q^* 的卡诺图，如图 12.3-2 所示。注意，表 12.3-1 中将 S=R=1 的情况作为约束项来处理。

利用该卡诺图可以导出化简后的 SR 触发器的特性方程，注意此特性方程附带有约束条件：

$$\begin{cases} Q^* = S + R'Q \\ S \cdot R = 0(约束条件) \end{cases} \quad (12.3\text{-}1)$$

图 12.3-2 Q^* 的卡诺图

特性方程是反映触发器逻辑功能和特性的数学公式，应该熟练掌握。利用特性方程完全可以推导出表 12.3-1 中所列触发器的 3 种功能。

3. 动作特点

在不同的时间段分析同步 SR 触发器的动作特点。

（1）CLK=0 时间段内，不管输入信号如何变化，触发器都不动作，只保持原状态。

（2）CLK=1 时间段内，同步 SR 触发器可视为基本 SR 触发器，其状态会随着输入信号 S、R 的变化而发生改变。当 CLK 回到 0 后，触发器存储的是 CLK 回到 0 以前瞬间（下降沿）的状态。

以上两点是相对的，如果在图 12.3-1 所示电路的 CLK 端加一个反相器，那么上述两个动作特点要做调换。此外，第二个动作特点也说明了同步 SR 触发器的缺点，即抗干扰能力有限。在 CLK=1 期间，如果有干扰脉冲作用到输入信号端，则可能造成触发器状态不必要的翻转。

例 12.3-1 对于如图 12.3-3（a）所示的同步 SR 触发器，已知输入信号 S 和 R 的电压波形如图 12.3-3（b）所示，画出输出端 Q 和 Q' 对应的电压波形。设触发器初始状态为

$Q=0$。

解：根据同步 SR 触发器的动作特点，CLK=0 期间，触发器不工作，无须进行状态判断。因此，只需要观察 CLK=1 期间 S、R 的电平情况，再依据功能表来判断触发器的状态即可。

$t_1 \sim t_2$ 为第一个 CLK 高电平区间，注意用虚线划分出的 S、R 信号各变化区间。首先 $S=1$、$R=0$，触发器被置成 1 状态（$Q=1$、$Q'=0$）；随后 $S=0$、$R=0$，触发器保持 1 状态；最后 $S=0$、$R=1$，触发器被置成 0 状态。CLK 回到 0 以后，触发器在 $t_2 \sim t_3$ 时间段保持 0 状态。

$t_3 \sim t_4$ 为第二个 CLK 高电平区间，此区间 S 信号有一个窄脉冲，致使触发器状态发生一次翻转，即由 0 状态变为 1 状态。若无此脉冲，触发器始终保持 0 状态不变。由此可以看出同步触发器的抗干扰能力有限。如果此窄脉冲是一个噪声，并出现在 CLK=1 期间，则会影响触发器的正常工作。

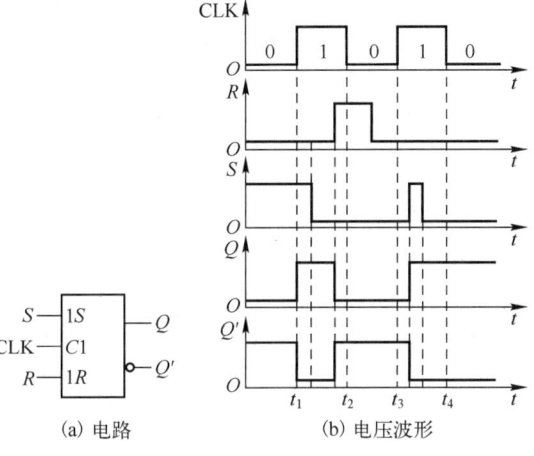

图 12.3-3 例 12.3-1 的电路和电压波形

12.3.2 同步 D 触发器

在同步 SR 触发器电路基础上，将 S 端通过一个反相器与 R 端相连，然后将 S 端更名为 D 端，就得到了同步 D 触发器（也称 D 锁存器），如图 12.3-4 所示。同步 D 触发器满足了对单端输入信号的需要，并有相应的集成电路产品。

将 $S=D$，$R=D'$ 代入 SR 触发器的特性方程[式（12.3-1）]中，经过化简可得到 D 触发器的特性方程

$$Q^* = D \qquad (12.3\text{-}2)$$

此外，式（12.3-1）中的约束条件 $S \cdot R = D \cdot D' = 0$ 在这里自动满足。式（12.3-2）的特性方程简单明了，它表明同步 D 触发器的次态只取决于输入信号 D，而与触发器的原状态无关。不过，同步 D 触发器仍然具有同步 SR 触发器的动作特点，即只在 CLK=1 时动作。

同步 D 触发器的功能表如表 12.3-2 所示，正常工作情况下，它只具有置 0 和置 1 两种功能，并由 D 的值来决定实现哪一种功能。

表 12.3-2 同步 D 触发器的功能表

CLK	D	Q	Q^*	功能
0	×	0	0	保持
0	×	1	1	
1	0	0	0	置 0
1	0	1	0	
1	1	0	1	置 1
1	1	1	1	

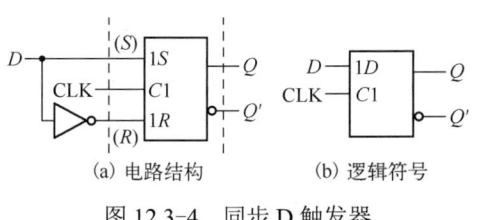

图 12.3-4 同步 D 触发器

例 12.3-2 已知同步 D 触发器的输入信号 D 的电压波形如图 12.3-5（b）所示，画出输出端 Q 和 Q' 对应的电压波形。设触发器初始状态为 $Q=0$。

解： 由同步 D 触发器的动作特点和特性方程可知，它只在 CLK=1 期间工作，并且触发器的状态与输入信号 D 的状态一致。

t_1 时刻为 CLK 高电平区间的开始，此时 D=1，所以触发器被置成 1 状态；随后 D=0，触发器被置成 0 状态。t_2 时刻，CLK 回到 0，由于此时触发器仍然是 0 状态，所以在 $t_2 \sim t_3$ 时间段触发器将保持 0 状态。而在 t_4 时刻，由于触发器是 1 状态，所以 t_4 之后触发器将保持 1 状态。Q 和 Q' 的电压波形如图 12.3-5（c）和（d）所示。

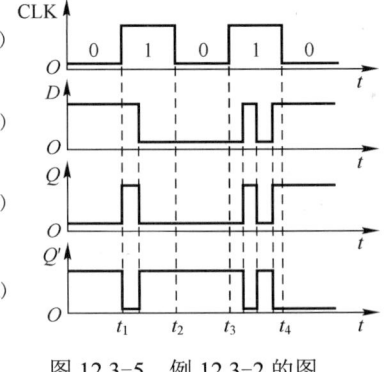

图 12.3-5 例 12.3-2 的图

思考与练习

12.3-1 同步 SR 触发器和同步 D 触发器的动作特点和逻辑功能是什么？

12.3-2 图 12.3-6（a）所示为同步 SR 触发器，已知 CLK 和输入信号 S、R 的波形如图 12.3-6（b）所示，请画出 Q 和 Q′ 端的波形。设触发器初始状态为 Q=0。

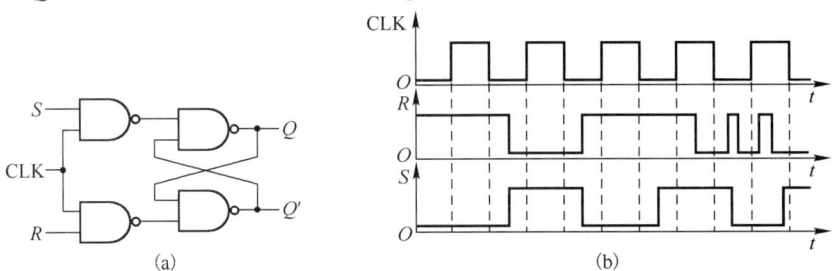

图 12.3-6 题 12.3-2 图

12.3-3 图 12.3-7（a）所示为同步 D 触发器，已知 CLK 和输入信号 D 的波形如图 12.3-7（b）所示，请画出 Q 和 Q′ 端的波形。设触发器初始状态为 Q=0。

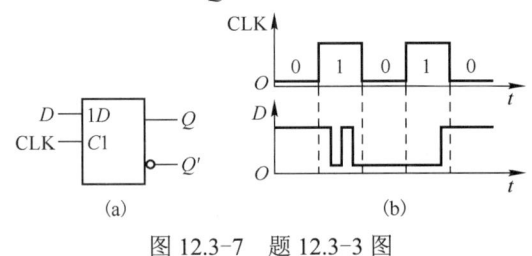

图 12.3-7 题 12.3-3 图

12.4 主从触发器

同步触发器在 CLK=1 时输入信号对输出状态的直接控制降低了其抗干扰能力。为提高触发器工作的可靠性，在同步触发器的基础上设计出了主从结构的触发器，即主从触发器。主从触发器由主触发器和从触发器两部分构成，其输出的状态在每个 CLK 周期内只能改变一次。

12.4.1 主从 SR 触发器

1. 电路结构

主从 SR 触发器由两个相同的同步 SR 触发器构成，分别命名为主触发器（用 FF_m 表示）和从触发器（用 FF_s 表示），如图 12.4-1（a）所示。

S、R 既是 FF_m 的输入信号，也是整个主从 SR 触发器的输入信号；而 Q、Q' 既是 FF_s 的输出信号，也是整个主从 SR 触发器的输出信号。

此外，FF_s 的输入信号 S_s、R_s 则分别来自 FF_m 的输出信号 Q_m 和 Q'_m，而其时钟信号 CLK_s 则由 FF_m 的时钟 CLK 通过一个反相器 G 提供，即存在关系 $CLK_s=CLK'$。

2．工作原理

在不同的时间分析主从 SR 触发器的工作状态。

（1）当 CLK=1 时，FF_m 工作，其次态由输入信号决定，按照同步 SR 触发器的动作特点和功能进行触发。由于 $CLK_s=CLK'=0$，故 FF_s 不工作，其输出保持原状态。由于 FF_s 的输出代表了整个主从 SR 触发器的状态，因此 CLK=1 期间，主从 SR 触发器将保持原状态。

（2）当 CLK 由 1 变为 0 时（下降沿），FF_m 将停止工作，此时 FF_m 有一个最终状态；与此同时，CLK_s 由 0 变为 1，FF_s 开始触发工作，由于其输入信号由 FF_m 提供，因此 FF_s 的次态等于此时 FF_m 的状态，即 $Q^* = Q_m$。

（3）当 CLK=0 时，FF_m 不工作，其状态保持不变。此时 $CLK_s=1$，尽管 FF_s 处于工作状态，但由于为其提供输入信号的 FF_m 不工作，即 Q_m 不变，因此 FF_s 的状态也保持不变。

通过上面分析可知，主从 SR 触发器的 Q 状态改变只在时钟的下降沿。

3．逻辑功能

主从 SR 触发器的基本单元还是同步 SR 触发器，因此其逻辑功能和同步 SR 触发器相同，仍具有保持、置 0、置 1 这 3 种逻辑功能，如表 12.4-1 所示。

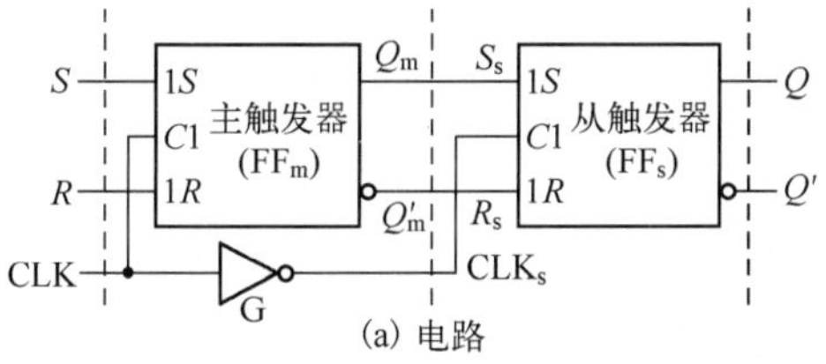

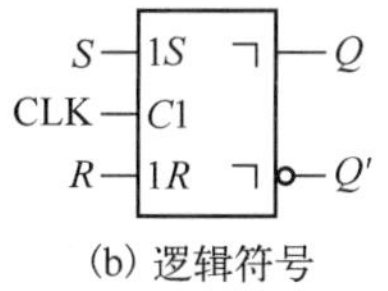

表 12.4-1　主从 SR 触发器的功能表

CLK	S	R	Q^*	功能
×	×	×	Q	保持
⎍	0	0	Q	保持
⎍	1	0	1	置 1
⎍	0	1	0	置 0
⎍	1	1	1^*	未定义

图 12.4-1　主从 SR 触发器

(a) 电路　(b) 逻辑符号

表 12.4-1 中，1^* 表示状态未定义，具体为 $Q=Q'=1$。但与同步 SR 触发器高电平触发不同的是，在主从 SR 触发器的 CLK 一栏中，用"⎍"表示其脉冲触发特性，它包含了两个时间段和时间点：高电平时 FF_m 触发，在时钟下降沿时 FF_s 触发。此外，在图 12.4-1（b）的逻辑符号输出端，加上了"⌐"标记，以表示主从触发器的状态变化发生在 CLK 的下降沿，以便和同步 SR 触发器的符号区别开。

主从 SR 触发器的特性方程与同步 SR 触发器的一样，并且同样要遵守 $S \cdot R = 0$ 的约束条件，否则就会出现表 12.4-1 最后一行列出的情况，即出现未定义状态。

4．动作特点

同步 SRFF 的动作特点主要有两点：

（1）FF_s 的输出状态（Q、Q'）改变只发生在 CLK 的下降沿，其状态与下降沿时刻的

FF_m 状态相同,这是相较同步 SR 触发器的一大进步。

(2) FF_m 的状态在 CLK=1 期间可能会发生多次翻转,因为此时 FF_m 是完全开放的,输入信号 S、R 对它是直接控制的,这是主从 SR 触发器的缺点。

例 12.4-1 已知主从 SR 触发器的 CLK、S 和 R 端的电压波形如图 12.4-2 所示,画出 Q 和 Q' 端的电压波形。设触发器初始状态为 0 状态。

解: 考虑到主从 SR 触发器的第二个动作特点,会导致有时直接根据 CLK 下降沿时刻的 S、R 信号来判断触发器的状态不准确。因此,一种比较好的处理方法是先画出 FF_m 的状态波形(Q_m 和 Q'_m),然后在每个 CLK 下降沿时刻,直接根据该时刻的 FF_m 状态画出 FF_s 的状态波形,即有 $Q=Q_m$。

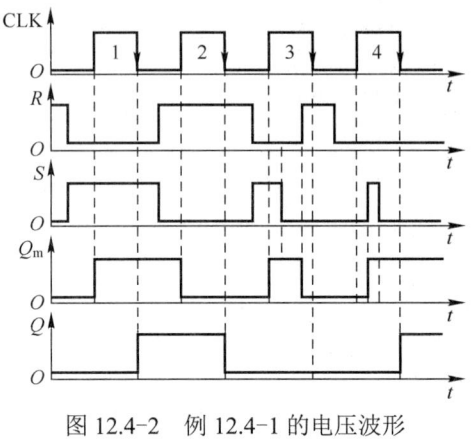

图 12.4-2 中,FF_m 的波形(Q_m)按照同步 SR 触发器的逻辑功能和动作特点画出即可。需要注意的是在第 3、4 个 CLK=1 期间,输入信号的多次变化造成了 Q_m 的多次翻转。FF_s 的状态变化只发生在 CLK 下降沿,其他时间都保持原状态。

图 12.4-2 例 12.4-1 的电压波形
(略去了 Q'_m 和 Q' 波形)

对于第 4 个下降沿,如果直接根据 S、R 的值,FF_s 应该保持 0 状态,但实际上 FF_s 要变为 1 状态(因为此时 FF_m 是 1 状态)。因此,画主从 SR 触发器波形比较稳妥的方法是先画出 FF_m 的波形,再依据其画 FF_s 的波形。

12.4.2 主从 JK 触发器

主从 JK 触发器是以主从 SR 触发器为基础,进行电路结构的改进而得到的,目的是消除 $S \cdot R = 0$ 的约束,即实现能同时输入两个高电平信号。

1. 电路结构

主从 JK 触发器的电路和逻辑符号如图 12.4-3 所示,其中信号输入端命名为 J、K,以便和 S、R 端相区别。从结构上,它是将 FF_s 的 Q 端和 Q' 端的输出分别引回到输入端,并通过 G_1、G_2 两个门与外界输入信号 J、K 相与后,作为主从 SR 触发器的输入信号。

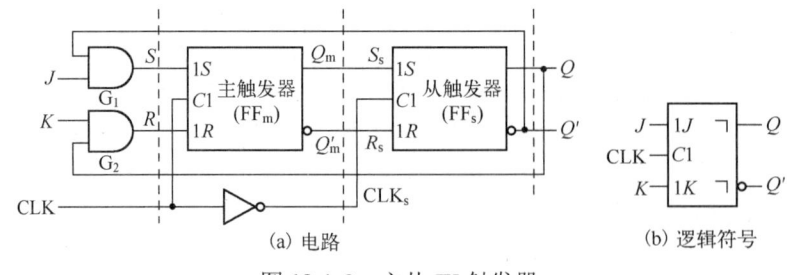

图 12.4-3 主从 JK 触发器

2. 工作原理及特性方程

这里从推导主从 JK 触发器的特性方程入手来对其进行分析。由图 12.4-3 可知,$S = J \cdot Q'$,$R = K \cdot Q$,分别代入 SR 触发器的特性方程 $Q^* = S + R'Q$ 中,可得

$$Q^* = J \cdot Q' + (K \cdot Q)'Q = JQ' + K'Q \tag{12.4-1}$$

而对于约束条件则下式恒成立：

$$S \cdot R = (JQ') \cdot (KQ) \equiv 0$$

这说明主从 JK 触发器的输入信号没有约束条件的限制。

3．逻辑功能

下面根据式（12.4-1），分 4 种情况来分析主从 JK 触发器的逻辑功能。

（1）当 $J=0$、$K=0$ 时，$Q^*=Q$，此时触发器保持原状态。

（2）当 $J=0$、$K=1$ 时，$Q^*=0$，此时触发器被置成 0 状态。

（3）当 $J=1$、$K=0$ 时，$Q^*=1$，此时触发器被置成 1 状态。

（4）当 $J=1$、$K=1$ 时，$Q^*=Q'$，此时触发器状态将翻转。即若 $Q=0$，则 $Q^*=1$；若 $Q=1$，则 $Q^*=0$。

综上所述，主从 JK 触发器具有保持、置 0、置 1 和翻转 4 种逻辑功能，它具备了触发器所有的逻辑功能，是功能最全的一种触发器。主从 JK 触发器的功能表如表 12.4-2 所示。

表 12.4-2 主从 JK 触发器的功能表

CLK	J	K	Q	Q^*	功能
×	×	×	0	0	保持
×	×	×	1	1	
⎍	0	0	0	0	保持
⎍	0	0	1	1	
⎍	0	1	0	0	置 0
⎍	0	1	1	0	
⎍	1	0	0	1	置 1
⎍	1	0	1	1	
⎍	1	1	0	1	翻转
⎍	1	1	1	0	

在记忆输入信号与触发器状态对应关系时要抓住两点：一是 J 端称为置 1 端，K 端称为置 0 端；二是 J、K 端都是高电平有效。

4．动作特点

由于同属主从结构触发器，主从 JK 触发器和主从 SR 触发器的动作特点基本相同。

（1）在 CLK=1 期间，FF_m 工作，输入信号对其状态是直接控制的，控制规律已在表 12.4-2 中列出。其他时间，FF_m 保持原状态。

（2）在 CLK 下降沿，FF_s 触发，其状态等于该时刻 FF_m 的状态。其他时间，FF_s 保持原状态。

（3）主从 JK 触发器与主从 SR 触发器的不同之处在于 CLK=1 期间，不论输入信号 J、K 如何变化，FF_m 的状态只可能翻转变化一次，这里称为一次变化现象。

这里结合图 12.4-3（a）进行分析：Q、Q' 始终互为反信号，由于它们的反馈，使任意时刻 G_1、G_2 总有一个被封锁而始终输出 0，那么这个门所对应的输入信号也随之失效（即可视为恒输入 0）。具体如下。

① 某下降沿时刻，若 $Q_m=0$、$Q'_m=1$，则 $Q=0$、$Q'=1$，反馈后 G_2 被封，K 端开始失效（可认为 $K\equiv 0$）。进入 CLK=1 时间段后，若出现 $J=1$ 的情况，FF_m 将被置成 1 状态（$Q_m=1$、$Q'_m=0$），之后就不可能再翻转回到 0 状态了，因为置 0 功能端失效（$K\equiv 0$）。

② 同理，某下降沿时刻，若 $Q_m=1$、$Q'_m=0$，则 $Q=1$、$Q'=0$，反馈后 G_1 被封，J 端开始失效（可认为 $J\equiv 0$）。进入 CLK=1 时间段后，若出现 $K=1$ 的情况，FF_m 将被置成 0 状态（$Q_m=0$、$Q'_m=1$），之后就不可能再翻转回到 1 状态了，因为置 1 功能端失效（$J\equiv 0$）。

例 12.4-2 已知主从 JK 触发器的 CLK、J 和 K 端的电压波形如图 12.4-4 所示，画出 Q 和 Q' 端的电压波形。设触发器初始状态为 $Q=0$。

解：先画出 FF_m 的状态波形（Q_m 和 Q'_m），然后在每个 CLK 下降沿时刻，直接根据该时刻的 FF_m 状态画出 FF_s 的状态波形。

FF_m 的动作区间是 CLK=1，Q_m 的波形按照逻辑功能表判断并画出即可。在第 3、4 个 CLK=1 期间，虽然输入信号发生多次变化，但只要 Q_m 发生一次状态变化，就可停止此 CLK=1 时间段内的判断。

第 3 个 CLK=1 开始时，J=1、K=0，所以 Q_m 由 0 翻转为 1。注意，此时就发生了一次状态变化，因而不必再考虑后面 J、K 的情况，而 Q_m=1 状态也会一直保持到下一个 CLK=1 开始。第 4 个 CLK=1 开始后，J=0、K=1，Q_m 被置成 0 状态，发生一次状态变化，结束判断。

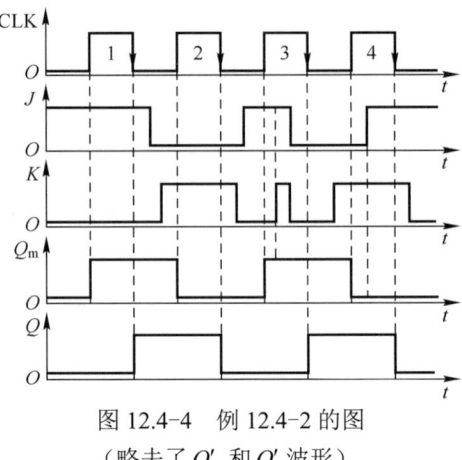

图 12.4-4 例 12.4-2 的图
（略去了 Q'_m 和 Q' 波形）

FF_s 的状态变化只发生在 CLK 下降沿，该时刻 Q 的状态等于 Q_m 的状态，其他时间都保持原状态。

思考与练习

12.4-1 主从 SR 触发器和主从 JK 触发器的动作特点和逻辑功能是什么？

12.4-2 图 12.4-5 给出了主从 SR 触发器的 CLK 及 S、R 端的波形，请画出 Q 和 Q' 端的波形。设触发器初始状态为 Q=0。

12.4-3 图 12.4-6 所示为主从 JK 触发器的 CLK、J、K 端的波形，请画出 Q 和 Q' 端的波形。设触发器初始状态为 Q=0。

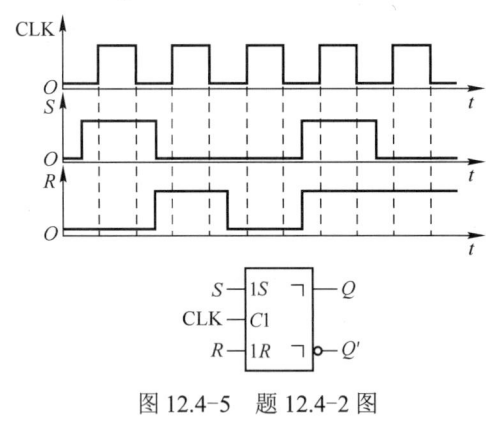

图 12.4-5 题 12.4-2 图

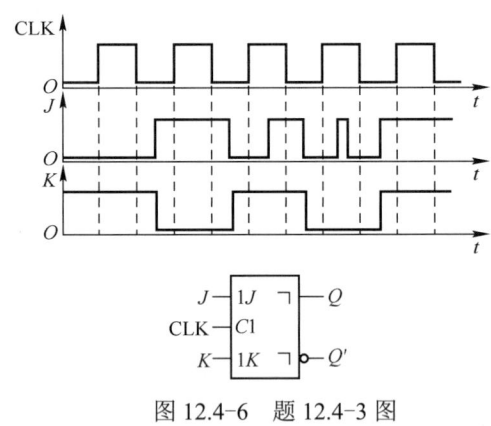

图 12.4-6 题 12.4-3 图

12.5 边沿触发器

边沿触发器的次态只取决于 CLK 的下降沿（或上升沿）时刻输入信号的状态，而与其他时间输入信号的变化无关。因此，边沿触发器是一种理想的触发器，工作可靠性高，抗干扰能力强。

目前，在数字集成电路产品中，边沿触发器有多种构成形式。这里主要介绍 3 种比较常见的边沿触发器：采用维持阻塞结构的边沿 SR 触发器、基于门电路传输延迟的边沿 JK 触发器、用两个同步 D 触发器串联构成的边沿 D 触发器。前两种多见于 TTL 电路，后一种多见于 CMOS 电路。

12.5.1 维持阻塞结构的边沿触发器

边沿触发器的一种构成形式是采用维持阻塞结构，该结构在 TTL 电路中应用比较多。

1. 维持阻塞结构的边沿 SR 触发器

图 12.5-1 给出了维持阻塞结构的边沿 SR 触发器电路。维持阻塞结构，是根据图中①、②、③、④这 4 条连线所起的作用而得名的。

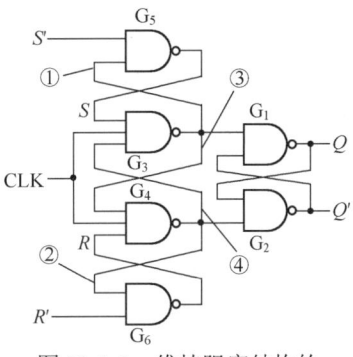

图 12.5-1 维持阻塞结构的边沿 SR 触发器电路

该边沿触发器是在同步 SR 触发器基础上演变得到的，演变的结果是其中包含一个同步 SR 触发器和两个基本 SR 触发器，并且有些门电路要复用。具体情况如下。

（1）G_3 和 G_5 构成一个基本 SR 触发器，S' 和 CLK 分别是置 1 和置 0 信号输入端，低电平有效（忽略 G_3 的④号连线）。

（2）G_4 和 G_6 构成另一个基本 SR 触发器，R' 和 CLK 分别是置 0 和置 1 信号输入端，也是低电平有效（忽略 G_4 的③号连线）。

（3）$G_1 \sim G_4$ 构成一个同步 SR 触发器，R 和 S 分别是置 0 和置 1 信号输入端（忽略③、④号连线）。另外，G_1 和 G_2 可看成第三个基本 SR 触发器。

可以看出，G_3 和 G_4 两个门是复用的，既属于基本 SR 触发器，又属于同步 SR 触发器。注意，R' 和 S' 是整个维持阻塞结构的边沿触发器的输入信号，低电平有效。

其工作原理分析可分为两部分，一个是实现状态"维持"，另一个是实现状态"阻塞"。

同步 SR 触发器在整个 CLK=1 期间都会触发，要实现仅在 CLK 上升沿触发，在 CLK=1 期间就必须保持（即维持）S 和 R 的值不变。这里起关键作用的就是①、②号连线。

（1）当 CLK=0 时，G_3 和 G_4 被封锁，始终输出为 1，这样③、④号线为高电平，它们反馈的信号对 G_3 和 G_4 没影响。而整个维持阻塞结构的边沿触发器的输出状态（Q、Q'）保持不变。

（2）当 CLK 由 0 变为 1（上升沿）时，分以下 4 种情况讨论。

第 1 种情况：考虑 S'=0、R'=1 的情况。由 S'=0 可知 G_5 和 G_3 构成的基本 SR 触发器将锁存 1 状态，即 G_5 的输出 S=1，并且④号线此时也为 1，所以 G_3 输出 0 并通过①号线反馈将 G_5 封锁。这样，当 CLK=1 时无论 S' 如何变化，G_5 的输出 S=1 始终不变，因此①号线被称为"置 1 维持线"。

此外，G_3 输出的 0 还通过③号线反馈将 G_4 封锁，这样在 CLK=1 期间无论 R'、R 如何变化，G_4 输出 1 始终不变，因此③号线被称为"置 0 阻塞线"（即阻止 G_4 置 0）。

这样，在 CLK=1 期间，S 和④号线始终为 1，G_3 始终输出 0，这是一个连锁过程。G_3 为 0、G_4 为 1，整个触发器输出为 1 状态，即 Q=1、Q'=0。

第 2 种情况：考虑 S'=1、R'=0 的情况。由 R'=0 可知 G_4 和 G_6 构成的基本 SR 触发器将锁存 0 状态，即 G_6 的输出 R=1，并且③号线此时也为 1，G_4 输出 0 并通过②号线反馈将 G_6 封锁。这样，当 CLK=1 时无论 R' 如何变化，G_6 的输出 R=1 始终不变，因此②号线被称为"置 0 维持线"（注意，R 端的功能是置 0）。

此外，G_4 输出的 0 还通过④号线反馈将 G_3 封锁，这样在 CLK=1 期间无论 S'、S 如何变化，G_3 始终输出 1，因此④号线被称为"置 1 阻塞线"（即阻止 G_3 置 0 而使 Q 被置 1）。

这样，在 CLK=1 期间，R 和③号线始终为 1，G_4 始终输出 0，这又形成一个连锁过程。G_3 为 1、G_4 为 0，整个触发器输出为 0 状态，即 Q=0、Q'=1。

第 3 种情况：当 S'=1、R'=1 时，由于①、②号线上也是高电平，因此 S=0，R=0，整个触发器保持原状态。

第 4 种情况：当 S'=0、R'=0 时，触发器的状态无法确定，因此正常工作时，此种输入情况不允许出现。

通过上述分析，维持阻塞结构的边沿 SR 触发器的逻辑功能与同步 SR 触发器、基本 SR 触发器的功能相同。主要区别在动作特点上，维持阻塞结构的边沿 SR 触发器是 CLK 上升沿触发的边沿触发器。当然，在 CLK 前加反相器，可以很容易更改为下降沿触发的形式。

此外，要注意输入信号的有效电平，对如图 12.5-1 所示的电路，两输入信号是低电平有效的。

2. 维持阻塞结构的边沿 D 触发器

若将图 12.5-1 中的 S' 端连至 R 端，即可构成维持阻塞结构的边沿 D 触发器，如图 12.5-2 所示。图 12.5-2 中 D 为数据输入端，②号线兼有置 1 阻塞和置 0 维持的功能。

工作原理如下。

（1）若 CLK=0，当 D=0 时，有 S=0、R=1，在 CLK 上升沿，触发器被置 0；CLK=1 时，②号线为低电平，①、③号线为高电平，状态保持。

（2）若 CLK=0，当 D=1 时，有 S=1、R=0，在 CLK 上升沿，触发器被置 1；CLK=1 时，②号线始终为高电平，①、③号线始终为低电平，状态保持。

综上所述，图 12.5-2 所示触发器的动作时间是 CLK 上升沿，特性方程 $Q^* = D$，是具有置 0 和置 1 功能的边沿 D 触发器。

维持阻塞结构的边沿 D 触发器有时做成多输入端，同时设置异步置 1 和清零端，如图 12.5-3 所示。

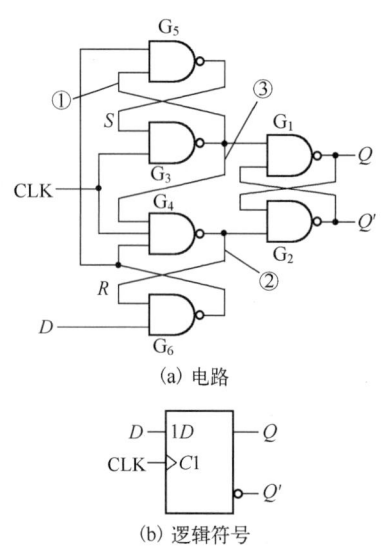

图 12.5-2 维持阻塞结构的边沿 D 触发器

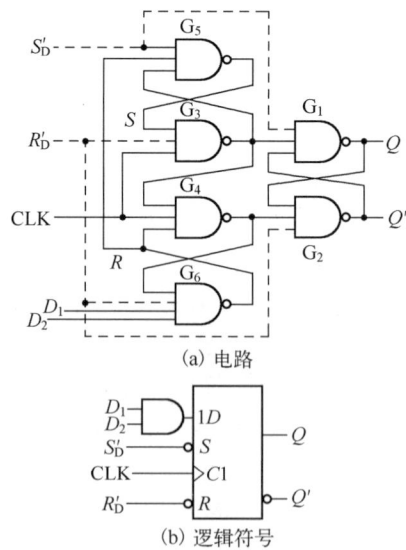

图 12.5-3 多输入端的维持阻塞结构的边沿 D 触发器

其中 D_1、D_2 两个输入信号是"与逻辑"的关系，因此特性方程为 $Q^* = D_1 \cdot D_2$。另外，电路还设置了异步置 1 端 S'_D 和异步清零端 R'_D。无论 CLK 状态如何，都可以通过在 S'_D 端或 R'_D 端加低电平将触发器的状态置 1 或置 0。

12.5.2 基于门电路传输延迟的边沿 JK 触发器

利用门电路传输延迟时间的不同也可以实现边沿 JK 触发器，这种电路常见于 TTL 电路中。在设计制造这类触发器时，可以根据需要将其中某些门电路的传输延迟时间延长。

1．电路结构

图 12.5-4（a）给出了基于门电路传输延迟的边沿 JK 触发器电路，该电路由两部分构成：一是由 $G_1 \sim G_6$ 构成的基本 SR 触发器，其中 G_2 和 G_3 的作用相同，有一方输出 1，都会使 Q 端置 0；G_5 和 G_6 的作用也相同，有一方输出 1，都会使 Q' 端置 0。二是由 G_7、G_8 构成的门控单元电路，G_7、G_8 的输出 S'、R' 是基本 SR 触发器的输入。

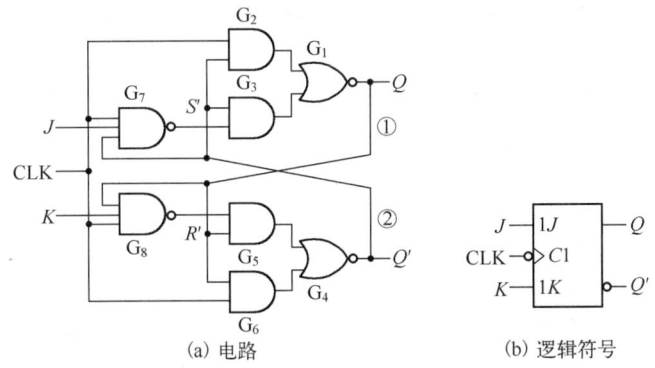

图 12.5-4 基于门电路传输延迟的边沿 JK 触发器

特别注意，该电路在设计时，使门控单元的传输延迟时间大于基本 SR 触发器的翻转时间。也就是说，如果某一时刻触发信号 CLK 发生变化，门控单元和基本 SR 触发器同时响应，但是基本 SR 触发器处理时间比门控单元快，因此 Q 和 Q' 端的状态会先发生改变，然后 S' 和 R' 端的状态才发生变化。

该触发器为 CLK 下降沿触发，因此其逻辑符号的 CLK 端要加一个小圆圈，以示和上升沿触发器相区别。

2．工作原理

设该触发器初始状态为 0，即 $Q=0$、$Q'=1$。

（1）当 CLK=0 时，G_2、G_6 被封锁而失去对基本 SR 触发器的影响；G_7、G_8 也被封锁，无论 J、K 如何变化，它们的输出 $S' = R' =1$，由此基本 SR 触发器将保持原状态 0。

（2）在 CLK 上升沿，一方面 G_2、G_6 立即解除封锁，基本 SR 触发器的状态通过 G_2、G_6 仍然得以保持。另一方面，CLK 信号解除对 G_7、G_8 的封锁，但①号线（连接 Q 端）上的低电平仍封锁 G_8，R' 始终输出 1，这相当于 K 端失效，无法输入置 0 信号。此时，只有 G_7 能接收 J 端的信号，若此时 $J=1$，则 $S'=0$。尽管有 $S'=0$、$R'=1$，但基本 SR 触发器不会马上被置 1，因为此时 G_2 输出的 1 对或非门 G_1 起着决定性作用。

（3）当 CLK 下降沿到来时，一方面 G_2、G_6 被立即封锁从而失去对基本 SR 触发器的影响，此时由上一阶段产生的 $S'=0$、$R'=1$ 发生作用，使触发器状态置 1，即 $Q=1$、$Q'=0$。另一方面，G_7、G_8 也被封锁，无论 J、K 如何变化，它们的输出 $S'=R'=1$，由此基本 SR 触发器将保持原状态。注意，这里门电路的传输延迟时间差发挥了作用，当 S'、R' 变为 1 时，Q、Q' 早已变化为 1 和 0。因此，下降沿后，基本 SR 触发器保持的将是 1 状态。

3. 逻辑功能及动作特点

通过上述工作原理的分析，利用门电路传输延迟时间差可以实现触发器的边沿触发。图 12.5-4 所示电路为 CLK 下降沿触发。如果在 CLK 端加一反相器，可改为上升沿触发形式。

边沿 JK 触发器的完整逻辑功能可以在上述分析的基础上，通过改变触发器初始状态和第（2）阶段的 J、K 值后再进行分析获得，这里就不一一列举了。下降沿触发的边沿 JK 触发器的逻辑功能表如表 12.5-1 所示，可以看出它与主从 JK 触发器在逻辑功能上并无区别。为表明其下降沿触发的边沿触发特性在 CLK 一栏中用"↓"进行了标注。

例 12.5-1 已知下降沿触发的边沿 JK 触发器的 CLK、J 和 K 端的电压波形如图 12.5-5 所示，画出 Q 和 Q' 端的电压波形。设触发器初始状态为 $Q=0$，主从 JK 触发器的输出波形为 Q_{sm}。

表 12.5-1 下降沿触发的边沿 JK 触发器的功能表

CLK	J	K	Q	Q^*	功能
×	×	×	×	Q	保持
↓	0	0	0	0	保持
↓	0	0	1	1	
↓	0	1	0	0	置0
↓	0	1	1	0	
↓	1	0	0	1	置1
↓	1	0	1	1	
↓	1	1	0	1	翻转
↓	1	1	1	0	

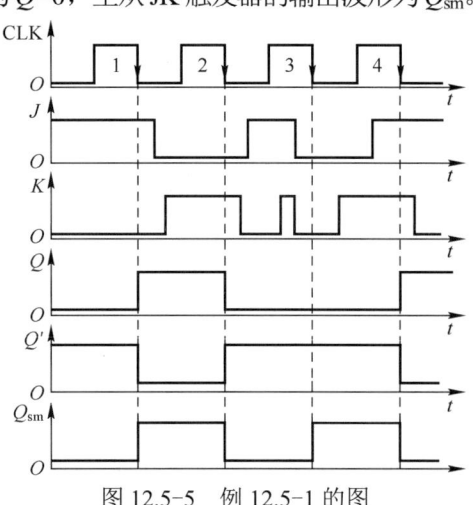

图 12.5-5 例 12.5-1 的图

解：根据边沿 JK 触发器的动作特点，只需在每个 CLK 下降沿时刻，根据 J、K 信号值确定触发器状态即可。

第一个 CLK 下降沿时，$J=1$、$K=0$，触发器被置为 1 状态（$Q=1$）。

第二个 CLK 下降沿时，$J=0$、$K=1$，触发器被置为 0 状态（$Q=0$）。

第三个 CLK 下降沿时，$J=0$、$K=0$，触发器保持原状态 0（$Q=0$）。

第四个 CLK 下降沿时，$J=1$、$K=1$，触发器由 0 状态翻转为 1 状态（$Q=1$）。

为了与主从 JK 触发器的输出波形进行对比，将其波形一并画出，用 Q_{sm} 表示。

12.5.3 边沿 D 触发器

1. 电路结构

边沿 D 触发器可由两个同步 D 触发器串联而成，分别用 FF_1 和 FF_2 表示，如图 12.5-6 所示。D 既是 FF_1 的输入信号，也是整个边沿触发器的输入信号，而 Q、Q' 既是 FF_2 的输出信号，也是整个边沿触发器的输出信号。此外，FF_2 的输入信号来自 FF_1 的输出信号 Q_1，而其时钟信号之间的关系为 $CLK_1=CLK'$、$CLK_2=CLK$。

目前这种结构形式的边沿触发器在 CMOS 集成电路中被广泛采用。

2．工作原理

在不同的时间分析边沿 D 触发器的工作状态。

（1）当 CLK=0 时，可知 CLK$_1$=1，FF$_1$ 工作，其输出 Q_1 始终跟随输入 D 的状态变化，即始终保持 Q_1=D；而由于 CLK$_2$=0，FF$_2$ 不工作，其输出 Q_2(即 Q)保持原状态不变。

（2）CLK 由 0 变为 1 的瞬间（上升沿），CLK$_1$ 则由 1 变为 0，FF$_1$ 瞬间停止工作，其状态将保持 CLK 上升沿时刻 D 的状态。此外，CLK$_2$ 与 CLK 变化相同，FF$_2$ 瞬间开始工作，由于 FF$_2$ 的输入来自 Q_1，因此其输出 Q 也将被置成 CLK 上升沿时刻 D 的状态。

（3）当 CLK=1 时，可知 CLK$_1$=0，FF$_1$ 不工作，无论 D 如何变化，其输出 Q_1 都保持原状态不变。此外，尽管 CLK$_2$=1，FF$_2$ 工作，但由于其输入 Q_1 不变，因此其输出 Q 仍然保持原状态不变。

3．动作特点

通过上述工作原理的分析，图 12.5-6（a）所示的边沿 D 触发器只在 CLK 上升沿动作，其他时间其状态均保持不变。图 12.5-6（b）的逻辑符号中，在 CLK 端加注了形如 "▷" 的标记，以表明该 D 触发器是上升沿触发的边沿触发器。边沿 D 触发器也可做成下降沿触发的形式，只需在 CLK 端再加一个反相器即可。

4．逻辑功能

边沿 D 触发器的特性方程和逻辑功能都与同步 D 触发器相同，具有置 0 和置 1 的功能，其功能表如表 12.5-2 所示。注意，在 CLK 一栏中，"↑"表明了其上升沿动作的边沿触发特性。

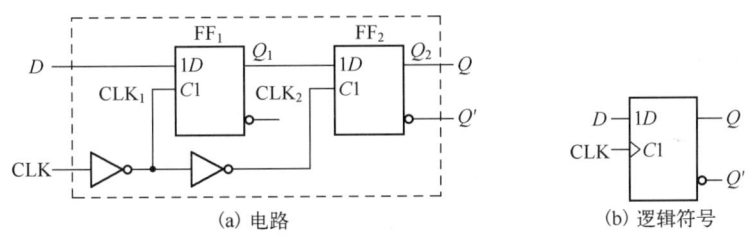

图 12.5-6　上升沿触发的边沿 D 触发器

例 12.5-2　已知边沿 D 触发器的输入端 D 的电压波形如图 12.5-7 所示，画出输出端 Q 和 Q' 对应的电压波形。设触发器初始状态为 Q=0。

表 12.5-2　上升沿触发的边沿 D 触发器功能表

CLK	D	Q	Q^*	功能
×	×	×	Q	保持
↑	0	0	0	置 0
↑	0	1	0	
↑	1	0	1	置 1
↑	1	1	1	

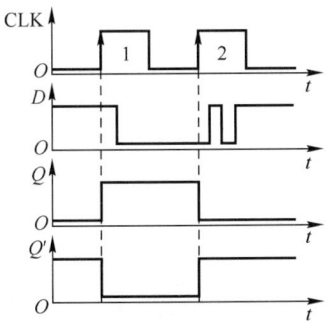

图 12.5-7　例 12.5-2 的图

解：由边沿 D 触发器的动作特点和特性方程可知，它只在 CLK 的上升沿触发，且触发器的状态与输入端 D 的状态一致。

触发器初始状态为 $Q=0$。到第一个 CLK 上升沿时，由于 $D=1$，所以 Q 被置成 1；第二个 CLK 上升沿时，$D=0$，触发器又被置成 0。其他时间触发器均不动作（可以和例 12.3-2 中的同步 D 触发器的电压波形进行比较）。

思考与练习

12.5-1　边沿 JK 触发器和边沿 D 触发器的动作特点和逻辑功能是什么？

12.5-2　图 12.5-8 给出了边沿触发 JK 触发器的逻辑符号（下降沿触发）及 CLK、J、K 端的波形，请画出 Q 和 Q' 端的波形。设触发器初始状态为 $Q=0$。

12.5-3　图 12.5-9 给出了边沿触发 D 触发器的逻辑符号（上升沿触发）及 CLK、D 端的波形，请画出 Q 和 Q' 端的波形。设触发器初始状态为 $Q=0$。

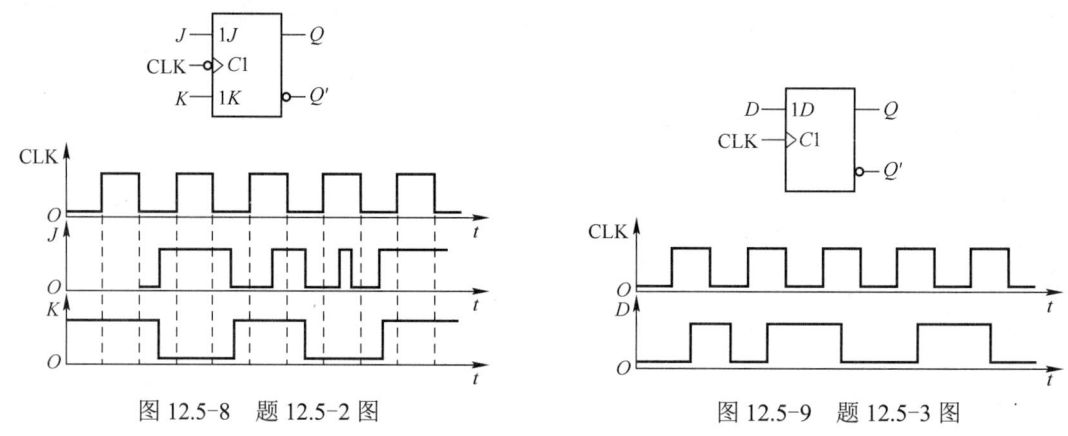

图 12.5-8　题 12.5-2 图　　　　图 12.5-9　题 12.5-3 图

12.6　集成触发器

课程思政融入点：通过引出一种集成触发器，不断探究它的不同特性，根据具体的参数引出相应的优缺点，为了解决这个缺点又设计出一种新的触发器，并强调其新的应用场景。通过比较对照的教学方法，引导学生对问题的深入思考和探索能力。

在需要使用触发器的场合，一般都采用集成产品，而不是用分立器件进行组装，但并不是所有类型的触发器都有生产。目前生产的定型触发器产品以 JK 触发器和 D 触发器居多。JK 触发器是功能最全面的触发器，在需要其他类型触发器的时候，可以在 JK 触发器基础上转换。下面介绍几种常用的集成触发器。

12.6.1　双 JK 触发器

74LS76 是有预置和清零功能的双 JK 触发器，采用 TTL 工艺制造，引脚图和逻辑符号如图 12.6-1 所示。

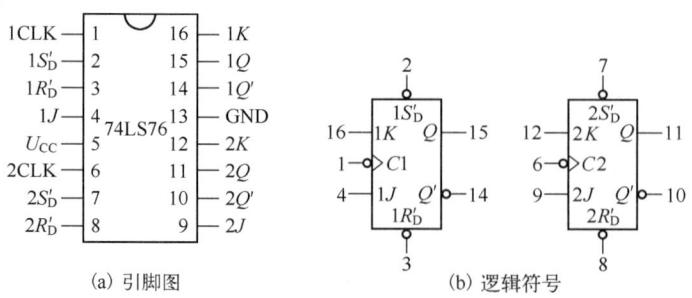

(a) 引脚图　　　　　　(b) 逻辑符号

图 12.6-1　双 JK 触发器 74LS76

它内部集成了两个相同功能的 JK 触发器，共 16 个引脚。其中引脚名称中包含数字 1 的构成第一个触发器，包含数字 2 的构成第二个触发器。两个触发器除共用电源端（U_{CC}）和接地端（GND）外，其他信号端都是相互独立的。从逻辑符号中可以看出，74LS76 是边沿触发器，在 CLK 下降沿触发。

此外，集成触发器往往会增加异步清零端和置 1 端，分别用 R'_D 和 S'_D 表示。这两个功能端不受时钟脉冲的控制，因而称为异步端。它们的作用是在必要的时刻将触发器的状态清零或置 1。

74LS76 的功能表如表 12.6-1 所示，除了增加了 R'_D 和 S'_D 功能端，其他各项的功能与前面介绍的 JK 触发器一样。

对 R'_D 和 S'_D 端的功能具体解释如下。

（1）当 $R'_D=0$，$S'_D=1$ 时，不论 CLK、J、K 如何变化，触发器立刻被置成 0 状态。由于清零与 CLK 信号无关，所以称为异步清零。

（2）当 $R'_D=1$，$S'_D=0$ 时，不论 CLK、J、K 如何变化，触发器立刻被置成 1 状态。由于置 1 与 CLK 信号无关，所以称为异步置 1。

（3）当 $R'_D=1$，$S'_D=1$ 时，只有在 CLK 下降沿到来时，才会根据 J、K 端的取值决定触发器的状态。如果无 CLK 下降沿到来，则无论有无输入信号，触发器都保持原状态不变。

表 12.6-1 74LS76 的功能表

R'_D	S'_D	CLK	J	K	Q	Q^*	功能
0	1	×	×	×	×	0	异步清零
1	0	×	×	×	×	1	异步置 1
1	1	↓	0	0	0	0	保持
1	1	↓	0	0	1	1	
1	1	↓	0	1	0	0	置 0
1	1	↓	0	1	1	0	
1	1	↓	1	0	0	1	置 1
1	1	↓	1	0	1	1	
1	1	↓	1	1	0	1	翻转
1	1	↓	1	1	1	0	

12.6.2 双 D 触发器

74LS74 的引脚图如图 12.6-2 所示，共 14 个引脚。其内部包含两个相同功能的边沿 D 触发器，在 CLK 的上升沿触发。引脚名称前带数字"1"的是第一个 D 触发器的引脚，带数字"2"的属于第二个 D 触发器的引脚。

74LS74 的功能表如表 12.6-2 所示。R'_D 端为异步清零端，S'_D 端为异步置 1 端。当 $R'_D=0$、$S'_D=1$ 时，不论 CLK、D 为何值，触发器马上被置为 0 状态；而当 $R'_D=1$、$S'_D=0$ 时，触发器马上被置为 1 状态；只有当 $R'_D=S'_D=1$，并且在 CLK 上升沿时，触发器才会根据输入信号 D 进行触发。

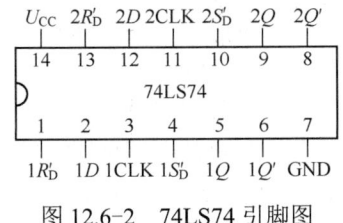

图 12.6-2 74LS74 引脚图

表 12.6-2 74LS74 的功能表

R'_D	S'_D	CLK	D	Q^*	功能
0	1	×	×	0	异步清零
1	0	×	×	1	异步置 1
1	1	↑	0	0	置 0
1	1	↑	1	1	置 1

12.6.3 其他集成触发器

集成触发器的型号有很多，表 12.6-3 列出了常用集成触发器，实际使用时还需查阅相关的数据手册。

在选用触发器时，首先要注意的是触发方式和逻辑功能这两个最重要的属性。此外，还需注意电源、功耗、驱动能力等电气性能参数，这些参数都可以通过查阅集成电路数据手册获得。

表 12.6-3 常用集成触发器

类型	型号	工艺	说明
JK触发器	CC4027	CMOS	双集成主从型、下降沿触发
	74LS112	TTL	双集成边沿型、下降沿触发
D触发器	CC4013	CMOS	双集成主从型、上升沿触发
	CC4508	CMOS	四集成同步型、高电平工作
	74LS74	TTL	双集成维持阻塞型、上升沿触发
	74LS75	TTL	四集成同步型、高电平工作
SR触发器	74LS279	TTL	四集成基本型
	CC4043	CMOS	双集成基本型

思考与练习

12.6-1 74LS76 和 74LS74 的逻辑功能分别是什么？

12.6-2 选用触发器时需要注意触发器的哪两个属性？

12.7 触发器的逻辑功能及其转换

前面介绍了基本 SR 触发器、同步触发器、主从触发器、边沿触发器的动作特点和逻辑功能，本节对其进行归纳总结。

12.7.1 触发器的逻辑功能

触发器的逻辑功能有 4 种：置 0、置 1、翻转和保持。

前面几节对各种触发器的介绍都是按照结构和触发方式进行分类的。

而按逻辑功能分类，触发器可分为 4 种。

（1）SR 触发器：有两个输入信号（S、R），具有置 0、置 1 和保持 3 种功能。

特性方程：$\begin{cases} Q^* = S + R'Q \\ S \cdot R = 0 (约束条件) \end{cases}$

（2）D 触发器：有一个输入信号（D），具有置 0 和置 1 两种功能。

特性方程：$Q^* = D$

（3）JK 触发器：有两个输入信号（J、K），具有置 0、置 1、翻转和保持 4 种功能。

特性方程：$Q^* = JQ' + K'Q$

（4）T 触发器：有一个输入信号（T），具有翻转和保持两种功能。

特性方程：$Q^* = TQ' + T'Q$

当 $T=0$ 时，$Q^* = Q$（保持功能）；当 $T=1$ 时，$Q^* = Q'$（翻转功能）。当 T 端始终接入高电平时，触发器只具有翻转功能，此时可称之为 T′ 触发器。

T 触发器的逻辑符号如图 12.7-1 所示，该符号给出的是下降沿触发的边沿 T 触发器。

当然，还存在其他触发方式的 T 触发器。T 触发器的功能表如表 12.7-1 所示。

表 12.7-1 T 触发器功能表

T	Q	Q^*	功能
0	0	0	保持
0	1	1	
1	0	1	翻转
1	1	0	

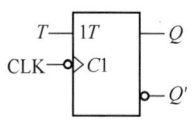

图 12.7-1 T 触发器逻辑符号

这里对 T 触发器的结构不做专门介绍，因为 T 触发器可在 JK 触发器基础上进行非常简单的配置后得到。此外，通过结构上的变化，很多触发器之间可以相互转换。

触发器逻辑功能的描述方法有 3 种：功能表、特性方程和状态转换图。功能表、特性方程的方法在前面的章节已经详细介绍，这里不再赘述。

各种触发器的状态转换图如图 12.7-2 所示。图中的两个圆圈用来表示触发器的 0 和 1 两种状态，箭头表示状态转换方向，而箭头旁边给出的是状态转换的条件。

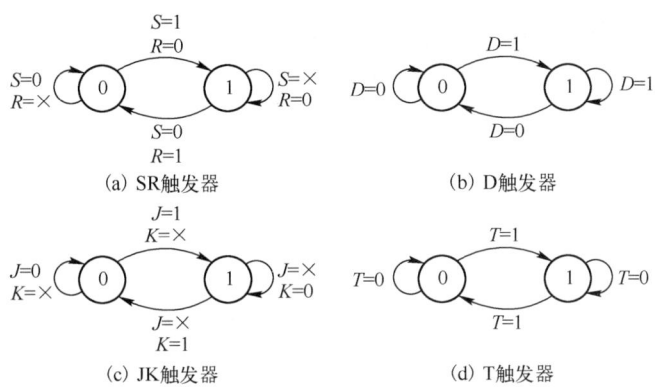

图 12.7-2 各种触发器的状态转换图

触发器电路结构与触发方式、逻辑功能之间的关系：带时钟的触发器的触发方式有电平触发、脉冲触发和边沿触发 3 种。触发器的电路结构决定了其触发方式，二者存在固定关系。例如，同步结构的触发器一定是电平触发方式，即在整个 CLK 高电平期间都可触发；而主从结构的触发器则是脉冲触发方式，即在 CLK 高电平期间主触发器工作，在 CLK 下降沿时从触发器触发；而采用维持阻塞结构的触发器，一定是边沿触发方式，即只在 CLK 上升沿或下降沿触发。

触发器的电路结构与逻辑功能并无固定关系。同一种电路结构可以构成多种功能的触发器。例如，采用同步结构的触发器有 SR 触发器和 D 触发器，采用主从结构的触发器有 SR 触发器和 JK 触发器；采用维持阻塞结构的触发器有 SR 触发器和 D 触发器。

触发方式和逻辑功能是触发器最重要的两个特性，使用触发器之前必须对它们进行明确定义。在集成触发器产品说明书中，对这两个特性都有明确的说明。

12.7.2 触发器的功能转换

通过电路上的适当配置，触发器之间的功能可以相互转换。如果电子市场上没有或买不到所需要的触发器，功能转换就体现出了它的意义。市场上出售的集成触发器以 JK 触发器和 D 触发器居多，下面介绍以这两种触发器为基础的功能转换。

1. 利用 JK 触发器转换得到其他触发器

JK 触发器是功能最全的一种触发器，它具备了触发器的全部 4 种功能。当用 JK 触发器实现其他触发器时，是功能上的缩减，因此结构上的变化比较小，只需增加很少的（或无须增加）门电路即可。可以从特性方程入手来分析如何转换。

（1）JK 触发器转换为 SR 触发器

对图 12.7-3 所示的卡诺图化简可知，将 JK 触发器的特性方程[式（12.7-1）]变换为 SR 触发器的特性方程[式（12.7-2）]，就可以将 JK 触发器转换为 SR 触发器。

$$Q^* = JQ' + K'Q \qquad (12.7\text{-}1)$$
$$Q^* = SQ' + R'Q \qquad (12.7\text{-}2)$$

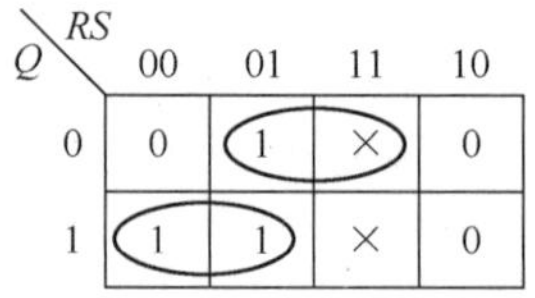

很明显，只需令 $J=S$、$K=R$，就可完成转换。图 12.7-4 是将 JK 触发器转换为 SR 触发器，在结构上不用做任何变化，只需将 J、K 端直接用作 S、R 端即可。

图 12.7-3　SR 触发器次态 Q^* 的卡诺图

（2）JK 触发器转换为 D 触发器

D 触发器的特性方程为　　　　$Q^* = D$

可变换为　　　　　　　　　　　$Q^* = DQ' + DQ$

与式（12.7-1）的 JK 触发器特性方程做对照，令 $J=D$、$K=D'$，即可完成转换，如图 12.7-5 所示，J 端直接用作 D 端，而 K 端则通过一个反相器连接 D 端。

（3）JK 触发器转换为 T 触发器

将 T 触发器的特性方程 $Q^* = TQ' + T'Q$ 与 JK 触发器的特性方程做对照，令 $J=K=T$，即可完成转换，如图 12.7-6 所示，J、K 端直接相连作为 T 端。

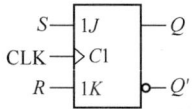
图 12.7-4　JK 触发器转换为 SR 触发器

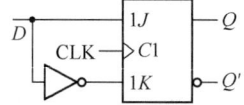
图 12.7-5　JK 触发器转换为 D 触发器

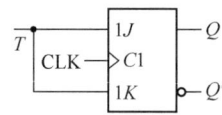
图 12.7-6　JK 触发器转换为 T 触发器

2．利用 D 触发器转换得到其他触发器

基本思路是先用 D 触发器实现 JK 触发器，然后利用前面介绍的方法实现其他触发器。因此下面只介绍 D 触发器到 JK 触发器的转换。

D 触发器只有置 0 和置 1 两种功能，用它实现 JK 触发器时结构上变化较大，需增加较多的门电路。这里还是从特性方程入手，令 $D = JQ' + K'Q$，即可将 D 触发器的特性方程变换为 JK 触发器的特性方程。图 12.7-7 是 D 触发器转换为 JK 触发器的电路图。在 D 触发器基础上增加了一个反相器、两个 2 输入与门和一个 2 输入或门，共 4 个门电路。

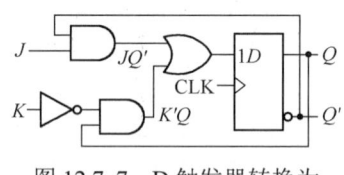
图 12.7-7　D 触发器转换为 JK 触发器

思考与练习

12.1-1　触发器的逻辑功能有哪些？

12.1-2　如何将 JK 触发器转换为 SR 触发器、D 触发器、T 触发器？

12.1-3　如何将 D 触发器转换为 T 触发器、SR 触发器？

习题 12

12-1 题 12-1 图所示为由或非门构成的基本 SR 触发器及输入信号的波形，请画出 Q 和 Q' 的波形。

12-2 题 12-2 图所示为由与非门构成的基本 SR 触发器及输入信号的波形，请画出 Q 和 Q' 的波形。

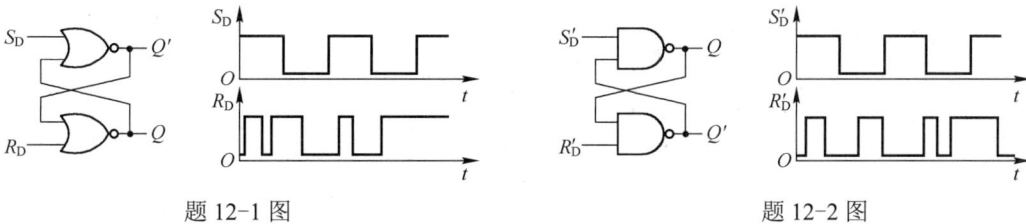

题 12-1 图　　　　　　　　　题 12-2 图

12-3 题 12-3 图所示为同步 SR 触发器，并给出了 CLK 和输入信号 S、R 的波形，请画出 Q 和 Q' 的波形。设触发器初始状态为 $Q=0$。

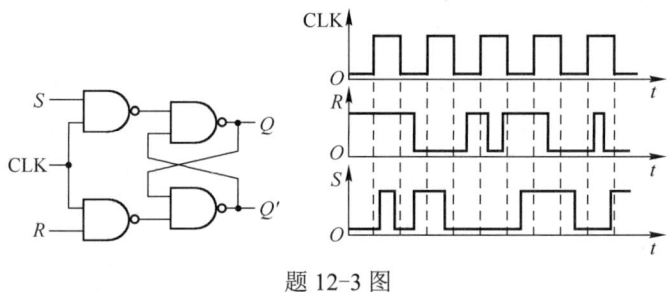

题 12-3 图

12-4 题 12-4 图所示为同步 D 触发器，并给出了 CLK 和输入信号 D 的波形，请画出 Q 和 Q' 的波形。设触发器初始状态为 $Q=0$。

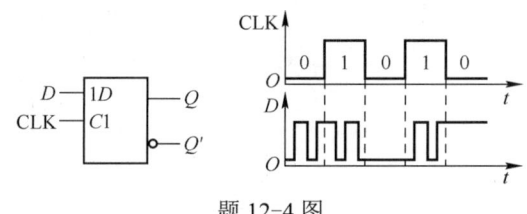

题 12-4 图

12-5 题 12-5 图给出了主从 SR 触发器及 CLK 及 S、R 的波形，请画出 Q 和 Q' 的波形。设触发器初始状态为 $Q=0$。

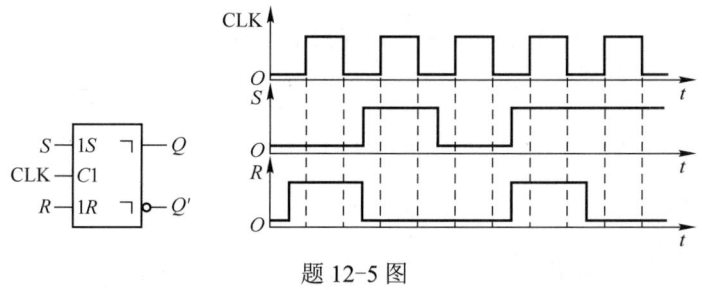

题 12-5 图

12-6 题 12-6 图所示为主从 JK 触发器及 CLK、J、K 的波形，请画出 Q 和 Q' 的波形。设触发器初始状态为 $Q=0$。

12-7 题 12-7 图给出了边沿触发 JK 触发器（上升沿触发）及 CLK、J、K 的波形，请画出 Q 和 Q' 的波形。设触发器初始状态为 $Q=0$。

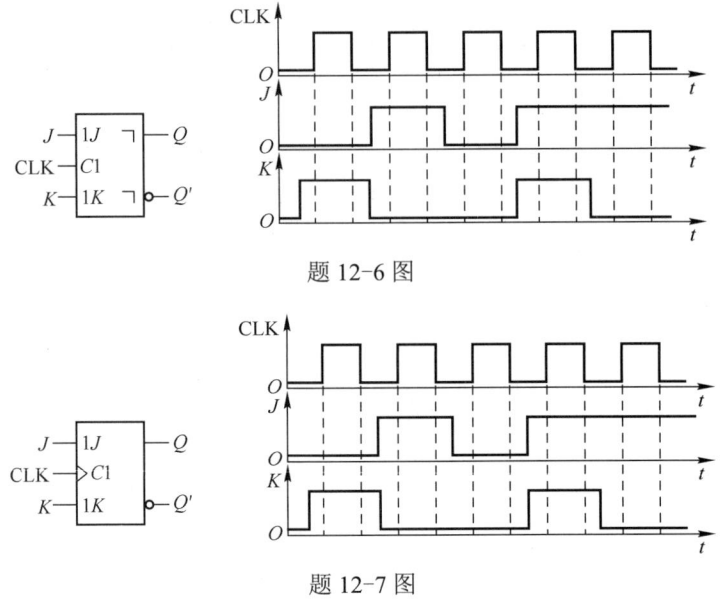

题 12-6 图

题 12-7 图

12-8 题 12-8 图给出了边沿触发 D 触发器（上升沿触发）及 CLK、D 的波形，请画出 Q 和 Q' 的波形。设触发器初始状态为 $Q=0$。

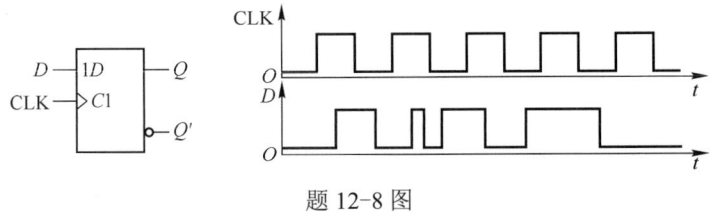

题 12-8 图

12-9 列出题 12-9 图中各触发器电路的状态方程，然后画出在连续时钟信号 CLK 作用下触发器 Q 端的波形。设各触发器初始状态均为 $Q=0$。

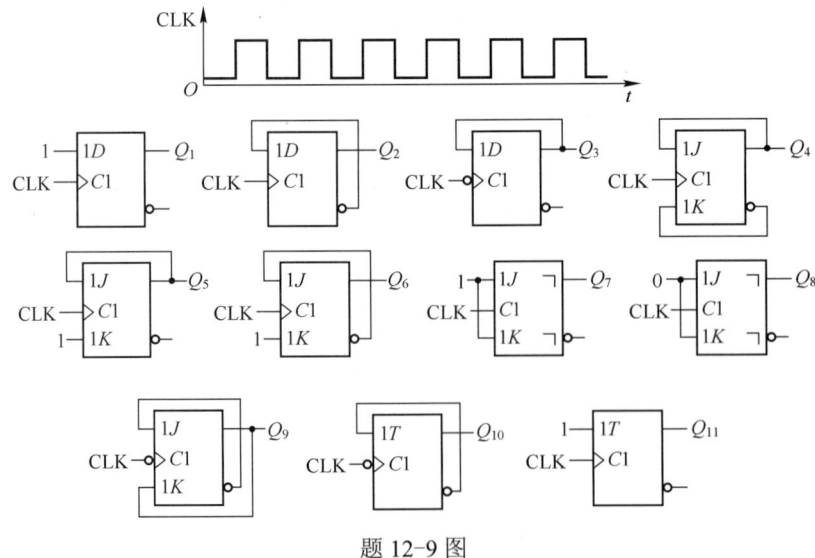

题 12-9 图

12-10 列出题 12-10 图所示电路的状态方程，根据图中给出的 A、B 波形画出 Q 和 Q' 的波形。设触发器初始状态为 $Q=0$。

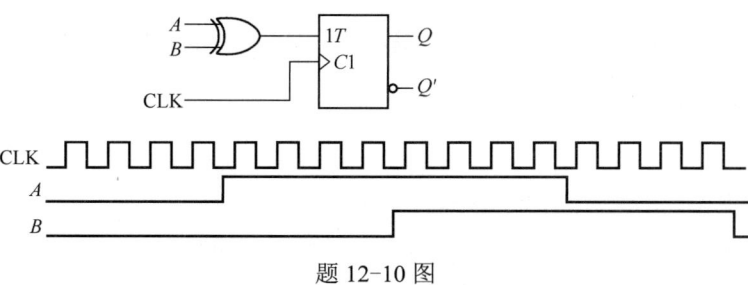

题 12-10 图

第 13 章 时序逻辑电路

主要内容：

（1）理解并掌握同步时序逻辑电路的分析方法。
（2）理解集成计数器的逻辑功能，并熟练使用置零法和置数法构成任意进制计数器。
（3）理解并掌握同步时序逻辑电路设计方法，会设计任意进制计数器。

13.1 时序电路的基本概念

组合逻辑电路（简称组合电路）的输出只与电路的输入有关，与电路的前一时刻的状态无关。而时序逻辑电路（简称时序电路）在某一时刻的输出不仅取决于该时刻电路的输入，还取决于前一时刻电路的状态。因此，时序电路是一类具有状态记忆功能的电路，这是它与组合电路的主要区别。为实现记忆功能，时序电路中必须包含触发器。触发器是时序电路中最基本，同时也是最重要的逻辑单元。组合电路与触发器相结合，可以构成时序电路。

由于包含触发器，所以时序电路必须在时钟信号（CLK）的协调控制下工作。任意时刻各个触发器的输出状态组合代表了该时序电路当前的输出状态。时序电路的输出状态具有可控性和延续性，通常输出状态数是有限的，并且构成一个工作循环。因此，时序电路也称"状态机"。既然状态是循环的，那么某一时刻时序电路的输出状态就不仅与当前的输入（激励）信号有关，更重要的是取决于电路的原状态，或者说必须以前一时刻的状态为基础。这是时序电路的重要特点。

通常可以利用时序电路的输出状态对发生的"事件"进行循环记录。而"事件"的定义则非常广泛，这取决于设计者的具体用途，如最常见的"计数"。

13.1.1 时序电路的分类

1. 按电路中触发器的触发时间分类

时序电路可分为同步时序电路和异步时序电路两种。

（1）同步时序电路：在该电路中，所有触发器的时钟端都并联到一起，它们的动作都受同一时钟脉冲控制，即触发器的状态变化是同时进行的。因此，同步时序电路中只有一个时钟脉冲输入端，每输入一个脉冲信号，电路的状态改变一次。

（2）异步时序电路：在该电路中，至少有一个触发器的时钟信号与其他触发器的时钟信号不同。触发器的时钟信号来源不同，它们的状态变化也不会同步，即不在同一时间动作。

2. 按电路输出的控制方式分类

时序电路又可分为米利（Mealy）型和莫尔（Moore）型两种。

（1）米利型时序电路：电路的输出与触发器的状态和输入信号都有关，除了时钟信号，电路中必须有外界输入激励信号端。

（2）莫尔型时序电路：电路的输出只与触发器的状态有关，电路不需要外界输入信号，完全依靠触发器的触发来实现状态的更替。莫尔型电路可以视为米利型电路的特例。

13.1.2 时序电路的基本结构和描述方法

1. 基本电路结构

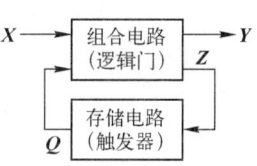

图 13.1-1 时序电路的结构框图

时序电路通常由存储电路（触发器）和组合电路（各种逻辑门）组成，如图 13.1-1 所示。

由图 13.1-1 可以看出，其中组合电路的功能是实现一些逻辑上的控制，它不是必须存在的。而存储电路则必须有，并且它的输出 Q 要反馈给组合电路，并与外界输入信号 X 进行一些逻辑运算后，再作为输入激励信号 Z 作用到触发器的输入端，以对其次态 Q^* 产生影响。同时，整个时序电路除了触发器状态 Q 外，有时还需要从组合电路部分输出信号 Y。注意，上述字母均为向量形式，其中包含的信号个数可以为多个。

2. 逻辑功能描述方法

描述一个时序电路的逻辑功能有多种方法，如逻辑表达式、状态转换表、状态转换图和时序图等，这些方法之间可以相互转换。

（1）逻辑表达式

通过一组数学方程描述时序电路的功能。这种方法最简洁，但比较抽象，不直观，不能直接观察出具体的逻辑功能。时序电路的逻辑功能表达式具体包括以下几种方程（组）。

① 时序电路的输出方程。图 13.1-1 中输出 Y 的方程的一般形式为

$$\begin{cases} \text{米利型：} Y = f(X, Q) \\ \text{莫尔型：} Y = f(Q) \end{cases}$$

可见，米利型电路的输出变量是输入变量 X 和触发器状态 Q 的函数，而莫尔型电路的输出变量仅是触发器状态 Q 的函数。

② 触发器的驱动（激励）方程。触发器的激励方程，也就是触发器输入信号的逻辑表达式。图 13.1-1 中的激励方程为

$$Z = g(X, Q)$$

它通常是时序电路输入变量 X 和触发器状态 Q 的函数。当时序电路无输入信号时，激励方程将只是 Q 的函数。

③ 触发器的次态方程。图 13.1-1 中的触发器的次态方程为

$$Q^* = h(X, Q)$$

它通常是时序电路输入变量 X 和触发器状态 Q 的函数。当时序电路无输入信号时，次态方程将只是 Q 的函数。触发器的次态方程也称为时序电路的状态方程。

④ 触发器的时钟方程。时钟方程给出的是各触发器时钟信号的来源。同步时序电路的时钟方程只有一个，而异步时序电路的时钟方程为两个以上。触发器的时钟一般由外界 CLK 信号直接提供，但有时也会先通过一些逻辑门电路再接到触发器上，或由电路的内部信号产生。

（2）状态转换表

以表格形式体现时序电路的输出、触发器的次态与输入信号、触发器初态之间的逻辑关系。

（3）状态转换图

以拓扑形式给出时序电路全部输出状态之间的转换关系。完整的状态转换图应是一个状态循环形式，从初始状态出发，最后回到初始状态。

（4）时序图

又称为波形图，它描述了在时钟脉冲控制下触发器状态和电路输出的变化过程及对比关系。

思考与练习

13.1-1 时序电路的种类有哪些？

13.1-2 描述时序电路逻辑功能有哪些方法？

13.2 同步时序电路的分析方法

课程思政融入点：讲述时序电路分析和设计方法时，从时序方程组和四种描述方法中理解辩证法中事物的多样性，坚持正确的方法论。

分析时序电路也就是找出该时序电路的逻辑功能，即找出时序电路的状态和输出变量在输入变量和时钟信号作用下的变化规律。以此规律总结出时序电路的具体逻辑功能。需要注意的是，输入信号对时序电路并不是必需的。因此，时序电路分析的重点在于设法找出电路的工作状态和输出信号的变化规律。

13.2.1 时序电路的分析步骤

具体分析可分为三大步骤。

1. 列出相关方程

这里需要列出的方程即相关的逻辑表达式，包括以下几种。

（1）时钟方程。根据时序电路中各触发器时钟信号端的连接情况，写出它们的时钟方程。对于同步时序电路，由于所有时钟端是连接在一起的，所以可以省略此步骤。

（2）触发器驱动（激励）方程。根据各触发器输入信号端（激励端）的连接情况，列出驱动方程；根据触发器具体类型，选择不同的信号输入。驱动方程实际上给出了触发器激励信号的来源。

（3）触发器次态方程（电路状态方程）。将驱动方程代入相应触发器的特性方程中，根据需要进行整理、化简后，可以得到触发器的次态方程，即时序电路的状态方程。

由于整个时序电路的工作状态是由各个触发器的状态组合决定的，因此获取触发器次态方程尤为重要。电路的状态就是根据次态方程推导出来的。

（4）输出方程。一般时序电路都会设置输出信号，根据输出信号端的连接情况，可列出输出方程。通常电路的输出与电路的状态紧密联系。

2. 列出时序电路状态转换表或状态转换图或时序图

状态转换表、状态转换图和时序图三者的作用是等同的，可以选择其中一种列出。只有列出了状态转换表或状态转换图或时序图，才能分析出时序电路的具体功能。下面以电路状态转换表为例进行说明。

如果要获取状态转换表，需要依靠次态方程和电路输出方程。具体方法为：

首先，设定一个电路初态（也称现态，一般设为 0）并代入触发器次态方程和输出方程中，以获得该初态下的输出和电路的次态。

其次，将得到的次态作为新的初态，代入次态方程和输出方程中，得到新的输出值和次态。如此重复下去。

最后，将全部状态和输出列成表格形式，就得到了状态转换表。

对于具有输入变量的米利型电路，需分别设定输入变量的所有可能值，然后根据上述方法获得各个输入变量值对应的状态转换表。

另外，根据实际要求和需要还可进一步列出状态转换图和时序图。

3. 说明电路的逻辑功能

根据状态转换表、状态转换图或时序图显示的分析结果，观察状态循环情况，描述出电路的具体逻辑功能（包括自启动能力）。

13.2.2 同步时序电路的分析实例

例 13.2-1 分析图 13.2-1 给出的时序电路的逻辑功能。要求给出状态转换表、状态转换图和时序图，并进行自启动能力分析。

解： 该电路为没有输入变量的同步时序电路，其中使用了 3 个下降沿触发的边沿 JK 触发器（编号为 FF_3、FF_2、FF_1），触发器的状态组合 $Q_3Q_2Q_1$ 代表了时序电路的工作状态。另外整个电路有一个输出信号 Y。

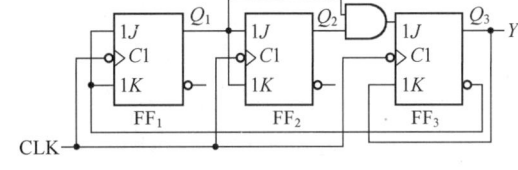

图 13.2-1　例 13.2-1 图

第 1 步：根据电路连接情况列出各种方程。

由于该电路为同步时序电路，所以不必列时钟方程。所列方程如下。

（1）驱动方程。FF_1、FF_2 是单激励触发器，而 FF_3 是多激励触发器，其 J 端信号由两个激励信号相与后提供。各触发器驱动方程如下

$$\begin{cases} FF_1: J_1 = K_1 = Q_3' \\ FF_2: J_2 = K_2 = Q_1 \\ FF_3: J_3 = Q_1 \cdot Q_2, K_3 = Q_3 \end{cases}$$

（2）次态方程。将上述驱动方程分别代入 JK 触发器的标准特性方程（$Q_i^* = J_i Q_i' + K_i' Q_i$）中，整理后得到次态方程，即电路的状态方程为

$$\begin{cases} FF_1: Q_1^* = Q_3' Q_1' + Q_3 Q_1 = Q_1 \odot Q_3 \\ FF_2: Q_2^* = Q_1 Q_2' + Q_1' Q_2 = Q_1 \oplus Q_2 \\ FF_3: Q_3^* = Q_1 Q_2 Q_3' + Q_3' Q_3 = Q_1 Q_2 Q_3' \end{cases}$$

（3）输出方程。根据逻辑电路图可得

$$Y = Q_3$$

第 2 步：列状态转换表或状态转换图或时序图。

（1）状态转换表。设电路初态 $Q_3Q_2Q_1 = 000$，代入次态方程和输出方程中，得到输出 $Y=0$ 和次态 $Q_3^*Q_2^*Q_1^* = 001$。将次态 001 作为新的初态再代入到次态方程。如此重复操作，得到了如表 13.2-1 所示的状态转换表。

按照 CLK 信号顺序进行电路输出状态的转换，可以得到如表 13.2-2 所示的另一种形式的状态转换表。

（2）状态转换图。为更清晰地说明电路的状态转换过程，给出了如图 13.2-2 所示的状态转换图。

表 13.2-1 例 13.2-1 的状态转换表

Q_3	Q_2	Q_1	Q_3^*	Q_2^*	Q_1^*	Y
0	0	0	0	0	1	0
0	0	1	0	1	0	0
0	1	0	0	1	1	0
0	1	1	1	0	0	0
1	0	0	0	0	0	1
1	0	1	0	1	1	1
1	1	0	0	1	0	1
1	1	1	0	0	1	1

表 13.2-2 状态转换表的另一种形式

CLK顺序	Q_3 Q_2 Q_1	Y
0	0 0 0	0
1	0 0 1	0
2	0 1 0	0
3	0 1 1	0
4	1 0 0	1
5	0 0 0	0
0	1 0 1	1
1	0 1 1	0
0	1 1 0	1
1	0 1 0	0
0	1 1 1	1
1	0 0 1	0

图 13.2-2 例 13.2-1 的状态转换图

图 13.2-2 中箭头表示状态转换的方向，其中 000～100 这 5 个状态构成了一个循环。时序电路正常工作时就是按照这个状态循环进行的，称这个循环为"有效循环"，其中的 5 个状态称为"有效态"。注意，当电路运行到 100 状态时，Y 端会输出高电平作为标志。

因为用 3 位二进制编码可以表示 8 个状态，有效态之外的 3 个状态（即 101、110 和 111）称为"无效态"。状态转换图中也给出了以无效态为初态的转换情况，可以看出 3 个无效态的次态分别为 011、010 和 001。这说明即使电路以无效态为初始工作状态，最终也能转换为有效态，并进入有效循环之中，这种能力称为"自启动"。

具有自启动能力的时序电路抗干扰能力强，在进行时序电路设计时要考虑自启动。

（3）时序图（波形图）。图 13.2-3 给出了电路的时序图，它以触发器和电路的输出高、低电平形式描述了有效态的转换过程。

时序图通常用于在计算机模拟和实验测试中检验电路的逻辑功能。

第 3 步：电路的逻辑功能。

时序电路的逻辑功能，要根据状态转换表、状态转换图或时序图中的有效循环情况来给出。

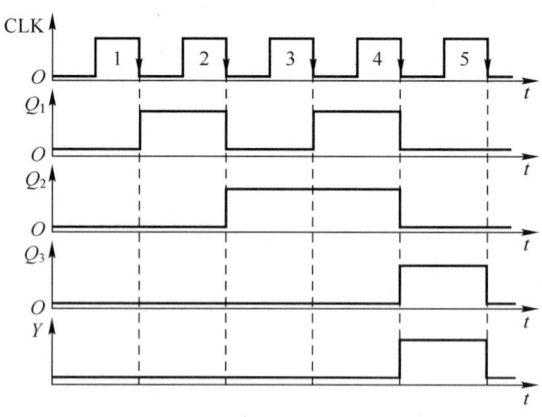

图 13.2-3 例 13.2-1 的时序图

通过观察表 13.2-2、图 13.2-2、图 13.2-3 发现，每经过 5 个时钟脉冲该电路的状态完成一个循环过程，所以这个电路有对时钟脉冲进行计数的功能。又因为电路每记录 5 个时钟脉冲就从 Y 端输出一个脉冲信号，所以这个电路是一个五进制的计数器，Y 端是进位输出端。

例 13.2-2 分析图 13.2-4 所给时序电路的逻辑功能。要求给出状态转换表和状态转换图，并进行自启动能力分析。

解：该电路为具有输入变量（A）的莫尔型同步时序电路，其中使用了两个下降沿触发的边沿 JK 触发器（编号为 FF_2、FF_1），触发器的状态组合 Q_2Q_1 代表了时序电路的工作状态。另外，整个电路有一个输出端 Y。

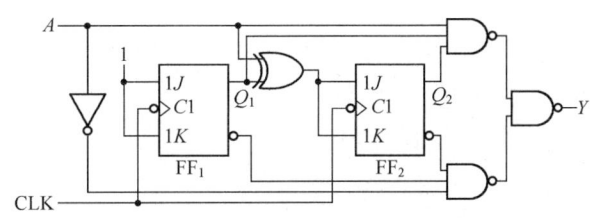

图 13.2-4 例 13.2-2 的电路图

第 1 步：根据电路连接情况列出各种方程。

由于该电路为同步时序电路，所以不必列时钟方程。所列方程如下。

（1）驱动方程。根据电路图和触发器的特性方程，可得

$$\begin{cases} FF_1: & J_1 = K_1 = 1 \\ FF_2: & J_2 = K_2 = A \oplus Q_1 \end{cases}$$

（2）次态方程。将上述驱动方程分别代入 JK 触发器的通用特性方程（$Q^* = JQ' + K'Q$）中，整理后得到次态方程，即电路的状态方程。

$$\begin{cases} FF_1: & Q_1^* = 1Q_1' + 1'Q_1 = Q_1' \\ FF_2: & Q_2^* = (A \oplus Q_1)Q_2' + (A \oplus Q_1)'Q_2 = A \oplus Q_1 \oplus Q_2 \end{cases}$$

（3）输出方程。根据电路图可得

$$Y = ((AQ_1Q_2)' \cdot (A'Q_1'Q_2')')' = AQ_1Q_2 + A'Q_1'Q_2'$$

第 2 步：列状态转换表或状态转换图或时序图。

（1）状态转换表。设电路初态为 $Q_2Q_1 = 00$，分别考虑 $A=1$、$A=0$ 两种情况下的状态转换情况，如表 13.2-3 和表 13.2-4 所示。

（2）状态转换图。图 13.2-5 给出了状态转换图。

表 13.2-3 例 13.2-2 的状态转换表（$A=1$）

CLK顺序	Q_2 Q_1	Y
0	0 0	0
1	1 1	0
2	1 0	0
3	0 1	0
4	0 0	0

表 13.2-4 例 13.2-2 的状态转换表（$A=0$）

CLK顺序	Q_2 Q_1	Y
0	0 0	1
1	0 1	0
2	1 0	0
3	1 1	0
4	0 0	1

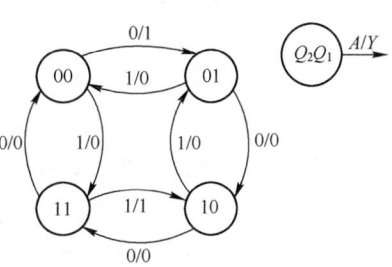

图 13.2-5 例 13.2-2 的状态转换图

图中包含了两个方向上的状态循环。$A=0$ 时进行顺时针循环，计数值逐渐递增；$A=1$ 时进行逆时针循环，计数值逐渐递减。循环中的 4 个状态为有效态，因为 2 位二进制编码可以表示 4 个状态，所以此电路没有无效态，电路能自启动。

（3）时序图。以触发器和电路输出高、低电平形式描述了有效态的转换过程。一般在分

析过程中,可以省略时序图的绘制。

第 3 步:说明电路的逻辑功能。

根据状态转换表和状态转换图可以发现,每经过 4 个时钟脉冲该电路的状态完成一个递增或递减的循环过程。所以,这个电路当 $A=0$ 时完成 2 位二进制(四进制)加法计数功能,$A=1$ 时完成 2 位二进制减法计数功能,计数对象是时钟脉冲。Y 端可看成进/借位输出端。

思考与练习

13.2-1 同步时序电路的分析步骤包括哪些?

13.2-2 分析图 13.2-6 给出的时序电路的逻辑功能。要求列出状态方程、输出方程,画出状态转换图,并检查电路自启动情况。注意,A 为输入变量。

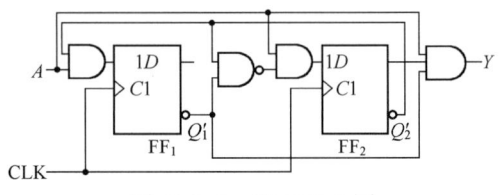

图 13.2-6 题 13.2-2 图

13.3 寄 存 器

时序电路通常是数字系统的控制核心,因此其应用非常广泛。寄存器是比较常见的时序电路之一。

13.3.1 寄存器的工作原理

在数字系统中,寄存器(Register)用来暂时存放待处理的二进制数(数值或代码)。因为二进制数只由 0 和 1 构成,而 D 触发器具有置 0 和置 1 功能,且操作简单,因此寄存器内部一般由 D 触发器组成。对构成寄存器的 D 触发器的触发方式没有严格限制,电平触发、脉冲触发和边沿触发都可以。

一个 D 触发器只能寄存 1 位数据,如需同时寄存 N 位数据,则寄存器需要由 N 个 D 触发器组成。下面以 4 位寄存器为例介绍其结构组成和工作原理。

图 13.3-1 给出了一个 4 位寄存器电路,由 4 个上升沿触发的边沿 D 触发器构成,它们的时钟端并联到一起,受同一时钟信号 CLK 控制,以保证同时触发动作,同时寄存数据。

$D_0 \sim D_3$ 是数据输入端,$Q_0 \sim Q_3$ 是数据同相输出端,$Q'_0 \sim Q'_3$ 是数据反相输出端。此外,该电路还增加了异步置 0 端 R'_D,低电平有效。根据使用场合的不同,有些寄存器还具有三态控制功能和数据保持功能。

工作原理:首先将需寄存的 4 位二进制数同时加载到 $D_0 \sim D_3$ 端,当 CLK 端出现时钟上升沿时,D 触发器触发动作,根据 D 触发器的特性方程($Q^* = D$),4 位数据即被触发器接收(寄存),随即出现在 $Q_0 \sim Q_3$ 端。由于数据是同时输入/输出的,因此把这种方式称为并行输入/并行输出方式。

当 R'_D 端加低电平时,不论此时其他信号端状态如何,所有 D 触发器都被置 0,即相当于清零所寄存的数据。

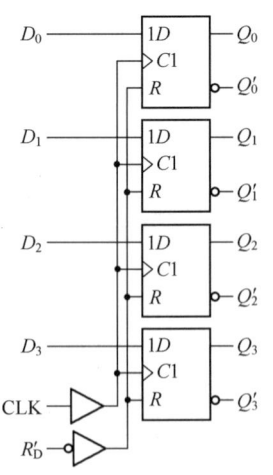

图 13.3-1 4 位寄存器电路

13.3.2 移位寄存器的工作原理

在数字系统中,有时希望寄存器中的数据能在各触发器中按次序移动,这就需要使用移位寄存器(Shift Register)。例如,计算机上的通用串行总线(USB)接口,既可以将计算机内部的并行数据转换为串行方式按序输出,也可以将外部数据串行输入计算机中。

移位寄存器既可以寄存数据,又可以在时钟信号控制下移动数据。此外,它的输入/输出方式较寄存器更灵活多样,一些集成芯片可以提供串行/并行两种输入方式,串行/并行两种输出方式。

图 13.3-2 给出了由 4 个边沿 D 触发器组成的 4 位移位寄存器电路。该电路只提供了串行输入方式,输出方式有串行输出和并行输出两种。

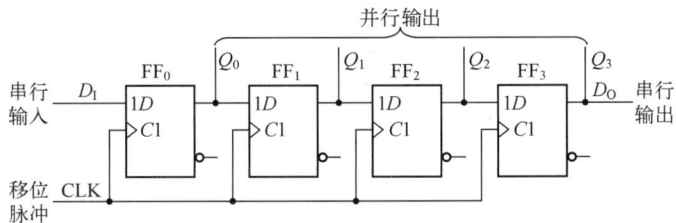

图 13.3-2　4 位移位寄存器电路

数据从 D_I 端,即 FF_0 的 D 端输入。后续 3 个触发器($FF_1 \sim FF_3$)的 D 端分别连接前一个触发器的输出端 Q,即从前一个触发器获得数据。D_O 端,即 FF_3 的 Q_3 端为数据的串行输出端。此外,存储的 4 位数据可同时从 $Q_3\ Q_2\ Q_1\ Q_0$ 端并行输出。

CLK 为控制数据移动的时钟信号,也称移位脉冲信号,图 13.3-2 中的 D 触发器为上升沿触发的,因此每个时钟脉冲上升沿数据从左至右移动一位。

电路中各触发器的时钟端并联,因此它们的状态同时变化。次态方程为

$$Q_3^* = Q_2;\quad Q_2^* = Q_1;\quad Q_1^* = Q_0;\quad Q_0^* = D_I$$

从次态方程可以看出,除了 FF_0 从 D_I 端获取新数据,其他 3 个触发器的次态(存入的新数据)等于其前面触发器的原状态(原来存入的数据)。这是因为触发器从 D 端接收新数据到数据出现在 Q 端需要一定的传输延迟时间。

例如,对于 FF_0,时钟脉冲上升沿从 D_I 端接收新数据,但新数据不会马上出现在 Q_0 端,这段传输时间内 Q_0 端仍然保持原状态;而 FF_1 与 FF_0 是同时动作的,所以 FF_1 接收的是 Q_0 的原状态;当 Q_0 端出现新数据时,因为时钟脉冲上升沿已过,FF_1 也不会触发接收这个数据,只能等下一个上升沿。

表 13.3-1 给出了图 13.3-2 电路移入 4 位数据 1010 时的数据移动情况,设各触发器初始状态都是 0。

由表 13.3-1 可以看出,经过 4 个 CLK 信号后,待输入的 4 位数据代码全部串行移入了移位寄存器中,可以在 4 个触发器的输出端得到并行输出数据。因此,利用该电路可以实现数据的串行/并行转换。

此外,有些集成的移位寄存器还具有并行输入功能(如后面要介绍的 74LS194)。如果并行置入 4 位数据,然后加 4 个 CLK 信号,就可以从 D_O 端串行输出得到该 4 位数据,从而

实现数据的并行/串行转换。

例 13.3-1 顺序脉冲发生器的功能是输出一组在时间上有一定先后顺序的脉冲信号,然后用这组脉冲信号去形成各种控制信号。分析图 13.3-3 所示的基于移位寄存器的顺序脉冲发生器的工作原理。

表 13.3-1 移位寄存器中的数据移动情况（以移入 1010 为例）

CLK 顺序	输入 D_1	Q_0	Q_1	Q_2	Q_3
0	×	0	0	0	0
1	1	1	0	0	0
2	0	0	1	0	0
3	1	1	0	1	0
4	0	0	1	0	1

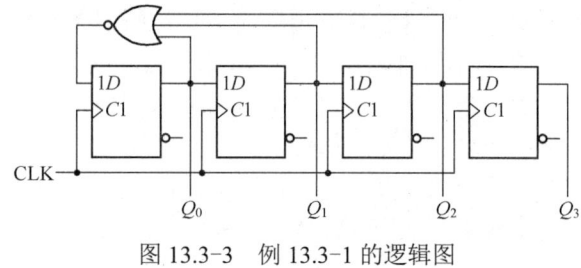

图 13.3-3 例 13.3-1 的逻辑图

该顺序脉冲发生器是在 4 位移位寄存器的基础上,通过一个或非门将 Q_0、Q_1 和 Q_2 反馈至第一个触发器。

由图 13.3-3 得到状态方程为

$$Q_3^* = Q_2;\quad Q_2^* = Q_1;\quad Q_1^* = Q_0;\quad Q_0^* = (Q_2 + Q_1 + Q_0)'$$

根据状态方程,经过推导可画出电路的状态转换图,如图 13.3-4 所示。

该状态转换图表明电路只有一个由 4 个状态构成的有效循环,即 1000、0100、0010 和 0001,其余 12 个状态都是无效态,但是整个电路能够自启动。

根据有效循环,当电路正常工作后,在时钟脉冲信号 CLK 的驱动下,$Q_0 \sim Q_3$ 端将依次输出正脉冲并不断循环,如图 13.3-5 所示。

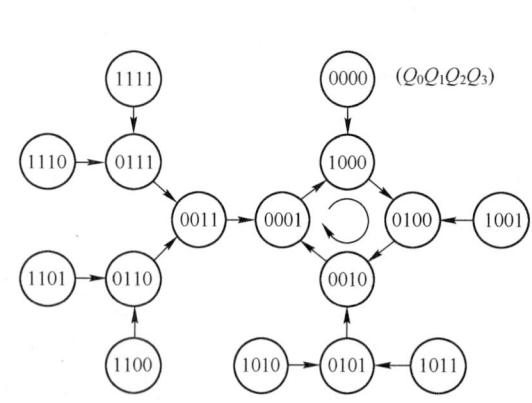

图 13.3-4 例 13.3-1 的状态转换图

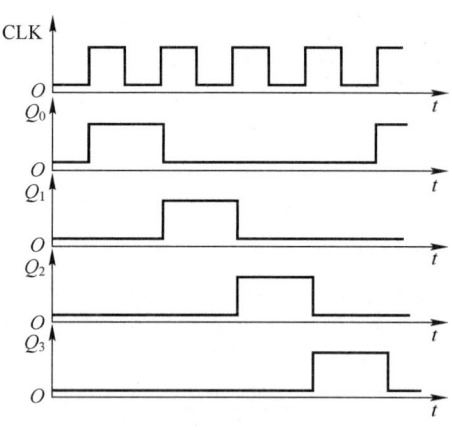

图 13.3-5 例 13.3-1 的输出波形

移位寄存器应用很广,不仅可构成移位寄存器型计数器、顺序脉冲发生器、串行累加器,还可用作数据转换,即把串行数据转换为并行数据,或把并行数据转换为串行数据等。集成寄存器也可以实现上述功能,不再赘述,可参阅相关文献。

思考与练习

13.3-1 寄存器的工作原理是什么？

13.3-2 移位寄存器的工作原理是什么？

13.4 计 数 器

计数器是数字系统中最常用的时序电路之一。它的基本功能是对时钟脉冲进行计数，以此为基础，实现定时、分频等；在与其他逻辑功能电路组合后，还可以产生脉冲序列、节拍脉冲，并能实现数值运算等复杂功能。

计数器的种类繁多，有以下几种分类方法。

（1）按触发器触发时间。分为同步方式和异步方式。由于触发器是构成计数器的基本单元，一个计数器至少应包含两个以上的触发器，因此，同步计数器中的所有触发器的时钟端是并联在一起的，它们同时触发翻转；异步计数器中的触发器的时钟端信号来源不同，它们的触发不是同时发生的，而是有先后之分。本书只介绍同步计数器。

（2）按计数值的增减方式。分为加法计数器、减法计数器和可逆计数器（或称加/减计数器），其基本逻辑功能是对输入的时钟脉冲个数进行计数。加法计数器对输入脉冲进行数字的递增计数；减法计数器则进行递减计数；可逆计数器既能递增计数又能递减计数。可逆计数器通常设置有控制方式信号端，以进行加/减工作方式的选择。

（3）按计数值的编码方式。最常用的是二进制编码方式，还有 BCD 编码等。计数器的用途不同，其采用的编码方式也不尽相同。

（4）按计数器容量。可分为三大类：n 位二进制计数器、十进制计数器和 N 进制计数器。计数器的最大计数容量取决于包含的触发器个数。如果一个计数器包含 n 个触发器，理论上最大计数容量为 2^n，按 2^n 容量工作的计数器统称为 n 位二进制计数器。例如，最大计数容量为 16 时，称为 4 位二进制计数器，也可简称为十六进制计数器。

实际上，通过修改某种计数器的内部或外部电路，可以让计数器不按照最大计数容量工作。最具代表性且最常用的就是十进制计数器，其内部也要包含 4 个触发器。除了二进制和十进制计数器，其他的统称 N 进制计数器，其可在前两种计数器的基础上实现。

本节将介绍 4 种同步计数器的组成及工作原理。

13.4.1 同步 4 位二进制加法计数器

同步二进制计数器通常由 T 触发器构成。同步 4 位二进制加法计数器中包含 4 个 T 触发器，每个触发器的状态代表计数值的 1 位，因此可完成 4 位二进制数的加法计数。

加法计数器是对输入的时钟脉冲进行递增计数，根据二进制加法的运算规则，最低位触发器在每个计数脉冲输入之后都要翻转。而对于高位触发器，只有当低位触发器的状态全部为 1 时，再输入计数脉冲它才会翻转，否则状态不变。对于 T 触发器，当 T 端为 1 时可完成状态翻转功能。因此，4 位二进制加法计数器中各触发器的驱动方程（T 表达式）可表示为

$$\begin{cases} T_0 = 1 \\ T_i = Q_{i-1}Q_{i-2}\cdots Q_0 \end{cases} \quad (i=1,2,3) \tag{13.4-1}$$

对于其他 n 位二进制计数器的 T 表达式也可按照式（13.4-1）进行扩展。按此规律即可设计出各 n 位二进制计数器。

图 13.4-1 给出了同步 4 位二进制加法计数器电路。图中的 T

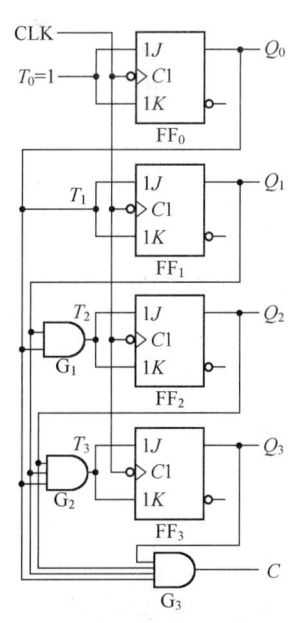

图 13.4-1 同步 4 位二进制加法计数器电路

触发器是在 JK 触发器基础上构成的（J、K 端相连）。由于是同步时序电路，所以各触发器的时钟端并联在一起，并且在 CLK 下降沿触发。

下面按照时序电路的分析方法对该计数器的工作原理和功能进行分析。

第 1 步：根据电路图列出相关方程。

（1）触发器驱动方程。T 触发器只有一个激励信号端，各触发器驱动方程如下。

$$\begin{cases} FF_0: & T_0 = 1 \\ FF_1: & T_1 = Q_0 \\ FF_2: & T_2 = Q_1 Q_0 \\ FF_3: & T_3 = Q_2 Q_1 Q_0 \end{cases}$$

（2）计数器电路的状态方程。将上述驱动方程分别代入 T 触发器的标准特性方程（$Q_i^* = T_i Q_i' + T_i' Q_i$）中，整理后得到次态方程，即电路的状态方程。

$$\begin{cases} FF_0: & Q_0^* = Q_0' \\ FF_1: & Q_1^* = Q_0 Q_1' + Q_0' Q_1 \\ FF_2: & Q_2^* = Q_0 Q_1 Q_2' + (Q_0 Q_1)' Q_2 \\ FF_3: & Q_3^* = Q_0 Q_1 Q_2 Q_3' + (Q_0 Q_1 Q_2)' Q_3 \end{cases}$$

（3）输出方程。根据电路图可得

$$C = Q_3 Q_2 Q_1 Q_0$$

第 2 步：求状态转换表、状态转换图和时序图。

设电路初态为 $Q_3 Q_2 Q_1 Q_0 = 0000$，代入状态方程和输出方程中，得到状态转换表如表 13.4-1 所示，状态转换图如图 13.4-2 所示，时序图如图 13.4-3 所示。

表 13.4-1 同步 4 位二进制加法计数器的状态转换表

CLK顺序	电路状态 Q_0	Q_1	Q_2	Q_3	等效十进制数	进位输出 C
0	0	0	0	0	0	0
1	0	0	0	1	1	0
2	0	0	1	0	2	0
3	0	0	1	1	3	0
4	0	1	0	0	4	0
5	0	1	0	1	5	0
6	0	1	1	0	6	0
7	0	1	1	1	7	0
8	1	0	0	0	8	0
9	1	0	0	1	9	0
10	1	0	1	0	10	0
11	1	0	1	1	11	0
12	1	1	0	0	12	0
13	1	1	0	1	13	0
14	1	1	1	0	14	0
15	1	1	1	1	15	1
16	0	0	0	0	0	0

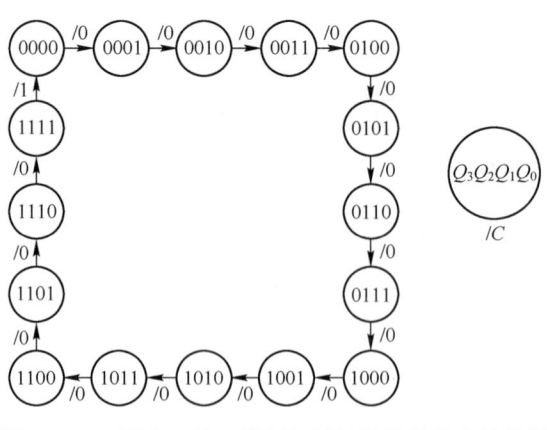

图 13.4-2 同步 4 位二进制加法计数器的状态转换图

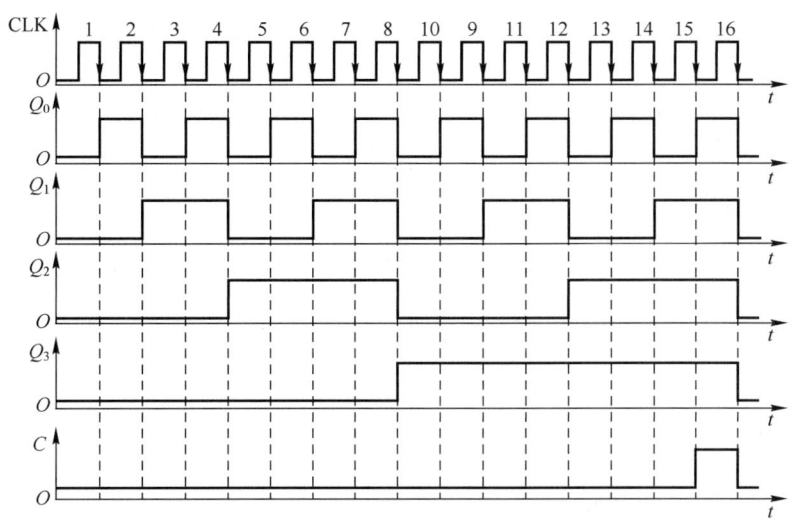

图 13.4-3　同步 4 位二进制加法计数器的时序图

从输出的脉冲波形周期可以看出，如果设 CLK 的周期为 T_c，则 Q_0、Q_1、Q_2 和 Q_3 的脉冲波形周期分别为 $2T_c$、$4T_c$、$8T_c$ 和 $16T_c$。从频率角度考虑，如果设 CLK 的周期为 f_c，则 Q_0、Q_1、Q_2 和 Q_3 的脉冲波形频率分别为 $f_c/2$、$f_c/4$、$f_c/8$ 和 $f_c/16$。由此看出计数器还具有对输入的时钟脉冲信号进行分频的功能，可作为分频器使用。上述 Q_0、Q_1、Q_2 和 Q_3 分别称为对时钟脉冲的 2 分频、4 分频、8 分频和 16 分频，这也是计数器的常用功能之一。

此外，在计数器输入第 15 个时钟脉冲后，C 端会输出一个正脉冲，并在第 16 个时钟脉冲的下降沿结束，持续时间正好为一个时钟周期 T_c。由此，C 端的正脉冲可作为计数器的进位输出信号，当多个计数器级联时，C 端负责向高位计数器进位。

第 3 步：描述电路功能。

从状态转换表、状态转换图和时序图可以看出，同步 4 位二进制加法计数器完成一个工作循环需要输入 16 个脉冲，分别对应 16 个状态。这些状态按照 4 位二进制数值递增的顺序进行变化，即加法计数。当状态为 1111 时，C 端为高电平，其余状态下 C 端为低电平。

13.4.2　同步 4 位二进制减法计数器

减法计数器是对输入的时钟脉冲进行递减计数，根据二进制减法的运算规则，最低位触发器在每个计数脉冲输入之后都要翻转。而对于高位触发器，只有当低位触发器状态全部为 0 时，再输入计数脉冲它才会翻转，否则状态不变。对于 T 触发器，当 T 端为 1 时可完成状态翻转功能。

由此，同步 4 位二进制减法计数器中各触发器的驱动方程（T 表达式）可表示为

$$\begin{cases} T_0 = 1 \\ T_i = Q'_{i-1} Q'_{i-2} \cdots Q'_0 \quad (i=1,2,3) \end{cases} \quad (13.4\text{-}2)$$

对于其他 n 位二进制减法计数器的 T 表达式也可按照式（13.4-2）进行扩展。按此规律即可以设计出 n 位二进制减法计数器。

图 13.4-4 给出了同步 4 位二进制减法计数器电路，其中的 T 触发器是在 JK 触发器基础

上构成的（J、K 端相连）。由于是同步时序电路，所以各触发器的时钟端并联在一起，并且在 CLK 下降沿触发。

它的分析方法和步骤与前面介绍的内容一致，这里只列出输出方程，即
$$B = Q_3'Q_2'Q_1'Q_0'$$
由于是减法计数器，B 可以作为借位信号。当 $Q_3Q_2Q_1Q_0 = 0000$ 时，B 为高电平。

图 13.4-5 给出了状态转换图。注意，电路上电后的初始状态仍然是 0000（电路上电状态），第 1 个时钟脉冲输入后，递减为 1111（15）；随后一直按照二进制数值递减的规则进行状态转换，第 16 个时钟脉冲输入后，又递减到初始状态 0000，此时借位信号 B 输出 1。此外，电路能自启动。

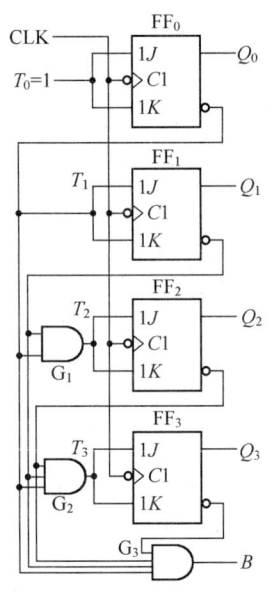
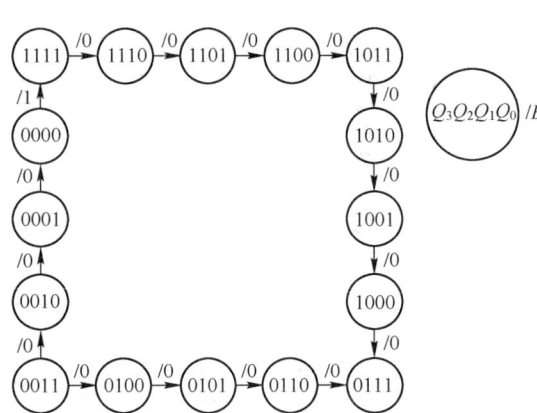

图 13.4-4 同步 4 位二进制减法计数器电路   图 13.4-5 同步 4 位二进制减法计数器状态转换图

13.4.3 同步 4 位二进制加/减计数器

加/减计数器也称可逆计数器，它既能进行递增计数，也能进行递减计数。图 13.4-6 给出了同步 4 位二进制加/减计数器电路，它可以看成图 13.4-1 的加法计数器和图 13.4-4 的减法计数器电路的合并，并引入了加/减计数控制信号 U'/D。

当电路处于正常计数工作状态时，各触发器的驱动方程可写为

$$\begin{cases} T_0 = 1 \\ T_1 = (U'/D)'Q_0 + (U'/D)Q_0' \\ T_2 = (U'/D)'(Q_1Q_0) + (U'/D)(Q_1'Q_0') \\ T_3 = (U'/D)'(Q_2Q_1Q_0) + (U'/D)(Q_2'Q_1'Q_0') \end{cases} \quad (13.4\text{-}3)$$

可以看出，当 $U'/D = 0$ 时，式（13.4-3）与式（13.4-1）相同，计数器进行加法计数；当 $U'/D = 1$ 时，式（13.4-3）与式（13.4-2）相同，计数器进行减法计数。

该电路结构代表一种集成加/减计数器（型号为 74191）。除了加/减控制端，它还具有其他一些附加功能控制端，相关内容将在"集成计数器"一节中介绍。

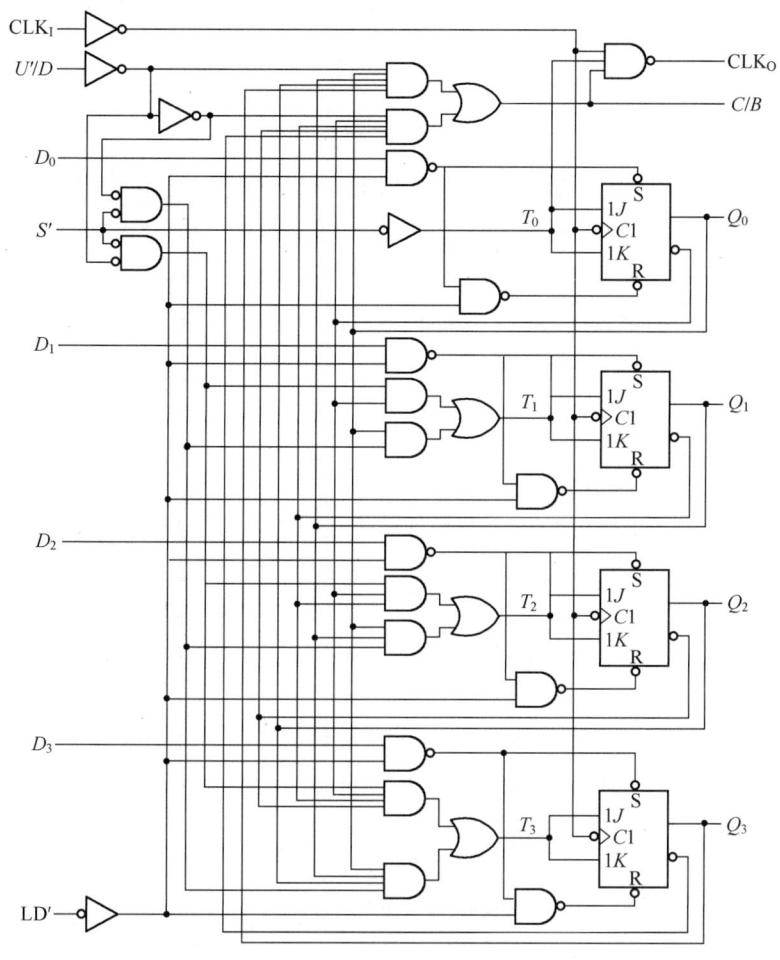

图 13.4-6 同步 4 位二进制加/减计数器电路（型号为 74191）

13.4.4 同步十进制加法计数器

同步十进制加法计数器的一个工作循环包括 10 个状态 0000～1001，因此可在同步 4 位二进制加法计数器电路基础上修改得到同步十进制加法计数器电路。

图 13.4-7 给出了同步十进制加法计数器电路，由 4 个 T 触发器构成。

电路的驱动方程为

$$\begin{cases} FF_0: & T_0 = 1 \\ FF_1: & T_1 = Q_3'Q_0 \\ FF_2: & T_2 = Q_1Q_0 \\ FF_3: & T_3 = Q_2Q_1Q_0 + Q_3Q_0 \end{cases}$$

将上述驱动方程分别代入 T 触发器的特性方程，可得到电路的状态方程为

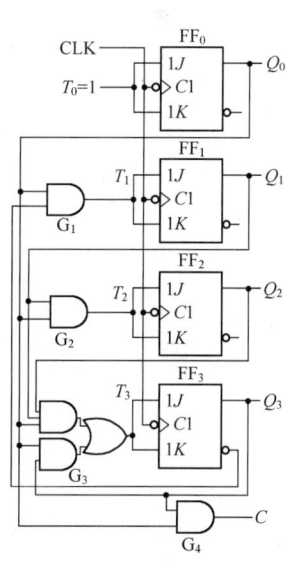

图 13.4-7 同步十进制加法计数器电路

$$\begin{cases} FF_0: & Q_0^* = Q_0' \\ FF_1: & Q_1^* = Q_0Q_3'Q_1' + (Q_0Q_3')'Q_1 \\ FF_2: & Q_2^* = Q_0Q_1Q_2' + (Q_0Q_1)'Q_2 \\ FF_3: & Q_3^* = (Q_0Q_1Q_2 + Q_0Q_3)Q_3' + (Q_0Q_1Q_2 + Q_0Q_3)'Q_3 \end{cases}$$

电路的进位输出方程为 $C = Q_3Q_0$

设电路的初态为 $Q_3Q_2Q_1Q_0 = 0000$，循环代入状态方程和输出方程中，得到状态转换表和状态转换图，分别如表 13.4-2 和图 13.4-8 所示。

可以看出，从 0000 至 1001 这 10 个状态构成了计数器的有效工作循环，分别对应输入的 10 个时钟脉冲，因此可作为同步十进制加法计数器。当状态运行到 1001 时，C 端输出高电平。

如图 13.4-9 所示为同步十进制加法计数器的时序图，C 端在计数器输入第 9 个时钟脉冲后，会输出一个正脉冲，并在第 10 个时钟脉冲的下降沿结束，持续时间正好为一个时钟周期 T_c。

此外，该电路能够自启动，从 6 个无效态（1010～1111）中的任何一个出发，最终都能回到有效循环中。

表 13.4-2 同步十进制加法计数器的状态转换表

计数顺序	电路状态				等效十进制数	输出 C
	Q_3	Q_2	Q_1	Q_0		
0	0	0	0	0	0	0
1	0	0	0	1	1	0
2	0	0	1	0	2	0
3	0	0	1	1	3	0
4	0	1	0	0	4	0
5	0	1	0	1	5	0
6	0	1	1	0	6	0
7	0	1	1	1	7	0
8	1	0	0	0	8	0
9	1	0	0	1	9	1
10	0	0	0	0	0	0
0	0	1	0	1	10	0
1	1	0	1	1	11	1
2	0	1	1	0	6	0
0	1	1	0	0	12	0
1	1	1	0	1	13	1
2	0	1	0	0	4	0
0	1	1	1	0	14	0
1	1	1	1	1	15	1
2	0	0	1	0	2	0

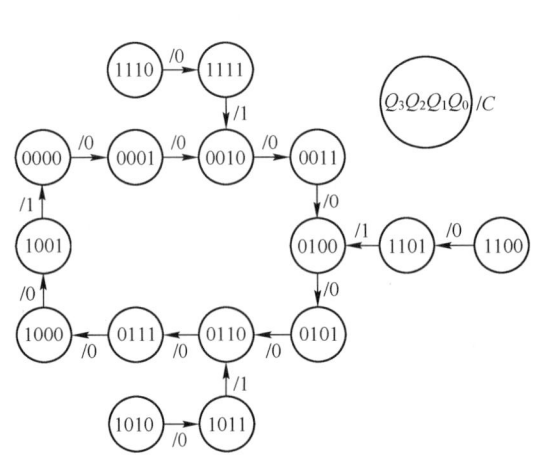

图 13.4-8 同步十进制加法计数器的状态转换图

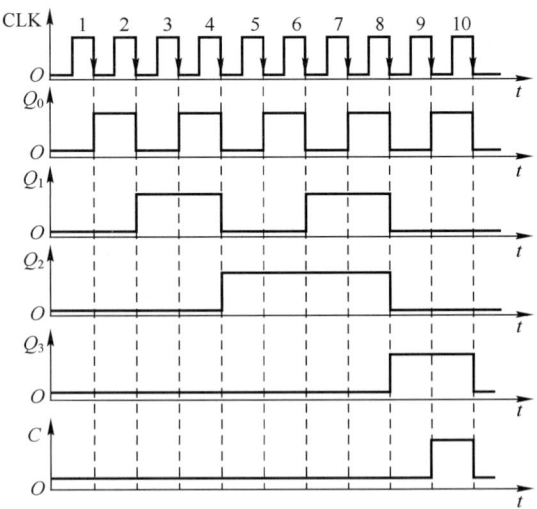

图 13.4-9 同步十进制加法计数器的时序图

思考与练习

13.4-1 计数器的分类方法有哪些？

13.4-2 二进制加/减计数器是如何实现加法计数和减法计数的？

13.5　集成计数器

课程思政融入点：结合所学知识构建复杂的数字应用系统，结合讲述团队建设的重要性，培养学生团队合作意识。

计数器在数字系统中应用非常广泛，因此半导体厂商设计、生产了各种不同功能的通用集成计数器。电子工程师在设计数字系统时，要先查阅厂商提供的器件数据手册，在了解了器件的功能特性、输入/输出关系及应用场合后，再选择合适的器件组建系统。下面首先介绍集成计数器控制功能，然后介绍几款典型的集成计数器，最后学习集成计数器的应用。

13.5.1　集成计数器控制功能

集成计数器种类繁多，使用时要注意以下控制功能。

（1）时钟控制方式。所有触发器受同一时钟控制，称为同步计数方式，反之则称为异步计数方式。

（2）触发方式。计数器中所用触发器均为边沿触发方式，根据脉冲的有效边沿可分为下降沿触发和上升沿触发两种。

（3）进制数（模）。集成计数器的进制数或有效状态循环数也称为"模"，是最基本的一个控制功能。常用集成计数器有二进制、八进制、十六进制等，这些从本质上都属于二进制计数器范畴。非二进制计数器有五进制、六进制和十进制等。

（4）计数方式。计数方式就是计数过程中的数值增减方式，分加法（递增）、减法（递减）和可逆计数 3 种方式。实际上，没有单独的减法集成计数器，而是集成到可逆计数器中。可逆计数器通过电平信号控制来选择以加法还是减法方式计数。此外，可逆计数器还有双脉冲控制方式的类型，即加、减计数输入不同的计数脉冲。

（5）复位方式。集成计数器一般都提供复位信号端，其作用是在需要时将计数值清零。复位信号分低电平有效和高电平有效两种。当复位信号有效时，计数器被立即清零的称异步复位方式。在复位信号有效的同时，还需计数脉冲参与的称为同步复位方式。

（6）置数方式。计数器默认的初始计数状态为 0，可以通过置数端（LD）提供的功能改变初态。新初态通过器件提供的并行数据输入端加载到计数器中。置数端也分高、低电平有效及同步、异步方式，具体含义和清零端的相关定义一样。

（7）使能控制。集成计数器通常具有使能控制端（EN）。只有在使能控制端有效的前提下，计数器方可进行正常的计数，否则计数状态不变。

（8）进、借位方式。集成计数器一般具有进位或借位端，以便于器件级联形成更高进制的计数器。通常，加法计数器的进位信号 C 在计数值最大时输出有效，而减法计数器的借位信号 B 在计数值为 0 时输出有效。对于可逆计数器，进、借位有时用一个信号端 C/B 表示。

表 13.5-1 列出了部分集成计数器的信号及功能。

表 13.5-1　部分集成计数器的型号及功能

型号	时钟方式	触发方式	进制数	计数方式	复位方式	置数方式	进借位方式	使能方式
7490	异步	下降沿	5	加法	异步	异步置0	无	无
74160	同步	上升沿	10	加法	异步0有效	同步0有效	有	双使能1有效

续表

型号	时钟方式	触发方式	进制数	计数方式	复位方式	置数方式	进借位方式	使能方式
74190	同步	上升沿	10	可逆	无	异步 0 有效	有	使能 0 有效
74161	同步	上升沿	16	加法	异步 0 有效	同步 0 有效	有	双使能 1 有效
74191	同步	上升沿	16	可逆	无	异步 0 有效	有	使能 0 有效
74193	同步	上升沿	16	双时钟可逆	异步 1 有效	异步 0 有效	有	无

13.5.2 典型集成计数器

下面对 3 种典型集成计数器进行介绍。

1．集成同步十进制加法计数器 74160

图 13.5-1 给出了 74160 的引脚排列和逻辑符号。

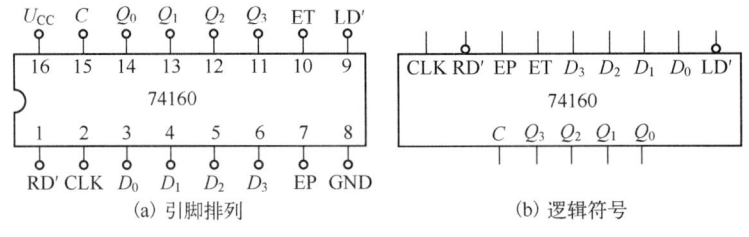

图 13.5-1 74160

图 13.5-1 中 RD′为异步复位端、LD′为预置数控制端、$D_3 \sim D_0$ 为预置状态输入端、C 为进位输出端、EP 和 ET 为工作状态控制端（双使能端）。

表 13.5-2 是 74160 的功能表，它给出了各种控制信号作用下计数器的工作状态。具体如下。

当 RD′=0 时，无论其他功能端为何状态，计数器都将复位，有 $Q_3 \sim Q_0$=0000（注：Q_3 为状态端最高位）。

表 13.5-2 74160 的功能表

序号	CLK	RD′	LD′	EP	ET	工作状态
1	×	0	×	×	×	复位
2	↑	1	0	×	×	预置数
3	↑	1	1	1	1	正常计数
4	×	1	1	×	0	保持，且 C=0
5	×	1	1	0	1	保持

当 RD′=1、LD′=0 时，计数器处于预置数状态。在出现此情况后的第一个 CLK 上升沿，将预置输入端加载的数据送入计数器，即有 $Q_3 \sim Q_0 = D_3 \sim D_0$（注：$D_3$ 为置入端最高位）。

只有当 RD′=LD′=1，并且 EP=ET=1 时，计数器才能进行正常的计数工作。在每个 CLK 的上升沿，计数值加 1。

当 RD′=LD′=1，并且 EP 任意、ET=0 时，计数器处于保持状态，但 C=0。

当 RD′=LD′=1，并且 EP=0、ET=1 时，计数器处于保持状态，此时 C 取决于所保持的计数状态值。

因此，74160 除了具有十进制加法计数功能，还具有异步复位、同步预置数和计数状态保持等功能。

2．集成同步 4 位二进制加法计数器 74161

74161 的引脚排列和逻辑符号如图 13.5-2 所示。其功能表与 74160 完全相同，唯一不同的是它们的计数容量，74161 计数容量为 16。

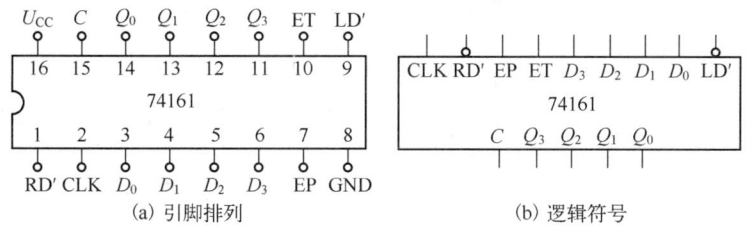

图 13.5-2　74161

3. 集成同步 4 位二进制加/减法计数器 74191

图 13.5-3 给出了 74191 的引脚排列和逻辑符号。其中 LD′为异步预置数控制端，当 LD′=0 时，数据从 $D_3 \sim D_0$ 端被置入到触发器中。S′为使能控制端，当 S′=1 时，计数器保持当前计数状态不变。C/B 端为计数时的进/借位信号输出端。CLK_I 为计数脉冲输入端，CLK_O 为串行时钟输出端。

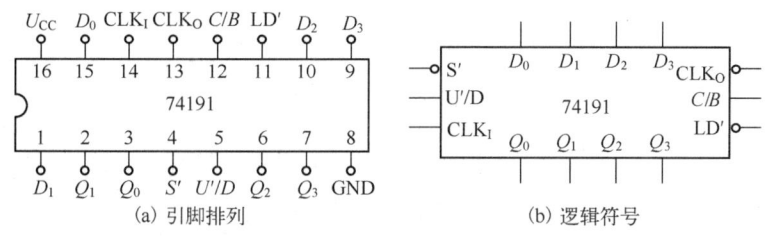

图 13.5-3　74191

表 13.5-3 是 74191 的功能表，它给出了各种控制信号作用下计数器的工作状态。

因此，74191 除了具有同步 4 位二进制加/减计数功能，还具有异步预置数和计数状态保持等功能。

表 13.5-3　74191 的功能表

序号	CLK_I	S′	LD′	U′/D	工作状态
1	×	×	0	×	预置数
2	×	1	1	×	保持
3	↑	0	1	0	加法计数
4	↑	0	1	1	减法计数

13.5.3　集成计数器的应用

进制数（模值）为 N 的集成计数器可以用来实现模值为任意值 M 的计数器。

当 M<N 时，可以利用单片 N 进制集成计数器提供的复位或置数功能减小模值。

当 M>N 时，则可以先利用多片 N 进制集成计数器进行级联扩展，得到 M>N 的计数器，然后再利用整体复位或置数的方法。

下面介绍改变集成计数器电路计数值的 3 种方法。

1. 反馈复位（清零）法

基本思想是利用集成计数器提供的复位功能实现状态的跳转，减少有效循环中的状态数。

该方法的跳转原理如图 13.5-4 所示。

当利用 N 进制的集成计数器实现 M 进制计数器时（M<N），可在计数值运行到 S_M 时，利用门电路产生复位信号，反馈送至计数器的复位端，使计数器立即清零并回到 S_0 状态。由于 S_M 状态存在时间极短，被称为暂态，其并不属于有效循环之中，因此有效循环中的状

态为 $S_0 \sim S_{M-1}$。需要注意的是，复位信号是低电平还是高电平取决于集成计数器的型号。

例 13.5-1 利用反馈复位法将 74160 接成五进制计数器。

解：74160 具有异步复位功能，因此可以用复位法。74160 为十进制计数器，接成五进制计数器，$M<N$。利用反馈复位法的电路如图 13.5-5 所示。

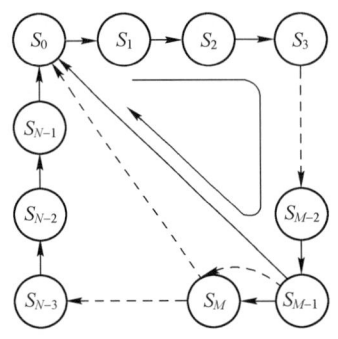

图 13.5-4 反馈复位法跳转原理

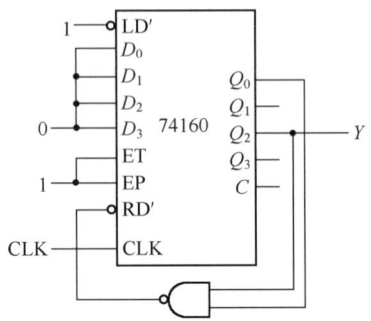

图 13.5-5 将 74160 接成五进制计数器

图中，将一个与非门的两个输入端分别连接 74160 的状态端 Q_2 和 Q_0。计数器从 0 状态开始计数，当计入第 5（M）个脉冲后，即运行到 $Q_3Q_2Q_1Q_0=0101$ 状态时，与非门输出低电平，送给计数器的异步复位端（RD'），74160 被立即清零，即回到 0 状态，同时与非门输出的低电平消失。整个计数过程中，0101 状态持续时间很短，称为暂态。其有效循环为 0000→0001→0010→0011→0100→0000，共包括 5 个状态，因此是五进制计数器。其时序图如图 13.5-6 所示。

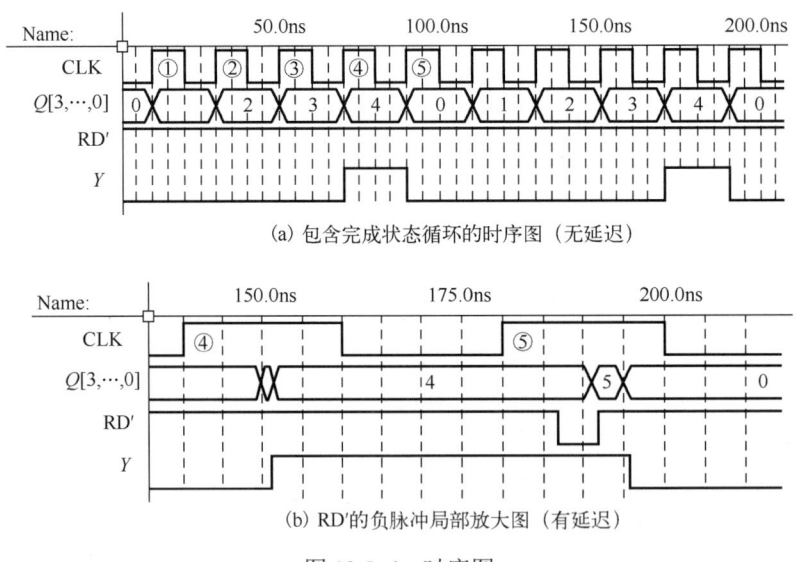

(a) 包含完成状态循环的时序图（无延迟）

(b) RD'的负脉冲局部放大图（有延迟）

图 13.5-6 时序图

2. 反馈置数法

基本思想是利用集成计数器提供的预置数功能实现状态的跳转，减少有效循环中的状态数，其跳转原理如图 13.5-7 所示。

图中，当利用 N 进制集成计数器实现 M 进制计数器时，置数值 D 可为 N 以内的任意值。若 $D=j$，则以 S_j 为计数起点，设当计入第 $M-1$ 个脉冲后计数器运行到 S_i 状态，此时通过附加门电路产生一个置数信号，送至计数器的预置数控制端，第 M 个脉冲到来后，计数器会被置入 j 值，从而变为 S_j 状态。因此，有效循环中的状态为 $S_j \sim S_i$ 共 M 个状态，而从 S_{i+1} 到 S_{j-1} 的 $N-M$ 个状态则被跳过。产生的预置数信号是低电平还是高电平取决于集成计数器的型号。

此外，若 $D=0$，则当计数器运行到 S_{M-1} 时，产生置数信号送至计数器的预置数控制端。当第 M 个脉冲到来后，计数器被置入 0 值，回到 S_0 状态。因此，有效循环中的状态为 $S_0 \sim S_{M-1}$。

例 13.5-2 利用反馈置数法将 74160 接成五进制计数器。

解：74160 具有同步预置数功能，因此可采用反馈置数法。74160 为十进制计数器，接成五进制计数器，$M<N$。利用反馈置数法时可以从计数循环中任意一个状态置入适当数值而跳过 $N-M$ 个状态，从而得到 M 进制计数器。图 13.5-8 给出了两种不同的方案。

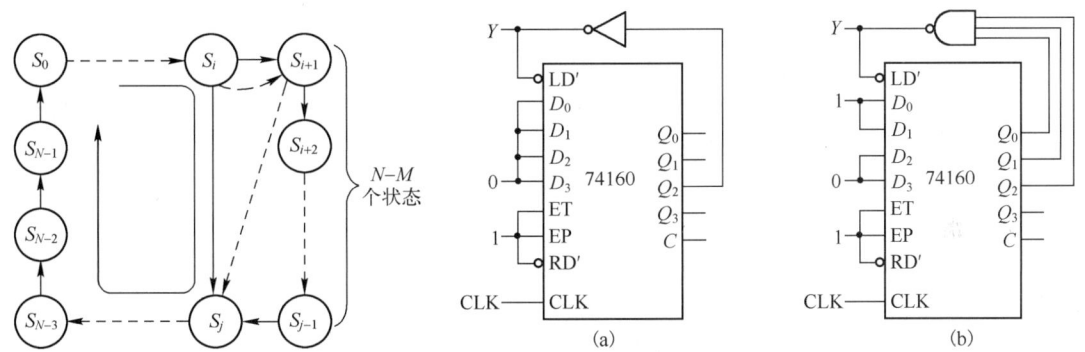

图 13.5-7 反馈置数法跳转原理　　　　图 13.5-8 将 74160 接成五进制计数器

图 13.5-8（a）中的置入数值为 $D=D_3D_2D_1D_0=0000$，并将一个反相器的输入端连接 74160 的 Q_2 端，输出端连接同步预置数控制端（LD'）。计数器工作时初态为 $Q_3Q_2Q_1Q_0=0000$，当电路计入第 4 个脉冲后，运行到 $Q_3Q_2Q_1Q_0=0100$ 状态时，反相器输出低电平，即 LD'=0；当第 5 个脉冲到来后，74160 被置入数值 0，从而回到 0000 状态。利用反馈置数法不存在暂态，其有效循环为 $0000 \rightarrow 0001 \rightarrow 0010 \rightarrow 0011 \rightarrow 0100 \rightarrow 0000$，共包括 5 个状态，因此是五进制计数器。

图 13.5-8（b）中的置入数值为 $D=D_3D_2D_1D_0=0011$。首先要计算生成置数信号的状态值：$D+(M-1)=7$（即二进制数 0111）。由此将一个与非门的 3 个输入端分别连接 74160 的状态端 Q_2、Q_1 和 Q_0，输出端连接同步预置数控制端（LD'）。计数器工作时，初态为 $Q_3Q_2Q_1Q_0=0011$。当计入第 4 个脉冲后，运行到 $Q_3Q_2Q_1Q_0=0111$（即 7）时，与非门输出低电平，LD'=0；当第 5 个脉冲到来后，$Q_3Q_2Q_1Q_0=0011$。由此，其有效循环为 $0011 \rightarrow 0100 \rightarrow 0101 \rightarrow 0110 \rightarrow 0111 \rightarrow 0011$，用十进制数表示即为 $3 \rightarrow 4 \rightarrow 5 \rightarrow 6 \rightarrow 7 \rightarrow 3$，共包含 5 个状态，为 5 进制计数器。

其时序图如图 13.5-9 所示。

3. 级联扩展

当所需计数器进制数大于单片集成计数器进制数（$M>N$）时，需利用多片集成计数器进行级联扩展。级联时低位片向高位片的进位方式有两种：并行进位和串行进位。下面以两片 N 进制计数器级联为例介绍相关方法。

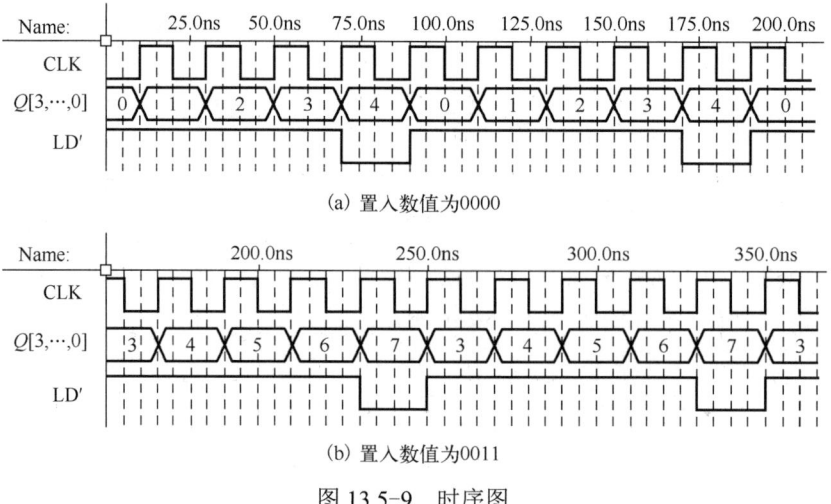

(a) 置入数值为0000

(b) 置入数值为0011

图 13.5-9　时序图

（1）M 不可分解：可先采用并行进位法扩展为 $N×N$ 进制计数器，然后再利用前面介绍的反馈复位法或反馈置数法原理将两片计数器同时清零或置数，分别称为整体复位法和整体置数法（统称整体法）。

（2）M 可分解：上述整体法依然可以使用。此外，若 M 可分解为 $M=X_1×X_2$ 的形式（注意，X_1、X_2 均不大于 N），则可先用两片 N 进制计数器分别实现 X_1 进制和 X_2 进制，然后采用串行进位法将两片计数器级联。

例 13.5-3　将两片 74160 连接成 100 进制计数器。

分析：由于 100=10×10，因此只需采用并行进位或串行进位将两片计数器级联即可，无须进行 74160 自身进制的修改。

解法 1：并行进位。此法以低位片的进位输出作为高位片的工作控制信号，如图 13.5-10 所示。

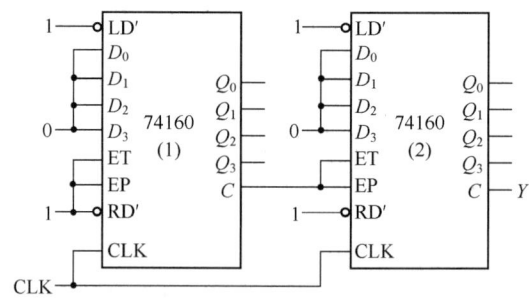

图 13.5-10　两片 74160 级联构成 100 进制计数器（并行进位方式）

两片 74160 采用并行进位方式连接。尽管时钟端并联，但第 1 片的进位输出端 C 连接到第 2 片的 ET 和 EP 两个工作状态控制端上。由于 74160 的进位信号 $C=1$ 的时间仅维持 1 个时钟周期，所以每计入 10 个时钟脉冲，第 2 片的数值才增加 1，其时序图如图 13.5-11 所示。

两片 74160 的其他功能端做正常处理即可，第 1 片的 LD′、RD′、ET 和 EP 均接高电平，第 2 片的 LD′ 和 RD′ 也接高电平。

解法 2：串行进位。此法以低位片的进位输出作为高位片的时钟信号，如图 13.5-12 所示。

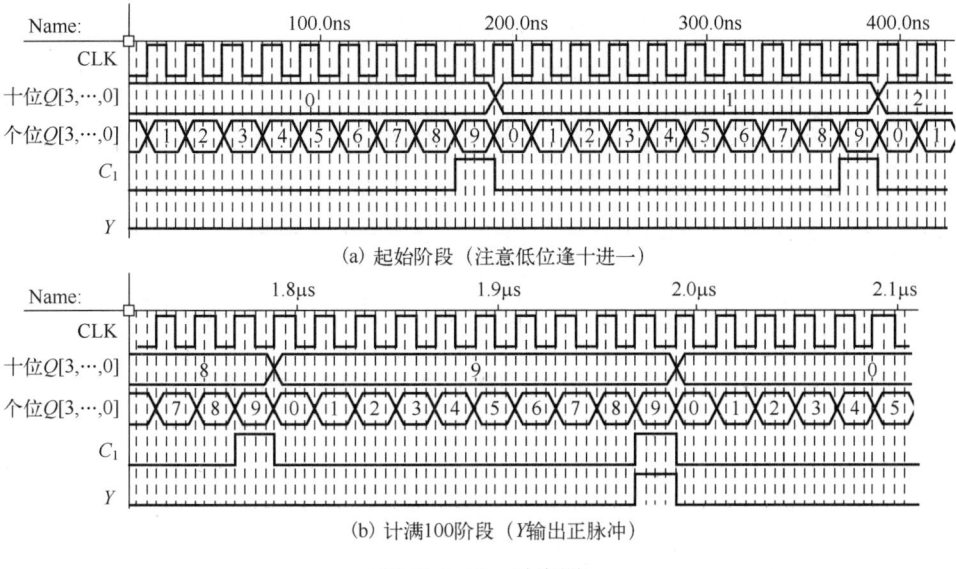

图 13.5-11 时序图

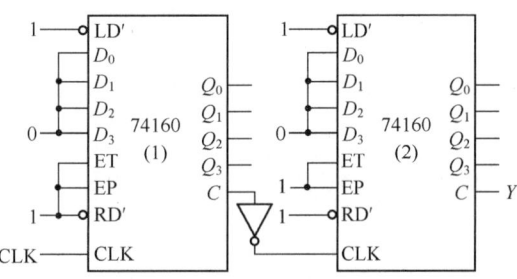

图 13.5-12 两片 74160 级联构成 100 进制计数器（串行进位方式）

两片 74160 采用串行进位方式连接。以第 1 片的进位输出端 C 通过反相器后连接到第 2 片的时钟端上，这样每计入 10 个时钟脉冲，第 1 片的 C 输出一个正脉冲，反相后变为负脉冲，其上升沿正好对应第 10 个时钟脉冲，第 2 片的数值增加 1。

对两片 74160 的功能端做正常处理即可，两片的 LD′、RD′、ET 和 EP 均接高电平。

例 13.5-4 利用整体置 0 法将两片 74160 接成 82 进制计数器。

解：74160 为十进制计数器（$N=10$），接成 $M=82$ 进制计数器，因此为 $M>N$ 问题。但 82 无法分解成小于 10 的两个数相乘的形式，因此要用整体法。

参考图 13.5-10，首先将两片 74160 级联构成 100 进制计数器，然后将一个 2 输入与非门的两个输入端分别连接 74160(2)的 Q_3 端和 74160(1)的 Q_0 端，输出端同时连接两片 74160 的同步预置数控制端 LD′，如图 13.5-13 所示。

利用整体置 0 法，计数器初始状态为 0，当计入第 81（即 $M-1$）个时钟脉冲后，即 74160(2)的值为 8（$Q_3=1$，其余端等于 0）和 74160(1)的值为 1（$Q_0=1$，其余端等于 0）时，与非门输出低电平，两个 LD′=0。这样，当第 82 个时钟脉冲输入时，两片计数器被同时置 0，完成一个计数循环。

若要用整体复位法，则需将与非门的两个输入端分别连接 74160(2)的 Q_3 端和 74160(1) 的 Q_1 端，输出端同时连接两片 74160 的异步复位端 RD′。

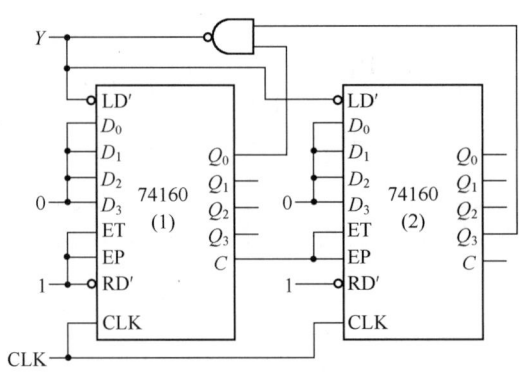

图 13.5-13　利用两片 74160 实现 82 进制计数器（整体置 0 法）

思考与练习

13.5-1　反馈复位法和反馈置数法的主要区别是什么？

13.5-2　分析图 13.5-14 给出的计数器电路，要求画出状态转换图，说明这是多少进制的计数器。

13.5-3　要求使用异步复位端 RD′ 将 74160 接成八进制加法计数器，并标出输入端、进位输出端。可以附加必要的门电路。

13.5-4　要求使用同步置数端 LD′ 将 74161 接成十三进制加法计数器，置入的数值可随意选择。

13.5-5　利用两片 74160 接成二十四进制加法计数器。

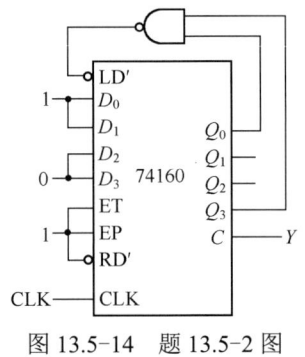

图 13.5-14　题 13.5-2 图

13.6　同步时序电路的设计方法

时序电路设计的范围很广，凡是有时序器件参与的设计都可称为时序电路的设计。因此，可以用 N 进制集成计数器实现 M 进制计数器。此外，还可以用分立器件触发器和门电路来设计实现时序电路，特别适用于 M 进制计数器的设计。下面通过具体实例来学习同步时序电路的设计方法。

13.6.1　同步时序电路的设计步骤

电路设计是电路分析的逆过程，其最终目的是给出能实现某种逻辑功能的电路图。同步时序电路设计采用的器件是触发器和各种门电路。

要达到这一目的，其前提是获知触发器的时钟方程和驱动方程，以及整个电路的输出方程。对同步电路，所有触发器共用同一时钟源，所以时钟方程可不考虑。因此，对触发器而言，关键是驱动方程的获取，而触发器驱动方程必须从电路的状态方程中提取。状态方程的得出需建立在电路的状态转换表或状态转换图基础之上。而状态转换表或状态转换图可以通过对设计任务的解析得出。

因此，同步时序电路设计的基本目标是根据设计要求解析出状态转换表（图），然后分析得出电路的状态方程，进而推导出触发器的驱动方程和电路输出方程，最后据此绘出时序电路图。实际上，实现这些基本任务的过程也就构成了同步时序电路的一般设计步骤。

同步时序电路的设计步骤如下。

第1步：分析设计要求，列出状态转换表或状态转换图

（1）确定输入、输出的变量个数并进行定义。

（2）确定电路的状态个数 m，可先做简单定义并按顺序编号，如 $S_0, S_1, ..., S_m$ 等。

（3）按转换顺序列出原始状态转换图，并标注相应的输入条件和输出值。

（4）分析状态转换图是否含有等价状态。如果两个状态在相同的输入下有相同的输出，并且能转换到相同的次态，则这两个状态称为等价状态。等价状态是重复的，可以合并为一个状态，从而简化状态转换图。这样状态数减少了，最终设计出的电路图的复杂性也降低了。

第2步：求解状态方程，并据此推导出驱动方程和输出方程

（1）确定触发器的个数并进行状态的编码。触发器个数 n 与状态个数 M 应满足：

$$2^{n-1} < M \leqslant 2^n$$

状态的编码值可用 n 位二进制码表示，即用每个触发器的输出表示编码的 1 位。如 $n=3$ 时，可用 3 位编码 001 来表示 S_1 这个状态，并分别由 3 个触发器的输出端 Q_2、Q_1、Q_0 输出。

（2）将原始状态转换图中的各状态用 n 位二进制编码替换掉，得到正式的状态转换表或状态转换图。

（3）依据状态转换表或状态转换图画出各触发器的次态卡诺图和电路输出变量的卡诺图，并利用卡诺图化简得到次态表达式（即电路的状态方程）和输出方程。

（4）选定触发器的型号（如 JK 触发器、D 触发器等），然后将状态方程调整为相应触发器的特性方程标准形式，以求出触发器的驱动方程。

（5）进行自启动检查。方法是将各无效状态分别代入状态方程中，如果最终它们的次态都是有效状态，则电路能自启动。对于不能自启动的电路，应返回第（2）步，在状态转换表或状态转换图中将无效状态加入，并手动将其指向某一有效状态，即在设计前将其次态确定为某一有效状态，这样做的结果是所设计的电路不一定是最简的，但电路一定能够自启动。

第3步：绘出电路图

根据求得的驱动方程和输出方程，对 n 个触发器进行各信号端的连接，即可得到最终的电路图。画图时可使用必要的门电路。

13.6.2 同步时序电路的设计实例

下面通过具体的设计例子来详细说明上述设计方法。

例 13.6-1 利用 JK 触发器和门电路设计一个带进位输出的同步七进制加法计数器。

解：（1）分析设计要求，列出状态转换表或状态转换图。

计数器的工作特点是在时钟信号作用下自动、按序进行状态转换，因此不需要额外的输入信号参与控制，但按要求需提供一个进位输出信号。

这里用逻辑变量 C 表示计数器的进位输出，并规定 $C=1$ 表示产生进位信号，$C=0$ 表示没有产生进位信号。

同步七进制加法计数器应该有 7 个有效状态，可分别用 $S_0, S_1, ..., S_6$ 表示。

原始状态转换图如图 13.6-1 所示，当电路运行到 S_6 状态时，进位输出 $C=1$，其他状态下 $C=0$。

（2）求解状态方程，并据此推导出驱动方程和输出方程。

计算所需触发器的个数。因为 $2^{3-1}<7<2^3$，所以需要 3 个触发器，分别定义为 FF_2、FF_1 和 FF_0，它们的状态输出组合（$Q_2Q_1Q_0$）用来表示计数过程中的状态编码。由于是加法计数器，所以一共要采用 7 个 3 位二进制编码（000～110），并按数值递增顺序依次来表示 S_0～S_6 这 7 个状态。

表 13.6-1 给出了正式的状态转换表，图 13.6-2 给出了正式的状态转换图。

表 13.6-1 正式的状态转换表

CLK顺序	状态变化顺序	状态编码 Q_2 Q_1 Q_0			进位输出 C	等效十进制数
0	S_0	0	0	0	0	0
1	S_1	0	0	1	0	1
2	S_2	0	1	0	0	2
3	S_3	0	1	1	0	3
4	S_4	1	0	0	0	4
5	S_5	1	0	1	0	5
6	S_6	1	1	0	1	6
7	S_0	0	0	0	0	0

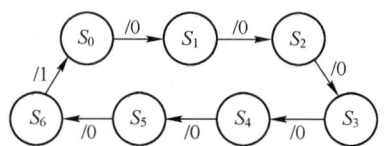

图 13.6-1 原始状态转换图

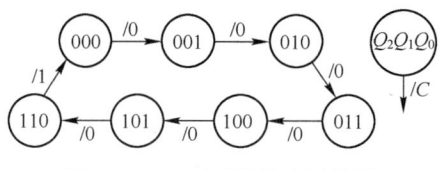

图 13.6-2 正式的状态转换图

根据状态转换图或状态转换表得到的电路次态/输出总卡诺图如图 13.6-3 所示。方格中填入的是该方格对应状态的次态。对于 111，它属于无效状态，其次态及对应输出尚不可知，因此其方格中填入 4 个"×"。

为便于求出状态方程，可将总卡诺图分解成 4 个独立的卡诺图，如图 13.6-4 所示。

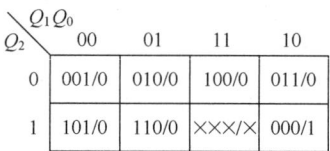

图 13.6-3 电路的次态/输出总卡诺图（$Q_2^*Q_1^*Q_0^*/C$）

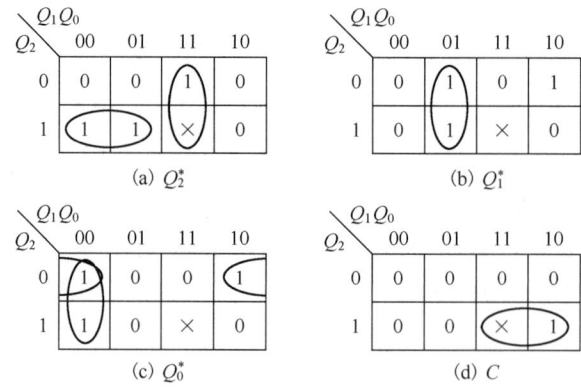

图 13.6-4 总卡诺图的分解

其中图 13.6-4（a）中 Q_2^* 的值对应总卡诺图中的第 1 个数字，图 13.6-4（b）中 Q_1^* 的值、图 13.6-4（c）中 Q_0^* 的值、图 13.6-4（d）中 C 的值分别对应总卡诺图中的第 2～4 个数字。

根据图 13.6-4 中给出的画圈方式，得到电路的次态方程组和输出方程

$$\begin{cases} FF_2: Q_2^* = Q_1Q_0 + Q_2Q_1' = (Q_1Q_0)Q_2' + (Q_1')Q_2 \\ FF_1: Q_1^* = Q_1'Q_0 + Q_2'Q_1Q_0' = (Q_0)Q_1' + (Q_2'Q_0')Q_1 \\ FF_0: Q_0^* = Q_1'Q_0' + Q_2'Q_0' = (Q_2Q_1)'Q_0' + (1')Q_0 \end{cases}$$

$$C = Q_2Q_1$$

将状态方程与 JK 触发器的特性方程的标准形式 $Q^* = JQ' + K'Q$ 对照，得到驱动方程组

$$\begin{cases} FF_2: J_2 = Q_1Q_0, \ K_2 = Q_1 \\ FF_1: J_1 = Q_0, \ K_2 = (Q_2'Q_0')' \\ FF_0: J_0 = (Q_2Q_1)', \ K_0 = 1 \end{cases}$$

将无效状态 111 代入状态方程中，其次态为 000，说明电路能够自启动。

（3）绘出电路图。根据驱动方程和输出方程绘出电路图，如图 13.6-5 所示。

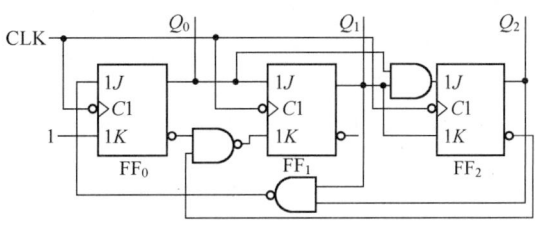

图 13.6-5 同步七进制加法计数器电路

例 13.6-2 利用 D 触发器和门电路设计一个串行数据检测器，要求连续输入 4 个或 4 个以上 1 时输出为 1，其他输入情况下输出为 0。

解：（1）分析设计要求，画出状态转换图。

设输入变量为 A，用于表示输入的串行数据；设输出变量为 Y，用于表示检测结果。

设定 5 个有效状态：S_0、S_1、S_2、S_3 和 S_4。其中电路没有输入 1 以前的状态用 S_0 表示，输入一个 1 以后的状态用 S_1 表示，连续输入两个 1 以后的状态用 S_2 表示，连续输入 3 个 1 以后的状态用 S_3 表示，连续输入 4 个或 4 个以上 1 以后的状态用 S_4 表示。原始状态转换图如图 13.6-6 所示。

等价状态分析。比较一下 S_3 和 S_4 两个状态发现，它们在相同的输入下具有相同的输出，并且转换的次态也相同，因此它们是等价状态，可以合并为一个状态。化简后的状态转换图如图 13.6-7 所示。

（2）求解状态方程，并据此推导出驱动方程和输出方程。

计算所需触发器的个数。因为 $2^2 = 4$，所以需要 2 个触发器，分别定义为 FF_1 和 FF_0，它们的状态输出组合（Q_1Q_0）用来表示数据检测过程中的状态编码。一共要采用 4 个 2 位二进制编码（00～11），并按数值递增顺序依次表示 $S_0 \sim S_3$ 这 4 个状态。

图 13.6-8 给出了编码后的状态转换图。

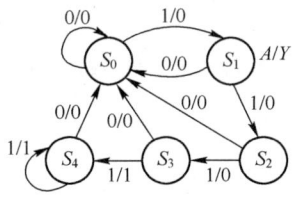 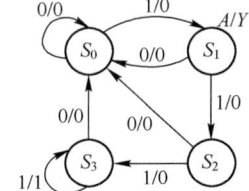 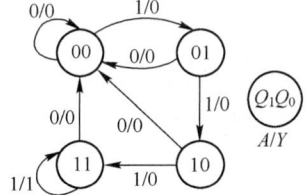

图 13.6-6 原始状态转换图　　图 13.6-7 化简后的状态转换图　　图 13.6-8 编码后的状态转换图

根据状态转换图或状态转换表得到的电路次态及输出总卡诺图如图 13.6-9 所示。方格中填入的是该方格对应状态的次态及输出。

为便于求出状态方程，可将总卡诺图分解成 3 个独立的卡诺图，如图 13.6-10 所示。

其中图 13.6-10（a）中 Q_1^* 的值对应总卡诺图中的第 1 个数字，图 5-50（b）中 Q_0^* 的值和图 13.6-10（c）中 Y 的值分别对应总卡诺

A	Q_1Q_0			
	00	01	11	10
0	00/0	00/0	00/0	00/0
1	01/0	10/0	11/1	11/0

图 13.6-9 电路次态及输出总卡诺图（$Q_1^*Q_0^*/Y$）

图中的第 2 个和第 3 个数字。

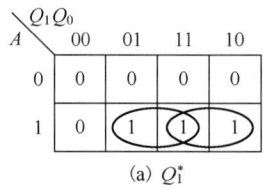 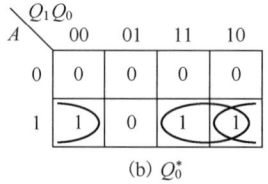 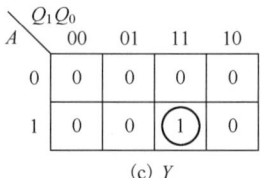

图 13.6-10　总卡诺图的分解

根据图 13.6-10 中给出的画圈方式，得到电路的次态方程组和输出方程

$$\begin{cases} \text{FF}_1: Q_1^* = AQ_1 + AQ_0 = A(Q_1 + Q_0) \\ \text{FF}_0: Q_0^* = AQ_1 + AQ_0' = A(Q_1 + Q_0') \end{cases}$$

$$Y = AQ_1Q_0$$

将状态方程与 D 触发器的特性方程的标准形式 $Q^* = D$ 对照，即可得到驱动方程组

$$\begin{cases} \text{FF}_1: D_1 = A(Q_1 + Q_0) \\ \text{FF}_0: D_0 = A(Q_1 + Q_0') \end{cases}$$

因为全部 4 个状态都是有效态，因此电路能够自启动。

（3）绘出电路图。根据驱动方程和输出方程绘出电路图，如图 13.6-11 所示。

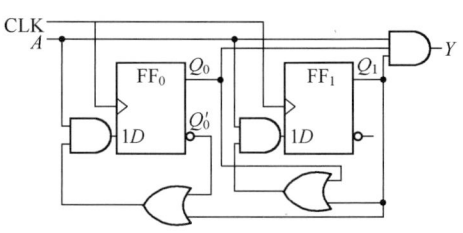

图 13.6-11　串行数据检测器电路

思考与练习

13.6-1　同步时序电路的设计步骤是什么？

13.6-2　利用 JK 触发器设计一个带进位输出的同步五进制加法计数器。

13.6-3　利用 D 触发器设计一个带进位输出的同步六进制加法计数器。

习题 13

13-1　分析题 13-1 图所示时序电路的逻辑功能。要求列出状态方程、输出方程，画出状态转换图，并检查电路自启动情况。

13-2　分析题 13-2 图所示时序电路的逻辑功能。要求列出状态方程、输出方程，画出状态转换图，并检查电路自启动情况。

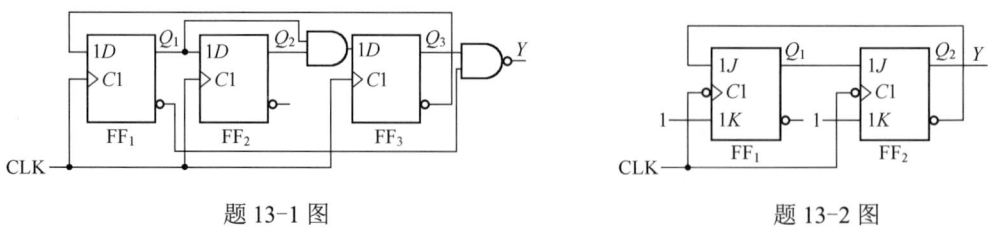

题 13-1 图　　　　　　　　　　　　题 13-2 图

13-3　分析题 13-3 图所示计数器电路，说明当 $X=0$ 和 $X=1$ 时各为几进制计数器，并画出相应的状态转换图。

13-4 分析题 13-4 图所示计数器电路，要求画出状态转换图，说明这是多少进制的计数器。

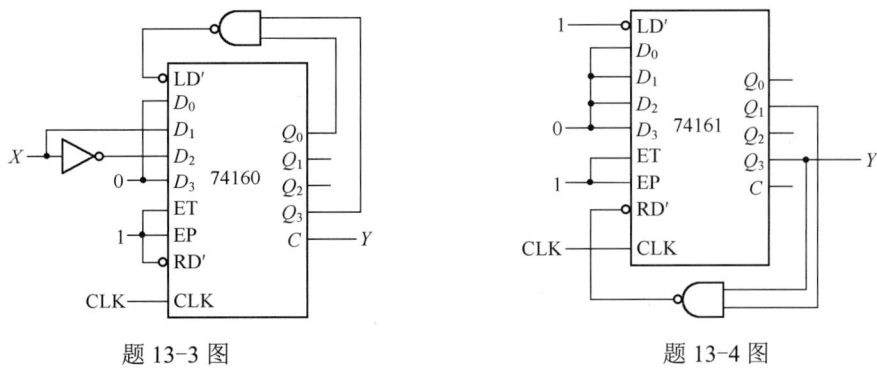

题 13-3 图　　　　　　　　　　　题 13-4 图

13-5 要求使用同步置数端 LD′ 将集成同步十进制计数器 74160 接成八进制加法计数器，置入状态值可随意选择。

13-6 要求使用异步复位端 RD′ 将集成同步 4 位二进制计数器 74161 接成 13 进制加法计数器，并标出输入端、进位输出端。可以附加必要的门电路。

13-7 分析题 13-7 图所示计数器电路，要求画出状态转换图，说明这是多少进制的计数器。

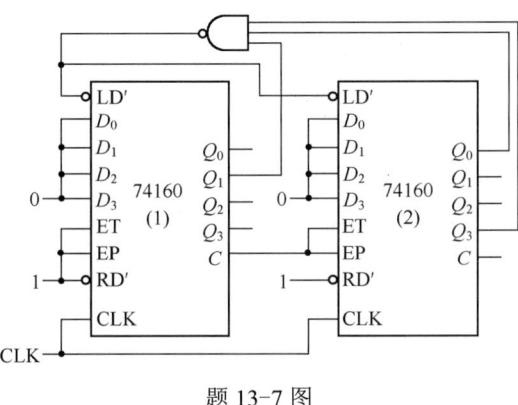

题 13-7 图

13-8 若将题 13-7 图中的 74160 改为 74161，说明这是多少进制的计数器，并画出状态转换图。

13-9 利用 3 片 74160 接成 36 进制加法计数器。

13-10 利用 2 片 74161 接成 30 进制加法计数器。

13-11 利用 JK 触发器设计一个同步六进制加法计数器。

13-12 利用 D 触发器设计一个同步七进制加法计数器。

13-13 随着人工智能、大数据等技术的不断发展，快递自动化流水线呈现智能化、高效化的特点。结合所学知识，设计一个快递分拣数量计数系统。

参 考 文 献

[1] 张燕君，齐跃峰，吴国庆，朱奇光．电路原理．北京：清华大学出版社，2017．

[2] 邱关源，罗先觉．电路．5版．北京：高等教育出版社，2017．

[3] 汪建，王欢．电路原理（上册）．第2版．北京：清华大学出版社，2016．

[4] 范承志，孙盾，童梅，张红岩．电路原理．第4版．北京：机械工业出版社，2014．

[5] 刘长林，刘静，王景双．电路常见题型解析．北京：国防工业出版社，2008．

[6] 吉培荣，佘小莉．电路原理．北京：中国电力出版社，2016．

[7] 周守昌．电路原理（上册）．第2版．北京：高等教育出版社，2004．

[8] 冯澜．电路基础．北京：机械工业出版社，2015．

[9] 王勇，龙建忠，方勇，李军．电路理论基础．北京：科学出版社，2009．

[10] 康华光，陈大钦，张林．电子技术基础（模拟部分）．第6版．北京：高等教育出版社，2014．

[11] 童诗白，华成英．模拟电子技术基础．第5版．北京：高等教育出版社，2015．

[12] 郭业才，黄友锐，吴昭方，李秀娟，李良光，张宏群．模拟电子技术．第2版．北京：清华大学出版社，2018．

[13] 任英玉．模拟电子技术基础．北京：机械工业出版社，2017．

[14] 查丽斌，王苑苹，李自勤，刘建岚．电路与模拟电子技术基础．第3版．北京：电子工业出版社，2015．

[15] 华成英．模拟电子技术基本教程．北京：清华大学出版社，2006．

[16] 黄丽亚，杨恒新，袁丰等．模拟电子技术基础．第3版．北京：机械工业出版社，2016．

[17] 龙胜春，池凯凯，吴高标，李敏，孙惠英．电路与模拟电子技术基础教程．北京：清华大学出版社，2018．

[18] 李祥臣，卢留生．模拟电子技术基础教程．北京：清华大学出版社，2005．

[19] 王立志，赵红言，齐凯，石雨荷，张斌．模拟电子技术基础．北京：高等教育出版社，2018．

[20] 毕满清，王黎明，高文华．模拟电子技术基础．第2版．北京：电子工业出版社，2015．

[21] 张宝荣，黄震，李江昊，刘燕燕．数字电子技术基础．第2版．北京：电子工业出版社，2015．

[22] 闫石．数字电子技术基础．第6版．北京：高等教育出版社，2016．

[23] 康华光，秦臻，张林．电子技术基础（数字部分）．第6版．北京：高等教育出版社，2014．

[24] 侯建军．数字电子技术基础．第3版．北京：高等教育出版社，2015．

[25] 杨颂华，冯毛官，孙万蓉，初秀琴，胡力山．数字电子技术基础．第3版．西安：西安电子科技大学出版社，2017．

[26] 李庆常，王美玲．数字电子技术基础．第3版．北京：机械工业出版社，2010．

[27] 闫石．数字电子技术基本教程．北京：清华大学出版社，2007．

[28] 郝晓丽，廖丽娟，武淑红．电路与电子技术基础．北京：人民邮电出版社，2014．

[29] 王志军，赵捷，赵建业．电子技术基础．北京：北京大学出版社，2010．

[30] 王本有，汪德如．电路与电子技术基础．合肥：中国科学技术大学出版社，2015．

[31] 秦伟，王海文，葛敏娜．电路理论与电子技术基础．武汉：华中科技大学出版社，2017．

[32] 毕淑娥．电工与电子技术基础．第4版．哈尔滨：哈尔滨工业大学出版社，2013．